セネガル川
ダカール
マッカーシィ
バサースト
バディ
ガンビ
カエ
ニオロ
サミ
ムルディア
セゴ
バンマクー
(バマコ)
ニジェ
ル
川
フリータウン
モンロビア
穀物海岸
象牙
ギ
ニ
マンゴ・パークの探検ルート
【凡例】
1795年の探検ルート
1805年の探検ルート
砂漠
灌木帯
果樹林
草原・森林帯
密林帯
MUNGO PARK'S TRAVELS IN AFRICA
Mungo Park

世界探検全集—05

ニジェール探検行

Mungo Park's Travels in Africa

Mungo Park

マンゴ・パーク
森本哲郎・廣瀬裕子 訳

河出書房新社

①ニジェール川　Catay / Shutterstock.com

②ニジェール川中流域にあるティンブクトゥ　sebastianbass / stock.foto

③ボンドウの王と会見するパーク（当時の挿絵）。数多い贈り物の中で王がとくに気にいったのは傘だった。しかし、王はしきりにお世辞をならべ、ついにはパークが着ている上着を貰えないか懇願するのだった。（萬里閣書房『アフリカ探検』より）（上左）。
④ムーア人に囚われたパーク（当時の挿絵）。ムーア人はパークを捕らえると小屋に押しこめ、まったく無防備なキリスト教徒パークに悪態の限りをつくした。（萬里閣書房『アフリカ探検』より）（上右）。
⑤先住民の女性に慰められるパーク。誤解を受けて、先住民からひどい仕打ちを受けることもしばしばあった。そんな旅の中で、とある先住民の女性たちが示した厚意は、パークにとって忘れがたいものとなった。（下）

⑥旅をつづけるパーク。炎暑とおびただしい蚊にさいなまれながらのパークの旅は、果てしなくつづいた。図はセネガル川の一支流の橋を渡るパーク一行を描いたもので、右下がパーク。

⑦第二回目の探検に出発するパーク（当時の挿絵）。イギリス政府の支援を受け、希望に満ちてイギリス国家を歌いながら行進するパークの一行。（萬里閣書房『アフリカ探検』より）（左）
⑧パークの最期（当時の挿絵）。ニジェール川の河口へ向かう途中、パークのカヌーは、かねて恨みを抱いていた先住民からの襲撃を受けた。勝算なしとみたパークは激流の中に身を投じ、探検の目的達成を目前にして悲惨な最期を遂げた。（右）

ナビゲーション

私たちが失ったもの

中村安希

ニジェール川はどこで始まり、どこで終わるか？

一八世紀から一九世紀ごろの世界において、それはまだ解き明かされていない多くの謎の一つだった。ニジェール川はセネガル川の延長なのか？　中央アフリカの大河コンゴ川とつながっているのか？　その河口はどこにあり、どの海へと流れ出るのか？

二一世紀の今、私たちはその答えを知っている。ニジェール川はセネガル川ともコンゴ川とも関係のない独立した川であり、その河口はナイジェリアで巨大デルタとなってギニア湾へと注がれている。それは自明のことである。あまりに自明すぎて、私は本書を手にするまで知らなかったくらいである。ニジェール川に沿って西アフリカを旅をしたことがあったにもかかわらず、そんなことは疑問にさえ思わなかった。

ではなぜ今になって、二〇〇年前の長い日記をわざわざ読み返すのか？

　現代の読者が古い探検記を読み進む理由があるとしたら、それが異世界が何たるかを知る数少ない機会だからではないかと推測する。なぜならあらゆるものの解明が進んだ情報過多のこの時代に、ゲームや小説、バーチャルリアリティなどのフィクショナルな世界を除けば、異世界に身を浸す機会はほとんど残されていないからである。


　スコットランドの医師で探検家のマンゴ・パークは、一七九五年と一八〇五年の二度、西アフリカへと遠征している。多少のルートの違いこそあれ、二回とも同じニジェール川を目指している点が、この探検行の興味深いところである。というのも一度目と二度目では、同じ地域を旅したにもかかわらず、その内容が大きく異なっているからだ。

　一度目の遠征におけるマンゴ・パークの装備は、この時代のアフリカ行にしては軽い。現地人の通訳と少年が一人ずつ、それに同じ方角へ向かう四人の地元民が同行するだけで、非現地人はパークただ一人である。また連れていく馬は一頭、ロバも二頭だけのため、持っていける交換用物資も限られる上に、出発時の食糧はたったの二日分のみとある。クレジットカードもＡＴＭもない時代のこと。この僅かな荷物で出発するということは、三日目以降の食糧を現場で調達するのはもちろん、行く先々での寝床や安全の確保など、道中に起こりうるすべての事象を現場対応で切り抜けることを意味する。要するに行き当たりばったりなのである。

ところが二度目になると、装備はずっと重くなる。本国から派遣された三四人の兵士、四人の大工、中尉や軍曹などを含む五〇人の隊列に加え、ガイドや荷運びなどの現地人が適宜雇われ、探検隊というよりは軍隊の行進である。番号で管理された大量のロバや馬、夥しい数の交換用物資、それに護身用のマスケット銃も少なくとも隊員全員分、またそれ以上の武器を携帯している。つまり一度目と比べると資金も人材も遥かに豊富で、計画性もあり、ガードも堅い。

では、この装備の違う二つの探検行のうち、読んで面白いのはどちらかと言うと、一度目である。おそらく、日記を書いたパーク自身も一度目の旅により大きな充実感を覚えたのではないかと思う。彼自身の現地世界への没入度合いが全然違っているからだ。

ガンビア川からスタートして内陸へと向かったパークは、たどり着いた村々で食糧や通行許可をもらうために交渉を重ねる。交渉材料には、琥珀、ビーズ、珊瑚、タカラ貝など、通貨的な役割を果たす宝飾品から、衣類、紙、弾薬、タバコなどパークの個人的な所持品まで、様々なものが用いられている。パークの意識は目の前の世界に開かれており、その世界に引っ張り込まれるようにあらゆる事象を吸収する様が伝わってくる。最初は物資も体力もあり、馬や同行者も元気で余裕が感じられるが、さらに奥地へと進むにつれて旅はより困難を極め、パークは余裕を失っていく。略奪に次ぐ略奪や不当な通行税の徴収があり、意味もなく足止めされたり、拒絶されたかと思えば監禁されたり、そのうちに宝飾品はすっかりなくなり、パーク自身が着ていた服の真鍮のボタンやハンカチも手放し、衣服や寝具まで失い、仲間は捕らえられ、馬もよれよれになって、ついに彼はすっからかんになってしまう。

交渉材料も武器も仲間も失って、生身の体一つで荒野に残された時、しかし、パークの探検行はそれまで以上に輝き始める。ここで読者は、本書に埋め込まれた本当の問いを知る。

ニジェール川での探検中に、何もない無防備な状態で、ライオンに遭遇したらどうすべきか？

一滴の水も携えず、一人砂漠の真ん中に放り出されたらどうなるか？

未開の地で無一文になり衣服まで剝ぎ取られて、それでも旅は続けられるのか？

私たちはこれらの問いへの答えを知らない。そもそもこのような問いの立つ世界を生きていない。だから読むのではないか。この問いの行き着く先を知るために。

二度目の旅は、『失う』ごとに輝きを増した一度目の旅を、結果として裏付けている。パークにとっては経験済みの地域への旅であり、また、自国から持ち込んだ分厚い装備によって護られた（結果はどうであれ、そのように意図された）旅は、彼の現地世界への没入を残念ながら妨げている。彼の意識は、効率的に隊を動かし、同郷の仲間を護り、ニジェール川の終点へ計画通り到達することに集中していて、その他のことにはあまり開かれていない。つまり、自分の世界を現地に持ち込んでしまったことで、そこにあるはずの異世界の感触が遠のいてしまっているのである。

時代を問わず、人には異世界への憧れがある。ここではないどこかへ誰もが行きたいと思っている。行けるような気もしている。しかし実際にやってみると、それが容易ではないことに気付かされる。なぜなら一方で人には、知らないものへの不安感、違うものへの不快感、失うことへの恐怖感などがあり、本能的に異世界を拒絶してもいるからだ。だから難しい。本当の意味で異世界に足を踏み入れることは、いくつかの条件が揃わない限りなかなか達成できない。自世界から完全に切り離されて、ある種絶望的な孤独と脱力感の中で、もう一度その地を踏みしめるところから始めなくてはならないのである。

パークの一度目の探検行は、その条件に恵まれた。恵まれたという言い方はおかしいかもしれないが、結果としてそうなった。計らずも彼は「失う」ことに成功したからである。

現代を生きる私たちは、パークが二度目の旅で持ち込んだ仲間や武器や交換物資などとは比較にならないほどの「自世界」を旅先へ持ち込むことを運命付けられている。いや、もはや異世界など存在しないほどに世界は統合されつつある。二〇〇八年に私が初めてニジェール川沿いを旅した時には、地図も道もバスもあり、ガイドブックや旅人ノート（宿に置かれている旅人同士の情報交換ノート）があった。日本の銀行口座からATMで現地通貨を引き出し、フランス語か英語を使って値段や道を訊けばよかった。Wi-Fiが見つかれば日本の仲間にブログを書いて、フィードバックを受けることもできた。しかし、それでもあの頃はまだスマホがなかった。二〇二三年の旅は、宿も道も飲食店も全てアプリが教えてくれる。予約もオーダーも支払いもできる。GPSの指示通り行けば道に迷うことはない。SNSでライブ配信すれば、自国にいる友だちとオンタイムで経験をシェアできるだろう。世界中どこにいようと、私たちは画面の中の自世界をほとんど出る必要がなく、また出ることもできない。なぜなら、便利を捨てて不便を選ぶような愚行は、我々の本能が許さないからだ。便利、安心、快適への強い欲望が、技術の進歩を支え、人類をかつてないほどに栄えさせた。しかしそうやって欲望を一つ満たすごとに、私たちは異世界への道を一つまた一つと閉ざしてきたのかもしれない。

一度目の旅から帰還したパークは、身に起きた奇跡に胸を熱くしただろう。無事生きて帰れたということ以上に、西アフリカの生々しい現場に身を浸すことができた幸運を噛みしめたはずだ。不便、不安、不快を極めるカオスな一瞬を生きたことで、新しい世界を発見し、また自分自身をも再発見した。人とは何か、自然とは何か、自分にはどんな力があり、運命はどんな悪戯をするのか。未知に身を委ねてみない限り決して知り得ない世界に触れて、その手触りに魅了され、そして二度目の異世界を目指して失敗するのである。

中村安希（なかむら・あき）

ノンフィクション作家。一九七九年京都府生まれ、三重県育ち。二〇〇三年カリフォルニア大学アーバイン校芸術学部演劇科卒業。日米での三年間の社会人生活を経て、約二年間、四七カ国にわたる旅に出る。その過程を書いた『インパラの朝』で第七回開高健ノンフィクション賞を受賞。著書に『食べる。』『愛と憎しみの豚』『リオとタケル』『N女の研究』『ラダックの星』『もてなしとごちそう』などがある。

目次—世界探検全集05—ニジェール探検行

出版者おぼえがき

この書は、著名なスコットランド人、マンゴ・パークの旅行記である。彼の性格や業績に関する研究はめずらしくないが、探検家自身の日誌は今やなかなか手に入りにくい。この書の目的は、その日誌を一言一句そのまま再現しようとするにある。第一次探検に際して、パークはその冒険を一部始終洗錬された文でつづった。それが第一巻（本書では第一部）に省略せずに収められている。第二次探検の記事は――この探検からパークはついに帰らなかったのだが――簡潔、控え目な表現で非常に深い感銘を与える。このなかには天文学上の観察や、必需品名、およびその値段のリストが加えられているのだが、限られたページのゆえに割愛せざるをえなかった。したがって第二巻（本書では第二部）はマンゴ・パークの日誌のなかで、旅を語った部分と、探検記として欠かせない文書から成っている。要するに、パークにできるかぎり自分自身を語らせるようにしたのである。

世界探検全集05 ニジェール探検行

はしがき

マンゴ・パークの日誌は感銘深いものであり、まことに興味尽きないものであるが、彼の冒険とその功績を充分理解するには、その時代の状況や、彼自身の性格、経歴を知っておく必要があろう。

アフリカの地理的な条件、港がなく、航行可能な川がないこと、さらに不健康な気候や流行する疫病、そのうえ現地の不穏な状勢や内乱、こういったことがヨーロッパ人をはじめ、すべての外来者のアフリカ内部への探検を妨げてきた。とはいえ、多くの船乗りがこの大陸を訪れ、多くの航海者たちがその海岸にかなり正確に多くの地点を定めていた。そんなわけで、アフリカの地図の輪郭は、ここ二〇〇〇年ほとんど変わっていない。しかし、パークの時代、大陸の内部は地図上ではほとんど白紙だった。古代エジプト人、ギリシア人、ローマ人はアフリカ大陸沿岸にそって航行し、ナイル川の渓谷からわずかに内部に入った。が、ナイル川の水源は発見できず、これが問題となり、ヴィクトリア女王の時代まで人びとの好奇心をひきつけた。一六世紀、すなわちあの「発見の時代」にはポルトガルの船乗りが、そしてジェスイット派の僧侶が海岸に足場を築き、アビシニアやアンゴラあたりまで足をのばしたが、一八世紀の末、クックが地球の果てを探検し終えるまで、アフリカの主な川は、どのように流れているのか、未知のままであった。やがて「理性の時代」になると、ヨーロッパ人たちは、自分たちの南方の隣接大陸について無知であることに耐えられなくなり、アフリカを考えるには、まずその大陸の調査が必要であることを痛感して、新しい研究を始めた。ジェイムズ・ブルースの何度かの旅はアフリカへのそのような研究熱を示している。彼は「ナイル川の水源を発見する」ために出かけたのである。彼はそれを発見できず、すでにポルトガル人が知っていた境界を、ほとんど越えることはなかったが、「知識のみを目的とした探検」はここからはじまり、彼の記録は非常な興味をひきおこした。しかし、彼の旅行記のほとんどが——まったく不当にも——不信の念をもって受け取られたという事実は、一般大衆がまだ科学的な記述よりも、旅人のおもしろい話を期待していたことを示している。同時期に、奴隷制度廃止の運動が盛んになり、アフリカにさらに焦点が向けられるようになった。そんな事情だったので、一七八八年に、有力者で、著名な科学者でもある、そしてクックといっしょに航海をしたことのある旅行家、ジョセフ・バンクス卿を主要メンバーの一人として、アフリカ協会が設立されたことは驚くにあたらない。

こうして、同協会はナイル川よりもニジェール川を調査の対象にえらんだのであった。ニジェール川のコース、その水源と河口、いや、そもそもニジェール川が独立の河川として存在するかどうかさえまだよくわからないという有様だったからである。

最初に派遣されたのは、アメリカ人レッドヤードとイギリス人ルーカスだった。レッドヤードはキャプテン・クックとともに仕事をし、アジアへの旅で非常な冒険心と忍耐力を発揮した。ルーカスは少年のころモロッコで奴隷だったが、やがて一五年間モロッコ駐在の英国代理大使をつとめた。レッドヤードに対しては、「アフリカのもっとも広い部分、すなわちニジェール川沿岸の地域を東から西へ向かって横切る」仕事が与えられた。ルーカスはアラブの風習や言語の知識があったので、サハラを北から南へ越えるように指示された。しかし、レッドヤードはその仕事に取りかかる前に、一七八八年カイロで死に、ルーカスも二〇〇—三〇〇マイル進んだところで紛争のため阻まれて、引き返さざるをえなくなった。だが、彼は現地にとどまっている間、他の旅行者から西スーダンとニジェールに関する情報を集めた。そして、その情報に関してロンドンにいたムーア人がまちがいないと太鼓判を押したので、現在のダカール領地の沖合いの島であるゴリーに駐屯していたホートン少佐が、一七九〇年、ニジェール川探検にガンビアから送りこまれた。

ところが、幸先のよいスタートをきりながら、ホートンは取引きのための商品と装備の大半を火災で失ってしまった。そして奴隷商人に同行し、「持ち物は全部奪われたが、健康状態は良好。ティンブクトゥへ向かう」といったまま、途中で姿を消してしまった。アフリカ協会は、彼が殺害された原因は、彼が持って行った多くの品物が原住民の欲望をそそったためであると考えた。

そこで「ホートン少佐の失敗は、ガンビア川を航行してティンブクトゥに至るまでの困難に打ち勝つことはできないという証拠にはならない。善良で協調的な旅行者なら、現地人の略奪を誘うものさえ持って行かなければ、かならず彼らからの援助と、その首長からの行きとどいた保護を受けられるはずだ」と結論をくだした。そう考えて、協会はマンゴ・パークを選んだのである。「スコットランドに生まれ、品性いやしからず、医学の正規の教育を受け……必要な観察をするためにハドレイの四分儀の使用法にもくわしく、荒野で道を見分けることのできる地理学者で博物学にもあかるい」からであった。

マンゴ・パークは一七七一年九月一〇日、スコットランドの南部高地のセルカークからヤロウ渓谷を四マイル半ほどさかのぼったファウルシールズの農家に生まれた。一三人家族の第七子だったが、実際は八人しか生き残っていなかった。父の農場は小さなもので、狭い谷底の耕地と、まわりの丘にいくらかの荒野があるにすぎなかった。マンゴはもっともきびしいしつけの中で育ったにちがいない。ファウルシールズの苛酷な環境の中で家族が生きていくには、不断の労働と細心の経営以外になかった。しかし、粗食と質素な暮しになれていたパークの一家にも教育の機会が閉されていたわけではなかった。父にはかなりの重荷であったにちがいないが、父親は子供たちに初等教育の家庭教師を雇った。その後マンゴはセルカークのグラマースクールにかよった。もちろん毎日徒歩で通学したのである。学校では特に目立たなかったが、にもかかわらず、勤勉で規則正しく、彼の飽くことをしらぬ読書や、イングランドとの国境地帯に伝わる民話や民謡に対する異常な興味は、きわだっていた。彼の家から川一つ越したところにあるニューアークの大砦の遺跡や、故郷の谷にゆかりのあるいっさいが、若いマンゴのなかに祖先の偉業に匹敵するような大きな仕事をしたいという夢を育てたにちがいない。こうして空想は燃えあがり、遠い国々を踏破して故郷に錦を飾りたいという欲望をかきたてたのであろう。それに、ファウルシールズは一家族以上が生活するには小さすぎた。住人はいつも貧乏だった。むろん彼にももとでがなかったから、出世するには教育を受け、何かに熟練するほかなかった。そして仕事をどこか他の土地にみつけねばならなかった。父親は彼がカークの牧師になることを望んでいたが、彼が医者になることには反対はしなかった。習慣通りマンゴはセルカークのアンダソンとかいう医師の内弟子となったが、グラマースクールでの普通教育もつづけていた。一七八八年一二月一一日、彼はエジンバラ大学の解剖学と外科の教室への入学が許可され、次の三学期間、医学の、べつにとり立てていうほどのこともない、ごく普通の課程を学んだ。大学を卒業したという記録はないが、のちに彼は「外科試験」の合格証書をロンドンに要求している。おそらくロンドンの外科医は彼のエジンバラでの研修を認めたものと思われる。野心を抱いたスコットランド人の多くの例にもれず、マンゴも一文なしでロンドンに出て、義理の兄にあたる著名なジェイムズ・ディクソンの家に身を寄せた。ディクソンも国境の町の出身で、もともとは庭師だった。が、やがて種子について研究し、植物学者となってその分野で英国一の地位を得、リンネ協会の共同創設者となり、ジョセフ・バンクス卿と親交を結ぶようになった。マンゴが最初の仕事、東インド会社の船医の職を得たのはバンクス卿のコネによるのである。彼はスマトラへの航海を無事に終えて帰るが、この航海がマンゴに大きな影響を与えたにちがいない。彼はスマトラ近海でとれる八種類の新種の魚に関する論文を、帰国後すぐリンネ協会に提出して、協会の会員になっている。これによっても、彼がこの航海をまたとないチャンスとして重くみていたことがわかる。

この航海は、さらに旅をしたいという欲望をそそったようにみえる。彼は自分の職業に落着くつもりはなく、ジョセフ・バンクス卿がニジェール探検に適する人物として彼をアフリカ協会に推薦してくれた時、マンゴはこの機会を大いに利用しようと考えていた。これだけ打ちこんでいるのだから栄誉がもたらされないわけがない。多くの人を挫折させた仕事を、こんどは自分が引き受けようとしているのだ。協会の企ては失敗につぐ失敗だったが、マンゴにとっては、この失敗つづきはそれだけ自分に対する称賛を大きくさせるものだった。たしかに危険や困難はうそではあるまい。それはホートン少佐が身をもって実証している。パークはそれを充分承知しており、当然のこととして受けとっていた。そして二四歳のパークはニジェール川の真の姿をみきわめるためにホートンにつづきたいと申し出たのである。

こうして彼は、実利のためでなく、栄光のために、地の果てや地球上の最高峰を求めてつぎつぎに出かけていった勇敢な男たちの先駆者となった。彼の意図はまじめで、科学的なものだった。が、彼にとっては目的を達することこそが、何より肝心なことであり、金銭的な報酬や科学上の成果や、いや命そのものよりもそれが大切なことなのであった。

パークが旅をしようという予定の地域は、ほとんどがゆるやかに起伏する地域――アフリカの特徴である単調な地勢である。その単調な地形をわずかに破っているのは古い砂岩の断層が果てしない平原に台地をつくり上げている個所だけだ。それは時として交通の大きな障害となっている。コングの巨大な山塊はこういった断崖の上に立っていて、ギニア海岸からニジェール渓谷に近づくのに越すに越せぬ障壁をなしている。また、ところどころに、下層の結晶状の床岩が地表に出ているところがあって、それが小さなドーム状の丘になっているが、だいたいにおいて旅をするのに支障はなさそうである。だが、パークの目からみれば、目につくものもない単調な地形は、むしろ短所のように思われた。周囲の地域を見分けられるような特徴がなく、旅のコースを地図に描けるはっきりした枠もないからである。アフリカ大陸のゆるい起伏とだだっぴろさも、旅人がこの大地の主要な特質をとらえることを不可能とし、航行の困難さを増大している。パークの他のアフリカの旅人と同様、果てしない、地図にものっていない海に漂っているような感じがしていた。

　現在、われわれはニジェール川が、大西洋から二〇〇マイル足らずのところにある高度せいぜい四〇〇〇フィートのフタ・ジャロン高原に源を発していることを知っている。太古の地質時代に起こった地殻の大曲動が西アフリカを広くて浅い盆地に形成したために、ゆるい傾斜がゆるい勾配ながら、ニジェール川を北東に流して大陸の内部にひき入れているのである。盆地の底では勾配がないため川は数本の支流に分れ、洪水の時期には広大な地域をのみこむ湖をつくっている。パークは雨季のこのような氾濫時に、腰まで水につかってさまよった。ティンブクトゥから少し下流のあたりで、理由はただ推量するほかないが、この大河は直角に曲って南東の方角のベニン湾に向かう。同時に川は運んできた土砂を盆地の底に置き去りにして、岩の多いコースに入る。最初は断続的に岩が現われるが、現在のナイジェリアの西部で台地のしきいを越すと、こんどは急流や瀑布がずっとつづくようになる。これが航行の障害となりわなともなる。このわなにはまってパークは計画完遂のわずか五〇〇マイル手前で命を落とすことになったのである。

　規模の広大さ以外に、この地域の地形にはなんの障壁もないのだが、気候となると話はべつである。大部分を北緯一二度から一五度の地域で働いたパークは、熱帯性気候のきびしさをいやというほど味わった。夏の酷暑時には、ニジェールの上流、中流の日かげの平均温度は華氏九〇度を越す。戸外の日なたでは気温は急激に上昇し、まったく耐えがたいものとなる。岩や砂はものすごい温度となって素手や素足では触れることもできない。原住民でさえ、この時間にはほとんど何もしない。ムーア人につかまり、わけもわからずに長いあいだ監禁されていた時、パークはそれを発見した。彼は気がつかなかったらしいが、彼らの不活発は酷暑の季節のせいなのである。もっとも彼の記録には砂があまり熱いので、奴隷でさえサンダルをはかずにはテントからテントへ行こうとしないし、風がひどく熱いので「小屋のすき間から吹き込む空気の流れのなかで手を出していると、痛みを感じた」とある。

雨季は、はっきりしており、夏に集中している。平均して四月か五月に始まり、海岸地方では早く、内陸ほどおそいが、ピークはだいたい八月である。雨はたいていはげしい雷を伴い、きまって雷鳴と稲妻のみごとな、いささかおそろしい光景を展開する。雨の直後は空気はすがすがしく冷たくて気持よいが、やがて真上にある太陽がふたたび大地を熱し、気温は春さきと同様、きびしいものとなる。湿度が高くなるので日かげでも休むことができない。さらに、雨季は蚊の大群を発生させる。さされると悪疫にかかり、のみならず、この蚊がマラリヤその他の伝染病をあちこちに運んで蔓延させる。一〇月から三月までの乾季には風は北東に変わり、サハラを吹いてくるので非常に乾いている。そのため日中はまだ暑いが、夜は心地よい涼しさになり、また川の水量もすっかり減るので旅をするには最適である。

ニジェール川は非常に長いので複雑に姿を変える。夏の雨のために上流におこる洪水はしだいに下流に及び、バマコでは一〇月がもっともひどいが、勾配がゆるいので広範囲に溢れた水がティンブクトゥに達するのは一二月である。なにしろ川の全長がたいへんなものなので、夏に上流で溢れた水がナイジェリアに達するのは翌年になる。ところがナイジェリア地方も夏が雨季だから、すでに高くなっている水位にこの第二の洪水が加わって、年々水位は非常な高さ――三、四〇フィート――に達し、航行するのに重大な障害となる。この大洪水は、ぼう大な量の砂とシルトを運び、これらが水位の低い時期に砂州をつくって水路をふさぐことが多い。そして河口では大三角州となる。川はこの三角州の上を海へ出口を求めて流れるので水路は幾筋にも分れてしまい、おのおのの流れが小さいために船は容易に大洋に出られず、初期の探検家たちは、こんなところがまさか大ニジェール川の河口であるとは思わなかった。

パークが彼のドラマをくりひろげることになる舞台は、以上のようなところであった。

アフリカに到達したパークが、レイドレイ博士の助けをかりて新風土に馴れ、マンディンゴ語を学ぶのに時間をかけたのは賢明だった。雨季あけに出発したので、彼は最良の天候に恵まれ、ちょうど収穫期だったため原住民も友好的だった。彼は自分の装備がいかにわずかだったか――二日分の食糧、手に持てるだけの商品、測量器具と衣類少々――を苦痛をもって記している。日誌から判るように、これではまったく不充分だった。しかしそれがアフリカ協会の慎重な方針だったのである。パークがほとんど素手で、物乞い同然のやり方で大陸に踏み出して行ったのは、たしかに気の毒のように思えるが、彼はべつに不用意だったのではなく、前もってきめた計画を実行したのだということを忘れてはならない。だが、それだけに、彼が何をしに来たのかを理解することはアフリカ人にとってはまったく困難だった。物的な利益のための旅行ならわかる。もし彼が商人だったなら、現住民は物欲だけで彼と接したろうが、彼は商人ではなかった。何のために金も持たずにこんな苦しい旅をしているのか、というわけで、けげんな目で見られてしまったのだ。彼はスパイだと思われ、彼らの軍事力の弱点を見いだすためにやってきた外国人と疑われ、またイスラム教の地盤をゆさぶりにきた異教徒にされた。彼が普通の庶民とはうまくいったのに、支配者たちとうまくやっていけなかったのは、おそらくこういう理由からである。権力者たちは、例外なしに彼を疑い、なんとかして彼を取り除こう――早く次の村へ送り出してしまうか、あるいはあの世へ送ってしまおうと躍起になった。彼が友人や助力者を見いだしたのは一般庶民の中であった。普通の人びとにとっては、彼はただの一人の人間だったのである。彼らにはパークの疲労、貧困、失意がよくわかったので、できるかぎり助けてくれた。一椀のミルク、一握りの穀物、そして落花生が行く道々彼に届けられ、これが彼の第一次探検の成功に大きな役割を果たした。

ニジェール川の発見について、われわれが感謝すべきはアフリカ協会の企画でもなく、マンゴの勇気と力でもない。彼の不屈の精神と平静な忍耐とそして謙譲さである。彼の謙遜な人柄が最下層のアフリカ人に親しみを感じさせ、彼らにこう歌わせたのだった。

「あわれな白人をいたわってあげよう、
彼には母親がないのだ……」

ロナルド・ミラー

第一部　第一次探検

まえがき

以下の日誌は、その時々に書き記し、非常な難儀をして持ち帰ったおぼえ書きやノートをもとにして書かれたものだが、これをいま、私の尊敬する雇い主、アフリカ協会の会員諸公の命により公けにすることになった。

この報告は、私が受けた協会の後援に比べれば、ほんのささやかなものである。私はそれを申しわけなく思う。作品とすれば、これはただ真実のみを記述している以外になんのとりえもない。なんら誇張せずに書いた平凡な、ありのままの話であるが、ただ、すこしはアフリカの地図の枠を広げることに役立つだろうと思う。私はこの目的のためにこの仕事を志願し、アフリカ協会がそれを許してくれたのであるが、この仕事はけっして無駄ではなかったと信ずる。しかし、それは作品それ自体が証明しなければならないことである。私は前おきなど必要とは思わないが、あえて以下にそれを記したのは、私の公正な気持と感謝の念からである。

アフリカから私が戻るとアフリカ協会の現委員会[1]は、ただちに私が提供できる資料や口頭の報告をもとに、旅行の概要ないし抜粋を、銅板の旅行地図をつけて印刷することをきめた。今回出版するような形で、詳細にわたる記録を作成するには時間がかかりすぎるので、私の発見について協会員の多くの方々の好奇心をできるだけ早く満足させたいと考えたからである。こうして補足され、形をととのえたメモアールは協会員の手で二部に作成され、協会員に配布された。第一部は私の旅行の記録の抜粋で、ブライアン・エドワーズ郷士によって編集され、第二部は英国学士院会員ジェームズ・レンネル少佐によってつくられた私の旅程の地理的な挿絵である。レンネル少佐は、また喜んでルートの地図をつけ加えてくれたが、これは私の観察とスケッチをもとにしてつくられ、まちがっているところは、少佐のすぐれた知識と地理学者たちのすばらしい正確さで発見訂正されている。

このような助力を利用させていただいている私としては、今回これらの方々のご努力によって私が名誉と利益を得ることについて、いかに深い感謝の気持をもっているかを表わさずには世間の皆様の前に出られない有様である。エドワーズ氏は、親切にも、氏の書かれた話を私の作品のさまざまな箇所に組み入れることを許して下さり、レンネル少佐は同じく厚意から、前に述べたその地図を入れることによって私の旅を面白くし、はっりさせることを許して下さった。

このように援助を受け激励されたので、私はこの本を出版するに際して、(私個人の力ではとうてい望めないことだが)きっと一般読者から好評を博すことができると確信したいところである。しかし、私は、この本の購読予約者が、私のなし得なかったような発見物語や、私のあずかり知らぬ驚異の記事をこの本に期待しているのではないかと懸念している。そしてこの本のなかに、期待していたような驚くべきことも、おもしろいことも書かれていないので、すっかり失望して、私が微力ながら貢献したと思っているささやかな価値さえ認めてはくれないのではないかと危ぶんでいる。こういうことはまことに辛いことであるが、私の後援をして下さった立派な方々が、私の任務の遂行に満足してくださるならば、そして、光栄にも私がいま、お手許に提出できるこの日誌が、私の旅の始まりから終わりまでの行動と観察の正直で忠実な記録だとお考えいただけるならば、と心を慰めている次第である。

M・P

1

委員会はつぎの貴族ならびに紳士で構成されている。モイラ伯、ランダフ主教、ジョセフ・バンクス卿閣下、学士院長アンドリウ・スチュアート郷士（学士院会員）、ブライアン・エドワーズ郷士（学士院会員）。

なお、協会の創立当時の組織と私の探検以前の発見の歴史については、協会の各種の出版物にすべての情報が公表されている。

〔用語について〕
次のアフリカ語は書中に何度もでてくるので読者の便宜を考慮して、あらかじめ説明しておくことにする。

アルカイド　町、あるいは一地域の行政長官。通例世襲。
バルーン　旅人の宿泊する部屋。
バー　通貨。一バーはおよそ英貨二シリングにあたる。
ベンタング　あらゆる町に建てられている一種のステージで公会堂の役をする。
ブシュリーン　マホメット教徒。
キラャバッシュ　ヒョウタンの一種。ニグロはこれで鉢や皿をつくる。
コッフレまたはカフィラ　奴隷の隊商、あるいは商品をもって旅する人々の一団。
カウリー　小さな貝。内陸では通貨として用いている。
ドゥティ　町長、あるいは地域の長の別名。内陸の国々でのみ用いる名称。
カフィール　異教徒（但しこの書では非回教徒を意味する＝訳者）、不信心者。
コリー　家畜を飼っている水場。
クスクス　穀物を煮てつくる料理。
マンサ　王、あるいは酋長。
ミンカリ　英貨約一〇シリングに相当する金の量。
パドル　耕作に用いる一種のくわ。
パラヴァー　法廷、あらゆる種類の公開の会合。
サフィ　お守り、護符。
シア・トゥルゥ　植物のバター。
スラティ　おもに奴隷売買を商う黒人の商人。
スーフルー　水をいれる皮袋。
ソナキー　異教徒の原住民。強い酒を飲む人を非難して言う時に用いる。

第一章　第一次探検の準備

一七九三年、私は東インド諸島への旅を終えて帰国した。たまたま私は、ある協会――これは貴族や上流の紳士方がアフリカ探究のために結成しているのだが――が、ガンビア川経由でアフリカ大陸の探検を実行できる人間を探していることを知った。私はさっそく、知人の英国学士院長を通じて、その仕事をしたいと申し出た。ガンビア川への船の旅は、すでにホートンという陸軍大尉（のちに大佐とある）がこの協会から派遣されたことがあった。彼はゴリー地方に駐屯していた要塞警備隊長だったが、この航行で、その地の気候にやられたか、あるいは土民との闘いで殺されてしまったのか、とにかくそんな目にあっていることを私は知っていた。けれど私はひるむどころか、かえってその仕事を是が非でも引き受けたいと心をかりたてられた。私は未知の国の産物の調査をしたいと思っていたし、土民の性格や生活様式の研究もしたいと熱望していた。私は疲労に耐える力もあり、若さと体力でどんな気候に対しても自信があった。給料については委員会が決めてくれたもので充分であったから、帰還後の報酬に関しては契約を結ばなかった。もし旅の途中で倒れたなら、私の身体とともに、私の希望も期待も消えてしまうのだから結構だし、また、もし万が一、私が成功してアフリカの地理が我が国の人びとにあきらかになり、国民の熱望にこたえて新しい資源が産業にもたらされ、商業の道が開けるなら、それに見合うだけの報酬を雇い主が私にくれるに違いないと思っていた。委員会は必要と思われる照会をした結果、私の資格が充分であると認め、私はその仕事を引き受けることになった。委員会は、定評あるその気前のよさで、私が頼んだ事について、できるかぎりの物心の激励を与えてくれた。

はじめ私はジェイムズ・ウィリス氏に同行するはずだった。彼は最近セネガンビアの領事に任命された人で、このような地位にある人の支持と保護は大いに役立つと思われた。ところが政府はその後彼の任命を撤回したため、私はその恩恵を失ってしまった。しかし委員会は親切に、すべての必要品を整えてくれた。委員会の幹事だった故ヘンリー・ビュフォイ氏の厚意で、ジョン・レイドレイ博士（彼はガンビア川沿岸の英国の商館に長年在勤していた）宛の推薦状と、二〇〇ポンドの信用状をもらい、私はいよいよ帆船エンデヴァー号で渡航することになった。これは小さな船で、蜜蠟《みつろう》と象牙を買い入れるためガンビアへ向かうことになっており、リチャード・ワイアットが船長だった。私は出発が待ち遠しかった。

私に与えられた指令は要にして簡を得ていた。すなわち「アフリカに着いたなら、ただちにバンブーク経由か、もしくは、さらに便利なルートがみつかればそのルートを通ってニジェール川に出ること、そしてニジェール川のコースと、できれば川の起点、終点を確認すること。近隣の主要都市、村落、とくにティンブクトゥとハウサを訪ねるよう最大の努力をすること。任務を終えてヨーロッパに帰る際には、ガンビア川経由か、あるいはその時の状況や見通しで、もっとも賢明だと思われるルートをとること」であった。

われわれは一七九五年五月二二日にポーツマスを出航した。六月四日にはアフリカの海岸にあるモガドールのかなたに山々をみることができた。そして同月二一日に、三〇日間の快適な航海を終えてジリフリーに錨をおろした。この町はガンビア川の北岸にあり、以前イギリス人が小さな港をつくっていた。対岸にはジェームズ島がある。

ジリフリーの町のあるバラ王国は多くの生活必需品をつくっているが、住民の主な交易品は塩である。この塩を彼らはカヌーで上流のバラコンダまで運び、帰りにはトウモロコシ、木綿布地、象牙と少量の砂金などを運んでくる。この仕事に従事しているカヌーと人の数はたいへんなもので、そのためバラ王はこの川の沿岸の他のどの首長よりもヨーロッパ人にとっては厄介な存在になっている。このような状況からして、王は法外な関税を設け、いかなる国の商人も入国に際して、船の大小を問わず、一艘につき約二〇ポンドずつ支払うよう要求するからである。これらの関税は通常アルカイドと称するジリフリーの首長が自ら集めるならわしで、その際には多数の従者を従えていた。従者のなかにはたびたび英国人と接触してなまかじりの英語をしゃべる者もいたが、たいていうるさくて厄介な連中だった。ほしいと思うものは何でもしつこくせがみ、商人たちは彼らを追い払うために仕方なく要求を入れる始末だった。

二三日にわれわれはジリフリーを出発、この川の南側の水路を二マイルほど上ったところにあるヴィンテーンという町まで進んだ。この町には多量の蜜蠟が集荷され、それを買い入れるため多くのヨーロッパ人がここを訪れる。蠟はフェループ人によって森の中に集められる。この人種は未開のじつに無愛想な連中である。彼らの国はかなり広大な面積をもち、米を産する。彼らはガンビア、カサマンサ両川沿岸の商人たちに、米をはじめ、山羊、家禽類を手ごろな値段で売り渡していた。彼らが集める蜜は主として自家用に用いられており、ちょうど英国で製造される蜂蜜酒と同じような強いアルコール分を有する酒をつくっていた。

フェループ人はヨーロッパ人との取引きにはいつもマンディンゴ国の仲買人を雇っていた。彼らは英語を少々話すし、この川の流域の交易に通じていたからである。これらブローカーが取引きを行なうのだが、ヨーロッパ人の便宜を考えて、はじめ支払い額の何割かを受け取り、それをぜんぶ彼らの雇い主に渡してしまう。つぎにその残額を（「だまし金」とはうまく言ったものだが）フェループ人が去った後に、手間賃として自分のふところに入れるわけである。

フェループ人種の言語は、彼ら特有のまことに変わった言語であるが、取引きは前にも述べたように、主としてマンディンゴ人によって行なわれるので、ヨーロッパ人は彼らの言語を学ぼうとはしない。数詞は次のようなものである。

1＝エノリ、2＝シッカバまたはクッカバ、3＝シサジェー、4＝シバキア、5＝フータック、6＝フータック・エノリ、7＝フータック・クッカバ、8＝フータック・シサジェー、9＝フータック・シバキア、10＝シバンコンエン。

二六日にわれわれはヴィンテーンを出発し、川をさかのぼって進んだ。途中、流れが急なところで錨をおろし、舟を引っ張ることもしばしばだった。川は泥が深くて、両岸は数知れぬマングローブの茂みでおおわれ、沿岸地帯は平らな湿地帯のように思われた。

ガンビア川は魚が豊富で、その幾種かはなかなかうまかったが、どれ一つとしてヨーロッパには知られていない。河口にはサメの大群がおり、川をさかのぼるとワニやカバが多くみられた。カバは巨大で、ぶざまにふとっていて、良質の象牙のような歯をしているのだから河象《かわぞう》と呼んだ方がいい。この動物は水陸両棲で、足が太く短く、ひづめは二つに分かれている。草食で川の両岸に生えている草や木の小枝などを食べる。水辺から遠く離れることはめったになく、人の気配がすると水中にもぐり込んでしまう。私は多くのカバを見たが、彼らは臆病で敵意のない性質のように思えた。

ヴィンテーンを発って六日後、ジョンカコンダに着いた。かなりの交易が行なわれており、われわれの船もここで荷物を一部積み込むことになっていた。翌朝、数名のヨーロッパ商人が手紙を受け取りにそれぞれの商館からやってきて、積荷の内容と量をしらべた。船長は私の到着を知らせるために、レイドレイ博士に使者を送った。博士は翌朝ジョンカコンダへやってきた。私がビュフォイ氏の手紙を渡すと、私の探検旅行の機会が訪れるまで彼の家に滞在するようにと、親切に招待してくれた。喜んでこの招きに応じた私は、七月五日の未明、博士からおくられた馬とガイドを得て、ジョンカコンダを出発し、一一時にピサニアに着き、博士の家で部屋と日用品を与えられた。

ピサニアは小さな村でイヤニイ王の統治下にある。ここは貿易のための基地としてイギリス人によってつくられた村で、住民はイギリス人と彼らが使っている黒人だけである。この村はジョンカコンダの上流一六マイルの地点にガンビア川の両岸にまたがって位置している。私が到着した時には、この家に住む白人はレイドレイ博士と、エインズリーという名の二人の紳士――彼らは兄弟である――のみであったが、使用人は大ぜいいた。彼らは王の保護を受けてまったく安全な状態におかれていた。土地の人から尊敬され、一目置かれていたので、国から特に便宜や援助を与えてもらう必要はなく、奴隷、象牙、金の取引きの大部分を掌握していた。

こうして、当分のあいだ快適な生活が送れることになったので、私の第一の仕事はマンディンゴ族の言語を習得することだった。この言語はアフリカのこの地域でもっとも広く使われており、この言葉を知らなくては、この国とその住民に関する知識を得ることは不可能だと思ったからである。この言語を学ぶのにレイドレイ博士が大いに助けてくれた。彼は長いことこの国に住み、絶えず原住民と接触して、ほとんど完璧にこの言語をマスターしていた。語学の次に私が計画していたのは、これから訪れる国々についての情報を集めることだった。これについてはスラティと呼ばれる商人たちに問い合わせるように、と言われた。彼らは黒人の商人で、アフリカのこの地方では重要な地位にあり、黒人の奴隷を売るために、奥地から出てくる連中だった。しかし、間もなく、私は彼らの情報がほとんど信頼できないものであることを知った。というのは、彼らの話はもっとも重要な点でくいちがっており、しかも全員が私の旅行に対して反対だったから。そんなわけで、私はいよいよ事実を自分自身の目で確かめたいと強く思いはじめた。

この種の研究や現住民の風俗習慣の観察などで、毎日が楽しく過ぎていった。しかもヨーロッパではほとんど知られていない国で、目を驚かすような珍しい自然にかこまれての研究だった。

ヨーロッパ人が熱帯の気候にはじめて接すると、たいていは熱病にかかり、新しい風土に馴化するのに苦しむものだが、そういった苦しみから私はどうやら逃れられたとうぬぼれはじめた。ところが七月三一日、私はおろかにも、不用意に夜露にぬれながら、この地の経度を知ろうと月の欠けるのを観察した。翌日、私はひどい熱と、一種の精神錯乱状態におそわれ、この病気のおかげで八月の大部分を家に閉じこめられてしまった。回復はおそかったが、少しよくなると、私はひまをみつけて散歩をたのしみ、この国の産物を見てまわった。ところがひどく暑い日、いつもより遠出をしたためにぶり返し、九月一〇日ふたたび床につくはめになった。幸い熱は以前よりは軽く、三週間もすると天候が許すかぎり、ふたたび植物研究の散歩に出られるようになった。雨の日は自室で植物の写生などを楽しんだ。レイドレイ博士の行き届いた看護は、私の苦しみを大いにやわらげてくれた。彼がそばにいて話をしてくれると、退屈な時間をまぎらすことができた。ちょうどいやな季節で、どしゃ降りがつづき、日中は息がつまりそうにむし暑く、夜ともなれば蛙の鳴き声(その数は想像を絶する)、ジャッカルの鋭い叫び、ハイエナの底しれぬうなり声をきいているよりほか何もすることがないのだ。この陰気なコンサートをさえぎるものは、ただ、響きわたる雷鳴のみである。その恐しさは、聞いたものでなければ、とうていわかってもらえないだろう。

国の地形そのものは広大な平原で、大部分森林におおわれ、見た目には退屈で、陰気な単調さでしかない。しかし自然は、変化に富んだ風景の美しさの代わりに、豊饒な海山の幸を住民に恵んでくれている。農耕にほんの少し注意すれば、充分な穀物の収穫は約束される。原野は家畜の豊かな牧場となり、ガンビア川、ワリ用水路は美味な魚類のすみかだった。

主な穀物はトウモロコシで、ホルカス・スピカタス（原住民はスーノとかサニオと呼ぶ）である。ホルカス・ニジェールとホルカス・ビコロ（原住民は前者をバシ・ウーリナ、後者をバシキと呼ぶ）の二種があって、米とともにかなり多量にとれる。さらにこの近接の町や村の住民は自家農園を持っていて、ネギ、カラヴァンス、ヤムイモ、カサヴィ、落花生、ポンピオン、ヒョウタン、スイカなどの食用植物を栽培している。また町の近郊では綿と藍の小規模な畑をみた。綿は衣類を、藍は布を美しい青に染める染料を供給する。染め方については後に述べる。

脱穀するには、パルーンと呼ばれる大きな木製の臼が用いられ、この中で穀物をついて外皮を取り、それを風にさらして外皮を吹きとばす。ちょうどイギリスの小麦の脱穀法と同じである。外皮をとった穀物は、ふたたび臼に移され、搗いて粗粉《あらこ》にし、国によってさまざまに調理される。ガンビア川流域の地方でもっとも多い料理はクスクスと呼ばれる一種のプディングである。そのつくり方は、まず粉に水を加え、ヒョウタンに入れて粘りがでるまでよくかきまぜ、サゴ（サゴヤシからとる澱粉《でんぷん》）にする。つぎにそれを素焼きの壺に入れる。この底には小さな穴がいくつかあいている。この容器を二つ重ねて、水でといた粗粉、または牛糞で重ね目を封じて火にかける。下段の容器には、普通なにかの肉と水が入れられ、その蒸気が上の器の穴を通して上りクスクスをつくる。これは私が訪れた国々では、大いに重宝がられていた。きくところによると、バーバリ海岸（アフリカ北部海岸）で同様な調理法が用いられ同じくクスクスと呼ばれているということで、おそらくニグロがムーア人からこの調理法を学んだのであろう。

また変わった味を楽しむには、やはりトウモロコシの粗粉からつくるニーリングと呼ばれる一種のプディングのようなものがあるし、米の調理法も二、三種類はある。したがって、現住民は野菜類はあまり欲しない。庶民階級は、肉類はなかなか食べられないが、まったく禁じられているわけではない。

家畜の種類はほとんどヨーロッパと変わらない。ブタは森林地帯に見られるが、その肉はあまり喜ばれない。おそらく、マホメット教徒が豚肉を嫌うことが、異教徒の間にも自然に浸透したにちがいない。家禽類(七面鳥を除く)はどこにでも多種見られる。ホロホロ鳥や山ウズラは平野部に多い。森林地帯には小さいカモシカが多く、とくにその肉は高く評価されている。

マンディンゴ諸国でもっとも多くみられるその他の野獣は、ハイエナとヒョウと象である。象が東インド諸島で使役に用いられていることを考えると、アフリカの現住民が、その広大な大陸のどこにおいても、この強力でしかもすなおな動物を馴らし、その力と機能を人の用に役立てる術をいまだに開拓していないのは不思議に思われるかもしれない。私が現住民に、東洋諸国では象が飼い馴らされていると話したら、彼らは私を笑って軽蔑し、こう叫んだものだ。「トバウボ・フォニオ!(白人の嘘つき)」。ニグロはしばしば銃で象を殺してしまうのだ。それはおもに象牙をとるためで、彼らはこれを物々交換の具とし、象牙はさらにヨーロッパ人に売り渡される。肉は食用とし、しかも非常な美味とされている。

ニグロの地域で、運搬の役を引き受けているのはロバである。動物の力を農業に用いることは、どこでも行なわれていない。したがって彼らはまったく鋤を知らない。農耕に用いられる主な農具は鍬《くわ》でこれは地域によって形が異なる。労働は一般に農奴によってなされる。

一〇月六日、ガンビア川の水位は最高をマークし、高水位線を越すこと一五フィートとなった。その後、水位は下りはじめた——最初はゆっくりと、後には非常に急速に、時には二四時間で一フィートもさがった。一一月初旬には、川は以前の水位に戻り、水の干満も平常となった。川が平常水位となり、大気が乾燥するとともに、私の体力もめきめき回復しはじめ、私は出発のことを考えはじめた。というのは、この時期が旅にはもってこいの季節だとされているからである。現住民たちは収穫を終わり、食糧はどこでも安く、そして充分だった。

レイドレイ博士はちょうどジョンカコンダへ商用で旅行中だった。私は彼に手紙を書き、なんとかスラティ（奴隷商人）にコネをつけて、ガンビア川から奥地へ向かうコフレ（隊商）の最初の一隊に私が加われるように、そしてその保護を頼みたいと書き送った。また、馬一頭とロバ二頭の購入方を依頼した。数日後、博士はピサニアに帰り、隊商の一行が乾季の間にたしかに奥地へ出発すると知らせてくれた。しかしその隊商に加わる商人の多くが、まだ商品の取りそろえを終わっていないので出発がいつになるかはわからないとのことだった。

私は奴隷商人たちや隊商を構成している連中の性格や気質をまったく知らないし、彼らの方は私の目的を嫌っていて、私の提案した契約に積極的に応じようという様子はみえなかった。その上、出発の期日はまったく不明だった。そこで私は、充分考えたうえでこの乾季を利用して自分ひとりで出発することに決めた。

レイドレイ博士は、私の決定に同意し、私が旅を安全かつ快適に実行できるよう、あらゆる援助を約束してくれた。

決心がついたので、私はそれに従って準備を始めた。今や親愛なる友人（彼の親切と心づかいは私の出発の瞬間までつづいた）[1]のもとを去るにあたり、また今後何カ月にもわたって、ガンビア川に接している国々を離れるにあたって、私の記述をすすめる前に、この祝福された川の岸に住むニグロの国々についての記録と、アフリカのこの地方との貿易で利益を得ているヨーロッパ諸国とニグロとの商取引きに関する記録とを、ここに記しておこうと思う。

1　レイドレイ博士がその後亡くなられたことに深い哀悼の意を表する。彼は一七九七年末、西インド諸島経由で英国帰還のため、アフリカを去り、バルバドスに到着後、まもなく死去されたのである。

第二章　原住民について

　ガンビア川沿岸の国々の原住民は、多くの政府のもとにそれぞれ統治されているが、四つの大きな種族に分類される。フェループ、ジャロフ、フーラー、マンディンゴである。これらの国々の中でマホメット教はかなり浸透しており、勢力を得つつあるが、大多数の住民は、自由民も奴隷も、昔から伝わる盲目的ではあるが害のない迷信を守ることに固執し、回教徒からカフィール、すなわち異教徒と呼ばれている。

　フェループ族については、前章に述べたので、ほとんどつけ加えることはない。彼らは陰気な性質で、自分に危害を加えた者を絶対に許さない。自分たちの争いは、宿命的な争いとして子孫に伝えていくとさえ言われている。彼らは死んだ父親に加えられた不当な行為の報復者になることは、息子に課せられた義務と考える。それは親に対する子供のつとめなのである。

　祭りの宴の時にいつも起こることなのだが、全員が蜂蜜酒で酔いしれた時など、突然けんかが起こって一人が命を失うようなことがあると、その男の息子が（息子が大ぜいいる時は長男が）父親のはき物を夢中で探し出し、それを年一回、父の命日にはき、父の仇を討つ機会をうかがう。その仇敵が彼の追跡をまぬがれることはまずない。しかし、このように恐しい情容赦のない性質の反面、多くのよい性質も持ち合わせている。彼らは恩恵を与えてくれた人びとに対しては、この上ない感謝と愛情を示すのである。また、何かを彼らに任せれば、驚くべき忠誠心をもってそれを守る。現に彼らは、フランスの略奪からわれわれの商船を守るために一度ならず武器をとって戦った。そして、かなりの価値のあるイギリスの財産が、しばしば長期間フェループ人の管理のもとにヴィンテーンに置かれていた。こうして彼らはおどろくべき正直さと几帳面さを示した。これほど断固たる決意をもち、忠誠心の深い民族の心が、キリスト教のおだやかな慈悲深い精神によってやわらげられ、文明化されるなら、どれほどすばらしいだろうと思わずにはいられない。

ジャロフ族（あるいはヤロフ族）は、セネガル川とガンビア川沿いのマンディンゴ州の間に広がる土地に住む活動的な力強い好戦的な種族である。しかし彼らは言語のみならず、皮膚の色も容貌もまったくマンディンゴ族とは異なっている。ジャロフ族の鼻は一般のアフリカ人ほどつぶれていないし、唇はそれほど突き出ていない。肌はまっ黒だが、白人たちからは大陸のこの地方にしては顔立ちのいいニグロと考えられている。

ジャロフ族は数個の独立した州、あるいは王国に分かれ、そのそれぞれが、近隣の国々や、おたがい同士でしばしば戦争をしている。風習や迷信や統治の方法において、他の国々より、もっともマンディンゴ族に近く、木綿の製造にかけては、マンディンゴ族よりはるかにすぐれており、繊維をもっと細い糸に紡ぎ、もっと幅の広い紡織機にかけて、マンディンゴ族よりすぐれた色に染め上げている。

語彙は豊富で深い意味をもち、セネガルへ貿易に出かけるヨーロッパ人も、しばしばこの言語を学ぶ。

フーラー族（フォーレイ族）、少なくともガンビア川沿岸に住むフーラー族は、顔色が黄褐色で、絹のような柔かい髪と感じのいい顔つきをしている。彼らは牧歌的な生活に愛着をもち、海岸地方のあらゆる王国へ、牧畜者あるいは農民として入りこみ、自分たちの保有地に見合った貢ぎ物をそれぞれの国を君主に納めている。

マンディンゴ族は、私が訪れたアフリカのあらゆる地域の住民の大部分を占め、彼らの言語は、わずかの例外を除いて広く理解され、大陸のこの地域で一般に話されている。

察するところ、彼らはマンディングという内陸の州から移住してきたので、それでマンディンゴと呼ばれているらしい。マンディングについては後に述べる。彼らの祖国は共和制であるが、ガンビア川沿岸のマンディンゴの諸州は君主制をとっているようだ。といっても君主の権力はけっして無制限ではない。重要事項に関しては、王は国の長老たちを召集し、その会議によって決裁し、この会議の進言なしに王は宣戦布告も和平締結もなしえない。

都市と名のつくところにはアルカイドと呼ばれる行政長官がいる。その職は世襲で、治安を保ち、旅行者に課税し、地域の司法権を掌握、裁判長もつとめる。法廷は町の長老たち（むろん、自由民の）で構成され、パラヴァーと呼ばれている。裁判は戸外でおごそかに進められる。訴訟の被告、原告、ともに自由に討議し、証人は公開の場で喚問され、それにつづく判決は、通常とりかこんでいる聴衆の賛同を得て下される。

ニグロは文字をもたないので、判決の際に行なわれる方法は、だいたい古い慣習にてらしてなされる。しかし回教の制度がしだいにひろまるにつれ、回教に改宗した者がふえたので、回教の教義やマホメットの規則が徐々に浸透していった。そしてコーランが充分その意を明らかにしていない個所では、〝アル・シャラー〟と呼ばれる評釈書に頼っている。これは聞くところによると、イスラム法の完全な解説書、あるいはダイジェストで、民法、刑法が適切に並べられ図解されたものである。

このように、成文となっている法律（未開の異教徒がそんなものを知らないのは当然のことだが）にしばしば頼るようになったので、その結果、商談などでもプロの弁護人や、法律の解説者があらわれた。（アフリカでこのような実情を見ようとは夢にも思わなかったが）彼らは、ちょうどイギリスの法廷の弁護士と同じようなやり方で、原告や被告の弁護のために座に加わることを許されている。彼らは回教の法を専門に学んだ、あるいは学んだとみせかけている回教徒のニグロである。しばしば聞いた熱弁から判断すると、屁理屈を並べたてたり、引きのばしたりする法廷弁論の資質において、あるいは訴訟の申し立てを混乱させる技術において、彼らはヨーロッパのもっとも優秀な弁護人でさえかなわぬほどである。私はピサニアにいた時、ある訴訟弁論で、回教徒の弁護人たちがプロの巧妙さを誇示するすばらしい機会を与えられたと聞いた。その事件というのはセラウーリ族（セネガル川沿岸の内陸の国の土着民）の一頭のロバが、マンディンゴ人の所有する穀物畑に侵入して、その大部分をめちゃめちゃにしてしまった事件である。マンディンゴ人は自分の畑でこのロバを捕え、ただちに刀でそののどを切りさいた。そこでセラウーリ人は大事にしていたロバの損害を取り返すべく、ヨーロッパ流に言えば訴訟を起こした。被告はロバを殺したことは白状したが、彼の穀物の損害はロバの代金として要求された額と同額と算定できるからと主張して相殺請求をもとめた。この事実を確認することがこの場合問題点であるとして、学のある弁護人連中は、この訴訟を混乱させることにつとめた結果、三日間の事情聴取の末、なんら結論を出さず法廷は解散した。おそらく第二回目の審議が必要だというわけなのだろう。

マンディンゴ族は、概しておだやかで社交的で親切な性質である。男たちは一般になみ以上の大きさで、姿もよく、労働に耐える体力をもち、女たちは人が好く陽気で愛想がいい。男女とも自家製の木綿の布をまとい、男は僧侶の着る白衣に似たゆるい上衣を着、脚のふくらはぎまでのズボンをはいている。はきものはサンダルで、白い木綿の帽子をかぶっている。女たちの衣類は二枚の布で、一枚は腰のまわりに巻き、くるぶしまでたらしてペティコートのようにし、もう一枚は胸と肩をおおうようにゆるくかけている。

この服装は、アフリカのこの地方のほとんどの国々の民族に共通で、それぞれの国の特徴は女の髪飾りのみに見られる。

ガンビアの国々では、女はジャラという一種の繃帯《ほうたい》のようなものをつけている。これは木綿の細い布で、これでひたいの上部を幾重にもまきつける。ボンドウでは白いビーズで頭を巻き、ひたいの中央に小さな金の皿のようなものをつける。カッソンでは女たちは白い貝殻で、なかなか趣味よく上品に頭部を飾る。カールタとルダマールでは、昔イギリスの婦人たちがやっていたように、パッドを加えて髪を高く結い上げ、それをサンゴで飾っている。このサンゴは、メッカから帰る巡礼者がもち帰って高い値段で売りつけるのである。

住居の構造については、マンディンゴ族も大陸のこの地域のアフリカ諸国のしきたりにならって、小さな狭苦しい小屋で満足している。

約四フィートの高さの円い泥壁の上に、竹の枠組を草でふいた円錐形の屋根をのせたもので、王の宮殿も、奴隷の小屋も、みな同じ形をしている。家具もまた簡素なもので、地上二フィートの高さにまっすぐに立てた杭の上に、竹などで編んだ編み垣をのせ、その上にムシロか牛の皮を敷いて寝床とし、あとは水瓶、食物を調理する土の瓶、二、三の木製の椀とヒョウタン、それに低い腰かけが一つ二つあるくらいである。

自由民はすべて複数の妻をもっているので（おそらく夫婦間の紛争をさけるためと思われるが）女たちはそれぞれ個人専用の小屋を与えられている。一家族に属する全部の小屋は一つの垣で囲まれている。垣は竹を細く裂いて一種の小枝細工のようにつくられたものでできている。一つの囲いはシルクとかサルクとか呼ばれる。囲いと囲いの間には細い道がついていて、この囲みがいくつか集まって町をつくっている。小屋はその持ち主の気のむくままに、なんらきまった型もなく散在しているが、ただ、海の風を入れるために、どの小屋も南西に戸口をつけるよう気をつけている。

どの町にもベンタングと呼ばれる大きな舞台があって、公会堂や市民会館の役を果たしている。これは竹などを編み合わせたものでできていて、日光を避けるため大木の木かげに立てられている。その場所で公務が執行され、裁判も開かれるし、怠け者たちがパイプをくゆらすために集まったり、その日のニュースをきいたりするのもここである。回教徒はたいていの町にミスラというモスクを持ち、そこに集まってコーランの教えに従って日々の祈りを捧げる。

ところで、土着民についてこれまで述べてきたことは、主として自由民についての観察であることを心にとめておいてもらいたい。自由民は全住民のせいぜい四分の一程度である。残りの四分の三は、救いようのない代々の奴隷で、農耕、牧畜、その他あらゆる種類の仕事に雇われており、西インド諸島の奴隷と大差ない。しかし、きくところによると、マンディンゴ人の主人は、奴隷の命を奪ったり、他人に売ったりするときは、まずそれを商議《パラヴァー》にもちこむ、つまり、奴隷を公けの裁判にかけなければならない。だがそれは雇い主と同じ種族の奴隷か、子飼いの奴隷に限られている。戦争の捕虜や、罪を犯したり、支払い不能のために奴隷の宣告を受けた者、あるいは内陸の国々から売られてきた不幸な奴隷は、なんらの保障もなく、その所有者により勝手に扱われ、処理される。

だが、時には次のようなことが起こることもある。たまたま船がこなくて、奴隷を売ることができないような場合、情け深い思慮のある主人だと、集めてきた奴隷を自分の一族郎党の中に加えたり、親の奴隷までとはいかないまでも、奴隷の子供たちには土着民と同等の特権をすべて与えるといったケースである。

ガンビア川沿岸に住む数カ国の住民に関するこれまでの説明は、私の旅の門出に際してここで述べることが必要だと思ったものである。しかしマンディンゴ族については、まだまだ語るべき細かい点があるが、そのいくつかは旅の過程で必要に応じて書き入れ、その他は巻末の概要の中で述べることにしよう。巻末にはまた、国や気候についての観察記録をも記すつもりである。なぜならこういった記録は、毎日の出来事を細かく書いていく際には書き入れることができないからである。したがって、以下、この章では、キリスト教の国々が、ガンビア川を通じてアフリカ諸国との間に、どんな方法を発見して貿易をはじめたのか、その結果、海岸沿いの住民と内陸の国々との間にどんな陸路が設けられたか、それについてのみ記しておく。

この有名な川のほとりにヨーロッパ人によって最初に建てられたのはポルトガルの商館である。ニグロの間で、いまだに多くポルトガル語が使われているのはそのためであろう。その後、つづいてオランダ人、フランス人、イギリス人が海岸に植民地をもつようになった。が、ガンビア川での貿易はイギリス人の独占となり何年もつづいた。フランシス・ムアの旅行記の中には、一七三〇年にこの川にロイアル・アフリカン会社設立の記事がのこっていて、その当時ジェイムズの商館だけでも、長官、副長官、二人の高級官吏、八人の仲買人、一三人の書記、二〇人の下級役人と商人、一隊の兵士、三二人のニグロの従僕、さらに帆船、川舟、ボートと、その乗組員がいたということである。そしてこの川の他の沿岸地帯には八カ所に支店ともいうべき在外商館があった。

ヨーロッパとの貿易は、後になって暴露されたところによると、ほとんど全滅状態であった。当時、イギリス国民の分担金では、年に二隻か三隻の舟を送るのがやっとであり、イギリスの輸出総額は二万ポンドに満たなかったと聞いている。フランス人とデンマーク人は、なおいくらか貿易を行なっていたが、アメリカ人はそのころ、やっと数隻の舟を実験的にガンビアに送りはじめたばかりであった。

ヨーロッパからガンビアへの輸出品は、主として鉄砲類、弾薬、鉄製品、酒類、タバコ、木綿の帽子、わずかの上質広幅黒ラシャとマンチェスターで製造される二、三の製品である。いくらかのインドの商品、たとえばビーズとか琥珀《こはく》とか、その他細かな商品などは、奴隷、砂金、象牙、蜜蠟、牛皮などと交換するために運ばれた。奴隷がおもな取引きの対象であるが、現在ガンビアから輸出されるアフリカ諸国の奴隷の総数は一〇〇〇人以下と推定される。

この不幸な犠牲者たちは、定期的に隊商によって海岸に連れてこられる。その多くは非常に遠い奥地から運ばれてくるらしい。というのは、彼らの言語は沿岸地帯の住民には理解されないからである。どうやって奴隷を手に入れるかについては、私が集められるかぎりの情報を、あとでおしらせしよう。

海岸に彼らが到着した時、利益になる売り口がすぐにないと、奴隷船がくるか、あるいは黒人の仲買人が買いにくるまで近隣の村々に分配される。黒人の仲買人は時に投機的に奴隷を買うのである。それまで、あわれな奴隷たちはいつも足かせをはめられ、二人ずつ鎖につながれ、農耕作業に使われる。そして気の毒に、食物もろくに与えられず、ひどい扱いを受ける。一人の奴隷の値段はヨーロッパからの買取人の数と、奥地からの隊商の到着の関係で異なるが、一般的に言って、一六歳から二五歳の若い健康な男子で、一八ポンドから二〇ポンドの値がつけられる。

ニグロの奴隷商人は、前章で述べたように、スラティとよばれ、白人に売るために連れてくる奴隷や商品の外に、原地産の鉄、香りのよいゴムや乳香、シア・トゥルゥとよばれる日用品（文字通り訳すと「木のバター」を意味する）を沿岸地方の住民に供給する。熱湯で煮た木の実の種から抽出されるもので、これについては、あとでくわしく述べよう。バターのような外見をしており、堅くて、実際バターのすばらしい代用品となる。住民の重要な食物で、油の代用としてさまざまな用途に役立っている。だからその需要はたいへん多い。

これらの商品の代金として、沿岸の諸国は塩を内陸の国々に供給する。塩は乏しく貴重な品で、私も旅の途中でしばしば辛い思いをしたものだ。しかし、かなり大量の塩がムーア人によって内陸諸国に供給されている。ムーア人はサハラ砂漠の塩田からこれを採り、その代わりに穀物、木綿の布、奴隷を手に入れるのである。このように、商品の物々交換をするにあたって、貨幣やそれに類するものがないということは、最初は品物のバランスを保ったり、異なる品物の価格の相違を調整するうえで、たいへん不便だったにちがいない。そこで内陸の住人たちは、カウリーと称する小さな貝殻を利用したが、これについてもあとで述べることにする。海岸では、住人たちは彼ら独特の方法を採用している。

ヨーロッパとの初期の貿易で、彼らの注目を集めたのは鉄であった。鉄は、戦いや農耕の道具をつくるのに用いられるため、他のどの品よりも好まれた。そして間もなく、鉄は他の商品の価格を決定する物さしとなった。こうして、いかなる単位のものであれ、鉄の延べ棒一本（バー）と同等の価値のあるものとみなされる一定量の品物は、商人の言い方だと、一バーということになった。たとえばタバコの葉二〇枚は、一バーのタバコであり、一ガロンのアルコール（といっても、これは酒と水と半々なのだが）は、一バーのラム酒というわけで、一バーの品物ということは、一バーの他の品物と等価なのである。

しかし需要に対して品物の多少が、それぞれの価格に絶えず変動を与えるようになると、当然もっと精密さが要求されるようになる。そこで現在は、どんな品物でも一バーの値段は白人によって二シリングときめられている。したがって一五ポンドの奴隷は一五〇バーとなる。

だが、この種の取引きでは、白人の商人のほうが、いつもアフリカ人より得をすることになるので、アフリカ人はなかなか満足しない。アフリカ人は自分の無知に気がつき、当然のことながら極端に疑い深くなり、ためらうようになった。そんなわけでヨーロッパ人は、金が支払われ、相手方が立ち去るまでは商売が成立したと考えないのである。ニグロはいつもためらい、疑い深くなっているからだ。

さて、私がガンビア川近くに住んでいる間に見たこの国とその住人の大ざっぱな観察記録をだいたい終わったので、このような紹介記事で読者をひきとめるのはこのくらいにして、先に進もう。次の章では、ガンビアを出発してふたたび戻ってくるまでのつらい危険な旅の途次起こったこと、また心に浮かんださまざまな思いなどを詳しくお話することにする。

第三章　旅の始まり

一七九五年一二月二日、私は温かいもてなしを受けたレイドレイ博士の邸宅をあとにした。幸いなことに、私は英語とマンディンゴ語を話すニグロの召使いを与えられた。彼の名はジョンソンといった。彼はアフリカのこの地の生まれで、子供のころ奴隷としてジャマイカに連れていかれ、そこで自由の身となってイギリス人の主人についてイギリスに渡り、何年も過したあげく、やっと故国へ帰ることができたのである。レイドレイ博士が彼をよく知っていて私に推薦してくれたので、私は彼を通訳として雇い、一カ月一〇バーの給料を彼に、一カ月五バーを彼の留守中の妻に渡すことにした。博士はさらに、彼自身が雇っているデンバという名のニグロの少年を譲ってくれた。この子は快活な性格で、マンディンゴ語の他にセネガル川沿岸に居住するセラウーリ族の言葉を話した（この種族については後述する）。少年が任務をきちんと果たすようにと、博士は彼にこう約束した。もしも私が帰還したあかつきに、彼が立派に忠誠をつくし任務を果たしたという報告を受けたら、彼に自由を与えるということである。私は自分用に馬を一頭（これは小柄だが頑健で威勢のいいしろもので、七ポンド一〇シリングもした）、通訳と少年のためにロバを二頭用意した。私の荷物は軽く、主として二日分の食糧、旅行のあいだ新鮮な食糧と取りかえるための各種の首飾り、琥珀とタバコ、下着類一揃いとその他必要な衣服、傘、懐中六分儀、磁石と寒暖計、猟銃二梃、ピストル二梃、その他こまかいものであった。

同方向へ旅をするので途中まで同行してお役に立ちたいと申し出たのは、マディブーという名の自由民（ブシュリーン＝マホメット教徒）で、彼はバンバラ王国へ行くということであり、ほかにセラウーリ人および同じ種族に属する奴隷商人二人、彼らはボンドウへ行くことになっていた。さらにカッソン生まれのタミーという名の黒人（彼もマホメット教徒）が同行することになったが、彼はレイドレイ博士のところで鍛冶屋《かじ》として数年働き、金を貯めて故郷へ帰るところなのである。この四名が徒歩で、ロバを追いながら従った。

こうして私には六名の同行者ができたわけだが、彼らは私を大事にするように、そして彼らが今度ガンビア川沿岸の国々に無事に帰れるか帰れないかは、私を無事に送り届けるかどうかにかかっている、と言い渡されていた。

博士自身とエインズリー兄弟は、数名の使用人を連れて最初の二日間、私に同行してくれることになった。思うに、彼らは私にふたたび会うことがないだろうとひそかに考えていたにちがいない。

われわれはその日のうちにガンビア川支流のワリを渡って、ある黒人の女の家で休息した。この女性は、以前ヒュウエットという白人商人の彼女《シエラミー》だったので、特別に「奥さん」と呼ばれていた。夕方われわれは近くの村を見に徒歩で出かけた。村長はガンビア商人のなかで、もっとも裕福なジェマフー・ママドゥと呼ばれる奴隷商人である。彼は家におり、この訪問をたいへん名誉なことと考えて、われわれのために牛を一頭つぶし、夕食に供してくれた。

黒人たちはおそくまで食事にも出かけず、牛が料理されているあいだ、われわれをもてなすために一人のマンディンゴ人に面白い話をしろとすすめた。その話をききながらタバコを喫って三時間ほど過した。話というのはアラビアン・ナイトの物語にいささか似かよっていたが、もっとばかばかしいものだった。読者のためにそのうちの一つを簡単に述べておこう。

「むかしむかし、ドゥーマサンサ（ガンビア川沿岸の町）にライオンが毎晩現われては家畜をさらっていくので、人びとはたいへん困っていました。それが長いことつづいたので、人びとの怒りはついに爆発し、そのライオンを退治する一隊がつくられました。そこで人びとは〈みんなの敵〉を探しに出発しました。そして敵が繁みにかくれているのを見つけるや、発砲して傷を負わせました。ライオンは繁みから跳び出し、人びとの方へ向かってきましたが、幸いにも深手のために草むらに転倒し、立ちあがることができません。しかし、ライオンは恐ろしく強そうな様子だったので、だれ一人近づこうとはしませんでした。そこでライオンを生捕りにするのにいい方法は何かについて人びとは相談をはじめました。そして、話は非常に明るい見通しへと好転しまして、みんな勇気百倍。すなわちライオンを川岸まで運んで、ヨーロッパ人に売ろうという結論がでたのです。それぞれが、あれこれと案を述べましたが、一人の老人がこう提案しました。まず小屋の屋根から、葺いてあるシュロをそのまま取りはずし、皮ひもでしっかりと結び合わせた竹の枠をとりつけて、それをライオンにかぶせるということです。もし近づいていったときにライオンが襲いかかってきたら、その屋根を自分たちにすっぽりかぶせて、棰《たるき》（垂木とも。屋根を支えるための長い木材）の間からライオンを撃てばいいというわけです。

この提案は賛成を得て採用されました。小屋の屋根が取りはずされ、ライオン狩りの連中は、その檻をかついで勇ましく戦場へと向かいました。めいめい片手に銃をもち、反対側の肩には屋根をかつぎ、こうして一行は敵に近づきました。しかし、この時分までにライオンはすでに力を回復していて、形相がものすごかったので、ハンターたちは先に進むより、自分たちが屋根の檻の中に入ってわが身の安全をはかった方が賢明だと考えました。が、残念なことに、ライオンは彼らよりすばしこかったのです。そんなわけで、人びとが屋根を自分たちにかぶせている間にライオンは跳びかかってきて、ライオン、人間ともども一つ檻に入るということになってしまいました。そしてライオンはひまにあかせて人間を食べていきました。ドゥーマサンサの人びとは驚き、かつ嘆きました。しかし、この町ではいまでもこの話をすることは危険です。この物語は近隣の国々の笑いとあざけりの種になっているからで、この町の人にライオンを生捕りにしてくれ、などと言おうものなら、彼らはものすごくおこります……」

一二月三日午後一時、私はレイドレイ博士とエインズリー兄弟に別れをつげて森林地帯へと入って行った。今や私の前には果てしない森と、文明を知らぬ人びとの住む国が広がっていた。ここの住人にとって、白人は好奇心と略奪との目標でしかなかった。私はいま、目にすることのできる最後のヨーロッパ人と別れたのだということ、そしてキリスト教社会のやすらぎから永遠に去ったのだということをひしひしと感じて感無量だった。

このような思いが心に翳《かげ》りを投げかけ、私はおよそ三マイルばかり思いに沈みながら進んだ。突然、私は、走り寄ってきてロバを止めた一群の人びとをみて、もの思いからはっと我れに返った。その様子から察するに、彼らはわれわれをペッカバへ連れて行って、関税を払うためにワリの王のところへ出頭させるということらしかった。私は、旅の目的が物を運ぶことではないから、商売のために旅行する奴隷商人や他の商人のように関税を払う必要はないのだ、と懸命になってわからせようとしたが、なんの役にもたたなかった。旅行者はだれでもワリの王に貢ぎ物をするならわしであって、それに従わなければ先へ進むことは許されないと彼らは言うのだ。彼らは数において私の従者にまさっているし、おまけにひどくやかましいので、私は彼らの要求をのんだ方が賢明だと考え、王が喫うようにとタバコ四箱を贈って、旅を続けることを許された。クータカンダの近くの村に着いたのは日没のころで、われわれはそこで一夜宿泊した。

一二月四日の朝、ワリの最後の町クータカンダを通過し、ウーリ王の役人に関税を払うため、その隣りの村で一時間ほど休んだ。その夜はタバジャングという村に泊り、翌一二月五日、ウーリ王の領地の主都メジナに着いた。

ウーリ王国は西はワリに接し、南はガンビア川、北西は小さなワリ川、北東はボンドウ、東はシンバニ平原によって限られていた。

国土はいたるところなだらかな傾斜になっていて、多くは広大な森林でおおわれている。町はその間の谷間にある。それぞれ広い耕地にかこまれ、そこでとれる作物は住民の需要を満たすに充分のように思われた。

土地はどこも肥沃に見えた。ただ山の頂き近くは別で、ここでは赤い鉄鉱石と切り株が、肥沃な土壌と荒地との境界をはっきり示している。主な産物は綿、タバコと野菜である。これらはすべて谷間で栽培され、土地の高さによってそれぞれ適した穀物がつくられていた。

住民はマンディンゴ族である。そしてマンディンゴ族の多くの国々と同じく、大きく二つの階層に分かれている。すなわち、ブシュリーンと呼ばれる回教徒と、カフィール（不信心者）、またソナキー（強い酒を飲む人びとの意）と呼ばれている異教徒の二階層である。異教徒（非回教徒を指す）が圧倒的に多く、国の政治は彼らの手中にある。ブシュリーンのなかのもっとも教養のある人びとが、重大事に関して、時に相談を受けることもあるが、行政に参加することは許されず、政治はマンサと呼ばれる王と国の高官の手に握られている。役人の中で最高の地位にあるのは、ファーバンナと呼ばれ、王位継承者とみなされている者で、次が地方行政官のアルカイド（キーモスと呼ばれることの方が多い）、次が自由民と奴隷[1]に大別される。自由民の中では、前にもしばしば言及したスラティが主力である。しかし、どの階級でも老人の権威に対しては非常な尊敬が払われている。

統治者である王が死ぬと、その長男が（成年に達していれば）王位を継ぐ。息子がいないか、あるいは息子が分別の年齢に達していない場合は、長老会議が開かれ、故人のもっとも親しい親族（通例は弟）が統治者として迎えられる。その場合、摂政役とか、幼い王の補佐としてではなく、全権を握るのであり、未成年者は失格する。政府の経費は、人びとからときどき寄せられる貢ぎ物や、地方から送られてくる商品に課せられる税金によってまかなわれる。ガンビアから内陸へ旅する際、旅行者はヨーロッパの商品を関税として納める。帰途には税金は鉄とシア・トゥルゥで、これらの税金はいたるところで支払わされる。

われわれが到着した王国の首都メジナは[2]、かなりの面積をもち、八〇〇ないし一〇〇〇の戸数を擁する。この町は他のアフリカの町と同じく、高い粘土の壁で囲まれ、その外観は先のとがった棒杭と、棘《とげ》のある灌木《かんぼく》垣で囲ってあるが、壁は破損し、その外側の垣は、杭を薪にするために女たちがしきりに引きぬくために、ひどくいたんでいた。私は王の近親者の一人の家に泊ることになった。彼は私を王に紹介してくれると言ったが、その際けっしてあつかましく王に握手の手など差し出してはいけないと教えてくれた。彼の話では、他国の人間に握手などの自由はめったに与えられないということだ。このような指示を受けてから、私はその日の午後、王に敬意を払うために出かけ、ボンドウに行くために王の領地内を通行する許しを乞うた。王の名はジャッタと言った。彼はなかなか威厳のある老人で、私はホートン少佐から彼について好意的な手紙をもらっていた。彼は自分の小屋の戸口の前のマットの上に坐っていて、大ぜいの男女が両側に座をしめ、歌ったり手をたたいたりしていた。私はうやうやしく王に挨拶し、私の訪問の目的を告げた。王は礼儀正しくそれに答え、この国を通過する許可を与えてくれたばかりでなく、私の無事を願って祈禱《きとう》をしてくれた。すると、私の従者の一人が、王の親切に対する感謝の心を表わして、アラビアの歌をうたい出した。いや、うなり出したといった方がいいかもしれない。そして一ふし終わるごとに、王自身も出席者も全員が手でひたいを打ち、敬虔な、感動的な厳粛さでアーメン、アーメンと叫んだ。[3] さらに王は、翌日、この王国の国境まで私を無事に先導してくれる案内人をつけてやると言ってくれた。やがて、私はそこを辞し、夕刻、王がレイドレイ博士に注文していた三ガロンのラム酒を贈った。その返礼として王から多量の食糧をおくられた。

一二月六日――早朝、私は案内人の準備ができているかどうかを知るため、もういちど王を訪ねた。王は牛の皮の上に坐り、煖炉の前であたたまっていた。というのは、アフリカ人は気温のわずかな変化にも敏感で、ヨーロッパ人が暑さでうだっている時でも、寒いと不平を言うことが多いのだ。王は慈悲深い面持ちで私を迎えてくれ、内陸への旅を思い止まるよう懇切に説いた。ホートン少佐がこのルートで殺されたのだから、もし私が彼の跡を辿るなら、私も少佐と同じ運命に遭うことになろうというのである。王はさらにつづけて、東部の国々の人間をウーリ族と同じに判断してはいけない、ウーリ族は白人をよく知っていて尊敬しているが、東部の人間は白人を見たこともないし、おそらくお前を殺すだろうと言った。私は王の愛情深い思慮に感謝したが、この件については、すでによく考慮

1　自由民はホリアと呼ばれ、奴隷はジョングと呼ばれる。

2　メジナはアラビア語では「都市」の意味である。この名はニグロの間では珍しくはなく、おそらく回教徒から借りた名であろう。

3　このことからみると王は回教徒のように思えるが、私は、彼は異教徒（非回教徒）だときいていた。この場合、彼が祈りに加わったのは、おそらく彼の情け深い心からであったろう。全能の神に捧げる祈りは、真心から敬虔な気持で捧げるなら、回教徒であろうと異教徒であろうと神はきき入れ給うと考えたのだと思う。

したうえで、いかなる危険にぶつかろうとも実行することに決めているのだ、と決意を述べた。王は不賛成の意を表したが、それ以上説得しようとはせず、午後までにガイドを用意しておくと言った。

二時にガイドがやってきた。私はこの敬愛すべき王に最後の別れを告げ、三時間後にコンジュールという小さな村に着き、一夜ここに宿ることにした。私はビーズ玉を一頭の立派な羊と交換し、セラウーリ族の従者たちは、彼らの宗教の儀式に従ってそれを殺した。その一部は夕食のために料理されたが、羊の角のことで夕食後、セラウーリの黒人と、通訳のジョンソンとの間に争いが起こった。黒人たちが角二本を屠殺者の役得として要求したのに対して、ジョンソンがその要求に異議を唱えたからだ。私は両方に角を一本ずつ与えてこの事件を解決した。この小さな事件は、次に起こることの前置きとなった。というのは、いろいろ聞いてみると、角というのは、黒人たちが身につけている、サフィとよばれるお守りや魔よけを入れて安全に運ぶための箱や容器をつくるのにたいへん重宝なので、非常に高価なものとされているらしいのである。サフィというのは、コーランの中の祈禱文とか、あるいはコーランの一節を紙切れに書いたもので、マホメット教の僧侶が素朴な黒人たちに売りつけ、黒人はそれを何か特別なご利益があると思いこんでいるのである。ある黒人は、ヘビやワニにかまれないよう身を守るためにサフィを身につけている。この場合、サフィはヘビの皮やワニの皮で包み、足首に結びつける。またある黒人は、戦いの時に自分の家族を敵の武器から守るためのお守りとする。しかし、このお守りは、病気や飢えや渇きから身を守ったり、また、いかなる情況のもとでも、いかなる出来事にあっても、絶対者の愛顧が得られるようにというために用いられることが最も多い[4]。

こうしたことを見るにつけ、迷信がいかにすばらしい伝染力をもっているか、感心するほかはない。というのは、ニグロの大部分は異教徒(非回教徒)であるにもかかわらず、またマホメットの教義をまったく拒否しているにもかかわらず、ブシュリーンであれ、カフィールであれ、こういうお守りのあらたかなご利益を信じていない人に会うことはできなかったからである。
実際、アフリカのこの地方の原住民は「書く」ということを、ほとんど魔法のように考えている。そして彼らが信じているのは、マホメットの教えではなく、魔法使いの術なのである。私自身、困った時に、このご利益の信仰をうまく利用したことをあとで述べよう。

コンジュールを七日に出発し、マラ（またはマレイン）という村で一泊し、八日の昼ごろにコロールについた。これはかなり大きな町で、その町の入口の近くに、一種の仮想の衣裳が木にぶら下がっているのに気がついた。きいてみると、それはマンボジャンボ（アフリカ西スーダン地方の黒人村落の守護神。仮面の男の姿で表わされる）のものだという。これはマンディンゴ族のあらゆる町に共通の奇妙な化けもので、女たちを服従させておくために非回教徒たちに多く用いられている。というのは、カフィールは何人でも妻をめとることができるので、だれでも養えるだけ多くの妻をもっており、女たち同士の間のいさかいや、家族内の争いがよく起きて、夫の権威だけでは家庭内にどうしても平和が保てなくなることがあるからである。こんな時にはマンボジャンボに仲裁を頼み、それで決着をつけるのである。

この奇妙な裁判官（これは夫か、または夫が指図を与えた者とされている）は前述の衣裳をまとい、公けの権威を表わす棒で武装し、（いつでも頼まれると）町の近くの森の中で大きな気味の悪い声をはり上げて、やって来たことを告げる。夜が近づくと、彼は無言劇を始め、暗くなると町に入る。そしてすべての住人が集まってくるベンタングへ現われる。

4 似たようなお守りが、ドミニとか、グリグリとか、フェティチなどと呼ばれてアフリカ全土にひろく見られる。

もちろん、女たちはこの芝居を好まない。なぜなら仮装している人物がだれだかまったくわからないし、既婚の女は、もしかすると自分が目をつけられているのではないかと考えるからだ。しかし、呼ばれれば女たちはあえて断わることはしない。こうして儀式は歌と踊りで始まり、夜中までつづく。そのころにマンボジャンボは犯罪者を指名する。不運ないけにえは、ただちに捕えられ、衣服をはがれ、柱にしばりつけられ、満座の叫び声と嘲《あざけ》りのなかでマンボジャンボのむちでひどく打たれる。この不幸な仲間に対して、いちばん大きな叫び声を上げるのが残りの女たちであるのは驚くべきことだ。夜があけると、このような怪しからぬ卑怯な行事も終わる。

一二月九日――途中では水が手に入らないので、タンバクンダに到着するまでは大急ぎで進んだ。そこを翌朝（一〇日）早く発ち、夕方にはコロールと同じくらいの大きさの町クーニアカリーに着いた。一一日の昼ごろ、ウーリの国境の町クージャに着く。ここからは約二日間の旅程の荒野をへだててボンドウがある。

ウーリの王から任命されていたガイドは、ここから帰らなければならないので、私は彼の労苦に対して、いくらかの琥珀を与えた。荒野では水を手に入れることができないと知らされていたので、その荒野を横切る間、ガイドと水の運搬人の両方を兼ねる人間を探した。すると、象狩人が三名応募してきたので、私は承諾し、三バーを前払いした。だいぶおそくなったので、私はその夜はここで泊ることに決めた。

クージャの住人は、ヨーロッパ人をまったく見たことがないわけではなかったが（たいていの者はガンビア地方の国々をときおり訪ねたことがあった）、好奇心と尊敬のまじった目で私を見、夜はベンタングで開かれるネオベリング、すなわちレスリングの試合に招いてくれた。これはマンディンゴの国々に共通な催しである。見物人は輪になって坐り、中央で試合が行なわれる。選手は強健な若者で、子供のころからこういった力の出し方には馴れているらしい。衣類をぬいで短いパンツ一枚になり、皮膚に油、またはシア・バター（西アフリカ産アカテツ科の木の実からとる植物性バター。食用または石鹼）を塗ってもらうと、挑戦者たちはたがいに四つん這いになり、しばらくは相手の攻撃をさけながら、時に手をのばして近づいていく。やがて一人が前にとび出して相手のひざにくみつく。非常な巧妙さと判断力が展開されるが、この試合は、より力のある者が勝利者になるときめられている。この勝者に勝つことのできるヨーロッパ人は、ほとんどいないだろうと思われる。見落としてならないのは、太鼓の音楽によって競技者がはげまされ、また太鼓によって、ある程度行動が規制されるということだ。

レスリングにつづいて踊りがあった。これには大ぜいの踊り手が加わり、全員が小さな鈴を脚や腕につけて、ここでもまた太鼓が踊りの音頭をとった。太鼓は曲った棒でたたかれる。たたき手はこれを右手で持ち、ときおり音をやわらげるためにも左手を使い、こうして音楽に変化をつける。太鼓はまた、言葉に代わって見物人に指図を与えるためにも用いられる。レスリングの試合が始まる時には、アリ・バ・シ（全員着席の意）を表わすと思われるように打つ。すると見物人はすぐに全員着席する。また競技者が試合を開始する時には、アムタ・アムタ（組みつけ、組みつけ）と打つ。

夜になると、一休みというわけで、イギリスの強いビール（しかも非常に上質のビール）のような味のする酒をふるまわれた。あまりおいしいので、何でつくるのかときくと、驚いたことには、イギリスで大麦に麦芽をまぜてつくるのと同じようなやり方で、麦芽をまぜたある穀物からつくられているとのことだった。快いにがみを生ずる木の根がホップの代わりに用いられている。その名は忘れてしまったが、麦芽汁の原料となる穀物の学名はホルカス・スピカタスである。

翌一二日の早朝、一人の象狩人が、賃金の一部として前渡ししてあった金をもって姿をくらましているのを発見した。残りの二人がこの例にならうのを防ぐため、私は彼らにただちにヒョウタンに水をつめさせ、陽が昇ると同時にウーリとボンドウの二王国をわけている荒野へと踏みこんだ。

一マイル行くか行かぬうちに、従者たちは、旅の安全を保証するためにお呪《まじない》を用意するから止まってくれ、と言い張った。呪とは、二、三の文句をぶつぶつ唱え、道に立っているわれわれの前に石を投げて、それに唾を吐くことであった。同じ儀式が三度行なわれ、そのあとニグロたちはたいへんな自信をもって進んだ。一人のこらずあの石が(ちょうど、いけにえの山羊のように)、われわれに不幸をもたらす大きな力をとり除いてくれたと信じていた。

昼までは休まず旅をつづけ、原住民がニイマ・タバと呼ぶ大きな木のところまできた。この木はまことに奇妙な様子をしていた。数え切れぬほどのボロや、布切れで飾られているのだ。荒野を旅する人びとが、その時々に枝に結んでいったのだ。おそらく最初は、近くに水のあることを旅人に知らせるためのものだったのであろうが、時がたつにつれて、この習慣はしだいに神がかってきて、今や、何かを結びつけずにこの木の前を通り過ぎる人はいない。私もその例にならって、美しい小切れを大枝にかけた。そして、井戸か水たまりがそう遠くないときいたので、黒人に命じて、ロバの荷をおろして穀物を与え、われわれも持ってきた食糧で、大いに楽しく腹ごしらえをした。その間に、私は象狩人の一人に井戸を探してくるように命じた。もし水が得られるならば、ここに一泊してもよいと思ったからだ。水たまりはあったが、水は泥で濁っていた。黒人はその近くに、消してからまだ間もない焚き火の跡と残飯をみつけた。これは、あきらかに、すこし前に旅人か盗賊がここを訪れた証拠である。従者たちは賊にちがいないと恐ろしがり、盗賊がわれわれの近くに潜んでいると思いこんでしまったので、私はここに一泊するのをやめて、夕刻には到着できると思われる別の水場まで進むほかなかった。

そこでわれわれは出発したが、その水場へ到着したのは夜の八時過ぎであった。この一日の長旅で一同完全に疲労の極に達していたので、われわれは大きな焚き火をして横になった。どの繁みから狙っても弾丸が届かないような地点をえらび、まわりをロバが取りかこむようにして寝た。黒人たちは奇襲を防ぐため順番に見張りに立つことを承知した。

黒人たちがこわがるのは、むりもないのかもしれぬが、彼らは旅のあいだ、やたらに盗賊を恐れていた。そこで、日がさしはじめると、われわれは水たまりでスーフルー(皮袋)やヒョウタンに水をつめ、ボンドウの最初の町タリカに向けて出発し、翌一二月一三日の午前一一時ごろそこに到着した。だが、ウーリを去るにあたって、私は思わずにはいられなかった。自分がいたるところで原住民にあたたかく迎えられたこと、一日の旅の疲れは、夜の心からの歓迎でいやされたことを。そしてアフリカの生活様式は、最初は私にとって不快であったが、しまいには、このアフリカの風習のおかげで、瑣末な不便さを乗り切ることができ、何もかもが心地よく順調にいくのだということに気がついたのである。

第四章　第一段階——ボンドウ王国

ウーリとボンドウの国境の町タリカの住民は、主としてマホメット教徒であるフーラー族である。彼らはかなり豊かな生活をしている。一つにはこの町を通過するコフレ、すなわち隊商に食糧を供給し、また一つには象狩りによって手に入れる象牙を売るからである。若者たちは象狩りが大変うまい。ここにはボンドウ王配下の役人が常住し、その役目は隊商が到着するのを、そのつど報告することで、隊商は荷を積んだロバの数によって関税を課せられる。

私はこの役人の家に泊り、王の住居、ファッテコンダに私を案内してくれるよう約束をとりつけた。このため私は彼に五バーを払うことになった。私はここを出発する前にレイドレイ博士に手紙を書き、ガンビアへ向けて出発する隊商の隊長に託した。隊商は九人か一〇人の人間と、象牙をつんだ五頭のロバである。大きな象牙は網につつんでロバの両側に二本ずつ付け、小さいものは皮にくるんで縄でくくりつける。

一二月一四日——われわれはタリカを出発し、二マイルほど至極のんびりと進んだが、突然、一行のなかの二人の間にものすごいけんかが起こった。一人は鍛冶屋で、彼らは道々口汚くののしり合ってきた。そしてアフリカ人が一発喰わせると鍛冶屋は彼の先祖に対する悪口を投げつけた。これは注意しなければならないことである——「オレを打ってもいい、だがオレの母を呪ったら承知しない」というのが奴隷の間でさえも用いられる慣用語なのだ。そこで先祖への呪いの言葉が一方を激怒させ、彼は短剣を抜いて鍛冶屋に襲いかかった。もし他の者が彼を抑えて短剣をもぎとらなかったら、けんかはひどい結末となっただろう。私は仕方なく仲に割って入り、鍛冶屋を黙らせ、もう一人――これが悪い方だと思うが――に今後二度と剣を抜いたり一行のだれかをいじめたりしたら、私はお前を盗賊とみなし、ただちにお前を射殺すると言い渡してこの不愉快な事件に決着をつけた。このおどしは予期通りの効果をあらわし、われわれは昼ごろまで押しだまって進んで行った。やがて開けた肥沃な原野に散在する村々がみえるところに到着した。その村の一つ、ガナド村に一夜の宿をとることにした。ここでプレゼントの交換が行なわれ、おいしい夕食のおかげで一行の間の敵意もとけてしまい、床につこうと思った時には夜もだいぶふけていた。流しの歌手[1]がやってきて、弓の弦に息を吹きかけ、同時に棒でそれをたたきながら美しいメロディをかなでたり、面白い物語を語ったりして、われわれは大いに楽しんだ。

一二月一五日――夜明けとともに、一緒に旅をしてきたセラウーリ人たちは、私の安全のために多くの祈りを捧げた後、別れて行った。ガナドから約一マイルほどで、ネリコとよばれるガンビア川のかなり大きな支流を渡った。両岸は急斜面でミモザにおおわれている。泥の中に多量の大形のムラサキ貝を見たが、住民は食べない。昼ごろになると太陽は耐えられぬほど暑く、われわれは木蔭で二時間ほど休み、フーラー人の牧夫からミルクと穀物の粉を買った。夕刻にはクールカラニイという町に着く。鍛冶屋の親戚がこの町におり、われわれはここに二日滞在した。

クールカラニイは回教の町で、高い壁にかこまれ、回教寺院がある。ここで私はアラビアの手書きの写本をみせてもらった。とくに、前に述べたアル・シャラーという本の写しがあった。マラブー(僧侶)がこの本の所有者で、この中の有名な箇所をマンディンゴ語で私に読んで説明してくれた。そのお返しに私はリチャードソンのアラビア語文法を見せたが彼はこれを大いに称賛した。

二日目の一二月一七日の夕方、われわれはクールカラニイを発った。ファッテコンダへ塩を買いに行く青年がわれわれに加わった。夜になってクールカラニイから約三マイルほど行った小さな村ドゥーギィに着いた。

ここでは糧食や必需品が大変安いので、私は小さな琥珀六個で牛を一頭買った。というのは、私たちの一行は食事のよしあしでその数が増えたり減ったりするからである。

一二月一八日――早朝にドゥーギィを出発。フーラー族その他の人びとが加わり、侮るべからざる体裁を整えたので、森の中で略奪にあう心配はなかった。一一時ごろに、一頭のロバが手に負えないことがわかると、黒人たちはそのロバを御すおかしな方法を講じた。彼らは二股に分かれている枝を切りとり、ちょうど轡《くつわ》のようにその分かれた部分をロバの口にさしこみ、さらに小さい二股の部分をロバの頭上で結び合わせ、かなり長い下の部分は、もしロバが首を垂れると地面につっかえるようにそのまま垂らしておいた。このあとロバはおとなしく、まじめに歩き、馴れると、石や木の根っこに枝がぶつからないよう頭をしゃんと上げて歩くようつとめていた。そうしないと木の棒が歯にかなりひどい痛みを与えることをさとったのだ。こんなやり方はバカバカしいようにみえるが、これはスラティがいつも使っている方法で、効果てきめんだと連れの仲間が教えてくれた。

夕刻、広い耕地にかこまれて二、三の村が散在するところに到着し、その村の一つ、ブギルという村で一夜を明かした。みじめな小屋で藁《わら》の束のほかはベッドもなく、持参したもの以外は食糧もなかった。井戸は非常に工夫して掘られていて深かった。バケツにつけた綱を測ってみたら、深さはゆう

1　彼らは旅をして歩く吟遊詩人や楽士たちで、雇ってくれた人をほめたたえる即興の歌を歌う。詳しくは後に述べる。

に二八尋《ひろ》（一六八フィート）もあった。

一二月一九日――われわれはブギルをあとにし、ミモザが繁る乾いた石の多い丘を進んで行った。昼ごろになると大地は東へ向かって下り斜面となり、深い谷間へおりて行くと、玄武岩や白い石英が豊富にあった。この谷に沿って乾いた川床を進むうち、やがて大きな村に出た。ここに泊ることにする。原住民の多くは、うすいフランスのガーゼ（バイキという）をまとっている。これは軽いふわふわした服で、体形を示すように上手につくられているので、女たちに大いによろこばれている。ところがこの女たちの態度は、その衣裳とは似ても似つかぬもので、乱暴でおそろしく粗野である。彼女らは大ぜいで私をとり囲み、琥珀やビーズなどをねだり、しかも、あまりにそのねだり方がはげしいので、とても抵抗できなかった。彼女らは私のマントを引き裂き、連れの少年の服からボタンをもぎとり、もっとひどいことをしそうだったので私は馬で走り去ったが、これら女怪物どもは半マイルもあとを追いかけて来た。

夕刻にスーブルドゥカに到着した。一行の人数が多い（一四人）ので、私は羊を一頭と、多量の穀物を夕食のために購入し、その後、一同は藁束の傍に横になって夜露《よつゆ》にしとどぬれながら、不快な一夜を過した。

一二月二〇日――スーブルドゥカを出発し、二時ごろにファレメ川に沿った大きな村に着いた。このあたりでは川は急流で岩が多い。原住民はいろいろな方法で魚をとる。大きな魚は竹を割ってつくった長い籠で捕える。川の流れをさえぎって石を壁のように積み上げ、その何カ所かを小さくあけておくと、水がすごい勢いで流れこむ。そこへこの籠を置くのである。大きい籠は長さが二〇フィートもあり、魚はいったんこれに入ると水の勢いで戻ることができない。小魚のほうは木綿で織ったたもを非常に器用に使って捕える。この小魚はちょうど小イワシぐらいの大きさで、いろいろと手を加えて売る。ごくふつうのやり方は、丸ごと木の臼でつぶし、棒砂糖のような形にして干すのである。匂いはどうもいただけないが、セネガル北部にかけてのムーア人の国では、魚はめったに知られていないから、この干ものはぜいたくとされ、かなりの値段で売れる。原住民たちはこの黒い干ものを熱湯で溶かし、それをクスクスとまぜて食べる。

この季節にファレメ川の沿岸がどこもみごとな穀物畑でおおわれているのは不思議なことだと思ったが、調べてみると、この穀物はガンビア川沿岸に栽培されるものとは品種が違うことがわかった。原地人はマニオと呼んでおり、乾季に栽培されて一月に刈りとられる。収穫量が多く、穂のつき具合からみると、植物学者がホルカス・セルヌースと呼んでいるのと同じ種類である。

漁をみるために川岸まで見学に出かけた後、村に帰ってくると、一人のムーア人の回教徒の長老がやってきて私のために祈ったあとで、魔よけの言葉を書く紙をくれと言った。この男はカアルタ王国でホートン少佐に会ったこと、そして少佐はムーア人の国で死んだことを話してくれた。私は彼に二、三枚の紙を与えた。彼は例の鍛冶屋からも同じような貢ぎ物を取り立てた。というのは若いマホメット教徒は、年長のマホメット教徒の祝福（アラビア語で捧げられ、うやうやしくそれを受ける）を得るためには何か贈り物をするのが習慣だからである。

午後三時ごろからわれわれは川沿いを北に進み、八時ごろナエモウに着いた。ここではその町の長がわれわれを手厚く迎えてくれ、牛皮を一枚贈り物としてくれた。お礼に私は琥珀とビーズをおくった。

一二月二一日――カヌーで私の荷物を運ばせることを承諾し、午前中に私は川を渡った。馬上でも川の水は私のひざに達したが、水はきれいで、高い土手の上からでもずっと先まで川底がはっきり見えた。

正午ごろ、ボンドウの首都ファッテコンダに入るとまもなく、われわれは地位のあるスラティの家へ招かれた。アフリカには宿屋というものがないので、旅人はベンタングか、あるいは町の盛り場に立って、住民のだれかが家に招いてくれるのを待つというのが慣《なら》わしになっているのだ。われわれはその申し出を受け入れた。するとー時間ぐらいして、一人の使いの者がやってきて、私を王のところへ案内したいと言った。王は、私がもしあまり疲れていないなら、すぐに会いたいということだった。

私は通訳を連れ、使者について町からかなり遠く離れ、穀物畑をいくつか越した。やがて私は、これは何かたくらみがあるな、と感づいて立ち止まり、いったいどこへ行くのかときくと、案内の男は少し離れた木の下に坐っている男を指さして、王は群衆を避けるために、ときおりこうして人目をさけて接見することがあるのだから、私と通訳の他はだれも近づいてはいけないと言った。私が近づくと、王は、もっとそばに寄って敷物の上に坐れ、と言った。そして私の話にはなんの関心も示さず、私に奴隷か金《きん》を買わないかと聞いた。私がいらない、と答えると、王はいささか驚いた様子だったが、夜になったらまた会いに来るように、そうすれば食糧を与えると言った。

この君主はムーア人としての名をアルマニといったが、マホメット教徒ではなく、カフィールすなわち非回教徒だときいていた。私は以前、彼がホートン少佐に対して非常に無礼な仕打ちをし、彼を殺害するよう仕組んだときいていた。このときの私に対する彼の態度は、私が思っていたよりだいぶ礼をつくしてはいたが、不安はとても拭い去るわけにはいかなかった。何かふた心持ったたくらみがあるのではないかと私は懸念し、今や自分がまったく彼の術中にあることをさとったので、この際は贈り物でことを和らげるのが最上の策だと考えた。そこで、夜になると、私は一缶の弾薬、いくらかの琥珀、タバコと私の傘を持って行った。そして私の荷物はどうせ捜索されるにきまっていると思って、二、三の品物を泊っている小屋の屋根裏にかくし、また青い上衣は盗られないように身につけて出かけて行った。

王とその家族の家々は高い泥の塀でかこまれ、まるで要塞のような有様だった。内側はいくつかの区画に仕切られ、最初の入口にはマスケット銃を肩にした男が立っているのが目についた。王の居室への道は入り組んでいて、多くの通路を通って行く。それぞれの戸口には歩哨《ほしょう》が配置してある。王の住居の入口にくると、しきたりに従って、案内人と通訳は履《は》きものを脱いだ。そして案内人は王の名前を、なかから返事があるまで何度も大声で呼んだ。王は二人の従者と敷物の上に坐っていた。私は自分の旅の目的と、この国を通過する理由を、前に述べた通り繰り返した。しかし王は満足しないように見えた。ただ好奇心のために旅をするという考えは、王にとっては、まったく耳新しいことであった。正気な人間なら、ただその国や住民を見るためだけに、このような危険な旅をするなどということはありえないと思う、と王は言った。しかし、私が鞄の中身や私の持ち物を王にみせると、やっと王は納得した。王の疑念が、すべての白人はかならず商人にちがいないという信念から起こったことはあきらかだった。贈り物を渡すと、王は大変喜んだようだった。そして特に傘がたいへん気に入って何度も開いたり閉じたりし、王も二人の従者もすっかり感心していた。もっとも従者はこのすばらしい器具の用途を理解するのに、かなり時間がかかったが。

このあと、私は王にいとまを告げたが、王はもうしばらくいてほしいと言って、白人たちの巨大な富や、いい性質などをほめちぎって、白人のいいところを長々と述べはじめた。それから私の青い上衣を称賛し、特に黄色のボタンが気に入って、ついにその上衣を貰えないかと懇願する始末であった。そして、この上衣を失った私の悲しみをつぐなうために、彼は公式行事にはかならずこれを着て、見る人すべてに、私の王に対する気前よさについて語ることを約束した。アフリカの王の要求は、それが王の領土内で、しかも旅人に対してなされる場合は、ほとんど命令に近い。これは、王が望めば力ずくでとれるものを、おだやかな方法で手に入れる一つのやり方なのである。それを断わって王の気を害するのは得にならないので、私は非常にゆっくりとその上衣（私の一張羅であったが）を脱いで王の足もとに置いた。

私の承諾のお礼に王は多量の食糧をくれて、明朝ふたたび会うことを希望すると言った。行ってみると、王はベッドの上に坐っていた。彼は具合が悪く、少し血を抜きとってもらいたいと言った。ところが私が彼の腕をしばってランセットを取り出すやいなや、彼は勇気が挫《くじ》けて午後まで手術をのばしてくれと頼み、さっきよりだいぶよくなったと言って、私がすぐに治療をしてあげようとしたことを感謝した。それから彼は、彼の妻たちがしきりに私に会いたがっているから、ぜひ訪ねてやってほしいと言って、従者に私を案内せよと命じた。私が夫人たちにあてがわれている区画に入るやいなや、彼女らは全員で私を取り囲み、ある者は薬をせがみ、ある者は琥珀をねだったが、全員が一様にのぞんだのは、あのアフリカ独特の放血をやってほしいということだった。彼女たちは一〇人から一二人ぐらいでほとんどが若くて美しく、頭には金や琥珀の玉の飾りをつけていた。

彼女らは私のいろいろな点を、特に私の皮膚の白さや鼻が突き出ていることなどを非常に陽気にひやかした。そしてその二つとも人工的にそうしているのだと言ってきかなかった。皮膚が白いのは、子供のころにミルクにつかったからで、鼻は毎日つまんでいたので今のようにみっともない不自然な形になったのだと言った。私は、自分の醜さについて言い争うかわりに、彼女たちのアフリカ的美しさをほめた。私は彼女らの黒玉のようにつやのある肌や、かわいらしくつぶれた鼻をほめたが、彼女たちはそんなお世辞や、〝甘いことば〟（彼女たちはこれを強調した）はボンドウでは通用しない、と言った。しかし私の訪問と賛辞（賛辞に対して彼女たちはみせかけほど不感性ではなさそうだった）に対して蜜を一壷と魚を少し宿舎まで届けてくれて、日没の少し前に、また王のところへ来てほしいと言ってきた。

別れを告げる際には、ちょっとした贈り物をするのが慣《なら》わしなので、私はビーズと紙を少し持参した。これに対して王はドラクマ金貨五枚をくれて、これは純粋な友情の心ばかりのしるしだが、旅の途中で食糧など買うのに役立つだろうと言った。彼はさらに大きな親切を上乗《うわの》せしてくれた。この国を通るすべての旅人の荷物を調べるのが慣例なのだが、今回はそれを免除し、いつでも好きな時に出発してよいと親切に言ってくれたのだ。

そこで二三日の朝、われわれはファッテコンダを発って、一一時ごろ小さな村に着き、ここでその日を過すことにした。

午後になって旅の仲間が、ここはボンドウとカジャーガの国境地帯で、旅人には危険な場所だから、どこかもっと親切な地域に着くまで夜のうちに旅をしたほうがいいと言いだした。私はこの提案に賛成し、森林地帯を案内するガイドを、二人雇った。そして村人たちが眠りにつくと、すぐ出発した（月が照っていた）。大気の静けさ、野獣のうなり声、そして森の深い影があたりを荘重な感じにさせ、印象深いものにしていた。ひそひそささやく以外に、だれもしゃべらなかった。みんな非常に緊張し、狼やハイエナが繁みから繁みへと影のようにすべって行くのを指さしては、おのれの注意深さを示そうとしていた。夜が明けるころ、キムーという村に着いた。一人のガイドが知り合いを起こした。われわれはロバに穀物をやり、自分たちは落花生を少し煎って食べた。日が昇るとふたたび旅をつづけ、午後にはカジャーガ王国のジョアグに着いた。

さてここで、これまでの国々とはいろいろな点で異なる国、異なる人種のなかに入ったので、記録を先へ進める前に、これまで旅して来たボンドウとその住人について、また、このページまでわざと記録を保留しておいたフーラー族について少し述べよう。

ボンドウは東はバンブークに、南と南東はテンダとシンバニ平原に、南西はウーリに、西はフータ・トラに、そして北はカジャーガに国境を接している。

ボンドウはウーリ国と同様、大部分が森林におおわれているが、土地はウーリより高く、ファレメ川の方角に向かっては、かなりの丘になっている。土地の肥沃なことはアフリカのどの地域より勝っている。

ボンドウは、ガンビア、セネガルの二つの川の間の中央に位置しているために、多くの人たちが立ち寄る盛り場となっている。スラティは海岸から奥地へ行く途中ここを通るし、内陸からは塩を買うために商人たちがしばしばここへやってくる。

こうしたさまざまな商売は、主として、この国に定着しているマンディンゴ族とセラウーリ族がやっている。これらの商人たちは、ゲズマー人やその他のムーア人の国々と、かなり手広い商いを行なっていて、穀物や青い木綿の布を塩と交換している。そして、その塩をデンティラその他の地区で、鉄やシア・バターや少量の砂金と交換する。彼らはおなじように、よい香りのする各種の樹液を一ポンドずつ小さな袋につめて売る。この樹液を燃えさしの上にかけると、非常によい香りがするので、マンディンゴ族は小屋や衣服にふりかける香水として用いている。

旅人に課せられる関税は非常に高い。ほとんどの町では、ロバ一頭の荷について、ヨーロッパの商品一バーを払う。そして、ファッテコンダでは、王の住居一棟、インド木綿一反、マスケット銃一梃、弾薬六箱が一回分の関税にあたる。これらの関税によって、ボンドウの王は武器弾薬を豊富に持ち、近隣諸国を近寄りがたくさせている。

ボンドウ人はマンディンゴ族やセラウーリ族とは顔色も風習もちがっていて、しばしば戦争を繰り返している。数年前、ボンドウ王は大軍をひきいてファレメ川を渡り、短期間の残酷な戦いの後、バンブークの王サンブーを打ち負かした。サンブーは和平を乞い、ファレメ川の東岸沿いのすべての町を明け渡した。

前章で述べたように、フーラー族は一般的に言って、顔は黄褐色、小柄で柔かい絹のような髪をしている。アフリカのこの地域のすべての種族の中で、マンディンゴ族についでもっとも注目すべき種族である。彼らの原住地はフーラドゥだと言われ、これはフーラー族の国という意味である。しかし現在は、遠く離ればなれに多くの王国をもっている。ただし地域によって顔の色が異なり、ボンドウやムーア人の領地に隣接する王国の人間は、南部の種族より黄がかっている。

ボンドウのフーラー族は、もともとはおだやかな、やさしい性質だったのだが、コーランの情け容赦のない教えのために、マンディンゴ族よりも他国者に対してよそよそしく、行動は控え目になってしまった。彼らは、すべての黒人を自分たちより劣等とみなし、いろいろな国について語る時には、自分たちを白人の仲間に入れている。

彼らの政治は次の点でマンディンゴの政治と異なっている。すなわち、彼らは直接に回教の法律の統制下にあるということである。というのは王を除くすべての要人と、ボンドウの住人の大部分は回教徒で、マホメットの戒律はどこでも神聖で冒すべからざるものとみなされているからだ。しかし、その信仰の実践となると、いまだに古くからの迷信を守っている人びとに対しては、かなり寛大である。宗教的迫害というものを彼らは知らないし、またそんなことは必要でもない。回教の規律は、もっと効果的なやり方で広めていくようにできている。町々に学校をつくり、そこでは回教徒のみならず多くの異教徒の子弟がコーランを読むことを習い、マホメットの教義によって指導されるのである。確固たる先入観を抱いている回教の僧侶たちは、将来どんな出来事が起ころうと、けっして取り除いたり変えたりできないような性格を生徒たちに植えつける。私はこの国で旅行中に、こういう小さな学校をいくつも訪ねたが、子供たちが従順でおとなしい態度であるのを見て、じつに気持よかった。

それだけに、もっとよい教師について、純粋な宗教を教えられたらどんなによいだろうと願わずにはいられなかった。

回教と同時にアラビア語が取り入れられているが、フーラー族の大部分はアラビア語をほとんど知らない。彼らの母国語は非常に流音に富んでいるが、その発音の仕方には何か不愉快なものがある。二人のフーラー人の会話を他国者が聞いたら、おそらく二人は相手をきめつけあっていると思うだろう。

フーラー族の生業は牧畜と農業で、いたるところで行なわれている。ガンビア川の沿岸でさえ、大部分の穀物は彼らによって栽培され、牛や羊の数はマンディンゴ族のものより数も多く飼育状況もよい。ボンドウではもっとも豊富で、十二分に日常生活の需要を充たしている。彼らは牛を扱うのに技術的にすぐれていて、やさしく温かく扱うことによって牛を非常に素直に育てている。夜になると、牛は森の中から集められ、近隣の村につくられたコリーと呼ばれる柵の中にかこわれる。それぞれの柵の中央には小さな小屋が建てられていて、一人か二人の牧夫が夜通し牛が盗まれないよう見張り、野獣を近づけないために、柵のまわりの焚き火を絶やさぬようにしている。

牛は朝晩に乳をしぼる。牛乳は良質であるが、一頭から得られる牛乳の量はヨーロッパほど多くない。フーラー族は牛乳を主として食事に用いるが、それは牛乳が酸っぱくなってからである。牛乳からとれるクリームはたいへん濃い。それを大きなヒョウタンの中で激しくかきまわしてバターにする。バターは弱い火で溶かし、不純物をとり除いて、小さな土製の壺に入れて保存され、たいていの料理に使われる。また、これを頭や顔や腕にふんだんに塗りたくる。

牛乳は豊富であるが、フーラー族にしても、またアフリカのこの地方のすべての住人にしても、チーズの製法をまったく知らないということはいささか驚きである。祖先のしきたりにべったりと執着しているために、彼らは何でも新式なものを偏見の眼で見てしまうのだ。気候が非常に暑いことと、塩が極端に少ないことを彼らはどうしようもないと言って嘆く。そして、彼らにとってチーズづくりの過程は、あまりに長く面倒であり、それが利益をもたらすことに、なかなか気付かないのである。

フーラー族の主な富となっている牛の他に、彼らはすばらしい馬をわずかばかり持っている。その品種はアラビア系とアフリカ原産系の混合種のようである。

第五章　困難が起こる――セネガル川を渡る

私が到着したカジャーガ王国をフランス人は現在ギャラムと呼んでいるが、私が用いるカジャーガという名で原地人はこの国を呼んでいる。この王国の南、および南東は、バンブークに接し、西側はボンドウならびにフータ・トラと国境を接していて、北部の境界線をセネガル川が流れている。海岸までの間のどの居住地よりも、ここの空気は澄み、気候は健康的である。国土はいたるところ、おもしろい変化に富んだ丘陵や谷が散在していて、内陸の岩の多い丘に源を発する曲りくねったセネガル川が、両岸の風景を絵のような美しさにしている。

住人はセラウーリ族、または（フランス人が書くように）セラコレ族と呼ばれ、肌の色は漆黒である。この点ではジャロフ族と見分けがつかない。

君主政治をしいており、私の経験からすると、王はなかなか近づきがたいようである。しかし、人民はべつに圧制に不平も言わず、よく起こるカッソン王との争いでは、この王を熱心に支援しているように見えた。セラウーリ族はもともと商人で、以前は金と奴隷の大きな取引きをフランス人と行なっていたし、現在なお、ガンビア川沿岸の英国の在外商館と奴隷貿易をやっている。取引きにおいてはまあまあ公正で正直だと見なされているが、富の獲得に努力することにかけては疲れを知らない。そして遠方の国々に塩と木綿を売ってかなりの利益を得ている。セラウーリの商人が商いの旅から帰ってくると、近所の人がその帰国を祝ってすぐに集まってくる。こういう場合、その旅商人は友人たちに少しばかり贈り物をして、自分の富と気前のよさを披露する。しかし、もしも旅が不成功に終わると、披露会はすぐお開きになって、だれも彼もがその商人を、長旅のあげく（彼らの言を借りれば）「髪の毛の他何も持ち帰らぬ」おろか者とみなしてしまう。

彼らの言語は喉音が多く、フーラー族の言語のように調子がよくない。しかし、アフリカ大陸のこの地域を旅する者にとっては学ぶ価値がある。この言語はカッソン、カールタ、ルダマールの諸王国、およびバンバラの北部で一般に理解されるからである。これらの地域では、セラウーリ族がもっとも力をもった商人である。

一二月二四日、われわれはこの王国の国境の町ジョアグに着き、酋長の家に宿をとった。彼はここではアルカイドという職名ではなく、ドゥテイと呼ばれている。彼はきびしい回教徒であるが、友好的性格で知られている。この町の人口は、ざっと二〇〇〇人と推定される。高い壁で囲まれていて、壁には襲撃されたとき発砲できるように銃眼がいくつもあけてある。個人の所有地も同様に壁でかこまれ、全体がその数だけの城の集まりのようになっている。火器を知らぬ連中にとっては、この壁は強固な要塞として役立っている。町の西方には小さな川が流れ、住民たちは、その土手にタバコとネギをたくさん栽培している。

その日の夕方、ピサニアから私に従って来たブシュリーンのマディブーは、ドラマネットという隣町に住む両親を訪ねて行った。もう一人の従者である鍛冶屋も彼に同行した。そして暗くなると、私はそこの住民の競技を見るようにと招待された。旅人が到着すると、歓迎の意を表してさまざまな種類の娯楽的な催しをするのが慣わしになっているのである。じつに正確に調子を揃えて打ち鳴らされる四つの太鼓の音に合わせて、燃えさかるかがり火のそばで踊っている連中を群衆が取り囲んでいた。しかしダンスは、男性的な力強さとか優雅な仕草を示すというよりは、むしろ勝手気ままな動作で行なわれていた。女たちはたがいにびっくりするほど官能的な動きを誇示することで張り合っていた。

一二月二五日――夜中の二時に馬にのった連中が何人か町に現われて、私の家の主人を起こし、セラウーリ語でしばらく話をしていたが、そのあと馬をおりて、私が泊っているベンタングへやってきた。そのなかの一人は、私が眠っているものと思って、私のそばの敷物の上に置いてあったマスケット銃を盗もうとした。しかし発見されずに目的を達することができないとわかると、それを思いとどまり、連中は夜の明けるまで私の傍に坐っていた。

通訳ジョンソンの顔付きから、私はすぐ何か不愉快なことが持ち上がっていることに気がついた。それにマディブーと鍛冶屋が早々と帰ってきたので驚いた。わけをきくと、マディブーは、みんながドラマネットで踊っていたとき、この国の王バッチェリの部下の騎馬隊が一〇人、王の第二王子を頭にやってきて、白人がここを通らなかったかと聞き、私がジョアグにいるというと、そこにとどまらずに去って行った、と話してくれた。二人は彼らがやってくることを知らせに大急ぎで帰ってきたのである。この話をきいている間に、マディブーが言っていた一〇人の騎馬隊がやってきた。そして馬をおりると、前にきていた一〇人と一緒に腰を下ろした。合計二〇人がそれぞれ手にマスケット銃を持って私の周りに輪をつくった。私は折りをとらえて宿の主人に、私はセラウーリ語がわからないから、話す時はマンディンゴ語でやってくれるよう言ってほしいと頼んだ。これに彼らも賛成し、お守りをいっぱい身につけた背の低い男が長い熱弁をふるいはじめ、私がこの王のいる町に関税も払わず、王に贈り物もせずに入ったこと、そこで国の法律によって、私の従者も、家畜も、荷物も没収すると通告した。さらにつけ加えて、彼らは王の命令により、私を王の住むマーナ（マーナはセネガル川沿岸のセント・ジョゼフ砦跡の近くにあり、ここはかつてフランスの商館があった）へ連れて行く、もし拒否すれば力ずくでも連れて行くよう命ぜられている、と言った。そして、いっせいに立ちあがって、用意はよいか、と言った。このような連中に抵抗したり、また彼らを怒らせたりすることは無益でもあり、無思慮でもある。そこで私は彼らの命に従うようなふりをして、馬に飼葉をやり、宿の主人と話をつけるまでちょっと待ってくれ、と頼んだ。カッソンの生まれであるあわれな鍛冶屋は、この偽りの承諾を本当だと思いこんで、私を仲間からわきへ連れ出し、「自分はまるで実の父か主人のように、あなたに仕えてきた。だからマーナなんかに行って自分を破滅させないでほしい。やがてカッソンとカジャーガの間にきっと戦争が起こるだろう。そうなると自分が四年かかってこつこつとためた貯金を失うばかりではなく、自分はつかまり、友人が二人の奴隷分の金を支払ってくれないかぎり、奴隷として売られてしまうだろう」と言った。私は彼の言うことは、まことにもっともだと思い、この鍛冶屋がこのようなひどい運命の手に落ちないよう最善をつくしてやろうと決心した。

そこで私は王の息子に、この鍛冶屋は遠い国の生まれで、私とはなんの関係もないのだから、私が帰ってくるまでジョアグに残して置いてよいという条件でなら、すぐ王のところへ行くと申し出た。これに対して彼らは全員が反対し、お前たちは国の法にそむいたのだから、全員がその行為の責務を負わねばならぬ、と言い張った。

私は宿の主人を脇へ呼び、弾薬を少しばかりプレゼントして、このような、のるかそるかの危機に際して、どうしたらいいか教えてほしい、とたずねた。彼は断固として王のところへ行くべきではないと言った。もしも王が私の持ち物のなかに何か貴重なものを見つけたら、彼はいかなる手段を講じても、それを取りあげてしまうだろうと彼は確信していた。そこで私は、ことを穏やかに運ぼうと、はっきり心にきめて、まず手始めに、私がしたことはけっして王に対する尊敬の念が欠如していたとか、国の法律を侵そうという心から起こったのではなくて、ただただ私の経験不足と、無知と、そして旅行者であるために、この国の法律や習慣に通じていなかったことに起因する、と述べた。実際、国境を越えてこの国に入った時、前もって関税を払うべきことを私は知らなかったのだが、そうとわかれば、いつでも支払うと言った。彼らが正当に要求できるのはこれだけだと私は考えたのである。それから私は、ボンドウ王がくれたドラクマ金貨を五枚、王に贈ることを申し出た。彼らはこれを受け取ったが、なお私の荷物を調べると言ってきかない。私は反対したが無駄だった。荷は開けられた。しかし、なかには思ったほど金や琥珀が入っていなかったので、彼らは大いに失望した。しかし、彼らはこの不足分を、彼らの好きなものならなんでも取り上げることで補った。そして、日が暮れるまで私と言い争い、議論した後、私の品物の半分を強奪して立ち去った。

ことの成りゆきはわれわれ一行の心をくさらせ、長い断食のあとのまずい食事では、われわれの不屈の精神も一向に奮い立たなかった。マディブーはここから引き返してくれと頼むし、ジョンソンは金も無いのに先へ進むという考えを冷笑するし、鍛冶屋は自分がカッソン国の生まれであることをだれかに見破られはしないかとビクビクし、人に見られることを恐れて、しゃべることさえもはばかった。こんな状態で、われわれはほの暗い火のそばで一夜を明かしたが、翌日の情況はまことに複雑であった。金もなしに必需品を手に入れるのは不可能だし、もしビーズとか琥珀を取り出そうものなら、王がたちまち聞きつけて、かくしておいたわずかの財産もおそらく失うことになるだろう。それ故、われわれはその日一日飢えと戦って、何か食糧を買うか、乞うかできる機会の到来を待つことに決めた。

夕暮れ近く、ベンタングの上に坐って藁《わら》を噛《か》んでいると、一人の年老いた女奴隷が頭に籠をのせて通りかかり、食事はすんだのか、ときいた。私は、彼女が私を笑いものにしたものと思って返事もしなかったが、私のそばに坐っていた一行のなかの一人の少年が私のかわりに答えてくれて、王の家来が私の金を全部奪ってしまったのだと話した。すると女は、無愛想だが憐れみの表情を浮かべて、すぐに頭から籠を下ろし、なかに落花生が入っているのを見せて、これを食べるか、とたずねた。食べると答えると、彼女は手に二、三杯分私にくれて、こちらが、時を得た差し入れに礼を言うのも待たず歩み去った。このささやかな出来事が、私に奇妙な満足感を与えた。私は教養のない貧しい奴隷の行為を嬉しい気持で思い返した。彼女は私の性格や情況を調べようともせず、ただ虚心坦懐《きょしんたんかい》におのが心の命ずるところに従ったのだ。飢えがつらいことを彼女は経験で知っていた。そして自分自身の悲しみが他人の悲しみに同情させたのである。

老婆が去るやいなや、私は、カッソンのマンディンゴ人の王であるデンバ・セゴ・ジャラの甥が私を訪問にやって来るというしらせを受けた。彼は、伯父とカジャーガ王のバッチェリの間におこった紛争の調停に努力するようバッチェリのところに派遣されたのだが、四日間も話し合いをやったあげく成功しなかったので、いま帰るところなのである。彼はある白人がカッソンに行く途中、ジョアグに滞在しているときき、一目見ようと好奇心でやってきたのだ。私が自分の状態と失意の様を述べると、彼は率直に保護を申し出てくれて、もし翌朝私が出発するならカッソンまで案内し、安全に対する責任を取ってやると言った。私はただちに彼の申し出をありがたく受け、翌一二月二七日の夜明けまでに一行と出発の準備を整えた。

私の保護者となったのは、たぶん伯父の名前をもらったのであろうデンバ・セゴと名のる男で、大ぜいの従者を従えていた。ジョアグを出発するときのわれわれ一行は、三〇人と荷を積んだロバ六頭で、特に記述すべき出来事もなく数時間、元気よく進んで行った。やがて一行はある木のところまできた。この木については通訳のジョンソンが前に何度も調査をしていた。この木を見つけると、ジョンソンは止まってくれと言い、ジョアグでわざわざこのために買ってきた白いニワトリを取り出して足をしばり、その木の枝に結びつけた。そして「さあこれで安心して旅ができる。このおかげで旅は実り多いものになるぞ」と言った。こんなことを述べるのは、ただ、黒人たちの気質を示し、迷信がいかに彼らの心を支配しているかを読者に知らせたいがためである。この男は七年間もイギリスで暮したにもかかわらず、子供のころに植えつけられた先入観や考えを、いまだに持ちつづけているのである。これは森の精霊に捧げる供物、あるいはいけにえであって、その精霊は白い肌と、長い流れるような髪をしている強い種族だと彼は語った。私は彼の愚かさを笑ったが、彼の信心深さを責めることはできなかった。

正午に大きな町ガンガジに着き、連れていた何頭かのロバが追いつくまで、約一時間そこに休んでいた。ここで私は何本かのナツメ椰子の木と、粘土で築いた回教寺院を見た。寺院には六基の尖塔があり、その尖塔の上には六つの駝鳥の卵がのっていた。

日没すこし前に、セネガル川の岸辺に沿ったサミーの町に到着した。川はここでは美しいが、浅く、砂と砂利の川床の上をゆっくりと流れていた。川の土手は高く緑におおわれ、土地は広く開けて耕されており、フェロウとバンブークの岩の多い山々がこの風景に一段と美しさを加えていた。

一二月二八日――サミーを出発し、午後大きな村カイーに着いた。この村はその一部が川の北部に、一部が川の南側に接している。少し上流にかなり大きな滝があって、川はすごい勢いで玄武岩の岩棚から流れ落ち、下流は非常に黒く深い。ここでわれわれの馬やロバを泳いで渡らせることにした。大声で叫び、マスケット銃を二、三発発射すると、カッソン側の人たちがわれわれに気づき、われわれの荷を運ぶためにカヌーを一隻もってきてくれた。私は、水面から四〇フィート以上もある土手の上から馬やロバを追い落すことは不可能だと思ったのだが、黒人たちは馬をつかんで、ほとんど垂直に切り立ち、しかも、こんなふうに何度もやられたためつるつるになっている土手から、一回に一頭ずつ水辺へ追い落した。つき落されておそれおののいている馬が岸に追いやられたのち、こんどは人間がっできるだけ上手に土手に下りた。船頭は一番しっかりしている馬の手綱を摑《つか》んで水の中に引っぱって行き、カヌーを漕いで岸から少し離した。これを合図に、他の馬に総攻撃が加えられ、四方八方から石を投げられたり蹴とばされたりした馬どもは、いっせいに水にとび込んで、先に行く仲間につづいた。二、三人が馬のあとを泳ぎ、馬が戻ろうとすると、水をかけて先へ進ませ、一五分後には全部が対岸に無事に着いた。われわれはホッとした。ロバを扱うのは、もっと骨が折れた。ロバは生来頑固な気質で、石を投げても、押しても、じっと我慢して、なかなか水の中にとびこもうとしない。そして川の中程へきた時、そのうちの四頭が、いくら懸命に前進させようとしても戻ってしまうのである。全部を渡らせるのに二時間かかり、荷を運ぶのに一時間を費やしてカヌーが戻ってきたのは日没に近かった。デンバ・セゴと私は、ちょっとでも動けばひっくり返りそうな危険な渡し舟に乗った。王の甥は、いまこそカヌーの前部に置いてある私のブリキの箱をのぞくいいチャンスだと考え、その箱の方へ手をのばした途端に平衡を失ってカヌーをひっくり返してしまった。幸いなことに、まだそれほど進んでいなかったので、たいして難儀せず岸にとって返し、着衣の水をしぼってから、再出発し、間もなく無事にカッソンに着いた。

第六章　強奪が始まる――クーニアカリー到着

カッソンに入って安全だと思う間もなく、デンバ・セゴは、「さて、あなたたちは私の伯父の統治領に入って危険を脱したのだから、私が与えた恩義について考えてもらいたい。私の苦労にふさわしいお返しとして、かなりの贈り物をして貰いたい」と言った。彼はジョアグでどれほど私の荷が取り上げられたかを知っていたのだから、これは思いもかけぬ申し入れであった。私は川を渡ったからといって、情況はちっとも好転していないことを恐れはじめたが、愚痴を言ってもはじまらないので、彼の申し出には一言も答えず、琥珀七バーとタバコを少しやった。彼はそれで満足したように見えた。

まる一日の旅の途中、私は白い花崗岩の大きな、やわらかい塊りをいくつも見た。そして一二月二九日の夕刻、ティーシーに到着し、デンバ・セゴの小屋に泊ることになった。

翌朝、彼は私を彼の父、すなわちカッソン国王の弟でティーシーの長であるティギティ・セゴに紹介した。この老人はしげしげと私を見て、今までたった一人の白人しか見たことがないと言った。彼の言葉から、その白人というのがホートン少佐だとすぐわかった。彼の質問に答えて、私はこの国の探検に私を誘い出した動機を述べたが、私が言ったことの真実性を彼は疑っているようだった。思うに、私が何か公言するのをはばかる計画をひそかにもくろんでいるものと考えたにちがいない。彼は私に、王のいるクーニアカリーへぜひとも表敬訪問に行かなければいけないと言い、ティーシーを出立する前に、もう一度会いにきてほしい、と要求した。

午後になって、彼の奴隷の一人が逃亡した。全員に非常召集がかけられ、馬を持っている者はみな彼をつかまえるために森へ向かった。デンバ・セゴは私の馬を貸して欲しいと頼みにきた。私はすぐに承知した。一時間ほどすると、一同はその奴隷をとらえて戻り、奴隷はひどくムチ打たれたのち、手かせ足かせをはめられた。

翌一二月三一日、デンバ・セゴはムーア人との紛争を調停するため、ゲドマにある町へ二〇人の騎馬隊を連れて行くよう命令を受けた。ムーア人の一隊がティーシーから三頭の馬を盗んだとされたからである。デンバはふたたび、私の馬を貸してくれと言う。私の馬についている馬勒《ばろく》や鞍《くら》がムーア人に対して自分を偉そうに見せるからだとつけ加えた。私は今回もすぐ承諾し、彼は三日たったら必ず返すと約束した。彼の留守中、私は町を散歩したり、原住民と話をしたりして楽しんだ。彼らはどこへ行っても、非常に親切に、そして好奇心をもって私を迎えてくれ、ミルクとか卵とかその他私がほしい品を非常に軽い条件で分けてくれた。

ティーシーは壁で囲まれていない大きな町で、敵の攻撃に対しては、ティギティとその家族が常時住まっている一種の城のようなものの他は、まったく無防備である。原住民の話によると、この町には以前フーラー族の羊飼いが住んでいて、近隣のすばらしい牧場に多数の家畜を育て、かなり豊かな暮しをしていたようである。しかし彼らの繁栄がマンディンゴ族の羨望を呼び、マンディンゴ族は羊飼いを追い出してこの土地を占有するようになった。

現在の住人は家畜も穀物も豊富に持っているのだが、食事の材料はどうにもいただけない。ネズミ、モグラ、リス、蛇、イナゴ等々を平気で食べているのだ。

われわれ一行がある晩、町内の人びとに招かれてご馳走になった。魚とクスクスだと思ってたらふく食べたあと、仲間の一人が皿の中に一片の硬い皮を見つけ、それを持ち帰って、なんという魚を食べたのか見せようとした。ところが調べてみたら、大蛇のご馳走を食べたことがわかった。

もう一つ、もっと不思議な習慣は、女は卵を食べてはいけないとされていることである。この禁止は、昔の迷信から起こったのか、あるいは、卵が大好物であった昔のブシュリーンの男のけちから起こったのか知らないが、いまでも固く守られていて、ティーシーの女に対して卵を差し出すことほど、侮辱的なことはないのである。この習慣は、男たちが女房連の前で何のためらいもなく卵を食べるのだから、それだけおかしな風習に見える。マンディンゴの他の国々では、このような禁止の例を見たことがない。

デンバが出発してから三日目に、ティギティ・セゴは非常にめずらしい事件について会議を開き、私も出席した。問題をめぐって議論は分れ、それぞれがじつに巧妙に言い合った。事件は次の通りである。かなり豊かな一人のカフィールの青年が、最近若く美しい女性と結婚したが、近く始まりそうな戦争で身の安全を保障してくれるお守りをつくってもらおうと、知り合いの敬虔なブシュリーンの回教の僧に依頼した。ブシュリーンはその頼みを承諾したが、そのお守りが、もっとご利益があるようにするためにと、青年に六週間の夫婦の交わりを避けるように命じた。この命令はきびしいものだった。カフィールは厳密にそれを守った。だが妻にはその理由を知らせず、彼女と離れて暮していた。ブシュリーンは、いつもカフィールの戸口で夕方のおつとめをするのだが、そのうち、いつしか、その若い妻と必要以上の交際をしているということがティーシーでささやかれるようになった。最初、善良な夫は聖職にある友人の節操を疑う気にならず、嫉妬を起こさずに一カ月が過ぎた。しかしたびたび繰り返させる噂をきいて、ついに彼はこのことについて妻に問いただした。すると彼女は率直にブシュリーンが自分を誘惑したことを白状した。そこでカフィールは妻を閉じこめ、ブシュリーンの行状について会議を要求した。事実は明らかに僧侶の非行を証明し、彼は奴隷として売られるか、または保釈してもらうために二人の奴隷をみつけてくるか、どちらかだが、それは告訴人の心次第だと宣告された。

しかし、夫は傷つけられたものの、友人にこれほどひどい罰を与えるのは気がすすまず、むしろティギティ・セゴの門前で公衆の見る中でブシュリーンをムチ打つことを望んだ。この申し出は許可され、判決通りただちに刑は執行された。罪人は手をしばられ、頑丈な杭に縛りつけられた。そして長い黒いムチが持ち出されると、刑の執行人はそのムチを頭上でしばらく振りまわしてから、罪人の背中にすごい力で巧妙にふりおろしたので、彼はしまいには森がこだまを返すほど激しい叫び声を上げた。とり囲む群衆は、大声を上げたり笑ったりして、この老いた色男の罰をどれほど喜んでいるかを現わした。ムチ打ちの数が、モーゼの教えによってきめられている四〇マイナス一（すなわち三九）ちょうどであったことは記しておく価値があると思う。

ティーシーは国境の町なので、戦争になればガダマのムーア人の略奪にさらされることは大いにあり得ることだった。そこでティギティ・セゴは、私がここへ来る前に、すでに近隣の村々へ使いを出して、畑にある作物は、おそらくムーア人に荒らされてしまうであろうから、それとは別に、住人の生活をまる一年養い得る、できるだけ多くの食糧を寄付してくれるか、売るかしてほしいと頼んで歩かせていた。村々の人は、この計画を喜んで受け入れ、日を決めて、供出できるだけの食糧をティーシーに運び込むことになっていた。私は、馬がまだ帰っていないので、その食糧の護送隊を出迎えに行った。一七九六年一月四日のことであった。

護送隊は約四〇〇名の編制で、めいめい大きなヒョウタンに穀物や落花生を入れたものを頭にのせ、隊列を組んで行進していた。弓をもった兵の一隊が先導し、うしろには八人の音楽隊、唱歌隊がつづいていた。町に近づいたとみるや、唱歌隊が歌いはじめ、一節ごとに護送隊が反唱し、それにつづいて大太鼓が二つ三つ鳴った。このようなやり方で、彼らは群衆の歓呼の叫びのなかを行進し、ティギティ・セゴの家に到達して荷をおろした。夜には全員がベンタングの木の下に集まり、踊りと騒ぎで夜を明かした。これらの他国者は、ティーシーに三日間とどまったが、そのあいだ、運よく私の姿を見つけた者が絶え間なく私に会いにきた。好奇心を満足させると、すぐ次のグループにチャンスをゆずるというぐあいだった。

一月五日に、ボンドウの西方にあるフータ・トラ王国のアルマニ・アブダルカダー王の使節一〇人がティーシーに到着した。そしてティギティ・セゴに住民の集会を開くよう要求し、次の趣旨の王の決意を公けに宣言した。「カッソン国の全国民が、回教を進んで受け入れ、かつ一一条の祈禱文を唱えて回教に改宗したことを示さないなら、フータ・トラの王は現在の戦いに中立を保つことはできず、かならずや軍隊をカジャーガ軍に参加させるであろう」

非常に強力な王からのこのようなメッセージは、当然大きな恐れを引き起こした。そして長い協議の結果、ティーシーの住人は、非常に屈辱的なことではあったが、王の要求に従うことに賛成した。そして一人残らず公けに一一条の祈りを捧げた。これによって彼らが異教を放棄して、マホメットの教義を受け入れたことが充分に証明されたものとされた。

一月八日になって、やっとデンバ・セゴが私の馬に乗って帰ってきた。遅延にあきあきしていた私は、さっそく彼の父親のところへ行って、翌朝早くクーニアカリーへ出立する旨を告げた。老人はさまざまのくだらぬ反対を唱えたが、ついに本音をはき、すべての旅行者から当然受け取るべき額と同額の関税を払わずに出発できるなどと思ってはならぬと言った。のみならず、私に示した親切のお礼を期待していると言った。

九日の朝、我が友、デンバが数人の従者を連れてやってきて、自分らはティギティ・セゴに派遣されて私からの贈り物を受け取りにきたと言い、私が贈り物としてどんな品物を用意しているかを見たいと申し出た。抵抗はとてもできず、不服を言ってもはじまらぬとわかっていた。前の晩に受けたもてなしで、ある程度は覚悟していたので、私は黙って琥珀七バーとタバコ五個を差し出した。デンバは非常に冷たい態度で、しばらくこれらの品を眺めていたが、それらを下において、これはティギティ・セゴほどの重要な人物に対する贈り物ではない。彼はお前さんからなんでも好きなものはすべて取り上げる権力を持っているのだと言った。そしてさらに、もしも私がもっと大きな捧げ物をするのを承諾しなければ、荷を全部父のところへ運んで、父に自由に選ばせると、つけ加えた。返事をするひまもないうちに、デンバと従者は私の荷を開きはじめ、いろいろな品物を床にひろげ、ジョアグの時よりももっと厳密に調べた。自分たちの気に入ったものは、なんのためらいもなく取り上げ、デンバは何よりもまず、川を渡るときに注目をひいた錫の箱をつかんだ。

彼らが去ったあと、散らばったわずかの荷をかき集めてみて、ジョアグの時と同じく、荷の半分が盗られてしまったことがわかった。しかも、ここでは文句一つ言えぬうちに、残っていたものの半分を奪われてしまったのだ。あの鍛冶屋でさえ、カッソン国の生まれでありながら、荷をあけさせられ、その中身は彼自身の個人の財産だと誓わねばならなかった。しかし、どうすることもできない。ジョアグからの旅の道中、デンバがいろいろ世話をしてくれて、恩恵を与えてくれたことを思えば、彼の強奪を責める気はなかったが、なんとしても次の朝ティーシーを出発しようと決心した。私は一行のしおれかえった気分を引き立てようと、肥えたヒツジを一頭買って夕食のために料理させた。

一月一〇日の朝まだき、われわれはティーシーを発ち、昼ごろに山の尾根に登り、そこからクーニアカリーをとり囲む山々をはるかに眺めた。夕刻、ある小村に着いて一泊し、翌朝そこを出て、二、三時間後にセネガル川の支流のクリーコという、狭いが深い川を渡った。東方へ二マイルほど行ったところで、マジナという大きな村を通過し、午後二時にマンボジャンボの見えるところにきた。ここは鍛冶屋の生まれ故郷で、彼はもう四年もここを留守にしていたのだ。間もなく、彼の兄が、どうして弟がくるのがわかったのか、歌い手を一人連れて会いにきた。彼は弟のために馬を引いてきた。自分の故郷へ威厳をもって入ってもらいたいのだ。そして私にも銃に弾薬をいっぱいつめるようにと言った。歌い手が先導し、兄弟がこれにつづき、やがて町からやってきた大ぜいの人が加わった。彼らは派手にとび上がったり歌ったりして、古いなじみの鍛冶屋に会った喜びを表わした。町に入ると、歌い手は鍛冶屋を讃えて即興的に歌をうたいはじめた。歌い手は、多くの困難を克服してきた鍛冶屋の勇気をほめ讃え、彼に充分の食糧を与えるように友人たちにきびしく命じてしめくくりとした。

鍛冶屋の住んでいた家に来たとき、われわれは馬を下りて銃を発射した。鍛冶屋とその親戚の人たちとの会見は、まことに心打つものであった。やかましいしつけもないので、野性的な子供たちは感情を激しく奔放に表わすのである。みなが有頂天になっている最中に、鍛冶屋の年老いた母が、杖にすがり前の方へ連れてこられた。だれもが道をあけてやった。そして老母は息子に歓迎の手を差しのべた。まったく盲目の母親は、彼の手や腕や顔を注意深くさすり、彼の帰還によって、そしてふたたび息子の声を耳にできたことによって、彼女の老年が祝福されたことをひどく喜んでいるようにみえた。ニグロとヨーロッパ人の間には、鼻の形や肌の色のちがいはあっても、共通の人間性からくる純粋な情ごころや、特殊な感情にはまったく相違がないことを、私はこの再会から確信したのである。

この祝いの騒ぎのあいだじゅう、私は一人離れて小屋の傍に腰をおろしていた。親子のあたたかい感情の交流を邪魔したくなかったからである。人びとの注意はまったく鍛冶屋に集中していたので、私のことなど彼の友人たちはだれも見ていないと思っていた。出席者全員が腰をおろした時、父親は息子に冒険談をしてくれと言った。一同が静かになると、息子は語りはじめた。彼は彼に与えられた成功に対して、繰り返し神に感謝した後、カッソンを発ってからガンビアに着くまでに起こった重要なできごとや、その際の彼の役割りと成功、それから故郷へ帰る途中の危険をどんなふうに逃れてきたかを物語った。話の後半で、彼はしばしば私のことにふれた。私に親切にしてもらったことを強い調子でのべた後、私が坐っている場所を指さして叫んだ。「アフィーレ・イビ・シリング」（あそこに坐っている彼を見よ）

とたんに全員の眼が私に注がれた。私はまるで雲から落ちて来た人のようであった。みなはそれまで私に気がつかなかったことに驚いていた。このように常ならぬ風貌をもった人間の近くに坐っていることに不安な気分を持った女や子供たちもいた。しかし徐々に彼らの不安も静まって、私がまったく無害で人を傷つけたりしないことを鍛冶屋が人びとに保証すると、私の服の布地を調べたりするほどの者も出てきたが、多くはまだ疑っているようだった。しかし、二、三時間たつと、みんな私となじむようになった。

こういう立派な人たちと、私は二日間、楽しいお祭り騒ぎで過した。鍛冶屋は、私がクーニアカリーにいる間、ずっと私のそばを離れないと宣言した。そのクーニアカリーへ向けて、われわれは一月一四日の早朝に出発し、その日の昼ごろに、約三マイル南にある小村、スーロに着いた。

ここはわれわれのコースからちょっと外れているのだが、私がここを訪れたのは、スラティでガンビアの非常に著名な貿易商であるサリム・ダウカリを訪ねるためだということをお話ししておこう。レイドレイ博士は彼をよく知っていて、彼に奴隷五人分にあたる財産を託しており、その財産を全部請求するようにと、私は博士から言われていた。幸いにも彼は在宅しており、私を親切にあたたかく接待してくれた。

しかし、カッソン王が、どのようにしてかわからぬが、私の動向を知ったことはあきらかだった。

というのは私がスーロにほんの数時間しかいないのに、王の二番目の息子のサンボ・セゴが騎馬の一隊をつれてやってきて、なぜクーニアカリーへ直接行かないのか、そして私に切に会いたがっている王のところへただちに伺候しないのか、と詰問したからである。サリム・ダウカリは私のために謝ってくれて、夕刻にはクーニアカリーへ私を伴うと約束した。そこでわれわれは日没とともにスーロを出発し、約一時間でクーニアカリーへ入った。だが王はすでに床についていたので、会見は翌朝に延ばし、サンボ・セゴの小屋で一夜を明かした。

王との会見の模様や、カッソンならびにカールタ王国で起こった出来事については次の章でのべることにする。

第七章　カールタ王に救われる

一七九六年一月一五日、午前八時ごろ、われわれは王（デンバ・セゴ・ジャラ）との会見に出かけたが、私を見ようとつめかけた群衆があまり多くて、なかなか入ることができなかった。やっとのことで通路をあけてもらって、私はその君主に礼をした。王は大きな小屋の中で敷物の上に坐っていた。彼はおよそ六〇歳ぐらいに見えたが、戦さにおける成功と、平和時におけるおだやかな振舞いのため、臣下はみな彼を愛していた。王は非常に興味深そうに私を観察した。サリム・ダウカリが私の旅行の目的と、私がこの国を通過する理由を説明すると、この善良な老君主はすっかり満足気に見えた。のみならず、できることはなんでも援助すると約束してくれた。王はホートン少佐に会ったこと、彼に白い馬を一頭贈ったこと、しかし少佐はカールタ王国を通過したあと、ムーア人の中で命を失ったこと、どういうふうにして死んだのかは判明しないこと、などを私に知らせてくれた。この謁見が終わると、われわれは宿に戻り、私はわずかばかり残っているもののなかから王への贈り物をこしらえた。というのはサリム・ダウカリから私はまだ何も受け取っていなかったからである。この贈り物自体は取るに足りないものであったが、王は喜んで受け取ってくれて、そのお返しに大きな白い雄牛を一頭贈ってくれた。この牛を見ると、私の従者たちは非常に喜んだ。牛が大きいというよりは、白い色をしていたからだ。白は王の思し召しの特別な印《しるし》なのだ。王自身は私に対して好感情を抱いていて、彼の領地を通過する許可をすぐに与えてくれたが、非常に大きな予期せざる障害が私の行く手を阻みそうだということに間もなく気づいた。カッソンとカジャーガ両国間に、まさに戦いが起ころうとしているだけではなく、私の次のルートであるカールタ王国が、この戦いに巻き込まれていて、しかも、バンバラ側の敵意に脅かされているということである。王は自らこれらの情勢を知らせてくれて、すでに四人の使いの者を情報を集めるためにカールタに送り出してあるから、四、五日もすればバンバラについての正しい情報が入ると思うので、それまでクーニアカリーの近辺に滞在しているようにと忠告してくれた。私は喜んでこの提案に従い、スーロに行って、使者の一人が戻るまで、そこにいることにした。これは私にはいい機会となった。私は、レイドレイ博士がサリム・ダウカリにあずけた金を受け取ることができたからである。私は奴隷三人分の金額を、おもに砂金で受け取ることに成功した。

私は早く先へ進みたいと思っていたので、フーラドゥ方面を通って私を案内してくれるガイドを一人つけてくれるように、私の利息分を使って王に頼んでくれるよう、ダウカリに依頼した。戦争がバンバラ王とカールタ王の間にすでに始まったことを知らされたからである。そこでダウカリは二〇日の朝、クーニアカリーへ向かって出発し、同日の夕刻に王の返事を持って帰ってきた。その返事は次の通りである。王はだいぶ前に、カールタ王デイジィと協定を結び、すべての商人や旅行者は、カールタ国を通過させることに決めてはいたが、もし私がフーラドゥのルートを取りたければ、その許可を与える。ただし、協定に従うため、ガイドをつけるわけにはいかぬということであった。私は旅の前半の部分では公的な保護が必要だと感じ、それまでに経験したような危険をふたたびおかす気になれなかった。ことに、手に入れることのできる金は、おそらくこれが最後だろうと思ったからだ。そこで私はカールタからの使者が戻るまで待とうと決心した。

そうしている間に、私がサリム・ダウカリから多額の金を受け取ったという噂が広くささやかれはじめ、二三日の朝にはサンボ・セゴが一隊の騎馬隊をひきいて私を訪ねてきた。彼は私が受け取った金額を正確に知らねばならぬと言い張り、金額がいくらであるにせよ、その半分は王に献上せねばならぬ、また、自分は王の息子であるから相応の贈り物を、そして従者たちは王の親戚であるから、やはり贈り物を貰うのだと主張した。こんな要求に応じるくらいだったら、なにも厄介な金など背負わなければよかったということを読者諸君はすぐおわかりになると思う。この不正な要求、勝手気ままな強制取立に応ずることは、私にとって非常にくやしいことであったが、愚かな抵抗をして、すぐ真近にいる獅子を怒らせることは非常に危険であると考え、私は要求に従うことにした。もしもサリム・ダウカリが間に入ってくれなかったら、この強圧的な要求を少しでも軽くしようとする私の努力は無駄に終わったであろう。サリムはヨーロッパの商品を一六バーと、少しばかりの弾丸と弾薬を、カッソン王国で私に課せられる総要求額全部の支払い分として受け取るように、やっとサンボを説得した。

一月二六日——午前中、私はスーロの南方にある高い丘の頂きに登り、そこから実にすばらしい風景を眺めた。町や村の数と、それを取り巻く広い耕地は、私がこれまでアフリカで見てきたどこよりも見事であった。カッソン国王が宣戦の太鼓を一たたきすれば四〇〇〇人の戦士を集めることができるということを考えると、このすばらしい平原に住む住民の数は、大よその見当がつくであろう。ほとんど植物の生えていないこの丘の岩のゴツゴツと高くつき出たところを横切ったとき、その岩の割れ目、裂け目に多くの穴があるのを見た。こういう穴に、昼間、狼やハイエナが潜んでいるのである。これらの動物の何頭かは、二七日の夕刻、われわれを訪ねてきた。彼らが近づいてきたことを、村の犬どもが発見したのだ。この場合、犬は吠えないで、なんとも陰気な唸り声を発することに注意すべきである。犬の唸り声をきくやいなや、村人たちはその理由を知り、武器をとって枯草の束をもち、一団となって村の中央の家畜のいる囲いのなかに入って行った。ここで枯草の束に火をつけ、それを前後に振りながら、ヒーヒー大声をあげて丘の方へ駆け上って行った。この作戦は、狼を驚かして村から追い出すという期待通りの効果をもたらしたが、よく調べてみると、狼どもはすでに牛を五頭殺し、多くの牛に傷を負わせていたことがわかった。

二月一日——カールタからの使者が帰還して、次の情報を持ち帰った。「バンバラとカールタの間の戦争はまだ始まっていない。したがってバンバラがカールタに侵入する前に、おそらく私はカールタを通過することができるだろう」

二月三日——早朝、クーニアカリーから二名の騎馬のガイドがやってきて、カールタの国境まで私を案内してくれることになった。そこで私はサリム・ダウカリに別れをつげ、ついに私の道連れであったあの鍛冶屋とも別れた。私のためを思う彼の親切な気づかいはたいへんなものであった。一〇時ごろにはスーロを離れた。この日、われわれは岩石の多い丘のつづく地域をクリーコ川沿いに進み、日没ごろ、スーモという村に到達し、泊った。

二月四日——スーモを出発し、クリーコ川沿いに旅をつづける。川の沿岸はどこもよく耕され、住民で賑わっていた。ちょうどこの時期、バンバラ戦争のためにカールタから流れこんできた人びとで住民の数がふえていたのだ。午後大きな村キモについた。ここはカッソンの高知の統治者マジ・コンコが住んでいるところで、その住居はソロマと呼ばれていた。カッソン王国に任命されたガイドは、カジャーガに対する戦いに参加するためにここから戻って行った。そしてカールタまで私を案内してくれるガイドをつけてくれるようにマジ・コンコを説得するのに六日もかかったのである。

二月七日——キモを出発し、マジ・コンコの息子をガイドとして、午後までクリーコ川沿いに旅をつづけ、かなり大きな町カンギーについた。クリーコ川はここでは小川となっている。この美しい流れは、町の東方、やや離れたところに源を発し、激流となって下り、タッパという高い山のふもとに達する。そこで静かな流れになり、クーニアカリーの美しい平原をゆるやかに曲折する。その後、北から流れてくる支流と合流して、フェローの滝の近くでセネガル川にそそぐ。

二月八日――粗い石だらけの地域を旅する。セインポ村など、いくつかの村々を過ぎて、午後、ラッケラーゴというカッソンとカールタ両国の分水嶺の上にある小さな村に着いた。途中、われわれは、家族を連れ家財道具を持ってカールタから逃げてくる何百という人びととすれちがった。

二月九日――早朝にラッケラーゴを発ち、少し東の方へ進むと、山の端に出た。そこからはすばらしい眺めを望むことができた。南東の方角には、はるかに連なる山々が見えたが、ガイドの話ではフーラドゥの山々だということであった。われわれは苦労して急な崖《がけ》を下り、乾いた川床を進んだ。ここでは木々がトンネルをつくっていて、道は暗く、冷たかった。まもなく、このロマンチックな峡谷の終点に着き、一〇時ごろに岩山の間から出ると、われわれはカールタの平らな砂の平原に立っていた。正午、コリー（水場）に着き、ここでビーズの二、三本を出して、ミルクと挽きわり穀粉をできるだけ買い込んだ。ここでは食糧はたいへん安く、羊飼いたちは非常に豊かに暮しているので、旅人は彼らからもらう食物のお返しなどめったに要求されない。コリーを発って日没にフィースラに着き、ここに一晩宿泊した。

二月一〇日――この日は一日フィースラにとどまって、少しばかり洗濯もし、また首都へ向かって旅立つ前に、もっと正確に事態をつかんでおくことにした。

二月一一日――宿の主人は国情が不安定なのを利用して、宿賃として法外な額を請求した。彼がわれわれに難癖をつける機会をうかがっているのではないかと疑った私は、この途方もない要求に応ずるのをことわった。しかし連れの連中は、戦争が間近に迫っているという報におびえて、私が宿主とのごたごたを解決して、ケムーまでの道中われわれを守るために一緒に来てもらうよう説得しないなら、これ以上先へ進まないと言った。私は自分が眠るときに使うためにもってきた毛布を一枚プレゼントし、ようやく一同の言う通りの解決をみた。彼はこの毛布がたいへん気に入っていた。友好的に一件落着して、宿の主人は馬にまたがり、われわれを先導してくれた。彼は多くのニグロと同じく、回教の儀式的な面と同時に彼らの祖先の迷信のすべてを、いまだに信じており、強い酒さえも飲んだ。彼らはジョハー族とかジョウアー族とか呼ばれていて、この国で非常に数も多く強力な部族を形成している。暗い淋しい最初の森に入るやいなや、彼はわれわれに止まれと合図し、首のまわりにお守りとしてかけていた、空洞の竹をつかんで、三回鋭く吹き鳴らした。白状するが、私はそれが彼の仲間たちにわれわれを攻撃しろという合図かと思って、一瞬ぎょっとしたが、じつはわれわれがこの旅でどのような成功を収めるかということを占うためのものだったので、私はホッとした。それから彼は馬からおりて、槍を道路上に横に置き、短い祈りの文句をいくつか唱え、しまいに三度大きく竹笛を吹いた。そのあと、しばらく何か答えが返るのを期待しているかのごとく耳を傾けていたが、なんの声も返ってこなかったので、危険は何もないから恐れず先へ進んでよいと命じた。正午ごろ、われわれは人気《ひとけ》のない大きな村々を通過した。住民たちは戦禍を避けてカッソンへ逃げてしまったのだ。日没にはカランカラに着いた。ここは以前大きな町だったのだが、四年ほど前にバンバラ族に略奪され、いまだに半分は廃墟となっている。

二月一二日——夜が明けるとカランカラを出発した。ケンムーまでは一日たらずの旅なので、われわれはいつもよりゆっくりと、道端に生えている食べられそうな果物などを集めては、楽しみながら旅をつづけた。こうしているうちに、私は仲間から少し離れてしまって、みなが私より前にいるのか、おくれているのかわからなくなった。そこで、あたりを見まわすために小高くなっているところへ急いだ。この高所へ進んで行ったとき、マスケット銃をもった騎馬の二人のニグロが、繁みの中から早足に現われた。彼らを見て私は、はたと止まった、彼らも同様に止まった。そして三人ともが、ひとしくこの鉢合わせに驚き、面くらった。私が近づくと彼らの恐怖はますます大きくなり、そのうちの一人は私に恐怖のまなざしを投げると一目散に逃げ出した。もう一人は、怖ろしさのあまり狼狽して、目を手でおおうと祈りをつぶやきつづけたが、私の馬は乗り手の心も知らぬらしく、ゆっくり仲間のあとを追った。西の方へ一マイルほど行ったところで、彼らは私の仲間と出くわして、このおそろしい話を彼らに物語っていた。恐怖のあまり、彼らには、私がはためく衣を着ているすごく大きなお化けのように見えたらしい。そして一人が確信をもって語ったところによると、私が現われたときには、空から一陣の冷風が、まるで冷水のように彼の上に吹き下りたということだ。

正午ごろ、われわれは、遠方にひらけた平原の真只中に、カールタの首都を見ることができた。建築用と燃料用に非常に多く消費されたため、あたり二マイル四方にわたって、森はきれいに切り払われていた。そして午後二時ごろ、われわれはその町に入って行った。

われわれは立ち止まらずに王の住居の前の中庭に進んだ。しかし、私を見るために集まった大群衆にぎっしり取り囲まれてしまったので、馬をおりることができず、宿の主人とマジ・コンコの息子を使いに出して、私の到着を王に知らせた。ほどなく彼らは王の使者を連れて戻ってきて、王は夕刻、私に会いたいと言っているとつたえた。その間に、使者は人びとに向かって、私のために宿舎を用意するように、また、群衆が私を妨害しないようにと命令を出した。彼は私を中庭に導き入れたが、その門のところに一人の男を配置し、棒切れをもたせて群衆を追い払わせた。そして私の宿泊所となった大きな小屋へ案内した。広いその宿舎に入って坐るやいなや、群衆が押し寄せてきた。彼らを入れないようにすることは不可能に思えた。小屋に入れるだけなだれこんだ人たちが私を取り囲んだ。第一グループが私を見て二、三質問をすると、次のグループに席をゆずるために退き、このようにして小屋は一三回もいっぱいになったり空《から》になったりした。

日没の少し前、王は使いをよこして、暇なので私に会いたいと伝えてきた。私は使者について高い壁にかこまれた中庭をいくつも通って行った。そこには町が侵略された場合に馬を養えるように、多量の乾草が束ねてあった。王が坐っている中庭に入ると、そこにおびただしい数の従者がおり、彼らがじつに整然としているのを見て、私はびっくりした。

彼らはみな腰を下ろしていた。――王の右手には戦士たち、左手には女、子供たち、そしてその間を私が通るようにあけてあった。王の名はデイジィ・クーラバリと言ったが、衣服の点では別にとりたてて家来より立派であるというようなことはなかった。王の威厳を示す唯一のものは、王の座のある地面がおよそ二フィートばかり高くなっていて、その上に豹の毛皮が敷いてあることだった。私は王の前の地面に坐り、この国を通過せざるをえないさまざまな状況と、彼の保護を懇請する理由を述べると、王はまったく満足気に見えた。しかし当面は私に大きな助力を与えることはできないと言った。カールタとバンバラの間の交通は、ここしばらく途絶えているからである。そしてバンバラ王マンソングは軍を率いてカールタに向かう途中、すでにフーラドゥに入っているので、私がその敵国から旅立つことになれば、きっと傷つけられるか、スパイとみなされるだろうから、普通のルートを通ってバンバラに到達できる望みは、まずないだろうと言ってくれた。もしこの国が平和時であるなら、もう少しいい機会がくるまでとどまった方がいいのだが、事態が事態なので、何かトラブルでも起これば、この国の人びとは、王が白人を殺したなどと言うかもしれないから、カールタにとどまらないでほしいというのだ。それゆえ、お前さんはカッソンに戻って、戦争が終わるまでそこにいた方がよい、戦いは二、三カ月で終わるだろうから、その後、もし自分が生きていれば喜んでお前さんに会うだろうし、かりに自分が死ねば、息子たちが、お前さんの面倒を見るだろう、と忠告してくれた。

この忠告は、王にしてみれば、たしかに好意であって、それに従わねば、従わない私のほうが悪いのだが、暑期が近づいていて、アフリカの内陸部で雨季を過すことを私は恐れていた。これらのことを考え、また「発見」という目的になんら進歩のないまま帰ることは好ましくなかったので、私は先へ進もうと決心した。そして、バンバラまでの案内人をつけてくれることはできないにしても、安全であるかぎり、できるだけ国境近くまでついてきてくれる男を一人つけてほしいと王に頼んだ。私が前進する決意であることを見た王は、まだ一つだけルートが残っている、と言った。それとて危険でないことはないが、カールタからムーア人の王国ルダマールへ入り、そこから迂廻路を通ってバンバラへ行く道である。もしこのルートを取りたいなら、ジャラというルダマールの国境の町まで私を案内する人間を何人かつけてくれるというのだ。それから王は、ガンビアを発ってから、私がどのような扱いを受けたかを、とくに質問し、また私が故国へ帰るときには何人の奴隷をつれて帰るのかと、ひょうきんにたずねた。彼がさらに言葉をつづけようとしたとき、汗をかき泡をふいた見事な馬にまたがった一人の男が中庭に入ってきた。何か重大な報告があると知ると、王はただちに履物を取り上げた。これは人払いの合図である。そこで私は前を退きさがったが、この使者のもたらした情報をいくぶんなりと知りたかったので、従僕の少年に、そこにいろと言いつけた。一時間ほどすると、その少年が戻ってきて、バンバラ軍がフーラドゥを発ってカールタに向かっていることを知らせてくれた。その情報を持ってきたさっきの男は、王に雇われている斥候兵の一人で、彼らはそれぞれ特別の地点（通常高い場所）に持ち場があって、そこからは国がもっともよく見えるので、敵軍の動きを見張っているということだった。

夕刻、王は立派な羊を一頭贈ってくれた。これはたいへん有難いことであった。一日中われわれはだれも食物を口にしていなかったから。夕食の調理をしているとき、夕べの祈りがあると告げられた。いつものように僧侶が声で知らせるのでなく、太鼓を叩き、大きな象牙を吹くのである。その音はちょうど角笛の音そっくりに響き渡った。音調は音楽的で、他のどんな人工的につくった音よりも人の声に近いようにきこえた。デイジィの主力軍はこの重大事に際してケンムーにあったので、寺院は非常に混み合っていた。そしてカールタ軍のほとんど半数が、マホメットの使徒たちで占められていることがわかった。

二月一三日——夜明けに、私は自分の大型ピストルとその革袋を王に贈り、間もなく戦場となる場所から早く離れたい、王がガイドを送ってくれる都合がつきしだい、できるだけ早くケンムーから出立したい旨を王に伝えるよう使者に頼んだ。一時間後に王はプレゼントのお礼を伝えるべく使者をよこし、ジャラまで案内してくれる八人の騎馬の男を送ってくれた。バンバラ、カールタ両軍の間になにか決定的なことが起こる前に全員が帰ってこられるよう、できるだけ迅速にジャラまで行くことを王は希望している、と彼らは言った。そこでわれわれはデイジィの息子三人と、旅の途中まで親切に私を見送ってくれる二〇〇人の騎馬隊に守られてケンムーを出発した。

第八章　ホートン少佐に関するニュース——ジャラ到着

ケンムーを出立したその日の夕刻（王の長男と大部分の騎馬隊の連中はすでに帰って行ってしまっていた）、われわれはマリナという村に着き、そこに泊った。夜中に、私が荷を入れて置いた小屋に盗賊が侵入して、荷の束の一つを切って、かなりのビーズと私の衣服を少し、そして、たまたまそのポケットに入れておいた琥珀と金を盗んだ。私は護衛としてついてきた男たちに文句を言ったが、なんの効果もなかった。翌日（二月一四日）、われわれは陽がだいぶ高くなってからマリナを発ち、あまりの暑さのため、ゆっくりと旅をつづけた。四時ごろ、道路から少し離れたところで、二人のニグロがトゲのある木立のかげに坐っているのを見つけた。王の家来たちは、彼らは逃亡した奴隷にちがいないと考え、銃の打ち金をおこし、彼らを取り囲んで逃がさないように、四方へ全速力で馬を走らせた。ところがこの黒人たちは、われわれが彼らの矢の射程距離内に入るまで落ちついて待っていて、それから一握りの矢をえびらから取り出し、二本を口にくわえ、一本を弓につがえて、それ以上近づくな、と手で合図した。そこで王の家来たちは、何者であるか言えと大声で呼ばわった。彼らは自分たちは隣村のトゥルダの土民で、ドンベロングを拾いにここまで来たのだ、と言った。これは小さな澱粉質の黄色い木の実で、なかなか美味なものだ。リーニアスの分類法では、ラムナ・ロータスの実であることを私は知っていた。黒人たちは、その日のうちに集めた大きな籠を二つ見せた。この実を黒人たちは珍重していて、一種のパンをつくるのである。この実を数日、日光に干してから、木の臼に入れてそっと搗くと、澱粉質のものが殻から分離する。この粗粉《あらこ》を少量の水とまぜてケーキのような形にしてから日光にあてて乾燥させると、色といい、風味といい、最もおいしいジンジャーブレッドとそっくりになる。殻はその後、水桶の中につけて、まだくっついている粗粉を分離させるために桶をゆさぶる。こうすると水は甘くておいしい味になる。さらに搗いたキビを加えると、フォンジと呼ばれる味のいい粥《かゆ》になる。この粥はルダマールの多くの地方で、二月から三月にかけて人びとの朝食となる。この実を集めるには、地面に布をひろげ枝を棒で叩いて落とす。

この種のロータスは私が訪れたすべての国々で、ごく普通に見られるが、ことにカールタ、ルダマールと、バンバラの北部の地域の砂地にもっとも多く、バンバラではこの木の林は最もありふれた林の一つである。ガンビアでも、これと同種のものを見た。しかし、砂漠地方に生える木は葉がずっと小さくて、その点では『王立科学アカデミー紀要』(一七八八年、四四二ページ)のデフォンテーヌによる図版に出ているものにもっとも似ている。この灌木はチュニスや黒人の国々にも見られ、ニグロの王国の住人にパンによく似た食物を提供し、また彼らの賞味する甘い酒につくられるところから、これは、プリニーがリビアのロートパゴス人の食べる実として名をあげているものに相違ない(ロートパゴス人とは『オデュッセイア』に描かれているある島の住民で、彼らは忘憂樹の実を食べて浮世の憂さを忘れているという)。彼は、リビアではこれを軍隊の食糧としたと書いているが、この果実からつくられるパンを軍隊の食糧にしたことは当然あり得ることで、このパンは甘くて美味であるから、兵士たちがこれに不平を言ったなどとは考えられない。

夕暮れにトゥルダの村に着き、二人を残して王の家来は帰って行った。この二人はジャラまでわれわれを案内するために残ったのである。

二月一五日——トゥルダを出発し、二時ごろフニングケディというかなり大きい町についた。われわれが近づいて行くと、そこの住人たちは非常に驚きあわてた。ガイドの一人がターバンを巻いていたので、われわれをムーア人の盗賊とまちがえたのだ。しかしこの誤認はやがてはっきりし、われわれは、この町に住む一人のガンビアのスラティにあたたかく迎えられ、彼の家に泊めてもらうことになった。

二月一六日——われわれが得た情報によると、明日、多数の人びとがこの町を去ってジャラへ行くということであった。街道にはムーア人が多く横行しているということなので、われわれはここにとどまり、人びとに同行しようと決めた。そうこうしているうちに、また情報が入った。われわれがここに着く数日前に、ブシュリーンの大部分と、フニングケディの財産家たちはジャラに行き、戦争が近づいているので、家族や家財をジャラに移そうと相談し、その留守の間に、ムーア人が彼らの家畜を盗んだというのである。

二時ごろ、小屋のうしろに敷いてある牛の皮の上で眠っていると、女の叫び声と住人の大騒ぎで私は目を覚ました。はじめ私は、バンバラ人がいよいよ町に侵入したのかと疑ったが、私の従僕の少年が小屋の屋根にのぼっているのをみて、いったいどうしたのだ、と声をかけた。彼は、ムーア人がまた牛を盗みにやってきて、町の近くまできているのだと言った。小屋の屋根にのぼってみると、牛の大群が町へ向かっており、うしろから馬に乗った五人のムーア人がマスケット銃で牛を追っているのがわかった。彼らは町の近くにある井戸のところまでくると、群の中から立派な牛を一六頭選り抜いて、全速力で追って行ってしまった。

この事件のあいだ中、五〇〇人にものぼる住人たちは、町の壁の所に集まって立っているだけで、ムーア人が牛を追って行くとき、ピストルの射程内を通過したにもかかわらず、少しも抵抗する様子を示さなかった。マスケット銃がたった四発発射されたが、これには彼ら自身でつくった弾薬がこめられていたため、なんの効力もなかった。このすぐあと、私は数名の人間が馬上の一人の若者を支えながら、ゆっくりと町へ向かうのを見た。これは家畜番の一人で、槍を投げようとしてムーア人に撃たれたのだった。彼の母親が悲しみのため気も狂わんばかりに進み出て、手を叩き、息子の良い性質を数えあげた。「イー・マフォ・フォニオ!」(彼は嘘をついたことがない)と、息子が門のところに運ばれると、嘆き悲しむ母親は言った。「イー・マフォ・フォニオ・アバタ」(彼はけっして嘘は言わない。決して!)。息子を人びとが小屋に運び入れて敷物の上に寝かせると、見物人たちも一緒になって彼の運命を嘆き、ひどくあわれな様子で叫んだりわめいたりした。

この悲しみがいくぶん鎮まったとき、私はその傷を診てくれと頼まれた。弾丸が彼の脚を貫通し、ひざからちょっと下の所で二つの骨を砕いていることがわかった。かわいそうに、その青年は出血のため失神していて、かつ非常に危険な状態にあったので、大丈夫癒る、などと言って親類の者たちを慰めるわけにはいかなかった。しかし、命をとりとめられる保証はないが、一つの方法として、脚をひざの上から切断することが必要だ、と私は人びとに言った。この提案は一同を恐怖におとしいれた。それまでに、このような治療法をきいたことがないので、彼らが同意するはずはなかった。そんな残忍な、きいたこともない手術を提案するなんて、きっと人喰い人種にちがいない、と彼らは私のことを思ったにちがいない。彼らは、そんな手術は、傷自体より、もっと痛く危険だと言った。そこで患者は年老いたブシュリーンの手にゆだねられ、彼はこの青年のために天国への道を確保してやろうと努力した。若者の耳に何か、アラビア語の文句をささやき、彼がそれを復唱することを願った。何度も甲斐のない努力をしたのち、やっと、このあわれな異教徒は「ラ・イラー・エルアラー・マホメット・ラソール・アラーヒ」(天にはただ一人の神がいまし、マホメットはその予言者だ)と言った。そしてマホメットの弟子たちは、息子がその信仰のあかしを充分示したこと、そしてあの世で幸せになるであろうことを母親に確約した。彼はその夜死んだ。

二月一七日――ムーア人の略奪を避けるためには、夜中に旅をすることが必要だとガイドが言った。そこでわれわれは、午後フニングケディを出発したが、戦闘を恐れて家財をルダマールへ運ぶという約三〇人の人びとがついてきた。われわれは夜中まで静粛に、迅速に旅をつづけ、小さな村の近くの囲い地のようなところで休止した。しかし気温が低くて六八度まで下ったので、寒さのため黒人たちは一睡もできなかった。

一八日の夜明けに、旅を再開し、八時ごろにシンビングというところを通過した。これはルダマールの国境の村で、二つの岩山の間の狭い山道にあり、高い壁でかこまれている。ホートン少佐が、彼に従ってムーア人の国に入ることをいやがった黒人の召使いに去られ、鉛筆でレイドレイ博士に最後の手紙を書き送ったのはこの村からであった。この勇敢だが、しかし不運な少佐は、さまざまな困難を切り抜けたあと、北方への進路を取り、ルダマール王国を通過しようと努力したのだ。後になって私はこの国で、彼の悲しい運命について、次のような詳しい情報を知った。

彼はジャラに到着したとき、ティシート（サハラ砂漠の塩田近くの場所で北方へ一〇日ほどの行程のところにある）へ塩を買い入れに行くムーア人の商人たちと知り合った。少佐はマスケット銃一梃とタバコ少々とをやって、自分もそこへ連れて行ってくれるようにと彼らと契約した。ムーア人が意図的に彼をだましたのは、少佐があるルートを進みたがったためなのか、あるいはジャラとティンブクトゥの間にある国の情勢のためだったのか、結論を出すことは不可能である。おそらく彼らは、少佐のものを奪い、彼を砂漠に置き去りにするつもりだったのだろう。二日経った時、少佐は彼らの裏切りに気づき、ジャラに帰ることを主張した。彼がこの決心を変えないことを見てとったムーア人たちは、彼の所持品すべてを奪い、駱駝にのって立ち去った。気の毒に、少佐は置き去りにされ、タラというムーア人所有の水のある所まで徒歩で引き返した。数日間食物を口にしていなかったし、冷酷なムーア人は彼に何もくれなかったので、ついに彼は疲労のため倒れてしまった。彼が実際に飢え死にしたのか、あるいは野蛮な回教徒に殺害されたのかはわからない。彼の遺体は森の中に引きずっていかれ、そのまま放置されたというその場所を私は見せられた。

シンビングの北、約四マイルほど行くと小さな流れに出た。そこには野生の馬がたくさん見られた。みな同じ色の馬で、われわれのところからゆっくりと走り去ったが、ときおり立ち止まり、ふり返ったりした。黒人はこの馬を狩って食用とし、その肉は大いに珍重されていた。

正午ごろジャラに着いた。これは岩山のふもとにある大きな町である。この土地自体について、またここで私にふりかかったさまざまな事件について述べる前に、私がこのルートをとらねばならなかった理由である戦争の原因について、読者に簡単にお話ししておくのも、あながち不適当ではあるまい。このルートをとったことこそ、まったく不運な決定であり、後になって私を襲うすべての不幸と災難の直接の原因となったのだから。それをここで述べて置けば、あとで中途にはさまなくてすむであろう。

私が立ち去った直後、カールタ国を荒廃させ、近隣の国々に恐怖をひろめたこの戦争は、以下のようにして起こったのである。バンバラ国の国境の村の数頭の牛をムーア人の一隊が盗み、カールタ国の町の酋長に売った。村民は彼らの牛を返せと要求したが、賠償を断わられたので、バンバラ王のマンソングに酋長を訴えた。バンバラ王はおそらく、カールタ国が日に日に繁栄していくのを嫉《ねた》みの目で見ていたのであろう、この事件を利用して、カールタ国に対して戦意を表明したのである。

バンバラ王は、使者と騎馬の一隊をカールタ王デイジィに送り、「バンバラ王は九〇〇〇人をひきいて乾季の間に、ケンムーを訪問するであろう。したがってデイジィ王は奴隷たちに命じて宿舎を掃除させ、すべての設備を用意するように」と伝達させた。使者は、「鉄のサンダル」を王に贈ってこの挑戦的な伝達を終え、同時に「デイジィが逃げまわって、このサンダルをすり切ってしまうまで、バンバラは攻撃の矢をおさめないであろう」とつけ加えた。

デイジィは、このように恐しい敵に抗する最上の方策について重臣たちと相談し、挑戦の返書を送り、一人のブシュリーンにアラビア語で一種の宣言文を板に書かせ、それを公共広場の木に打ちつけた。そして人びとにこれを説明するため、大ぜいの老人たちをいろいろな場所へ派遣した。これによって、デイジィ王の友人たちはただちに参集した。しかし武器のない者や、戦争に加わるのを恐れる者たちには近隣の国々へ避難する許可が与えられ、彼らが厳正に中立を守るならば、彼らの故郷へいつでも帰ってよいことがつけ加えられた。しかし、もしも彼らがカールタに反対する行動をとったならば、その時は「彼らの家々の鍵はこわされ、今後家に入ることはできない」、こういった内容であった。

この宣言は一般的には歓迎されたが、カールタ人の多くと、他の種族の中でも強力なジョウアー人とカカルー人は、この寛大な宣言文をいいことにして、デイジィの領地から退去して、ルダマールとカッソンに避難した。

この脱落のため、デイジィの軍隊は予期していたほどの数に達しなかった。そして私がケンムーにいた時のしらせによれば、四〇〇〇人を上回ることはなかった。しかし、彼らは意気盛んな、冒険心に満ちた連中で、頼りになる兵士であった。

二月二二日、（私がジャラについて四日後）マンソングは軍を率いてケンムーに向かって進撃した。デイジィは戦闘を交える危険をさけて、ケンムーの北西にあるジョコという町に撤退して、そこに三日間滞在し、その後、丘陵地帯にあって高い石の壁に囲まれている堅固な町ゲディングーマに避難した。

デイジィがジョコを去るに当たって、彼の息子たちは父に従って行くことを拒絶した。「デイジィとその家族は戦火もまじえずしてジョコへ逃れたことが知れたなら、歌い手の男たちは彼らの不名誉を広く知らせるであろう」と息子たちは主張した。そして彼らは騎馬の一隊と共にあとに残って、ジョコの防衛に当たったが、何度も小ぜり合いをしたあと、完敗してしまった。息子の一人は捕虜となり、他の息子たちはゲディングーマに逃れた。この町にデイジィは食糧を貯え、ここを最後の砦にしようと決めていた。

デイジィが正々堂々の戦いをすることを避ける決意をしているのをみたマンソングは、敵の行動を見張るために強力な軍をジョコに駐屯させた。そして残りの軍を小さな分遣隊に分けて、国内に侵略させ、住民たちに逃げるひまを与えず捕えるよう命令を下した。この命令は非常に迅速に実行されたので、カールタ全土は二、三日で荒廃の巷《ちまた》と化した。諸々の町や村のあわれな住人たちは、夜襲に驚き、たやすくとりこになり、彼らの穀物や、デイジィのために役立つようなものはすべて焼き払われた。こうした処置が行なわれている間に、デイジィはゲディングーマを要塞化することに大わらわであった。この町は二つの高い山の間の通路に位置していて、門はたった二つしかなく、門の一つはカールタ方面に、他の一つはジャフヌー方面に向いていた。カールタ方面の門はデイジィ自身によって守られ、ジャフヌー方向の門は息子たちの手にゆだねられていた。バンバラの軍隊は、町に近づいて、この町を攻撃しようとはかったが、いつも手痛い損害を蒙って撃退された。マンソングは、デイジィが思ったより手ごわいのを知ると、補給路を断ち、飢餓によって降服させようと決めた。そこで彼は捕虜全員をバンバラに送り込み、かなりの量の食糧を集めさせ、なにも決定的なことをせずにゲディングーマの近くにまる二カ月、軍と共に駐屯した。この間に彼は籠城軍による攻撃にしばしば悩まされ、食糧の貯蔵も大方底をついたので、彼はルダマール王であるムーア人のアリに二〇〇人の騎馬隊をよこしてくれるように頼んだ。そうすれば町の北門を攻撃できるし、またバンバラ人にその町を攻略する機会を与えることができる。ところがアリは戦争開始の折に援軍を出すとマンソングと契約したにもかかわらず、今度はこの約束を実行するのを断わった。そこでマンソングは大いに怒り、ベナウンの陣地を驚かしてやろうと目論んで、軍隊の一部をフニングケディに進攻させた。しかし、ムーア人は彼の意図に関する情報を耳にするや、北方へ逃げ、マンソングはそれ以上何をすることもできず、セゴへ帰ってしまった。これは私自身、アリの陣地に捕えられていた時に起こったことで、これについてはこのあと記すことにする。

こうしてカールタ王は最強の敵対者を追い払った。彼の領地内にはふたたび平和が訪れるはずだった。ところが、この直後に、異常な事件が起こって、彼はカッソンの敵意にまきこまれてしまった。カッソンでは王がちょうど亡くなり、その後継者争いが二人の息子の間にもち上っていたのである。弟のサンボ・セゴ（私の古い知人）が勝利をおさめ、兄を国外へ追放した。兄はゲディングーマに逃れた。この兄につきまとわれたデイジィは、これまで二人の兄弟と変わらぬ友情を持ちつづけていたので、弟に兄を引き渡すことをこばみ、同時に兄の要求も容れず、この争いにはいっさい干渉しないと宣言した。サンボ・セゴはカッソンの君主として、人びとから忠順の誓いを受けて得意になっていた時なので、デイジィの行動にすっかり機嫌をそこね、不満を抱いているカールタの逃亡者たちと共謀してデイジィ殺害の企てをたてた。

このような仕打を夢にも予想しなかったデイジィは、多くの人間をジョコに送って、軍隊用の穀物を植えさせたり、森の中にさまよい出てしまった家畜を集めさせたりしていた。ところが、これらの人びとがすべてサンボ・セゴの手中に入ってしまい、サンボは彼らをクーニアカリーに拉致し、その後、隊商に送り込んで、セネガル川沿岸にあるルイ要塞でフランス人に売りとばしてしまった。

この攻撃は間もなく報復を受けた。というのは、いまや食糧が乏しくなって困っていたデイジィは、カッソンから食糧を略奪しても、それは正当だと考えたからである。彼はすぐれた部下八〇〇人を率いてひそかに森の中を進み、クーニアカリーの近くの三つの村を夜中に奇襲した。ここには、彼に反逆した臣下でサンボの遠征隊に加わっている者たちが住んでいた。これらの者すべて、そしてサンボの役に立ちそうな者は、文字通り一人残らずただちに処刑された。

この討伐のあと、デイジィは平和を欲するようになった。不満を抱いていた臣下の多くは、またもとの忠誠にもどり、戦いによって荒れ果てた町を修理していた。雨季が近づき、何もかもが順調にいくようにみえたとき、彼は突然思わぬ方向からの攻撃をうけた。

ジョウアー人、カカルー人とカールタ人の一部は戦争開始とともに彼のもとを去って、戦争の間じゅう一方的にマンソング軍側に好意をよせていたが、今やデイジィの許しを乞うのをおそれ、また恥と考え、彼ら自身なかなか強力であったので、団結してデイジィに戦いを挑んだのである。彼らはこの反撃に際して（のちに述べるように）ムーア人に援助を懇請した。そしてかなり大ぜいの軍隊を集め、デイジィに属する大きな村に侵入し多くの捕虜を連れ去った。

デイジィはこの攻撃に対する報復の準備をした。しかしジョウアー人と、ルダマールの黒人の居住者のほとんどが町を去って東方へ逃げてしまい、また雨季のため、カールタの戦争は終わりを告げた。この戦いは一握りの人びとに富をもたらし、何千もの人間を亡ぼしたのである。

私が到着した直後のジャラ周辺の国々の状勢は、かくのごとくであった。この土地に関して、多少とも記述してから、私はさまざまな出来事の詳細を述べることとする。

第九章　ムーア人にとらわれる

ジャラの町はかなり広い。家々は泥と石を混ぜたものでつくられ、泥はモルタルの役を果たしている。この町はルダマールのムーア人の王国の中にあるが、住民の大部分は、南部の国々の国境地方からやってきたニグロである。彼らは略奪を常習とするムーア人の脅威にさらされつづけているよりは、不安定ながら彼らの保護を受ける方を好み、その保護を貢ぎ物で買っているわけである。その貢ぎ物は相当なものだ。それでいながら、彼らはムーア人に限りなき従順さと服従を示すので、彼らから徹底的に軽蔑され、いい加減にあしらわれている。このニグロの国に近接する国々のムーア人は、西インド諸島のムラト族と容姿が非常に似ているので見分けがつかないほどである。実際に、現在の世代は、北方のムーア人（そういわれている）と南方のニグロとの混血で、しかも両族のもっとも悪い性質を持っているように思われる。

これらのムーア人の起源については、サハラ砂漠によって分離されているバーバリの住人とは別の種族だとされているが、アフリカ人ジョン・レオによって述べられていること以上はわからない。レオの記述は概略次のようである。

「およそ七世紀の中ごろ、アラビア人によって征服される前は、アフリカの全住民は祖先がヌミディア人であろうが、フェニキア人であろうが、またカルタゴ人や、ローマ人や、バンダル人や、ゴート人であろうが、一様にマウリ（またはムーア）族という名でひろく考えられていた。これらの国々の国民はアラビア帝国のカリフ（教主）の統治時代に、回教に改宗させられていた。サハラ砂漠で流浪の生活を送っていたヌミディア人の部族の多くは、現在は兇暴なアラビア人を避けて、砂漠を横切って南方に移っている。そしてレオ（ザナーガのレオ）によれば、これらの一部族によってニジェール川流域のニグロの国々は発見され征服されたということである。ニジェール川というのは、ここでは疑いもなくセネガル川を意味している。これはマンディンゴ語ではバフィング（黒い川）とよばれている」

今日、これらの人びとがアフリカ大陸に、どの程度まで浸透しているのか、はっきりさせるのはむずかしい。その領地が、セネガル川の河口（川の北側）からアビシニアの国境まで細い線、あるいは細いベルト状に西から東へのびていることはたしからしい。彼らは狡猾で、平気で人を裏切り、人がよくて疑うことをしらぬニグロをだまし、略奪する機会をけっして逃さない。しかし彼らの風習や一般的な生活習慣は、以下に私が述べるさまざまな出来事からよくわかっていただけると思う。

ジャラにつくと、私はガンビアのスラティ、ダマン・ジュンマの家に宿泊した。この男は以前レイドレイ博士から商品を借りたことがあり、博士から私はその代金、六人の奴隷分の代金を受け取るようにといわれていた。借金は五年の期限であった。彼はすぐにその申し出を承認して、できるだけの金《きん》をかき集めると約束したが、現状では奴隷二人分しか支払えないという。しかし彼は私のビーズや琥珀と交換に、金《きん》を払ってくれ、私を助けてくれた。金《きん》は持ち運びに便利で、ムーア人に対して隠しやすいからである。

われわれがすでに出会ってきた困難や、不安な政情、そしてなによりも横暴なムーア人の行状が私の従者たちを完全にふるえあがらせたので、彼らは東方へ一歩でも進むくらいなら、報酬に対する要求を棄てた方がましだと主張した。実際、ムーア人に捕えられて、奴隷として売りとばされるような結果を招くことの危険性が、日、一日とあらわになり、私は彼らの心配を非難することはできなかった。こんな情勢の中で、私は従者たちに去られ、あとへ引き返す道は戦争によって遮断されていた。だが、一〇日間の旅程で行けるムーア人の国が私の前に横たわっていることを考えて、私はダマンに、ルダマール国の酋長、王であるアリに、無事に彼の国を通ってバンバラまで行けるような許可を与えてくれるよう頼んでほしいと申し出た。そして許可が下り次第、バンバラまで私についてきてくれるはずのダマンの奴隷を一人雇った。そこで、ベナウンの近くに陣営を張っていたアリのもとに一人の使者が送られた。成功を期するため贈り物が必要だったので、私はダマンから猟銃と交換に買い入れてあった木綿の衣服を五枚贈った。この計画を運ぶのに一四日がすぎた。二月二六日の夕刻になって、アリの奴隷の一人がやってきて、自分はグーマまで無事にあなたを送り届けろと命じられた、と言った。そしてこの案内に対して青木綿の衣服を自分に一枚支払うようにと要求した。私の忠実な従僕は、私が彼を残して出発しようとしているのを見て、私に同行すると言いだした。彼は私がガンビアへ戻ることを望んではいたが、私のもとを去ろうと心底からそう考えていたわけではなく、私をただちにガンビアへ引き返させようという考えから、私のもとを去ると言え、とジョンソンに言われていたのだ。

二月二七日――私は報告書の大部分をできるだけ早くガンビアへ持っていくようジョンソンに託したが、万一の場合を考慮して、コピーを一部、自分のために残しておいた。また、特に必要のないと思われる衣類一束、その他のものをダマンのところに残した。というのは、できるだけ荷物をへらして、ムーア人たちの略奪にあう機会を少なくしようと思ったからだ。

こうして、われわれは午前中にジャラを出発し、その夜、ニグロとムーア人がまじって住んでいる壁にかこまれた小さな村、トルームグーンバに一泊した。

翌二月二八日、キラに着いた。二九日、砂地の国のつらい旅をしたのち、ムーア人の水場コンペにきた。翌朝そこからディーナに進んだ。これは大きな町で、ジャラのように石と粘土でつくられている。ここはジャラにくらべると、ニグロよりムーア人のほうが数が多い。彼らは私が宿をとったニグロの小屋のまわりに集まって、この上ない無礼をもって私を扱った。彼らはシー、シーと罵《のの》しり、叫び、私をさんざん侮辱した。私の顔につばを吐きかけることまでして私を怒らせ、私の荷物を盗む口実をつくろうとした。しかし、このような侮辱が思った通りの効果をもたらさないとみるや、私がキリスト教徒だから、回教徒が私の財産を略奪することは法的にかなったことだという最後の決定的な主張に訴えてきた。そして彼らは私の荷をあけ、気に入ったものすべてを奪った。だれでも罰を受けずに私のものを奪うことができるのを見て、私の従者たちはジャラに引き返そうと言い張った。

翌三月二日、私はあらゆる手をつくして、仲間の者に先へ進むことを説得しようと努力したが、彼らはなお強硬であった。狂信的ムーア人から侮辱を受けるのを恐れるのは、もっともであったから、私は単独で先へ進もうと決意した。そこで翌朝二時ごろ、私はディーナを出発した。月夜だった。しかし野獣の唸り声がしていたので注意して進もう、と思った。

町から約半マイルほどの小高い丘に着いたとき、「おーい」と呼ぶ声が聞えたので、ふり返ると、私の忠実な青年が私のあとを追って走ってきたことがわかった。彼の報告によると、アリのつけてくれた従者はすでにベナウンに戻り、ダマンのニグロはジャラに向かって出発しようとしていたが、私が少しの間待っていてくれれば、彼はダマンのニグロを説得して私についてこさせることができるというのだ。私は待った。そして一時間もすると、青年はニグロを連れてもどってきた。われわれは、おもにアスクレピアス・ギガンテオ（カガイモ科、リンドウ亜目の一科の植物）におおわれた砂地を旅し、昼ごろに人のいない小屋がたくさん並んでいるところにきた。少しはなれた場所に、どうも水らしいものがあるのを見て、私はスーフルーに水をつめてこいと青年に言った。しかし、彼が水場を調べていると、おそらく同じ水場を目指していたらしいライオンの唸り声がしたので、青年は驚いて急ぎ戻ってきた。一同は我慢強く失望に耐えた。午後一行は、おもにフーラー族の住むサマミンクーという町に到着した。

翌朝（三月四日）、われわれはサンパカへ向かって出発し、二時ごろそこに着いた。途中ものすごい数のイナゴを見た。木々はイナゴで真黒であった。この昆虫は植物を手あたりしだい一本のこらず食いつくしてしまい、短時間で木を丸裸にする。その糞が木の葉や枯草の上に落ちる音は、まるで夕立ちの雨音のようであった。木をゆすったり叩いたりした時、その大群が飛び立つ様は、まさに驚異である。飛ぶ時には、風の流れに身をまかせるが、ちょうどこの季節はいつも風が北東から吹いてくる。風の向きが変わったら、どこで食物をあさるのか見当がつかない。なぜなら、彼らのコースにあたるところはすべて食べつくされているからである。

サンパカは大きい町で、ムーアとバンバラが交戦した時にはムーア人によって三度も攻撃された。しかし彼らは大打撃をうけて撃退された。もっとも、後になってバンバラ王は、平和を保つために、この町をはじめ、グーンバに至るまでのすべての町を手放さざるを得なかったのだが。

ここで私は、弾薬づくりを業とするあるニグロの家に泊った。彼は一袋の硝石を見せてくれたが、これは純白色で、普通のものより結晶が小さい。彼らはこれを池から多量に採ってくるのだが、その池は雨季には溢れ、家畜が日中の暑さを避けてここに涼を求めて集まってくる。水が蒸発してしまうと、泥の中に白い凝華がみられる。これを住人たちは集め、使用目的に合うようなやり方で不純物を除く。地中海からくる硫黄をムーア人にもらって、木臼の中でこの異種のものを一緒に搗いて完成する。その粒は大きさがまちまちで、爆発音は、ヨーロッパの火薬の音のように鋭いものとはだいぶちがう。

三月五日——陽が昇るころサンパカを出立した。昼ごろダンガリという村でちょっと休み、夕刻、ダリについた。道の上でラクダの大きな二つの群が草をはんでいるのを見た。ムーア人はラクダに草を食べさせるときには、前脚を結び合わせて逃げるのを防ぐ。たまたまこの日、ダリはお祭りの日で、人びとは酋長の家の前で踊っていた。しかし、一人の白人が町に入ったと知らされると、踊りをやめて、いつものように二列に隊列を組み、音楽隊を先頭にして、私の泊っている家までやってきた。彼らは一種のフルートのようなものを吹いた。その側面にある穴に空気を吹き込む代わりに、うすい木片で半分閉ざされている端をななめに吹く。側面の穴を指で押えて、どこか単調で、非常に悲しそうなメロディを奏でた。彼らは踊りや歌を夜半までつづけた。そのあいだじゅう、私は大変な群衆に取り囲まれて、彼らの好奇心を満足させるためにじっと坐っていなければならなかった。

三月六日——われわれは、ここに午前中とどまっていた。なぜなら、次の日グーンバへ行く人びとの何人かが私たちについて行きたいと申し出たからだ。夕方になると、集まってくる群衆を避けるため、われわれはダリの東にあるニグロの村サミーに出かけた。ここでわれわれは親切なドウティ（酋長）に迎えられた。彼はわざわざ二頭の立派な羊を殺してわれわれを招き、ご馳走してくれた。

三月七日——わが宿の主人である酋長は、白人をもてなすことをたいへん誇りに思い、夕暮れの涼しい時がくるまで、彼やその友人たちのもとにとどまっていてくれ、そうすれば次の村まで案内してやる、と言ってきかなかった。グーンバまであと二日の旅程であるし、ムーア人に襲われる心配もなかったので、私は喜んで彼の招待を受けた。午前中、私はこの貧しいニグロたちと非常に楽しく過した。彼らと一緒にいることは愉しいことであった。彼らの態度の穏やかさは、ムーア人の粗暴さ、野蛮さと著しいコントラストをなしていた。彼らはトウモロコシからとる発酵した酒をのんで、いっそう賑やかになった。この酒は前章で述べた一種のビールと同じものだが、イギリスで味わったことのないほどおいしかった。

この害のない酒盛りのただ中にあって、私はムーア人からの危険はもう去ったと、しっかり嬉しくなってしまった。空想はすでに私をニジェール川の岸辺に立たせ、これから先の道程のさまざまな喜ばしい光景を心に描かせた。そのとき、思いもかけず、突然ムーア人の一隊が小屋に侵入してきて、私の金色の夢は消え失せた。彼らはアリの命令で、私をベナウンまで連れてくるように命じられてきたと言った。もし、おとなしくついてくればなにも恐れることはないが、断われば、力ずくでも連れてくるよう命じられていると言う。私は驚きと恐怖で口もきけなかったが、そのような私を見て、ムーア人は、なにも恐れることはない、とくり返して約束し、私の心配を鎮めようと努めた。彼らがここへきたのは、アリの妻のファティマが、キリスト教徒についていろいろ聞いていたので、是非一度見たいというのできたのだ、とつけ加えた。彼女の好奇心を満足させれば、アリはきっとすばらしい贈り物をくれて、私をバンバラまで送る人をつけてくれるにちがいない、というのである。懇願しても、抵抗しても無駄だと見てとって、私は使者について行く支度をした。そして大いに不本意ながら、酋長とその友人に別れを告げた。私の忠実な青年に伴われ（ダマンの奴隷はムーア人をみるや姿を消してしまったので）、夕刻にダリに着き、そこでムーア人に夜通し厳重に見張られた。

三月八日――まわり道をして森の中をダンガリまで連れて行かれ、そこに一泊。

三月九日――われわれは旅をつづけ、午後にはサンパカに着いた。武装したムーア人の一隊を道で見たが、彼らは逃亡した奴隷を探しているのだということだった。しかし町の人びとの話では、一隊のムーア人が、午前中にその町から数頭の牛を盗もうとして撃退されたという話である。その盗人の様子をきくと、われわれがかつて森の中で見た盗賊たちであることがわかって納得がいった。

翌朝（三月一〇日）、サマミンクースに向かって出発した。途中でロバを引いた女と、二人の男の子に追いついた。彼女はバンバラへ行くところだったが、ムーア人の一隊に止められ、大部分の衣類と金を盗られたと話した。彼女は断食の月《ラマダン》が終わらないうちに、ディーナに戻らねばならないということであった。その夜、新しい半月が上って、断食の月に入ったことを告げた。町のあちこちに大きく火がたかれ、お祝いにいつもより多量の食物が用意された。

三月一一日——日が昇るとムーア人はもう出立の用意を終えていた。私は途中、喉の渇きに大いに苦しんだので、部下の青年に、私個人用に水をスーフルーにいっぱいにさせた。ムーア人たちは日没まで、食事も飲み物もいっさいとってはならないのだ、と言った。しかし、太陽の非常な熱と、歩くときに立ちのぼる埃は、彼らの良心のとがめを打ち負かし、私のスーフルーは荷物の中でいちばん大切なものとなった。

ディーナに着くと、私はアリの息子の一人に敬意を表するために会いに行った。彼は低い小屋の中に五、六人の仲間と坐り、手足を洗い、しばしば水を口中に含んでうがいをし、それを吐き出した。私が腰を下ろすやいなや、彼は私に二連発の鉄砲を渡して、その青色の銃床を染めるように、そしてその銃の一つを修理しろと言った。そういうことについては何も知らない、ということを分らせるのはむずかしかった。彼は、銃が修理できないなら、ただちに小刀と鋏をよこせ、と言った。通訳をしていた供の青年がそんなものは持っていないと言うと、彼は傍らに立てかけてあったマスケット銃をひっつかみ、打ち金をおこし、銃口を青年の耳に近よせた。もしもムーア人たちがマスケット銃をもぎとり、われわれに退るよう合図しなかったら、彼はその場で射殺されていたであろう。青年はこのような仕打に驚き、その夜のうちに逃げようとしたが、厳重にわれわれを見張っているムーア人の警戒にはばまれてしまった。彼らは、夜には小屋の戸口に眠り、その上を踏みつけねばそこを通ることができないようにしていたのだ。

三月一二日——ディーナを発ってベナウンへ向かい、九時ごろコリーにきた。ムーア人たちは、水が欠乏したので、そこからわれわれと離れて南方に向かった。われわれはここでスーフルーに水を満たし、小さな、いじけた灌木におおわれた、熱い砂の大地を旅しつづけたが、一時ごろになると、あまりの暑さに、とてもそれ以上歩くことができなくなった。しかし、われわれの水もなくなっていたので、ガムを少し集めるために、ほんの数分立ちどまる以外、足をとめぬよう用心した。ガムは水のすばらしい代用品で、口をしめらし、喉の痛みをしばらく鎮めてくれる。

五時ごろ、ベナウンのアリの住居の見えるところへきた。目に入るものは、非常に広い土地に、だらしなく散在する汚らしい多くのテントだけである。そしてテントの間には、ラクダや牛や山羊の群れが見えた。日没少し前に、そのキャンプの近くに着き、頼みこんだすえ、やっと少しばかり水を手に入れた。私が近づいて行くのを見つけると、井戸で水を汲んでいた人たちはバケツを放りだして、テントの中にいた者は馬にまたがって、男も女も子供も、みな私の方へ走ってきた。たちまち私は群衆に取り囲まれ、動くこともできなくなった。ある者は私の衣服を引っ張り、ある者は私の帽子を取り、ある者は私を押しとどめてチョッキのボタンを調べ、また、ある者は、「ライラ・エル・アラー・マホメット・ラソール・アラーヒ」(アラーをおいて神はない。マホメットは彼の予言者なり)と叫んで、私を脅すように、この言葉を繰り返せと合図した。やっとのことで王のテントに着いたが、ここにも大ぜいの男女が集まっていた。アリは黒い皮の座ぶとんの上に坐り、上唇から毛を抜いていて、女の召使いが彼の前に鏡をもっていた。彼はアラブ系の老人のようで、長い白いひげを生やし、陰気で怒ったような顔つきをしていた。彼は私をじろじろと眺めて、ムーア人に、私がアラビア語を話すか、ときいた。話せないと知らされると、彼は非常に驚いた様子で、沈黙をつづけた。彼を取り囲む従者たち、ことに女どもは彼よりずっと好奇心に満ちていて、矢つぎ早やに多くの質問をし、私の衣服のすみからすみまで調べ、ポケットを探り、チョッキのボタンを無理やりはずさせ、私の皮膚の白さを見せろと言った。私の手足の指を数えることまでした。まるで私が本当に人間かどうか疑っているようであった。しばらくすると、僧侶が夕べの祈りの時間を告げた。しかし一同が去る前に、通訳をしていたムーア人が、アリが私に食べるものをプレゼントするところだと知らせてくれた。見まわすと、少年たちが一頭の野豚を運んできて、テントの網の一つに縛っていた。アリは私に、それを殺して夕食用に料理するよう命ずる仕草をした。私は非常に空腹であったが、ムーア人たちが極度に嫌っているこの動物の一部でも食べるのはよくないと考えて、そのような食物は食べたことがないと言った。するとと彼らはその豚のひもを解いた。そして豚がただちに私に立ち向かって行くのを期待した――というのは、彼らは、豚とキリスト教徒の間には、非常な敵意が存在すると信じていたからである――しかし彼らは失望した。豚は自由を得るやいなや、自分の行く手にいる人間を、だれかれの区別なく攻撃しはじめ、ついに王が坐っている長椅子の下にかくれてしまったからである。連中はこれで解散し、私はアリの奴隷頭のテントに案内されたが、中に入ることも、そのテントのものにさわることも許されなかった。私が何か食べる物がほしいというと、やっとトウモロコシを煮たのを少しばかり木の椀に入れて持ってきた。テントの前の砂の上にマットが敷かれ、私は物見高い群衆にかこまれて、その上で一夜をすごした。

　夜明けに、数名の従者をつれたアリが馬に乗ってやってきて、日光をよけることができるように、小屋を一つ私にくれるという意味のことを告げた。そこで私はその小屋に案内されたが、小屋は比較的涼しく気持よかった。トウモロコシの茎を正方形に真直ぐに立て、同じ材料で水平な屋根をかけ、先のわかれた棒で支えてしつらえた小屋で、その一本には前に述べた野豚が縛りつけられていた。この豚は、明らかにアリの命令で、キリスト教徒に対する嘲りの気持でそこにつながれているのだ。これはまったく不愉快な同居物であった。というのは、多くの少年がこの動物のために集まって来て、おもしろがって棒でその豚を叩くので豚は怒って走りまわり、近くにきた人だれかれかまわず嚙みつく始末だったからである。

私が新住居に腰を下ろすやいなや、ムーア人たちが私を見に集まってきたが、それは私にとってはひどく面倒な「朝見の儀」であった。私は靴下を脱いで足を見せなければならなかったし、どうやって衣服を脱いだり着たりするかを示すために、上衣やチョッキまで脱がねばならなかった。彼らはボタンのおもしろい仕掛を大いに喜んだ。つぎつぎとやってくる連中に、私はこれを全部くり返してみせるはめになった。これらの不思議な奇術を見た者は、友人にも見せてくれと言い張ったからで、私は着物を着たり脱いだり、ボタンをかけたりはずしたりを、昼から夜まで繰り返した。八時ごろ、アリは私にクスクスを少しと、塩と水を夕食として贈ってくれた。私は朝から何も食べていなかったので、これは大変ありがたいことであった。

ムーア人たちは、きちんと夜警をつづけ、時おり私が眠っているかどうか、小屋の中をのぞきこんだ。もし中が真っ暗だとワラを一束燃やしたりした。夜中の二時ごろ、一人のムーア人が小屋に入ってきた。おそらく何か盗むか、あるいは私を殺そうとしたのだろう。手さぐりをして私の肩に手を置いた。夜の訪問者というのは、どうみても性《たち》がいいわけはないから、私は彼の手がふれた途端にはね起きた。ムーア人は慌てて逃げる拍子に私の供の青年につまずいて、豚に顔をぶつけて転んだので、豚は反撃に出て彼の腕にかみついた。この男の叫び声に王のテントの連中が驚いて目をさまし、すぐに私が逃げようとしたのだと勘ぐって大ぜいの者が馬にまたがり私を追跡しようとした。この際、私は、アリが彼自身のテントに寝ておらず、かなり遠くの小さなテントから白い馬を駆ってくるのに気がついた。実際、この暴君は残酷な振舞いのため、自分のまわりの人間を一人のこらず警戒しなければならないので、王側近の奴隷や一族郎党の者まで、彼がどこで眠るのか知らなかった。ムーア人たちが叫び声を説明すると、みな去ってしまって、私は朝まで静かに眠ることができた。

三月一三日――夜があけると、また同じ屈辱と怒りが始まった。人にいたずらをすることを勉強のように学び、おなじ男や女はキリスト教徒をののしりに集まった。少年たちは豚を叩くために集まり、人間の悲惨や不幸を喜ぶような手合いの仕業を説明することは不可能である。粗暴さ、残忍さ、狂信(これこそムーア人の特徴で、他の人種と異なる点だが)、彼らは、このような性癖を発揮する格好な対象を見出したわけである。私は「他国者《よそもの》」であり、「無防備」であり、「キリスト教徒」であった。この三つのどれ一つの条件をとっても、ムーア人の心から人間の痕跡を追い出すに充分であった。しかも、私の場合のように、三つの条件が一人の人間にそなわっていて、かつ私がスパイとしてこの国に入ったという疑惑が広まっていたのであるから、このような状況下で、私がいかにあらゆるものを恐れねばならなかったかを、読者は容易に想像できるであろう。しかし、彼らの好意を得、そしてできることなら私を虐待する口実を与えまいと、私はすべての命令に服し、忍耐強くいっさいの侮辱を忍んだ。私の人生のうちで、これほど重苦しい時を過したことはなかった。夜明けから日没まで、私は地球上でもっとも残忍な野蛮人の侮辱に冷静に耐えたのである。

第一〇章　ムーア人の手中での困難と冒険

ムーア人自身は怠け者でありながら、酷《きび》しい仕事の監督者で、部下を目いっぱい働かせる。私の供の青年デンバは、アリの馬の飼料の乾草を集めるため森にやられた。そして、私に関しては、さまざまな企画を立てた後、ついに私の仕事を見つけた。それは他ならぬ「床屋」という立派な仕事である。私はこの仕事の才能を王家の前で披露し、ルダマール王の若い王子の頭を剃るという栄誉を与えられることになった。そこで私は砂の上に坐り、王子はいささかためらいがちに、私の傍らに坐った。三インチほどの長さの小さな剃刀が手渡され、仕事にかかれと命ぜられた。ところが私の技《わざ》のつたなさからか、あるいは道具の形が適していなかったためか、あいにくなことに、しょっぱなから、少年の頭にかすかな切り傷をつくってしまった。王は、私が剃刀を持つおぼつかなげな手つきを見て、私に剃刀をおいてテントから退出するように、と言った。これは非常に幸運なことだった。というのは、できるだけ役立たずのつまらぬ人間であるように見せかけることが、私自身の自由を回復する唯一の手段であると思っていたからである。

三月一八日――四人のムーア人が私の通訳であるジョンソンを連れて到着した。ジョンソンは私が監禁されているという情報を得る前につかまってしまったのである。彼らは、私がダマン・ジュンマの家に残してきた衣類を一包み持ってきた。私がジャラ経由で帰る際に使うためである。ジョンソンはアリのテントに連れて行かれて調べられた。包みは開けられ、その中のいろいろな品物について説明するため私を迎えにきた。が、ジョンソンが私の報告書をダマンの妻の一人に預けてきたのを知って、私は非常に嬉しかった。私がさまざまな種類の衣服について説明し、アリが好奇心を満足させると、包みはふたたび結わえられ、テントの隅にある大きな牛皮袋の中に入れられた。その夜アリは三人の使者をよこして、近隣には盗賊が多いから、私の物が盗まれないように彼のテントに運ぶ必要があると伝えた。こうして私の衣類、諸道具、私に属するすべてのものは運び去られてしまった。暑さと埃で清潔な下着が何より入用であったにもかかわらず、私は自分で持ってきた小さな荷物の中からシャツ一枚も取り出すことができなかった。しかしアリは、私の持ち物の中に、彼が期待していたほどの金や琥珀が見つからなかったので失望した。翌朝、彼は同じ従者をよこして、私が何かかくして身につけているものはないかをたしかめさせた。彼らは例の無礼なやり方で私の衣服をすみずみまで探し、私が身につけていた金や琥珀、時計、それに携帯用コンパスの一つまで取りあげてしまった。私は夜のうちに、もう一つのコンパスを砂に埋めておいた。このコンパスと、着ている衣服とが、いまや暴君アリが私に残しておいてくれたもののすべてということになった。

金と琥珀はムーア人のどん欲を大いに喜ばせたが、ポケットコンパスは、じきに迷信的好奇心の対象となった。なぜその小さな鉄片、針が常にサハラ砂漠の方向を指しているのかをアリは非常に知りたがった。そして私自身も、いささかその質問の返事には窮した。自分の無知の申し開きなどすれば、私が何か真実を隠しているという疑いをひき起こすであろう。そこで私は彼に、私の母がサハラ砂漠のはるかかなたに住んでいたこと、彼女の存命中はこの鉄片がいつもその方角を指して私を母のところに導く役をつとめてくれたこと、そしてもし母が死んだら、それは母の墓をさすであろうということを語った。アリはいまや驚きを倍にしてコンパスを眺め、何度もひっくり返して見た。しかしそれが常に同じ方角を指しているのを見て、注意深くそれをとり上げ、私に返してくれた。これには何か魔力がひそんでいるにちがいない。このような危険な道具を自分のものにしておくのはこわいと彼は白状した。
三月二〇日——朝、私の処分に関して重臣会議がテントで開かれた。決定はいずれも私にとってひどいものであったが、人によってちがった意見が述べられたという。ある者は私を死刑にせよといい、また、ある者は右手をきり落とせと主張したが、もっとも信頼すべき情報は、アリの九歳位になる息子が知らせてくれたものであろう。その子はその晩私のところにやってきて、非常に心配そうに、彼の叔父が父親を説得して、私の目が猫の目に似ているのでくりぬくことを提案し、すべてのブシュリーンがこの方法に賛成した、と教えてくれた。しかし、彼の父親は、いま北方にいる妻のファティマが私を見るまでは刑を執行しないだろうと、その子は言った。
三月二一日——自分の運命がどうなったか知りたくて、私は朝早く王のところへ出かけた。大ぜいのブシュリーンが集まっていたので、これは彼らの意図を探るいいチャンスだと考えた。そこで私はジャラに帰る許可を王に乞うことから始めた。これは即座に拒否された。妻がまだ帰っておらず、私を見ていないから、彼女がベナウンに戻るまで、私はここに滞在せねばならぬが、そのあとはいつ出発してもよい、ということであった。また、到着した翌日連れていかれた私の馬も、私に返してくれると言った。この答えは不満足ではあったが、私は喜んでいるふりをせねばならなかった。この季節は耐えがたい暑さと、森の中の水の乏しさのため、逃亡できる望みがほとんどなかったので、私は、よりよい機会がおのずから訪れてくるまで辛抱強く待とうと決心した。しかし——「先に延びた望みは胸を痛くする」日一日と先へ延びていく望みと、近づきつつある雨季にニグロの国々を旅する羽目になってしまう、という思いで、私の心は暗かった。眠れぬ夜を過した私は、朝になるとひどい熱が出ていた。発汗をさそうため、私はマントに体を包んでウトウトとした。そこへ、一隊のムーア人が入ってきて、いつもの乱暴さでマントをひきはいだ。私は病気で眠くて仕方がないと彼らに合図した。しかし懇願も無駄であった。私の苦しみも彼らにとってはスポーツでしかなかった。しかも、力にまかせてあらゆる手段でそのスポーツを激しいものにしようとしていた。私が絶えずさらされていたこの計画的な卑劣な侮辱は、囚われの身である私にとって何よりもつらかった。時には人生そのものさえ重荷になることさえあった。こういう苦しいときには、私はしばしば奴隷の境遇を羨ましく思った。彼らは不幸のどん底にあっても、なお、自分自身の考え、すなわち、私が長いあいだ理解できなかった幸せというものを楽しむことができるのだ。

この絶え間なき侮辱で疲れ果て、また熱のためいささか気分をそこねていたからであろう、私は自分の激情が不意に思慮分別の枠をとびこえて、敵意ある行動にかりたてるのではないかと思ってぞっとした。そんなことをすれば、死は避けられないのである。思い惑って私は、小屋を出てキャンプから少し離れた木の蔭に歩いて行って横になった。しかしここへも迫害の手は迫ってきた。みじめなクリスチャンにとっては孤独というものさえ、いまや大きなぜいたくなのだ。アリの息子は、数名の騎馬隊を率いてやってきて、私に、起きてついてこい、と言った。私はほんの数時間でいいからここに置いてほしいと頼んだが、私の言うことなどにはなんの顧慮《こりよ》もしてくれず、二言三言脅しの文句を言うと、中の一人が鞍頭《くらがしら》に結んである皮袋からピストルをひき出し、私の方に向けて二度パチパチいわせた。これをあまりに平然とやったので、私はピストルに本当に弾丸がこめられていないのではないかと思ったほどだが、三度目に彼はピストルの打ち金を起こし、火打石を鉄片で打ったので、私は止めてくれと頼み、彼らについてキャンプに戻った。アリのテントに入ると、彼は非常に不機嫌であった。彼はそのムーア人のピストルを持ってこさせ、面白がってしばらくその火皿をあけたりしめたりしていたが、ついに自分の角製の火薬入れを取り上げると、あらたに火薬をつめた。そして私の方に悪意のまなざしを投げると、何かアラビア語で言ったが、私にはわからなかった。テントの前に坐っている私の供の青年に、いったい私がどんな悪いことをしたのかきいてくれ、というと、私がアリの許可なしにキャンプの外に出て行ったので、人びとは私が逃亡の意図をもっているのではないかと疑い、もし今後、私がキャンプの囲いの外にいるのを見たら、だれでも即座に撃ち殺すよう命令が出されたことを知らされた。

午後、東方の地平線が暗く曇ってきて、ムーア人は砂嵐がくることを予知した。その通り砂嵐は翌朝吹きはじめ、時おり小休止しながらまる二日間つづいた。風自体はそれほど大したことはなく、舟乗りのいわゆる「激風」であったが、風に運ばれる砂と埃は、大気全体を暗くするほどであった。砂嵐は東から西へ絶えず大きな流れとなって吹き、大気は時に砂で真っ黒になったので、隣のテントさえ見分けることができなかった。ムーア人は食物を戸外で調理するので、この砂が多量にクスクスの中に落ちてしまった。砂は汗でぬれた肌にくっつき、安価で万人向きの髪紛となった。ムーア人は顔を布で包んで砂を吸い込むのを防ぎ、上を向くときは砂が目に入らぬよう、つねに風に背を向けた。

キャンプの女たちは、足や指先をみなサフランの黄色に染めていた。宗教上の目的なのか、たんなる装飾なのかわからない。ムーアの女たちの好奇心は、ベナウンに着いて以来ずっと私にとって迷惑であった。二五日の夜、（他の人たちにそそのかされたのか、あるいは止むに止まれぬ好奇心からか、あるいはたんなるふざけ心からか）女たちの一群が私の小屋にやってきた。そして彼女らの訪問の目的が、割礼の儀式がマホメットの信者ばかりでなく、ナザレ人（クリスチャン）にも行なわれているかどうかを実際に調べることにあるということを、私にはっきりわからせようとした。この思いがけぬ言い草に、私がどれほど驚いたか読者は容易におわかりいただけると思う。そして検査の申し出をしりぞけるためには、これを冗談にしてしまうのが一番だと考えた。そこで私は、このような場合、わが国では、こんなに大ぜいの美しいご婦人方の前で、視覚に訴える証明をする慣例はないが、もし私が指名する若いご婦人（私はいちばん若くていちばんきれいなのを選んだ）を除いて全員が退去してくれるなら、私は彼女の好奇心を満足させようと一同に話した。女たちはこの冗談をよろこび、大笑いして帰って行った。私が選んだ若い女自身（彼女はこの検査の機会を利用しなかったが）は私のお世辞にまんざらでもなく、あとで夕食にと食事と牛乳を届けてくれた。

三月二八日――朝、東の方から牛の大群が到着し、アリに私の馬をあてがわれた牛追いの一人が、お礼に水牛の足を一本持って私の小屋に来て、私の馬はアリの小屋の前に繋いであると告げた。少しすると、アリの奴隷の一人が使いに来て、アリが自分の女たちに私を会わせるつもりだから、午後アリと一緒に馬にのって行く準備をしておくようにと伝えた。

四時ごろ、アリは六人の家来をつれて馬でやってきて、ついてこいと言った。私はすぐに従った。しかしここでまた新しい難問が起きた。ムーア人たちはだぶだぶの着やすい服を着なれているので、私が南京木綿の乗馬ズボンをはいた様子にどうしても合点がいかないのである。このズボンは品がよくないばかりか、あまりピッチリしていて不愉快だというのだ。特にこのたびは、婦人たちを訪問するのだからと、アリは供の青年に言いつけて、私がベナウン到着以来、いつもまとっていたゆるいマントをもち出させ、それを体にしっかり巻きつけるように言った。こうして、われわれはアリの四人の女たち、それぞれのテントを訪れ、それぞれのテントで一椀の牛乳と水をご馳走になった。どの女も肥満していたが、それはここでは美人の最高のしるしと考えられているのだ。彼女らはなんでもききたがり、私の髪の毛や肌を非常な注意をこめて調べたが、私のことを自分たちより劣る人間の一種と考えたがっていて、私の肌の白さを見たときには、眉をひそめ、身ぶるいしているようであった。

この夜の外出のあいだ中、私の服と身なりは、一行にこの上ない喜びを与え、彼らはまるで野獣をなぶっているかのように私のまわりを馬で走りまわった。また彼らはマスケット銃を頭上でふりまわし、さまざまな騎馬の芸当や馬術を披露して、みじめな捕虜に自分たちのすぐれていることを見せびらかすふうであった。

実際、ムーア人はすぐれた騎手であった。彼らは馬に乗るときに何もおそれなかった。鞍は前後が高くなっていて安全な椅子を提供していたし、万一落馬しても国土全体が柔かい砂地なのでめったにけがをしない。彼らのもっとも得意とし、また、おもな楽しみは、馬を全速力で走らせ、突然手綱をぐいと引いてとまらせ、時には馬に尻もちをつかせることであった。アリはいつも尻尾を赤く染めた乳白色の馬にのっていた。彼は祈りを捧げに行くとき以外はけっして歩かず、夜中でも自分のテントの近くにいつも鞍をつけた二、三頭の馬を用意していた。ムーア人は馬に高い価値を認めていた。なぜなら、彼らが多くのニグロの国々に、あれほど何度も略奪遠征に行けたのも、彼らの逃亡の早さのおかげであったからだ。彼らは日に三回か四回馬に餌を与え、普通大量の良質のミルクを夜に飲ませるが、馬はミルクをたいへん喜んでいるらしかった。

四月三日——午後、しばらく病気であった子供が隣りのテントで死に、母親と親戚の者がただちに死の号泣を始めた。やがて大ぜいの女の弔問者がこれに加わったが、彼らはこの悲しいコンサートを助けるためにわざわざ来るのである。私は埋葬を見る機会がなかったが、埋葬はたいてい夕暮れの薄暗がりの中でこっそりと行なわれ、ときにはテントからほんの数ヤードのところに埋めることもある。墓の上には特殊な灌木を植え、他人はその葉をちぎることも、それに触れることさえも許されない。それほど大きな敬意が死者に対して払われている。

四月七日——午後四時ごろ、ものすごい旋風がキャンプを吹き抜けたので、三本の木が倒れ、私の小屋の一方の側が吹き倒された。このような旋風は、サハラ砂漠からやってくる。この季節にはよく起こるので、私は一度に五つか六つの旋風が立ち上るのを見たことがある。風は多量の砂を驚くべき高さまで吹き上げるので、遠方からみると、動く煙の柱が何本も立っているように見える。

太陽の焼けつくような熱が乾いた砂地を熱し、空気は耐えられないほど暑い。アリが私の温度計を奪ってしまったので、比較してみる正確な判断はできないが、日中、真上にきた太陽の熱に砂漠からの熱風が吹きこむときは、地面はものすごい温度になるので、裸足では歩けないほどだ。ニグロの奴隷でさえサンダルをはかなくては次のテントまで走って行けない。一日のこの時間には、ムーア人はテントにながながと伸びている。寝るか、あるいは働く気にならないか、どちらかだ。私はときに風があまり暑いので、私の小屋のすき間から流れ込む空気のなかで、痛みは特に感じないのだが、手を出しておくことができなかった。

四月八日――今日は風が南西から吹き、夜になって雷鳴と稲妻を伴った激しい俄か雨があった。

四月一〇日――夜になってタバラという大太鼓が打ち鳴らされ、近くのテントの一つで結婚式があることが知らされた。多くの男女が集まったが、ここにはニグロの結婚式にみられる陽気な騒ぎはなかった。歌も踊りもなく、その他の楽しい催しもみられなかった。一人の女が太鼓を打ち、他の女たちがコーラスのように、ときに鋭い叫び声を上げて太鼓の音に加わり、同時に彼らは舌を素早く口の端から端へ動かした。私はすぐに倦きて小屋に戻り、坐ったままで居眠りをしかけたとき、一人の老女が木の椀を手に入ってきて、花嫁からのプレゼントだ、と言った。このメッセージに驚いて、まだはっきりのみこめないうちに、その女は椀の中身を私の顔にまともにかけた。これはホッテントット族の間で僧侶が新婚の夫婦にかけてやるといわれているのと同じ種類の聖水だとわかって、私はその老女が、いたずらか悪意かでこんなことをしたのではないかと疑った。しかし彼女は、これは花嫁からの結婚の祝福で、未婚のムーア人はこのような場合、特別の恩恵のしるしとしてこの祝福を受けるのだと私に教えた。こんなわけで、私は顔を拭い、たしかに祝福を受けたことを女に伝えた。結婚の太鼓は一晩中鳴りつづけ、女たちは歌うというより口笛を吹きつづけた。翌朝九時に、花嫁は正装して母親のテントから出てきたが、数名の女たちが、夫からのプレゼントである花嫁のテントを、ある者は柱をかつぎ、ある者はその綱をつかんで従っていた。彼女たちは昨夜のように口笛を吹きながら行進し、花嫁の住居と決められているところまできて、そこにテントを張った。夫の方は四頭の牛をひいた数名の男と共につづき、牛をテントの綱に繋いだ。そしてもう一頭の牛を殺して、その肉を人びとに配り、儀式は終了した。

第一一章　飢えと渇き

捕虜となってからまる一カ月たったが、この間、来る日も来る日も、私には新しい苦難が待っていた。私はいつまでも沈まない太陽の行方を不安な気分で眺め、その斜陽の黄色い光が私の小屋の砂だらけの床に流れ込むのを祝福した。そうすれば私の迫害者は私のもとを去り、むし暑い夜を孤独と沈思のうちに送ることを私に許してくれるからであった。

真夜中に、砂と水のまじった一椀のクスクスが私と二人の従者のために運ばれた。これがわれわれの普通の飲食物で、次の日まる一日われわれはこれだけで飢えの苦痛を鎮め、生命を保っていたのだ。というのは、ちょうど回教の断食期間で、宗教上、厳格に断食を守るムーア人は、クリスチャンである私にも、同じように断食を守るよう強制すべきだと考えたのである。しかし、時間がいつか私をこの状態に順応させていった。私は思ったよりも飢えや渇きに耐えられる自分に気がついた。そしてしまいにはアラビア語を書く練習をして時をまぎらそうと努力した。私に会いにくる人びとは私をアラビア文字になじませてくれた。私はこうしたことに彼らの注意を向ければ、彼らもそれほど厄介ではなくなることを知った。こうでもしなかったら、彼らはまったくやりきれない連中であったろう。そこで、私に対して敵意を抱いた顔付きをしている者を見ると、私は彼に砂の上に文字を書いて見せたり、私の書いたものを判読してくれるように頼んだりすることにした。そうすると彼らは優れた教養を示すという誇りで、たいていは私の要求をきき入れてくるのであった。

四月一四日――ファティマ女王がなかなか帰ってこないので、アリは北へ出かけて彼女を連れてくると言い出した。しかし、そこはベナウンから二日間の旅程だったので、途中の食物が必要であった。アリは身近にいる者たちを疑っており、毒殺されるのを恐れ、自分自身が直接立ち合っているところで調理されるもの以外はけっして口にしなかった。そこで立派な牛を一頭殺し、その肉をうすい肉片に切り、日に干した。これと干したクスクス二袋が旅の食糧となった。

彼の出発に先立ってベナウンの町の黒人たちが例年の慣習にならって、彼らの武器を見せるために、そしてトウモロコシと布地の年貢を持ってやってきた。武器は貧弱なものであった。マスケット銃を持っているのは二二人で、四、五〇人は弓と矢、また四、五〇人の男や少年たちは槍しか持っていなかった。

彼らはテントの前に整列し、武器を調べられ、ちょっとしたごたごたが解決されるまで待っていた。一六日の夜半、アリは数名の従者を連れて、静かにベナウンを出発した。九日か一〇日で帰る予定であった。

四月一八日――アリが出発してから二日後に、一人のシェリーフ人が、ビルー王国の首都、ウァレットから塩その他を持って到着した。彼にあてがうテントがなかったので、彼は私の小屋に入ることになった。彼はなかなか教養のある人間らしく、アラビア語とバンバラ語の両方に通じていたので、いくつもの国を苦労なく無事に旅することができたのである。彼の居住地はウァレットであったが、ハウサを訪れたこともあり、ティンブクトゥにも数年住んだことがあった。ウァレットからティンブクトゥまでの距離について、特にくわしく私が質問するので、彼は私に、その道を旅行するつもりか、と聞いた。そうだと答えると、彼は首を横にふって、そいつはだめだ、と言った。そこではキリスト教徒は悪魔の子供でマホメットの敵とみなされている、とのことであった。私は次のような点を彼から詳細にきいた。

――ハウサは今まで見た中で最大の町であること、ヴァレットはティンブクトゥより大きいが、ニジェールから遠いこと、その主な取引きが塩であるため、他国人はそれほど多くそこへは行かないこと、ベナウンとヴァレットの間は一〇日間の旅程であること、ただし、道は大きな町を通っていないので、旅人たちは水場のそばで家畜を飼っているアラブ人からミルクを買って命をつながねばならぬこと、そのうちの二日間は水のない砂地を旅せねばならぬこと、などなど。ヴァレットからティンブクトゥまでは、さらに一一日かかるが、水は充分あり、旅はふつう牛の背に頼る。ティンブクトゥには多くのユダヤ人がいるが、彼らはみなアラビア語を話し、ムーア人と同じ祈りをする、と彼は言った。彼はしばしば南東の方向、いやむしろ東南東を指さして、ティンブクトゥはこの方角にあるといった。私は彼にその方角を何度も何度も念を押したが、半ポイント以上は狂っていなかった。彼が示したのはやや南寄りだった。

四月二四日――今朝、モロッコに住むシェリーフ、シディ・マホメット・ムーラ・アブダラが塩を積んだ五頭の牛を連れて到着した。彼は以前、ジブラルタルに数カ月住んだことがあり、そこで人に通じる程度の英語を学んだ。彼はサンタクルスから五カ月かかってやってきたが、こんなに時間がかかったのは、途中商いをやってきたからだと語った。モロッコからベナウンまでにかかった日数を教えてほしいとたのむと、彼は次のように教えてくれた。「スウェラまで三日、アガディルまで三日、ジニケンまで一〇日、ヴァデヌーンまで四日、ラケネイまで五日、ジーリウィン・ゼリマンまで五日、ティシートまで一〇日、そしてベナウンまで一〇日、計五〇日」。しかし旅行者は、ふつうジニケンとティシートでかなりゆっくり滞在する。ことにティシートで彼らは岩塩を掘る。塩はニグロとの取引の大切な商品だからである。

キャンプにやってくるこういうシェリーフ人や、その他の旅人たちと話をして、私は以前ほど不安を感ぜずに時を過した。一方、私の食事の調理はまったく私の意のままにならぬアリの奴隷たちに任されていたので、食事は悪く、断食の月よりもっとひどいほどであった。しかも、二晩つづいて彼らは私たちに普段の食事を持ってくるのをさぼった。私の供の青年が、キャンプの近くの小さなニグロの町へ出かけて、小屋から小屋へと非常な熱心さで乞うて歩いたが、手に入ったのは落花生一つかみか二つかみであった。しかし彼はそれを喜んで私に分けてくれた。最初、飢えはたしかに苦痛であったが、それがしばらくつづくと、苦痛の次に倦怠と衰弱がやってくる。こんなときには、水を一飲みすると胃がふくらんで心も晴れ、しばらくの間は不安を取り除いてくれる。ジョンソンとデンバは意気消沈してしまった。彼らはまるで冬眠したように、砂の上にのびてしまって、クスクスが運ばれてきても、起こすのに骨が折れた。私は眠気を催すことはなかったが、けいれん性の深い呼吸になやまされ、絶えず溜息をついているようで、また坐ろうとすると目まいを起こしそうになった。この症状は、私が栄養をとったあともしばらくつづいた。

われわれは、アリが妻のファティマを連れてサヒール（北の国）から戻るのを毎日待っていた。そうしている間に、バンバラ王マンソングは、第八章で述べたように、ゲティングーマの襲撃に騎馬の一隊を援軍として派遣してくれるようアリに使者を送った。この要求に対して、アリは従うことを拒否したのみか、使者に傲慢と無礼を以て対した。そこでマンソングはアリの命令無視に対して彼を打ちこらす用意をした。

このような状勢の中で四月二九日、バンバラ軍がルダマールの国境に迫っているという悪い情報をもって使者がベナウンに到着した。この知らせは国中を混乱に陥れた。アリの息子が午後約二〇人の騎馬兵を連れてベナウンに着いた。彼はすべての牛をただちに追い払い、テントをこわし、人びとに翌朝夜明けと共に出発できるよう準備せよ、と命じた。

四月三〇日——夜明けにキャンプ全体が活動を開始した。荷物は牛の背にのせ、テントの二本の柱はその両側に一本ずつくくられ、その他の木製のものも同じようにばらばらにして縛りつけられた。テントの布をその上にかけ、その上にたいてい一人か二人の女がのった。ムーア人の女はうまく歩けないのである。王の愛妾は、特別に組み立てられた鞍をのせ、日光をさえぎる天蓋をつけたラクダにのった。われわれは昼ごろまで北に向かって進み、そこで王の息子は二つのテントを除き、他の者全員に右手の低い深い森の中に入るよう命じた。私は二つのテントとともに送られ、夕刻、ファラニと呼ばれるニグロの町に着いた。ここでわれわれは町からほど近い広場にテントを張った。

この野営の移動で、急ぎ慌てたため、奴隷たちはいつもほどの食糧を調理することができなかった。彼らは乾燥食糧が目的地につく前になくなるといけないので（というのはアリと重臣しか目的地がどこだか知らなかった）、私にこの日を断食の日として守らせるのはとうぜんだと考えた。

五月一日——今日も断食の日にされてはかなわないと思ったので、私は午前中にファラニのニグロの町に行って、酋長に何がしかの食糧をもらえないかというと、彼は喜んで私の望みをかなえてくれ、この近くに滞在している間、毎日彼の家へ来るようにと言った。こういう友好的な人びとはムーア人から、卑しむべき奴隷族とみなされ、そういった扱いを受けていた。

アリの家に使われている二人の奴隷——男と女——は二つのテントと一緒にやってきていたが、この日の朝、町の井戸から水を汲んで牛にやろうとした。この井戸水は涸れかけていた。ニグロの女たちは牛が近づいてくるのをみると、自分たちの水差しをもって、町の方へ向かって一散に逃げ出したが、町の門へ入る前に二人につかまり、家族のために汲んだ水を持ち帰って、牛の水槽の中にあけろと命じられた。その水がなくなると、彼女らは牛が充分水をのめるように、もっと水を汲んでこいと命じられ、ニグロの少女がぐずぐずしていて命令に従わないとみるや、アリの女奴隷が木の桶で少女の頭をなぐりつけたので、桶が割れてしまった。

五月三日――われわれはファラニの近くを発って森の中を迂回し、午後アリのキャンプに着いた。この野営地はベナウンのキャンプ地より大きくて、ブバカーというニグロの町から約二マイルのところにある大きな森の中央に位置していた。私はサヒールからアリと一緒にやってきたファティマ女王を表敬訪問するため、ただちにアリのところに伺候した。彼は私が行ったことをたいへん喜び、私と握手して、私がキリスト教徒であることを妻に話した。彼女はアラブ系の型《タイプ》の女で黒い黒髪をもち、非常に肥っていた。はじめ彼女はクリスチャンが身近にいるということでショックを受けたようだったが、私が（マンディンゴ語とアラブ語を話すニグロの少年を通訳として）彼女の好奇心から発するキリスト教国に関する多くの質問に答えると、気分がだいぶ落ちついて、私に一椀のミルクをプレゼントとしてくれた。これは非常に好ましいきざしと考えられた。

暑さは耐えがたかった。すべての生物はこの暑さの下でぐったりしていた。遠方の大地は、荒れ果てた砂地の広がりのように見えた。わずかの裸木と、とげとげした木の茂み、そしてその下では飢えた牛が枯草をなめ、ラクダや山羊が乏しい木の葉をつまんでいた。ここでは、水の欠乏はベナウンよりひどかった。昼も夜も、井戸のまわりには、水槽に行こうとして唸ったり争ったりする牛が群がっていた。激しい渇きで彼らは気が立っていた。他の牛は水のために争う気力もなく、井戸の近くの溝から黒土をむさぼり食って渇きをしずめていた。これは牛にとって命取りになるのもかまわず、夢中でむさぼっていた。

水飢饉《ききん》はキャンプ中のだれもが痛切に感じていたが、ことに私はだれよりもひどく感じた。アリは私に水を入れるための皮袋をくれ、ファティマは私が弱っていると、たまに少し水を与えてくれたが、井戸端にいるムーア人は非常に乱暴だったから、私の供の青年が皮袋に水を満たそうとすると、出しゃばるといって棒でしたたか打つのである。クリスチャンの奴隷が、マホメットの信者の掘った井戸から水を汲むといってだれも彼もが驚いた。この仕打ちに青年はとうとうおびえて、皮袋に水を入れようとする位なら渇きで死んだ方がましだと思ったようだ。そこで彼はキャンプに働くニグロの奴隷たちに水を乞うことで我慢し、私も彼にならったが、それもなかなかうまくいかなかった。

　私はどんなチャンスも逃さず、ムーア人に対しても、ニグロに対しても、夢中になって水を懇願したが、もらえるのはほんのわずかで、タンタラスのような有様で夜を過したこともしばしばであった。目を閉じると、空想が私を即座に故郷の川のほとりに運んで行った。私は青々と茂った水辺をさまよいながら、うっとりとして澄んだ流れを眺め、急いでその喜びの一口を味わおうとする。――しかし、悲しいかな目をあけると、自分がアフリカの荒野の真っ只中で、渇きの死の淵に立っており、ひとり囚われの身になっているのに気がつくのだった。

　ある夜、キャンプで水をくれと懇願したが無駄に終わり、ひどく熱っぽかったので、キャンプから半マイルのところにある井戸で運だめしをやってみようと決心した。そこで私は夜中に抜け出し、牛の鳴き声に導かれて、まもなく井戸にたどりついたが、そこではムーア人たちが忙しく水を汲んでいた。私は水を飲む許しを乞うたが、すごい勢いで罵られ、追い出された。しかし、井戸から井戸へとさまよって行くと、一人の老人と二人の男の子しかいない井戸のところへきた。この男に同じように頼むと、彼はすぐに水をバケツ一杯汲んでくれた。しかしまさにそのバケツをつかもうとしたとき、彼は私がクリスチャンであることを思い出し、私の唇でバケツが汚染されることを恐れて、その水を水槽にあけてしまい、そこから飲めと言った。この水槽はけっして大きいものではなく、すでに三頭の牛が飲んでいたが、私は自分もわけ前にあずかろうと決心した。私はひざをついて、頭を二頭の牛の間につっこみ、大喜びで飲んだ。やがて水がほとんどなくなり、牛は最後の一口を飲もうとたがいに争いはじめた。

このような冒険をしながら、むし暑い五月の月を過したが、この間、私の状況には何ら実際的な変化はなかった。アリはまだ私を合法的に囚人とみなしていたし、ファティマはベナウンで与えられたよりも多量の食糧を許してくれたが、それでも私の釈放ということについては何も言わなかった。こうしている間に、風はしばしば向きを変え、雲が集まり、遠方に稲妻が走り、その他さまざまな自然現象が雨が近づいていることを知らせ、雨季が迫っていることを察知させた。ムーア人は雨季には例年ニグロの国を引き上げ、サハラ砂漠の周辺に帰る。そうなれば、私の運命はいよいよ危機に近づくと思い、不安な気持を顔には出さず、ある事件を待とうと意を決した。しかし、その出来事は、私が予想したより、いやむしろ、そう予期していたよりずっと早く私の運命を好転させた。それはこういうわけである。

第八章で述べたように、ルダマールに避難していたカールタの難民は、ムーア人が彼らを置き去りにするのをみて、自分たちが見捨ててきた自国の王から報復されるのを恐れ、デイジィをゲディングーマから追い出す企てに協力するから、ムーア人の二〇〇人の騎馬隊を送ってくれと申し出た。というのは、デイジィが征服されるか、あるいは痛い目に遭うまでは、彼らは生まれ故郷に帰ることも、近隣の国に安全に暮すこともできないと考えたからである。この取引きによって、こういう人びとから金を巻き上げようと思い立ったアリは、息子をジャラに派遣し、自分も二、三日のうちにつづこうと用意した。これこそ願ってもない重大なチャンスである。私はただちにファティマのところに伺候して（察するにすべての事件は彼女が主として采配をふっていた）、私も一緒にジャラに従っていく許可を与えるようアリに頼んでもらいたいと申し出た。しばらくためらった後、この要求はきき入れられた。

ファティマは私に好意を持ち、私に同情してくれたのだと思う。彼女はアリのテントの隅においてあった大きな牛皮の袋から私の荷物を運ばせ、さまざまな品物の使用法、長靴のはき方とか、靴下などのはき方を見せてほしい、と言った。私はよろこんで彼女の命に従った。そして、二、三日のうちに私は自由の身になることを知らされた。

もしジャラに着けば、そこから逃げ出す方法は必ずやみつかると私は信じていた。今や、囚人生活に終止符が打たれるのだ。その望みを、私はわくわくしながら一人でたのしんだ。そして、幸いにも自由の身になれるという夢が破れずにすんだので、ここでちょっと休みをとって、私が前の章で紹介する機会がなかったムーア人の性格や国土に関する観察をまとめて、私なりの見地から述べることにしたい。

第一二章　ムーア人について

アフリカのこの地方のムーア人は、多くの部族に分れている。なかでももっとも恐しいと知られたのは、トラサート族とイル・ブレークン族で、セネガル川の北岸に住んでいる。ゲズマー族、ジャフヌー族、ルダマール族は前の二部族ほど数はいないが、非常に強力で好戦的である。それぞれ酋長、あるいは王が統治しており、彼らは自分自身の部族に対して絶対的権力を行使し、共通の君主への忠誠を認めない。平和時には、人びとは牧畜に従事している。ムーア人は主として家畜の肉を主食とし、暴食するか、全然口にしないか、いつも両極端のどちらかの状態にいる。彼らの宗教が要求するきびしい断食をしばしば行なう結果、またサハラ砂漠を越えて苦しい旅をたびたび行なうため、飢えと渇きに耐える力は驚くほど強靭である。しかし食欲をみたす機会が与えられれば、彼らは通常一度の食事にヨーロッパ人が三度の食事で食べる以上の量をむさぼり食う。彼らは農業をほとんどかえりみず、穀物や木綿布やその他日常生活必需品を、塩と交換にニグロから買うのである。ムーア人は、その岩塩をサハラ砂漠の採掘場から掘る。

この国は天然資源にさっぱり恵まれず、産業の原料はほとんどない。しかしムーア人は、工夫して強い布地を織り、それでテントをおおう。糸は山羊の毛から女たちが紡ぐ。また牛の皮をはいで鞍や、轡《くつわ》や弾薬入れなどの革製品をつくる。彼らはまたニグロから手に入れる鉄鉱石で、槍や、ナイフや、食物を煮るポットなどを器用につくる。しかし、サーベルなどの武器、火器や弾薬はニグロの奴隷と交換にヨーロッパ人から買っている。奴隷は、襲撃して略奪してくるのである。この種の取引きはおもにセネガル川流域のフランスの貿易商人との間で行なわれている。

ムーア人はかたくなな回教徒で、偏狭な信念や迷信を持ち、宗派独特の狭量さを持っている。ベナウンには回教寺院がないので、礼拝は開け放した小屋のようなところか、敷物をしいた囲いの中で行なわれる。僧侶はまた、若者たちの教師でもある。弟子たちは毎夕、僧侶のテントの前に集まり、そだと牛糞でつくった大きなたいまつの明りで、コーランの中の二、三の文章を教えられ、その教義の手ほどきを受ける。彼らのアルファベットは、リチャードソンのアラビア語文法の中のアルファベットとほとんど変わらない。彼らは常に母音符号で書く。僧侶は外国文字をいくらか知っているふりさえする。ベナウンの僧は、キリスト教徒の書いたものも読むことができる、と私に言った。彼は見たこともない文字をいくつか見せて、これはローマン・アルファベットだと言い張り、また同じように判じがたい別種の文字を見せて、これはインド語だとか、またはペルシア語だと言い張った。彼の蔵書は四つ折判の九巻の本で、大半は宗教書だと思われる。というのはマホメットの名前がそれぞれの本のどのページにも赤い文字で書かれているからである。弟子たちはうすい板の上に字を書く。紙は一般の人が用いるには値が高すぎるのである。少年たちはなかなか勤勉で、かなり競争心を持っているようにみえる。彼らは普通の仕事をしている時でも、その木板を肩からぶら下げている。少年は二、三の祈禱文をそらんじ、コーランのある個所を読み、書くことができれば、充分教育を受けたものとみなされ、このほんのわずかの勉学で一人前の仕事を始める。彼は自分の教養に得意で、文盲のニグロを馬鹿にし、自分と同じような勉強をしていない同胞に、自分の優越ぶりをひけらかすチャンスをけっして逃さない。

女子の教育はまったくおろそかにされている。知的教養に女はほとんど注意をはらわないし、また、そんな教養がなくても女性として欠けているなどと思う男はいない。女たちは劣等動物とみなされていて、尊大な主人たちの肉体的快楽につかえる目的だけのために育てられているように思われる。だから官能的であることが最も大事な教養と考えられ、奴隷的服従は絶対的に必要な義務とみなされている。

完璧な女性ということについて、ムーア人は奇妙な考えをもっている。彼らの標準では、姿や動作の優美さとか、豊かな顔の表情などはけっして重要ではない。彼らにとって、肥満と美は、ほとんど同義語なのだ。標準なみだと言っている女でさえ、奴隷に両腋を支えてもらわなければ一人で歩けないほどで、まして申し分のない美人ともなれば、ラクダの背の厄介にならねばならぬ。身動きならぬほどの肥満をよしとする好みが広くゆきわたっている結果、ムーアの女性は若いうちにそうなるため、なみなみならぬ苦労をする。この目的のため、若い娘たちは母親からクスクスをいやと言うほど食べさせられ、毎朝ラクダの乳を大きなボール一杯飲まされるのである。娘が食欲があろうがなかろうが問題ではない。彼女たちはクスクスとミルクはむりやりに飲み込まねばならないのだ。そして、時には言うことをきかないとぶたれる始末である。ボールを口にあて、一時間以上も泣きながら坐っていた娘を見たことがある。母親は手に棒をもって娘から片時も目をはなさず、娘が飲みこんでいないとみると、情け容赦なく棒をふりおろしていた。この奇妙な食事療法は、消化不良や病気をおこさせるかと思うとさにあらず、娘はやがてムーア人の目には完璧な美人とみえるあの肥満体に変わっていくのである。

ムーア人は衣類を全部ニグロから買うので、衣服に関して女たちは節約家にならざるを得ない。ふつう彼女たちは一枚の大きな木綿の布で満足している。これを腰のまわりにまきつけ、ペティコートのように地面に届くほど垂らす。この上に四角な布が二枚、一枚は前に、一枚はうしろに縫いつけられていて、それを肩のところで結んでいる。頭飾りはふつう木綿の布の鉢巻きで、ところどころ幅が広くなっており、太陽の照る中を歩くとき、顔をかくすのに役立つ。しかし国外へ出るときには頭の先から足の先まですっぽりおおうことが多い。

女の仕事はその富裕さの程度によってさまざまである。ファティマ妃やその他二、三の高い地位の女たちは、ヨーロッパに見られる貴婦人のように、訪問客と会話をしたり、礼拝を行なったり、鏡に向かって自分の美しさに感嘆したりして時を過す。普通の女たちは、いろいろな家事に従事する。彼女らは見栄っぱりで、おしゃべりで、もし何か気に入らないことがあると、その怒りを女奴隷に向け、暴君的権威をもってきびしい取扱いをする。そのためにこの哀れな捕われ人たちはまことにみじめな状態に置かれている。夜があけると、奴隷はギルバと呼ばれる大きな皮袋に水を入れて井戸から運ばねばならない。家族の一日分に充分な水と、馬にやる水（ムーア人は馬に水をやるのに井戸までつれて行くことをめったにしないので）を運び終えるやいなや、彼らは穀物を搗き、食事の仕度をする。普通調理は戸外でなされるから、奴隷たちは太陽と砂と火の三重の熱にさらされるのである。その合間にはテントを掃除したり、ミルクをかきまわしたり、その他の家事をしなければならない。このような仕事をさせられながら、食事は非常に粗末で、時には残酷な罰を受ける。

ルダマールのムーア人の男の服装はニグロの服装（すでに前に述べた）と大差ないが、一つちがうのは、彼らが回教徒の特徴であるあのターバンを用いていることだ。ターバンには、ここでは白い綿布が広く用いられている。長いあごひげを生やしているムーア人は、それが祖先がアラブであることを示すものとして、満足と誇りの入りまじった顔でみせびらかしている。アリ自身もその一人である。しかし一般的にいって、彼らの髪は短く、もしゃもしゃしていて黒い。そして、この際、ついでに言わせてもらうと、かりに彼らの間に私個人に対して好感情をおこさせたものがあったとすれば、それは私のあごひげだった。私はあごひげは今や非常な長さにのびており、ムーア人たちは、いつも感嘆と羨望の気持でみていた。彼らはきっと、このひげはキリスト教徒にはもったいないと思っていたにちがいない。

ムーア人の間に流行していた病気は周期性の熱病と赤痢《せきり》のみであった。これらの病気に対して、時折り老女たちにより、秘密の特効薬が施されることもあるが、一般的には自然にあるがままに放っておかれる。天然痘《てんねんとう》は非常に危険だときかされたが、私の知るかぎりでは、私が囚われていたあいだ、ルダマールには発生しなかった。しかし、天然痘がムーア人のある部族の間に流行していること、そして彼らによってそれが南方の国々のニグロにまで伝染することを、私はレイドレイ博士の書物によって確信していた。博士は、ガンビア川沿岸のニグロが種痘《しゆとう》をしていることも報じている。

犯罪人の処罰は私が見たかぎり迅速で断固たるものである。公民権はルダマールではほとんど顧られなかったが、犯罪が起きた場合、みせしめが時には必要であったからである。そのような場合には、犯罪者はアリの前に引き出され、アリは独断でいかなる判決が適当と思われるかを宣告する。しかし死刑はニグロに対する以外は、めったに宣せられたことがないように思う。

ムーア人の財産は、主としてその多数の家畜なのだが、牧畜は全部の人間に職を提供するほどではないので、住人の大多数はまったく怠け者である。彼らは馬のことでつまらぬ話をしたり、ニグロの村を略奪する計画をたてたりして暮している。

怠け者たちがいつも集まる場所は王のテントで、ここではお互いに相手方に対しては自由勝手にしゃべりまくるが、こと主領に関しては、意見はいつも一つしかない。君主をほめたたえるのだ。この点ではだれもが異口同音である。君主をたたえる歌がつくられ、彼らはしばしば声を合わせてこれを歌う。しかし歌はひどい追従の文句がごってり入っているから、ムーア人の専制君主以外の人間なら顔をあからめずにはきけないだろう。王は衣服の立派さですぐわかる。その衣服はティンブクトゥから運ばれた青い木綿の布か、あるいはモロッコからくる白麻、または白モスリンでできている。また、彼はだれよりも大きなテントをもち、それは白布でおおわれている。しかし臣下の者たちと接する時には、位や階級のことはすっかり忘れてしまう。王はラクダの馭者と一つ器から食べることもあるし、暑い日中にはおなじベッドに横になることもある。政府や彼個人の支出は、臣下のニグロに課す税金でまかなわれるが、これは世帯主すべてによって穀物か、布地か、砂金で支払われる。ムーア人のコリー、すなわち水場に課せられる税は、普通牛で納める。また、この国を通過するすべての商品の税は物品で納める。しかし王の収入のかなりの部分は、個人のものを略奪することでまかなわれている。ルダマールのニグロの住人や旅商人は金持に見られることを恐れる。というのは、アリはそれぞれの町にスパイを配置していて、臣下の財産に関して報告させ、なにか目茶苦茶な口実をつくってはその財産を没収し、金持の財産を一般の市民なみにへらしてしまうからである。

　アリのムーア系の臣下の数は正確につかむ方法がなかった。ルダマール陸軍の主力は騎兵隊であり、彼らは騎馬がうまく、小ぜり合いや奇襲のエキスパートである。兵士は各自で馬を用意し、装具もととのえる。大きなサーベル、二連発銃、小さな赤革の弾丸用袋、肩からかける角《つの》製の弾薬入れなどである。兵士は給料をもらわず、略奪からせしめる以外はなんの報酬もない。この主力部隊はたいして大きくない。アリがバンバラに戦いを挑んだとき、彼の全軍は二〇〇〇の騎馬隊以上ではなかったと私はきかされている。しかし、私が知り得た情報によると、彼らはムーア系臣下のほんの一部でしかないということだ。馬はたいへん美しく、非常に価値あるものとされているので、ニグロの王子たちは一頭の馬を奴隷一二～一四人で買うこともある。

　ルダマールの北方の国境は、サハラ砂漠に接している。できるかぎりの情報を集めてみたところでは、北アフリカに広大な地域を占めるこの果てしない砂の海は、ほとんど無人に近いと言えるだろう。わずかに人のいるところは、井戸から井戸へとさまよい歩く少数のみじめなアラブ人の群れに牧畜を許す乏しい草の生えている特定の地点だけである。水や牧草がもっと豊富な場所は、ムーア人の小さな集団が住居をつくっており、ここで彼らはバーバリーの暴君的政治から離れ、独立して貧困の中に暮している。しかしサハラ砂漠の大部分はまったく水がなく、人間が訪れることもめったにない。訪れる者は砂漠をこえて苦しい危険な旅をする隊商だけである。この広大な荒野のある地域では、地面が低いいじけた灌木におおわれていて、それが隊商の水しるべとなり、ラクダにわずかの葉を提供している。その他の地域では、旅人は、心を慰めるすべもなく、どの方角を向いても、見えるものはただ砂と空のさえぎるものなき広大な広がり——陰鬱な荒涼たる空間——で、なに一つ眼をとどめるべき物も見えず、渇きのために命を落とすのではないかという胸をえぐるような心配で心を満たされる。「おそろしい孤独のなかで、旅人は幸せな国から風が運んできた鳥の死骸をみる。そして、恐ろしく長い旅の行く手に思いを馳せ、さっと吹きつける一陣の突風に耳をそばだてる。この突風の音が、サハラの不気味な静寂を破るただ一つの音である」（アフリカ協会会報第一部）。

この陰鬱な地域に住む動物は、アンティロープとダチョウぐらいで、彼らは足が速いから遠くの水場に到着することができるのである。砂漠の周辺で、もう少し水が多いところには、ライオン、ヒョウ、象、それにイノシシがいる。

家畜の中で砂漠を越す困難に耐えうる唯一の動物はラクダである。特殊の胃の構造によって、ラクダは一〇日ないし一二日もつだけの水を体内にためこむことができる。広くて曲げることのできる足は砂地によく向いているし、砂漠を越えるとき、上唇を奇妙に動かして、歩きながらトゲの生えた灌木のどんな小さな葉でもつまむことができるのである。したがって、バーバリーからニグリチアまでのさまざまな方角に向かう隊商に用いられる唯一の輸送用動物はラクダとなっている。この有用でおとなしい動物については、分類学的な著述家たちが充分記述しているから、その犠牲について詳しく述べることは不必要であろう。ただ、その肉は私にとっては、かさかさでまずいけれども、ムーア人は他の肉より好んでいることをつけ加えておく。雌のラクダの乳は一般に重んじられており、実際、それは甘く、おいしく、栄養たっぷりである。

私が観察したところによると、ムーア人はその顔つきが西インド諸島のムラトー族に似ている。しかしその容貌のなかに、ムラトー族には見られぬ不愉快なものをもっている。ムーア人の多くの顔だちには残酷で、卑しい性質が見えるように思う。彼らの顔をみると、いつも不安にかられるのはむりもないと思う。彼らがじっと見つめる目つきをみれば、どんな旅人も、これは狂気の国だときめてしまうにちがいない。彼らの性格が不実で悪意に満ちたものであることは、彼らがニグロの村に略奪襲撃をしかけることによく現われている。時には、何ら怒る原因もないのに、それどころか、たがいに友情を誓い合っていながら、彼らは突然ニグロの牛をつかまえ、ニグロ自身を捕えることさえある。ニグロはめったに仕返しをしない。ムーア人の果敢な大胆さと、土地に対する知識、それになによりもその馬の逃げ足の速さのために、彼らは恐るべき敵であって、サハラと境を接する貧しいニグロの国々はムーア族が近隣にいるあいだ絶えず恐怖にさらされながら、恐ろしくて抵抗もできずにいるのである。

放浪するアラブ人のように、ムーア人も季節に従い、牧草地を求めてあちこちと移動することが多い。二月の太陽の熱がサハラ砂漠の植物を一本のこらず焼きつくすと、彼らはテントをたたみ、南方のニグロの国に近づいて行く。ここで雨季の始まる七月まで生活する。塩と交換してニグロから穀物や必需品を買い入れ、彼らはふたたび北方へ去り、雨季が終わってその地域が灼熱で焼きつくされるまで砂漠にとどまる。

この落ちつかぬ放浪の生活は、彼らを困難に対して鍛え上げると同時に、一方その小さな同族の中のきずなを強め、他国者に対する毛嫌いを生ぜしめ、これには何ものも打ち勝てない。他の文明国との接触が絶たれているので、ほんのわずかながら文字が読めるということでニグロに優勢を誇り、彼らはもっともみえっぱりで自負心の強い人種である。と同時に、この地球上の国々の中でもっとも偏屈で残忍な我慢のならない人種である。彼らの性格の中ではニグロの盲目的な迷信と、アラブの野蛮な残忍性と不実さとがないまぜになっている。

私がベナウンに到着するまで、おそらく彼らは白人を見たことがなかったにちがいない。しかし、彼らはキリスト教徒を信じがたいほど憎み、ヨーロッパ人を殺すことは犬を殺すのと同じように合法的なことだと教えられていた。今後、この地方を旅する人たちにとって、ホートン少佐の悲しい運命や、私がムーア人に捕えられていたあいだに受けた仕打ちは、敵意にみちたこの地域を避けるべきであるという何よりの警告として役立つであろう。

読者は、この孤立した風変わりな人種の風俗、習慣、迷信、偏見などに関してもっと詳細で豊富な記事を期待されたことであろうが、私がムーア人の中にいたあいだのみじめな状態では、情報を集めるような機会はほとんどなかった。しかし、特筆すべきことは、ここにつけ加えてもよいであろう。それは南方のニグロにもあてはまることなので、つづいて次に述べることにする。

第一三章　戦いの勃発で釈放される

前に述べたように、アリに従ってジャラに行く許可を得た私は、ファティマ女王にいとま乞いをした。すると女王は優雅に礼儀正しく私の衣類の一部を返してくれ、出発の前夜には鞍と馬勒をつけた私の馬がアリの命によって送り返されてきた。

五月二六日の早朝、私は二人の従者ジョンソンとデンバを伴い、数名のムーアの騎馬兵につきそわれて、ブバカーの野営地をあとにした。アリは約五〇名の騎馬隊をひきいて、すでに夜のうちにひそかに出立してしまっていた。昼ごろファラニで休息したが、そこでラクダに乗った一二人のムーア人と合流し、ともに森の中の水場へと進んだ。ここでアリと五〇人の騎馬隊に追いついた。彼らは井戸の近くの羊飼いの低い小屋に泊っていた。一行の数が多かったので、テントにわれわれ全部は泊れなかった。そこで私はテントの中央にあるひらけた土地に眠るよう命ぜられた。ここならだれでも私の動きを監視できるからだ。夜半に北東の方角にはげしい稲妻がみられ、夜明けごろにひどい砂嵐が始まり、非常な激しさで午後四時までつづいた。この日一日で西方へ運ばれた砂の量は異常に多かったにちがいない。目を上げることさえできない時もあった。牛は耳や目に入る砂粒に苦しんで気が狂ったようにあばれ回るので、私は牛にふみつぶされそうな危険に絶えずさらされていた。

五月二八日――早朝ムーア人は馬に鞍を置き、アリの部下の奴隷頭が、私にもすぐ用意するよう命じた。少しすると同じ使者が戻ってきて、私の供の青年の肩をつかみ、マンディンゴ語で「これからはアリがお前のご主人だ」と言い、それから私に向かって「仕事はやっと片づいた。この男と、その他すべてのものはお前の馬だけ除いてブバカーに戻す。お前はその老いぼれ馬鹿（通訳のジョンソンのこと）を連れてジャラへ行け」と言った。私は返事をしなかった。しかし、このあわれな青年を失うということでショックを受けたので、アリのところへ急いだ。アリは多くの廷臣たちにかこまれて、テントの前で朝食をとっていた。私は彼に（たぶん非常に激情をこめて強い調子で）言った。

「この国に入ってきた無礼がどのように罪深いことであるにせよ、このように長くここにひきとめられ、私のわずかばかりの持ち物を全部はぎとられることで私は充分罰せられたと思う。しかしこの罰も、あなたが今私に対して行なったことに比べれば、なんでもないことだ。あなたが今捕えた青年は、奴隷ではないし、また法を犯したというかどでとがめられたこともない。実際彼は私の従者の一人で、この仕事での忠実な働きぶりで自由をかち得たのだ。彼は忠誠心と私への愛で、このようなところまで私についてきたのだ。そして彼は私を保護者と見なしているので、この残酷で不正義な仕打ちに対して、私は抗議もせずに彼が自由を奪われるのを黙視してはいられない」

アリは返事をせずに、傲慢な態度で意地の悪い笑いを浮かべて、もしも私がすぐに馬に乗らなければ、私も同じように送り返すと通訳に言った。暴君の恐ろしい顔には、人が心の奥底にひそかにもっている激情をふるいたたせるものがあった。私は自分の感情を抑えることができなかった。私は、はじめてこの世の中からこのような怪物を消してしまいたいという憤怒をこめた願いを心に抱いた。

かわいそうにデンバも私に劣らず衝撃をうけた。彼は私に深い愛情を抱いていた。彼の陽気な性質が囚われの陰気な時間を救ってくれたこともしばしばであった。また彼はバンバラ語に堪能で、将来その才能を私のために大いに役立ててくれると約束していた。しかし人間性の命ずることにまったく関わりをもたぬ人間に、人間味を期待しても無駄であった。私はこの不運な青年と握手をかわし、たがいに涙を流し、彼を取り戻すことに全力をつくすからと約束して、彼がアリの三人の奴隷にブバカーのキャンプの方へ連れ去られるのを見送った。

ムーア人が馬に乗ったとき、私も彼らに従って行くように命ぜられた。そして非常にむし暑い中を、森を通って苦しい旅をつづけ、午後ドゥームバニとよばれる壁に囲まれた村に着いた。ここに二日間滞在し、北方からの騎馬隊の到着を待った。

六月一日、ドゥームバニを発ってジャラに向かった。一行は騎馬の二〇〇人にふくれあがった。ムーア人は戦いには歩兵を使わない。彼らはひどい疲労にも耐える能力は持っているが、まったく訓練されていないために、ジャラへの旅は軍隊の行進というよりはキツネ狩りのようであった。

ジャラでは古い知人ダマン・ジュンマの家に宿泊した。そして彼に、私の身の上におこったことをすべて語った。とくに、アリに運動してデンバをとり戻してくれるよう頼み、彼をジャラにつれてきたら、その時にレイドレイ博士のつけで二人の奴隷分の金額を支払うと約束した。ダマンは交渉する仕事を快く引き受けてくれたが、アリはデンバを私の一番大事な通訳とみなしていて、彼がふたたび私の所に戻って私をバンバラへ案内してしまうのではないかとおそれて、彼を手放したがらないことがわかった。したがってアリはこれを一日のばしにしたが、もしダマン自身がその青年を買いたかったら、普通の奴隷の値段で売ってやると、ついに折れて来た。そこでダマンはアリが彼をジャラに送ったらいつでも金を払うと約束した。

ジャラへの旅行のアリの主な目的は、私がすでに述べたように、その国に避難してきているカールタ人から金を巻き上げることであった。一部のカールタ人は、戦いに巻きこまれるのを避けるために彼に保護を懇請したが、多くのカールタ人は不満分子で、自国の君主を亡ぼしたいと願っていた。彼らは、予想されていたようにバンバラ軍がデイジィを征服できずにセゴへ帰ってしまったときくや、デイジィがその軍隊を立て直さないうちに、自分たちでデイジィ軍に奇襲をかけようと決意した。いまやデイジィの軍隊は、残酷な戦いのために数が激減し、食糧も非常に欠乏していたからである。こういう意図でこの不満分子たちはムーア人の参戦を懇願し、アリに二〇〇人の騎馬隊を雇いたいと申し出たのである。アリは心からの温かい友情をもって承諾したが、それは彼らが前もって四〇〇頭の牛、二〇〇枚の青衣、相当量のビーズと装飾品を供給するという条件と引きかえであった。このような取立てに彼らはいささかとまどった。そして牛を用意するため、彼らは王を説き伏せて、要求された数の半分の牛をジャラ人に、短期間で返すことを約束して、供出させることにした。アリはこの提案に賛同した。そしてその夕刻（六月二日）、太鼓が町中に打ち鳴らされ、翌朝アリが割当ての牛を選ぶ前に牛を森へ逃がしてしまった者は、その家財を没収し、その家の奴隷は連れ去ると触れて歩いた。人びとはこの布告に逆らおうとはしなかった。

翌朝、約二〇〇頭の良質の牛が運ばれ、ムーア人に渡された、不足分についても、後になって同じような不正で勝手気ままなやり方で補われた。

六月八日――午後アリの奴隷頭が私のところへやってきて、王はブバカーへ帰ると知らせた。しかし彼が主宰する祭り（バンナ・サリー）が迫っているので、ほんの数日の滞在ですぐジャラに戻るから、それまでダマンのところに残っていてよいということであった。これは喜ぶべきニュースであったが、私はあまりに多くの失望を味わってきたので、それが本当だろうという望みをすぐに心に抱こうとはしなかった。だが、やがてジョンソンがやってきて、アリはすでに騎馬隊の一部を率いて町を出発したこと、残りの騎馬隊は翌朝彼のあとを追って出かけることになっていると告げた。

六月九日――早朝、残りのムーア人は町を出発した、彼らはここにいるあいだ、数々の略奪を行なった。そして今朝、彼らは想像を絶するほどの無法ぶりで、井戸から水を運んでいた三人の娘たちに摑みかかり、彼女らを奴隷として連れ去った。

ジャラのバンナ・サリーの祭りは、実際祭りと呼ばれるにふさわしいものである。この祭りのために奴隷たちはみな着飾り、家長たちは張り合って多量の食糧を用意し、これを近所の人たちに大盤振舞いをした。飢餓は文字通り町から姿を消した。男も女も子供も、自由人も奴隷も全部がたらふく食べた。

六月一二日――森の中の水場で重傷を負った二人の男が発見された。一人はすぐに息を引きとったが、もう一人は生きたままでジャラへ運ばれた。少し回復すると、彼はカッソンから森の中を逃れてきたのだと人びとに語った。デイジィはカッソン王サンボに戦いを挑み、三つの町を奇襲し、すべての住人を傷つけた。彼はカッソンで殺されたジャラ人の多くの友人の名前をあげた。この知らせでまる二日間ジャラは葬列の泣き女の叫び声でみちた。

このいやなニュースにつづいて、これに劣らず心を痛めるニュースが、もう一つ伝わった。多くの逃亡した奴隷が一四日にカールタから到着し、デイジィは自分に対して攻撃が計画されているという情報をきいて、ジャラへ向かって出発しようとしているというのである。そこでニグロはアリを訪ね、契約に従って彼が約束した二〇〇人の騎馬隊を要求した。しかしアリは彼らの要求にはほとんど耳を貸そうともせず、自分の騎馬隊は他の仕事についているからだめだと、あっさり言ってのけた。こうしてムーア人に見捨てられたニグロたちは、カールタ王に対してもカッソンの住人とおなじように情ある処置は望めないということを知り、カールタ王が食糧の欠乏で苦しんでいる今、強大な勢力をもり返す前に、全勢力を結集して戦いを挑もうと決意した。彼らはぜんぶで八〇〇人の活動できる男たちを集め、六月一八日の夕刻にカールタに進撃した。

六月一九日――朝、風が南西に変わり、午後二時ごろひどい大旋風、というより雷を伴ったスコールが降って、自然は面目を一新し、大気は快い涼しさに充ちた。この雨は数カ月来初めてのものであった。

供の青年を取り戻そうとするこれまでのあらゆる試みはうまくいかず、これからも、この国に私がいるあいだに、成功する見込みはなさそうなので、本格的に雨季に入る前に私は自分の安全に関して一応の結論を出す必要があると思った。というのは、宿の主人は、骨折りに対してなんら金をもらえないとなると、私に出て行ってもらいたいという素振りを見せはじめたし、通訳のジョンソンは先へ進むのを断わるといった始末で、私の状態は極めて不安定なものになりはじめたからである。もし私がここにとどまれば、やがて野蛮なムーア人のいけにえになることは必定だ、そうかといって、一人で先へ進めば、生活に必要なものを買う金の不足と、私の通訳をしてくれるものがいないこととで困難に出会うのはあきらかであった。かといって、私が使命を果たさずイギリスへ帰ることは、その二つよりももっとまずいことだった。そこで私は逃亡できる最初の機会を利用して、森の中で水が確保できるように、雨が二、三日つづいたら、すぐバンバラへ直行しようと決心した。

このような状況にいた時、六月二四日の夕刻、町の近くでマスケット銃の音がするのに驚かされた。何事かときくと、ジャラ軍がデイジィとの戦闘から帰ってきたこと、そしてこの発砲は喜びのしるしだということだった。しかし、町のおもだった連中が集まって、遠征の様子を詳しくききただしたところ、状況はけっして安心できるようなものではなかった。ずるいムーア人たちはニグロに雇われた後、その連合軍からさっさと引き揚げてしまって、大いに反乱軍の意気をくじいたのである。反乱軍は、デイジィがゲディングーマの強固な要塞に数名の手下とかくれていると思っていたのだが、実は開けた場所にあるジョカの近くの町に大軍にとり囲まれて来ていたので、彼を攻撃する計画はただちに取り止めねばならなかった。そこで連合軍はその近隣の小さな町々を略奪して、自分たちのふところを肥やすことだけを目指した。彼らはデイジィの町の一つを襲い、住人を全部拉致したが、この知らせがデイジィに届いて退却の道が遮断されるのを恐れ、捕えた奴隷と牛を連れ夜中に森を通って帰ってきたのだった。

六月二六日――午後、カールタからスパイが、おそろしいしらせを持ってきた。デイジィが午前中にシンビングを陥落させ、明日にはジャラに入るだろうというのである。デイジィの動きを一刻も早く知らせるため、ただちに何名かが岩々の頂上や、町へ通じるいくつかの街道に配置され、女たちはできるだけ早く町を逃れるために、必要な準備を始めた。彼らは夜っぴてトウモロコシを打ちつづけ、さまざまな品物を袋につめた。そして朝早く町の住人のほとんど半数が、ディーナを通ってバンバラへの途についた。

彼らの出立は痛ましいものであった。女や子供たちは泣き、男たちは陰鬱で意気消沈していた。彼らはだれも彼も、自分の故郷の町を、井戸や岩山を、悲し気にふり返った。彼らはここから他国へ出ようという野心など抱いたことはなかったし、ここに、彼らの将来の幸せの計画を託していたのだ。いま、そのすべてを捨てて、見知らぬ国に避難所を探さねばならないのだ。

六月二七日――午前一一時ごろ、歩哨がやってきて、デイジィがジャラに向かって行進していること、連合軍は鉄砲を一発も撃たずに逃げてしまったことを報告した。これを知った町の住民の恐怖は筆舌につくしがたかった。女子供の叫び声や大混乱が町中にひろがり、私はカールタ軍がすでに町に入ったのではないかと思ったほどだ。私はケンムーにいたときに示してくれたデイジィの態度を嬉しく思っていたけれども、デイジィ軍の前に名のり出ようとは思わなかった。おそらくこの大混乱の中では、彼も私をムーア人と取りちがえるであろうと思った。そこで私は馬に乗り、大きな穀物の袋を前にのせて町の人たちと一緒にゆっくりと進み、やがて岩だらけの山のふもとに着いた。ここで馬をおりて、馬のあとから歩いた。頂上に着いたとき、私は腰をおろして町や近隣の国を一望のもとに眺めたが、このあわれな住人たちの状態を気の毒に思わずにはいられなかった。彼らは羊や牛や山羊などを追いながら、乏しい食糧と、わずかの衣類を担いで私のあとから押し合いへし合いしながらついてくるのだ。道はどこも泣き声や物音でやかましかった。年寄りや子供たちは歩くことができず、病人と一緒に運ばなくてはならなかった。そうしなければ、彼らは町に残されて悲運を辿ることになったであろう。

五時ごろ、ジャラ人のものであるカディージャという小さな農場についた。ここで私は、家族の食糧用のトウモロコシを牛に運ばせるため袋につめているダマンとジョンソンを見つけた。

六月二八日――夜明けとともにカディージャを出発し、トルーングーンバを素通りして、午後クウェイラに着いた。私はここに二日間とどまって、ムーア人がまるでロシナンテのようなやせ馬にしてしまった私の馬に休養を与え、また、二、三日中にバンバラへ向かうというマンディンゴのニグロたちの到着を待った。

七月一日の午後、私が野原で馬の世話をしていると、アリの奴隷頭と四人のムーア人がクウェイラに着き、酋長の家に宿をとった。通訳のジョンソンはこの訪問を怪しんで、彼らの話を盗みぎきさせるために二人の子供をやった。そして彼らの話から、彼らが私をブバカーへ送り返すためにきたことを知った。その日の夕刻、二人のムーア人が私の馬を見にやってきて、そのうちの一人が私の馬を酋長の小屋に連れて行くと言ったが、もう一人はこんな馬では私は逃げられまいから、そのような用心は必要ないと言った。それから私がどこに泊るのかときいて、仲間のところへ帰って行った。

これは私にとって落雷のようなものであった。私がもっとも恐れていたのは、ムーア人によってふたたび囚われの身になることだったからである。野蛮なムーア人につかまれば死しか予期できなかった。そこで私はただちにバンバラへ出発しようと決意した。この手段は自分の命を救い、私の使命を果たすために残された唯一のチャンスだと考えたからである。この計画をジョンソンに話すと、彼は私の決心をほめてはくれたが、私についてくる気配は示さなかった。ここから先へ進むぐらいなら、賃金を全部失ってしまう方がましだと彼は真剣に言い張った。鎖につながれた奴隷の一団をガンビアまで連れて行く手伝いをしたら、奴隷の半人分の額を報酬としてダマンが支払ってくれることになったと彼は言うのだ。そして彼は妻や子供のもとに帰れるこの機会を大切にする決心であると言った。

私についてくるよう説得できる望みがなかったので、私は単独で前進しようと決意し、夜半に私は衣類の準備をした。衣類といっても、それは二枚のシャツ、ズボン二着、ハンカチ二枚、上下の下着一枚ずつ、帽子、半長靴一足、それにマント一枚、これで全部である。自分の食糧や馬の穀物を買うべき一個のガラス玉も、その他なに一つ価値ある物も私は持っていなかった。

ムーア人たちの会話を夜通し聞いていたジョンソンは、夜明けに私のところへきて、彼らはみな眠っていると教えてくれた。ふたたび自由の恩恵を味わうか、あるいは囚人として一生を使い果たすか、それを決断する恐ろしい瞬間がやってきた。危険な二者択一について考えると、冷や汗が額を流れ落ちたが、いずれを選ぶにしろ、私の運命は翌日のうちにきまるにちがいないと思った。しかし思案に手間どっていては逃れる唯一のチャンスを失ってしまう。そこで私は自分の荷物を取り上げ、戸外で眠っているニグロたちの上をそっとまたいで、馬に乗り、ジョンソンに、私が託した報告書には特別の注意を払ってくれるように頼み、また、ガンビアにいる私の友人たちには私がバンバラへ行く途中、元気でジョンソンと別れたと告げてくれるよう頼んで彼と別れの挨拶をかわした。

私は両側の繁みをにらみ、ムーア人の騎馬隊が追いかけてこないか、ときおり耳をすまして振り返りながら注意深く進んだ。町からおよそ一マイルの地点に来たとき、自分がムーア人の所有であるコリー（水場）の近くにいるのに気づいてぎょっとした。羊飼いたちは私に石を投げたり叫び声を上げたりしながら約一マイルほど追ってきた。やっと彼らから逃れたと思って、逃れ切った喜びを味わいはじめたとき、だれかがうしろで呼んでいるのをきいて、ギクッとした。ふり返ってみると、馬に乗った三人のムーア人が二連発銃を振りまわしながら全速力であとを追ってくるのが見えた。逃げようと思っても無駄とわかっていたので、戻って行って彼らに会った。そのうちの二人は、私の馬勒を両側からつかみ、もう一人は私に銃を向けて、アリのところへ戻らねばならぬと言った。

人間の心が不安におののいて、しばらくの間希望と絶望の間を揺れ動き、一方の極から他の極に走ったあとで、最悪の事態が何であるかを知ったときには、一種の陰鬱な安心といったような気分をつくり出す。私の状態はちょうどそんなふうであった。人生とその喜びについての無関心さが私の機能をまったく麻痺させ、私は冷然とした態度でムーア人と戻って行った。しかし、思ってもみないうちに、ある変化が起こった。深い藪の中を通ったときに、ムーア人の一人が私に包みを開いて中身を見せろと命じた。さまざまなものを調べたあげく、彼らはマント以外にはなにも価値あるものを見つけることができなかった。このマントを彼らは貴重な掘り出しものと考えて、一人がそれを私からひったくり身にまとった。マントは私にとってたいへん役に立つものであった。昼間は雨から身を守り、夜は蚊を防ぐのに役立ったので、それを返してくれるよう懸命に頼み、取り返そうと少しばかりあとを追ったが、彼らは頼みに耳をかそうともせず、二人の仲間はこの戦利品を持って行ってしまった。彼らを追跡しようとすると、残っていた三人目の男は私の馬の頭を打ち、銃を向けて先へ進んではならぬと命じた。

ここで私は、これらの男たちは私を逮捕するよう上司からつかわされた者ではなく、ただ、私のものを略奪する意図で追ってきたことに気づいた。そこで、馬を東方に向け、そのムーア人が仲間のあとを追っていくのを見たとき、私はえらい災難にはあったが、このような一群の蛮人どもから命拾いをして逃れ得たことに、やっと胸をなでおろした。

ムーア人が見えなくなると、私は追跡されるのを防ぐため森の中へつき進み、できるかぎりの速さで前進し、やがて高い岩山の近くに来た。ここは以前、クウェイラからディーナに行く途中で見たことがあるのを思い出し、コースをやや北寄りにとって、幸いにもそのルートにぶつかったのである。

第一四章　難儀な逃亡

あたりを見まわして、自分が危険から逃れることができたと確認したとき、心にわき起こった喜びはとても筆につくすことができない。私は病気が全快したような気分だった。思う存分空気を吸い、手足は異常なほど軽かった。砂漠さえ快く見えた。さまよっているムーア人の一隊に出くわして、たった今逃れてきた盗賊と殺人者の国へまた連れてゆかれるかもしれないということさえ恐ろしくなかった。しかし、やがて理性を取りもどしてみると、私の状態は、なんとも嘆かわしいものであった。食物を手に入れる手段もなければ、水を見つける見込みもないのだ。一〇時ごろ山羊の群れが道端近く草を食んでいるのを見て、私は人に見つからないようまわり道をし、コンパスに従って、できるだけ早くバンバラ王国の町か村に着けるよう、コースを東南東にとりながら荒地の旅をつづけて行った。

正午過ぎ、太陽の燃えるような熱は、暑い砂の照り返しで二倍の激しさとなった。立ちのぼる蒸気を透かして遠方の山の峰が波立つ海原のようにうねって見えたとき、私は渇きのため気を失いそうになった。遠くに煙か、人間の住んでいるなんらかの気配でも見えないものかと木に登ってみたが、何も見えなかった。あたりには、ただ繁茂した下草と、白い砂の丘が一望に広がっているだけであった。

四時ごろ、私はとつぜん山羊の大群に出くわした。馬を繁みの中に引き入れ、山羊の番人がムーア人かニグロか見分けるため目をこらした。やがて、私は番人が二人のムーア人の少年であることに気づき、やっとのことで私のところに近づいてくるよう二人を説得した。彼らは、この山羊はアリのもので、ディーナに行く途中だと話した。二人はディーナでは水がもっと豊富なので、雨が降って砂漠に水溜りができるまでは、そこにとどまるつもりだと言った。彼らはからの皮袋を見せてくれ、森の中には水がまったくないことを教えてくれた。彼らの話は私には何の慰めにもならなかったが、嘆いても始まらないので、私は夜のうちにはどこか水場に着けるのではないかと、できるだけ道を急いだ。このころになると、渇きは耐えがたいものになった。口はカラカラに渇き、燃えるようである。目が突然かすみ、気を失う徴候がしばしばおこってきた。馬は非常に疲労し、私は渇きで死ぬのではないかと真剣に心配しはじめた。口や喉の燃えるような痛みを和らげるため、いろいろな灌木の葉を噛んでみたが、どれも苦《にが》くて、なんの役にもたたなかった。

日没少し前に、なだらかな丘の上に着き、高い木に登り、そのてっぺんから荒涼とした砂漠に憂鬱な目を向けてみた。人家の影も形も見えなかった。目の届くかぎり、不吉な灌木と砂が一面に広がり、地平線は大洋の水平線のように平らで遮ぎるものもない。

木からおりると、馬はすごい勢いで刈り株や灌木をむさぼっていた。私は今や気が遠くなっていて、歩こうという気も起こらず、馬はまた疲れ果てて私を運ぶこともできなかった。そこで馬から馬具を外してやり、勝手にさせることが人間としての道であり、また、おそらく私に残っている力でできる最後の行為だと考えた。ところが、そうやっている間に、私は突然気分が悪くなり、目まいを覚えて砂の上に倒れ、死ぬときがまさにやってきたように感じた。「ここで今（と私は考えた）、しばらく苦しんだ後、自分が生きているこの時代に何か役に立ちたいと思った望みも消えて、何のかいもなく私の短い命は終わるにちがいない」

私はまわりの景色に最後の一瞥を投げた（と思う）。そしてまさにおころうとしている恐ろしい変化を考えているうちに、この世界が、楽しかった時の思い出とともに私の記憶の中から消えていくような気がした。しかし自然の力がやっと機能を取りもどして、私は正気に返った。そして自分が手綱を手にしたまま砂の上に横たわっているのに気がついた。太陽はちょうど木々のかげに沈むところであった。私はこのとき、不屈の精神をふるいたたせて、自分の生命を少しでも長びかせようと決意した。夕方はいくらか涼しかったので、唯一の命の綱であるどこかの水場にたどりつこうと、足の許すかぎり遠くまで歩くことにした。私は馬に馬具をつけ、私の前を歩かせ、ゆっくり一時間ばかり進んだ。そのとき、私は北東の方に稲妻を見た。これは非常に嬉しい光景だった。雨がくる前ぶれである。黒雲と稲妻は非常な早さで勢いを増し、一時間もすると木々の間で風がうなりはじめた。私は自分を甦らせてくれる雨滴を受けようと口をあけて待っていた。ところが私はたちまち砂の雲に巻きこまれた。砂がすごい勢いで吹きつけたので、顔や腕は非常に不愉快な衝撃を受け、私は馬にのって窒息しないように木かげに立っていなければならなかった。砂は驚くべき量で小一時間ほど降りつづけた。その後、私はふたたび前進を始め、苦労して午後一〇時ごろまで旅をつづけた。そのころになって非常にはっきりと稲妻が見え、つづいて大粒の雨がぽつぽつ降ってきた。私は驚き、かつ喜んだ。やがて砂が降りやみ、私は馬を降りて、きれいな衣服をできるだけ広げて雨を受けようとした。ああ、やっと雨が降ってくる、と思ったからだ。一時間以上も雨はたっぷりと降り、私は衣服をしぼり、それを吸って渇きをしずめた。

月はなく、ひどく暗かったので、私は仕方なく馬を引き、稲妻の光でやっと読めるコンパスを頼りに進んで行った。こんな調子で、私はできるかぎり早く旅をつづけたが、夜半すぎると稲妻はしだいに遠のき、手や目を危険にさらしながら手探りで進まねばならなかった。午前二時ごろ馬が何かに驚いてとまった。あたりを見廻すと、ほど遠からぬ木々の間に灯りが光っていた。町かもしれない、と思った。トウモロコシの茎とか、綿とか、なにか耕作のしるしが見つかりはしないかと砂の上をさぐってみたが、何も見つからなかった。近づくにつれて、いろいろなところにいくつか灯りが見えた。私はムーア人の一隊の中に入りこんでしまったのではないかと思った。しかし、現状の自分を考えて、もし彼らが何者であるか、うまいぐあいにつきとめられるなら、つきとめてみようと意を決した。そこで馬を用心深く灯りの方へひいて行くと、牛のうなり声や、牛飼いたちのやかましい声がきこえ、ここが水場であり、やはりムーア人のものらしいことがわかった。人の声は私にとってうれしいものであったが、ふたたび彼らの手におちるよりは、森の中へつき進んで飢え死にした方がましだと思った。しかし渇きに苦しみ、焼けつくような一日が近づいているのをおそれた私は、それほど遠くへ行かなくてもきっと井戸があるだろうから、それを探した方が賢明であるとさとり、井戸を探しているうち、私はうっかりと一つのテントに近づきすぎて、女に見つかってしまった。女が叫び声を上げると、近くのテントから二人の人間が助けに走り出てきた。彼らは私のそばすれすれに走り過ぎたので見つかったと思い、私は急いで森の中へ逃げこんだ。

そこから一マイルほど行くと、行く手の右側のどこかで、大きなやかましい音が聞こえた。やがて、それが蛙の鳴き声だとわかったが、私の耳には天上の音楽のように響いた。音をたよりに進むと、夜明けごろに浅い泥沼に着いた。沼は蛙でみちあふれていて、水をみつけるのもむつかしいほどだった。馬が蛙の声をこわがるので、私は馬が水を飲み終わるまで、小枝で水面を叩いて蛙をだまらせておいた。私はのどの渇きを癒したのち、木に登った。静かな朝だったので、私は昨夜通過してきた水場の煙をみることができた。そして東南東の方角一二―一四マイルほどのところに、もう一筋の煙をみた。この方角へ道をとり、一一時ちょっと前に耕作地に着いた。そこにトウモロコシを植えているニグロが数名いたので、町の名をたずねると、アリの領地で、シュリラというフーラー族の村であることがわかった。ここへ入って行くことは、いささかためらわれたが、馬は非常に疲れていたし、暑さは増していくし、むろん、ひもじさが私を苦しめはじめていたので、思い切って村に入ることにし、酋長の家に乗りつけた。だが、残念なことに、ここでは許可がもらえず、自分にも馬にも一握りの穀物さえ手に入らなかった。この不親切な家からはなれ、ゆっくりと町を出て行くと、塀のない低い小屋がいくつか散在しているのが見えたので、その方角へ向かった。ヨーロッパでもそうだが、アフリカでも、優しい心はかならずしも立派な住居を好むものでないことを知っていたからだ。小屋の一つの戸口に立つと、一人の母親らしい女が綿を紡いでいた。私は空腹だという身振りを示し、何か食べるものはないかと問うた。女はすぐに仕事をやめて、アラビア語で中に入れと言った。私が床に腰を下ろすと、女は私の前に昨夜の残りもののクスクスの皿を置いてくれた。これで私はなんとか食事にありつけたわけだ。この親切のお礼に、私はハンカチを一枚与え、同時に馬にも少し餌をほしいと頼むと、女はすぐに持ってきてくれた。

このような思いがけない救いに私は感激し、天を仰いで感謝に充ちた心で情け深く憎しみなく与えたまう神にお礼を述べた。神の力が、これまでも、あまたの危険から私を守り、いままた、この荒野のなかで私のために食卓を用意し給うたのである。

馬が餌を食べている間に、人びとが集まりはじめ、その一人がなにごとかを女にささやくと、女はひどく驚いたふうだった。私にはフーラー語がよくわからなかったが、男たちがほうびを貰いたくて私を捕えて、アリのところへつれ戻そうとしていることがすぐわかった。そこで私は穀物をくくりつけると、ムーア人から逃亡して来たということを知られないように、北方へ進路をとり、馬の後を歩きながら陽気なふうをして、町の子供たちがぞろぞろついてくるままに進んで行った。二マイルほど旅をして厄介な付添たち全部を追い払ったところで、私はふたたび森の中に入り、大木の下をかくれ場所ときめた。休息が必要だった。小枝の束をベッドとし、鞍を枕の代わりとした。

二時ごろ、三人のフーラー人が私を起こした。私をムーア人とまちがえた彼らは、太陽を指さして、お祈りの時間だ、と言った。彼らと言葉をかわさず、私は馬に鞍を置いて出発した。今まで見たどの国より平坦で、地味の肥えた土地を進み、日没ごろ南寄りの方角へ通じる小径に達し、その路を夜半まで進んで行くと、わずかに雨水が溜っているところに出た。森がそこで開けていたので、水溜りのそばで一夜をあかすことに決めた。馬に残りの穀物を与え、自分の寝床をさっきと同じようにつくった。しかし、水溜りからくる蚊とハエのため眠れず、夜はまた野獣のために二重に悩まされた。野獣はごく近くまでやってきて、その唸り声に馬はたえずおののいていた。

七月四日——夜明けとともに、また森を通って旅を始めた。多くの水牛、野生の豚、ダチョウを見たが、土地は昨日見たほど肥沃でなく、丘が多かった。一一時ごろ、高台に上り、そこで木に登ってあたりを眺め、約八マイルほどのところに、土地のひらけた場所を発見した。そこにある数カ所の赤っぽい場所は耕作地のようだった。そちらに向かって進路を取り、一時ごろ水場の敷地内にきた。その場所の様子から、これはフーラー族に属するところだと判断し、私がシュリラで受けたよりましなもてなしを受けられるよう願った。期待どおりだった。一人の羊飼いが私を彼のテントに招き入れてくれ、ナツメを一緒に食べないかと言ってくれたのである。それはフーラー族の低いテントの一つで、やっと真直ぐに坐れるくらいの広さしかなく、そこに家族や家具などが、まるで引き出しの中の物のようにごたごた集まっているのだ。四つん這いになって、このみすぼらしい住居に入ってみると、一人の女と三人の子供がいて、羊飼いと私を加えて足のふみ場もない始末だった。穀物やナツメを煮た皿が出され、この地方の慣習に従って、まずこの家の主人が味を見、そして私に、食べるように言った。私が食べているあいだ、子供たちはじっと私を見つめていたが、羊飼いが「ナザラニ」というやいなや泣き出し、母親も戸口の方へゆっくり這って行き、まるで猟犬のようにそこから外へ飛び出し、子供たちもそのあとを追って出ていった。キリスト教徒という名にひどく驚いた彼らは、どんなに頼んでもテントに近づこうとはしなかった。ここで私は真鍮のボタンと引きかえに、馬のための穀物を手に入れ、羊飼いの親切なもてなしに感謝し、ふたたび森の中へ入って行った。日没にバンバラ方向へ通じる道路にぶつかり、夜通しその道を行こうと心にきめたが、八時ごろ南の方から来る人びとの声をきいたので、道のわきの深い茂みの中に身をかくすのが賢明だと思った。この茂みは、ふつう野獣の群れているところなので、なんとも居心地が悪かった、馬がいなないように鼻づらを両手でおさえ、外にいる土民と、中にいる野獣の両方におびえながら、私は暗闇の中に坐っていた。しかし恐怖はやがて消え去った。土民たちは茂みのあたりを見まわしたが何も見えないので立ち去って行った。

私は森のもっと開けた方へ急ぎ、そこから東南東へ向かった。夜半になると、蛙の賑やかな鳴き声がきこえ、私は喉の渇きを抑えるため、またもやルートから少しはずれた。大きな雨水の溜りで目的を達した後、開けた場所を探し、真中に一本立っている木の下に一夜の床を作った。夜明け前、狼に目を覚めさせられた。やむをえず夜の明ける前に出発した。ワサリタという小さな村を過ぎ（七月五日）、一〇時ごろ、ワウラというニグロの町に着いた。これは本来カールタに属するのだが、この時はバンバラ王マンソングに従属していた。

第一五章　ニジェール到着

ワウラは高い壁に囲まれた小さな町で、マンディンゴとフーラーが入りまじって住んでいる。住民は主として穀物の耕作に従事しており、それをムーア人の塩と交換する。ここではムーア人の危険もなさそうだった。私は非常に疲れていたので休息することにした。そしてフランチャリーという酋長から温かい歓迎を受け、私は牛皮の上に横になって二時間ほどぐっすり寝こんだ。が、人びとの好奇心はそれ以上眠ることを許してくれなかった。彼らは私の鞍や馬勒を見て、私が何者で、どこからきたのか知ろうと集まってきた。ある者は私がアラブ人だと言い、ある者は私がムーアのサルタンだと主張した。彼らはそれについて夢中で討論したので、その声で私は目が覚めた。かつてガンビアにいたことのある酋長は、私の代わりに仲に立って、私はたしかに白人だが、私のなりから見て貧しい白人にちがいないと彼らに言いきかせた。

その日のうちに、数名の女が、私がセゴに行くということをききつけてやってきた。そして、彼女らの子供たちがどうなったか、王のマンソングにきいてくれるようにと懇願した。ことに一人の女は、自分の息子はママディといって、けっして異教徒ではなく、朝に晩に神に祈りを捧げていたのに三年前にマンソングの軍隊に連れ去られ、以後消息がわからないと語った。彼女はしばしば息子の夢をみると言った。そして万が一にも私がバンバラか、あるいは私の故国で息子に会うことがあったら、母も姉妹もまだ生きていると伝えてほしいと頼んだ。午後、酋長は私が衣類を入れている皮袋の中身を調べたが、取り上げるに価するものがなかったのでそれを返してくれ、翌朝出発するようにと命じた。

七月六日――夜のうちにひどく雨が降ったが、夜明けに私は、穀物を買いにディンギーという町へ行くというニグロ一人を連れて出発した。しかし一マイルも行かないうちに、ニグロはロバから転落し、そこから引っ返してしまった。私は一人で旅をつづけた。

昼にディンギーに着いたが、酋長も大部分の住人も、トウモロコシ畑の耕作に出かけてしまっていた。一人のフーラー族の老人が、町をさまよっている私を見て、自分の小屋に案内してくれ、そこでご馳走してくれた。酋長は帰って来ると、私に食物を、馬に穀物をめぐんでくれた。

七月七日――朝、出発しようとすると、小屋の主人はおずおずと、ためらいながら、私の髪の毛を一握りくれまいかと言った。白人の髪の毛をもっていると、白人について知っているということの証拠になる、というのだ。こんな単純な教育法はきいたことがなかったが、私はすぐその要求をきき入れた。主人の知識欲はたいへんなものだった、彼は私の髪をちょん切ったり、引き抜いたりして片側をかなり短く刈ってしまい、もう一方の側も刈ろうとしたので私は帽子をかぶることで不賛成の意を表わし、この大切なしろものは将来またいることがあろうからとっておきたいのだ、と納得させた。

一二時ごろワシブーという小さな町に着いた。ここで私はサチレまでのガイドを見つけるまで待たねばならなかった。サチレまでは森の中の人跡未踏の道を通って、まるまる一日の道のりである。私は酋長の家に宿をとり、四日間滞在した。その間、私は酋長の家族と畑に出てトウモロコシを植えるのを楽しんだ。

ここでは非常に大規模な耕作が行なわれていて、住人たちの言うように、「だれも飢えを知らない」状態である。耕作は男女共同で行なう。彼らは大きな鋭い鍬を用いるが、これはガンビアで用いられているものよりずっとすぐれている。彼らはムーア族を恐れていて、畑へ出るにも武器をもって行く。

主人は槍の柄で畑をきちんと区画し、一区画を三人の奴隷に受け持たせる。

一一日の夕刻、カールタからの避難民八人がワシブーに着いた。彼らは非道なムーア人の統治下で暮すのは不可能だと見て、バンバラ王に忠誓を誓おうと寝返ったのである。サチレまで私を連れて行ってくれるというので、私はその申し出を受け入れた。

七月一二日――一同、夜明けに出発し、夕刻までなみなみならぬ早さで旅をした。一日の行程で、たった二度しか休息しなかった。一度は森の中の水場で、もう一度はイラーコムベ（トウモロコシの町の意）という以前デイジィに属していた町の廃墟だった。サチレの近くまで来ると、トウモロコシ畑で働いていた人たちは、馬に乗ったわれわれを見てムーア族の一隊とまちがえ、叫びながら逃げ去った。ただちに町中に警告が出され、奴隷たちが四方八方から牛や馬を町の方へ追い込むのが見られた。われわれの仲間の一人が馬を走らせて、彼らの誤解を解こうとしたが無駄だった。彼らはいよいよあわてふためき、われわれが町に着くと、すべての門は閉ざされ、人びとはみな武器を手にしていた。長い間交渉したあげく、やっとわれわれは町へ入る許可をもらった。大旋風が起こりそうだったので、酋長はわれわれに彼の客用の部屋で眠ることを許してくれ、ベッドとして一人一人に牛の皮を与えてくれた。

七月一三日――朝早くわれわれはふたたび出発した。道は濡れていた。つるつる滑ったが、この地方は美しく、小川がいたるところにあり、雨のために水かさが増して急流となっていた。一〇時ごろ、ある村の廃墟に着いた。ここは六カ月前の戦争で破壊されたところで、原住民がその下で一日を過した大きなベンタングの木は焼きはらわれ、井戸は埋められ、その他そこを居心地よくするものはすべて壊されていた。将来、町を建てることができないようにするためである。

昼ごろになると、私の馬はひどく疲労して、連れの仲間についていけなくなった。そこで私は馬をおり、馬を少し休ませたらすぐあとを追うから先へ行ってくれと言った。しかし彼らは私を置いて行きたがらなかった。彼らが言うには、このあたりはライオンが多く、彼らは人間の群れはそうすぐには襲わないが、一人だとすぐやられてしまうというのである。そこで仲間の一人が私のところに残って馬を追って行くのを助け、他の連中は先にガルーまで行って宿を探し、夜にならぬうちに馬にやる草を集めることになった。このありがたいニグロと一緒に、私は馬を前に歩かせて四時ごろまで進むと、ガルーが見えてきた。高い岩の崖に囲まれた、肥沃な美しい谷間にあるかなり大きな町である。

一行はこのあたりに宿をとろうと考えていた。そこで酋長は立派な羊を一頭くれた。幸いにも私は馬のために充分な穀物を手に入れることができた。ここでは、人びとはケンムーと同じように象牙の笛を吹いて夕べの祈りの時刻を告げていた。

翌朝（七月一四日）早く、宿をかしてくれた人の親切に厚く礼を言い、私の仲間たちは彼のために祈りを捧げて出発した。主人はおそらくそんなことは望んでいなかっただろうに。三時ごろ、ムルージャに着いた。これは大きな町で、ムーア人が穀物や綿と交換するためにここに多量に運んでくる塩の取引きで有名な町である。住民の多くが回教徒なので、カフィールがネオ・ドロ（トウモロコシ酒）と呼ばれるビールを飲むことは、特別の家をのぞいて、禁じられている。その特別な家の一つで、およそ二〇人ほどの人が、ビールを入れた大きな器のまわりに坐ってたいへんなご機嫌で——多くは酔っぱらって——いるのを見た。穀物が豊富なので、人びとは旅人に寛大である。いろいろな人たちから、おそらくわれわれの人数の三倍分にもあたる穀物やミルクが贈られた。そして、ここに二日間滞在したが、彼らの歓待ぶりはいつまでも変わらなかった。

一六日の朝、塩を積んでサンサンディングに向かう一四頭のロバを連れてふたたび出発した。岩山にはさまれた道は、なかなかロマンチックであったが、ときおりムーア人が旅人を略奪するために待ち伏せしていた。ひらけた土地にくると、塩の荷主は、長いあいだ道連れになってくれたことをわれわれに感謝し、この先はどうぞ自由に行って下さい、と言った。

われわれがダトリブーにつく前に日は落ちてしまった。夕暮れにすさまじい大旋風《おおつむじかぜ》に見舞われた。宿をとった家の屋根が平らだったので、雨が流れのように降り込み、床は足首まで水につかり、火は消えてしまい、われわれは、たまたま隅にあった薪の束の上で一夜を明かさねばならなかった。

七月一七日――ダトリブーを出発。一〇時ごろ、鍬やムシロやその他の家財道具を積んでセゴから帰ってくる一群のロバに出会った。五時ごろ、大きな村に着き、ここで一夜を過ごすつもりだったが、酋長はわれわれを受け入れてくれなかった。この村を出たころ、馬の疲労がひどくなったので、私は、馬を引いて行かねばならず、ファニンブーという小さな村につく前に暗くなってしまった。ここの長は、私が白人だときくや、三梃の古いマスケット銃を持ち出してきたが、私がそれを修理することができないと言うとひどくがっかりした。

七月一八日――われわれは旅をつづけたが、前の晩の食事が軽かったので、空腹でたまらなかった。ある村で穀物を何とかして手に入れようとしたがうまくいかなかった。しだいに町の数が多くなった。未開墾の土地は牛の牧草地となっている。毎日セゴとの間を往復する大群衆のため、住人は旅人に対して、それほど親切ではなかった。

私の馬は日ごとに弱ってゆき、今やほとんど役に立たなかった。一日のうち大半は馬を後から追って行かなければならず、夜八時になって、やっとゲオソロに着いた。私は仲間の者たちが酋長と言い争っているのに気づいた。酋長が食糧を与えることも売ることも拒否したからである。われわれはこの二四時間、だれ一人食物を口にしていないので、このうえさらにもう一日絶食するなどという事態は避けたかった。しかしいくら頼んでも効き目がないとわかって、極度の疲労から私は眠りこんでしまった。真夜中に、私は「キンネナタ」（食物がきた）という嬉しい知らせで起こされた。このおかげで、その夜はそれから愉快に過ごし、夜明けとともに（七月一九日）ふたたび旅を始め、次の夜はドゥリンケアブーと呼ばれる村で一夜を過ごすことにした。私の馬よりいい馬に乗っている仲間の者たちは、間もなく先に行ってしまい、私は裸足で馬を追って行った。するとセゴからやってきた約七〇人の奴隷がつながれてくるのに出会った。ロープのように撚《よ》った牛の皮ひもで首のところをくくられている。一本の皮ひもに七人がつながれ、七人目毎に銃をもった男が入っていた。奴隷の多くは身体の調子が悪そうで、ほとんどが女であった。後方からシディ・マホメットの召使いがやってきた。私は彼をベナウンのキャンプで見たことを思い出した。彼もじきに私を認め、これらの奴隷たちはルダマール、そしてサハラ砂漠を通ってモロッコへ行くところだと言った。

午後になってドゥリンケアブーに近づいたころ、馬に乗った約二〇名のムーア人に出会ったが、彼らは私が午前中に見た奴隷の所有者であった。みなマスケット銃で武装していて、私に関してあれこれときいたがったが、地方のムーア人ほど無礼ではなかった。シディ・マホメットはセゴにはおらず、砂金を求めてカンカバに行っていることを彼らの話から知ることができた。

ドゥリンケアブーに着くと、私の道連れたちは、すでに出発してしまったと聞かされたが、私の馬がひどく疲れていたので、彼らのあとを追って先へ進めそうになかった。その町の酋長は、私の要求に応じて、一杯の水をくれたが、それは一般には、普通以上の親切を示すものとみなされていた。私は一日の労苦を償うに充分な夕食と熟睡が得られるものと信じていたのだが、残念ながら、そのいずれも得られなかった。その夜は雨が嵐のように荒れたので、酋長はその親切を一杯の水に限定してしまったのだ。

七月二〇日——午前中、私は酋長からなにがしかの食物を手に入れようと脅したりすかしたりしたが、無駄だった。井戸で穀物を洗っている女奴隷に乞うことまでしたが、やはりだめだった。しかし酋長が畑へ出てしまったあと、彼の妻が一握りの食事を届けてくれた。私はこれを水とまぜて飲み、朝食とした。八時ごろドゥリンケアブーを出発、昼に大きな水場で小休止したが、そこでフーラー人が牛乳をくれた。二人のニグロがそこからセゴへ向かうときいて、二人の連れができたことを私は喜び、三人でただちにそこを出発した。

　四時ごろ小さな村で休んだが、ここでニグロの一人が知人に出会い、その知人がわれわれをあるお祭りに招いてくれた。この祭りは一般に見られるより、もっとくだけた形で行なわれていた。シンカトゥと呼ばれるサワーミルクをかけた食物の皿、穀物からとれるビールの大盤振舞いがあり、女たちも仲間に入っていた——これはアフリカでは見たことのない状況であった。強制されることなく、だれも彼もが好きなだけ飲んだ。飲むときにはおたがいに会釈し、ヒョウタンの酒入れを下に置くときは、みな「ハーカ」（ありがとう）と言った。男も女もかなり酔っているように見えたが、争うなどという様子はまったくなかった。

　そこを離れて、大きな村をいくつか過ぎたが、私は絶えずムーア人とまちがえられ、バンバラ人の笑いの種となった。彼らは私が馬のあとから歩いて行くのを見ると、私の姿がおかしいと笑いころげた。「あいつはメッカにいたのだ。着ているものをみればわかる」と一人が言うと、また別の一人が、私の馬は病気なのか、と聞いた。さらに別の男は、私の馬を買いたいと言った。こんな具合だから、奴隷でさえ私の連れであることを恥だと思ったにちがいない。

　暗くなる少し前に、ある小さな村に宿をとった。そこで私は自分の食糧と、馬のための穀物をボタンと交換するというまあまあの取引きで手に入れたが、次の朝早く、ニジェール川（ニグロはジョリバ＝大河と呼ぶ）を見たらよいと言われた。この地区にはライオンが多く、日が暮れると、じきに門は閉ざされ、外出は禁止される。朝にはニジェール川が見られるという思いと、蚊のブンブン唸るうるさい羽音で私は夜通し目を閉じることができなかった。そこで私は馬に鞍を置き、夜明け前にいつでも出発できるよう用意したが、野獣のために、人びとが起き出して門をあけるまで待たねばならなかった。たまたまこの日、セゴは市の立つ日で、売りもののさまざまな品物を運ぶ人びとで通りはごった返していた。四つの大きな村を過ぎ、八時ごろにわれわれはセゴの上に立つ煙を見た。

村に近づいたとき、幸運にも私はカールタの避難民に追いついた。彼らの親切のおかげで私はバンバラへの旅が無事にできたのであった。彼らはただちに私を王に紹介してくれると言い、われわれは、ともに沼地の中を進んで行った。

私がニジェール川が見えはしないかとしきりにあたりを見まわしていると、一人が、「ゲオ・アフィリ」(見ろ、水だ!)と叫んだ。前方をみると、なんという感激であったろう、私の旅の大きな目的――偉大なるニジェール川を見るという、長い探検の目的であったその川が、ウェストミンスターあたりのテームズ川ほどの広さで、朝日にきらめきながら東へ向かってゆっくりと流れていたのである。私は急いで川岸へ駆け寄り、その水を飲んだ。そして、私の努力にこれほどの成功をもって報いてくれた偉大なる造物主に心から深く感謝した。

ニジェール川が東へ向かって流れているということ、それについてのいくつかの事実は、べつに私を驚かせはしなかった。ヨーロッパを出発するとき、私は川は反対の西方に向かって流れているものと信じていたのだが、道中、この川についてしばしば問い合わせ、さまざまな国のニグロから、川は朝日に向かって流れているという決定的な情報を得ていたからである。私の疑問は解消していたのだ。私は、ホートン少佐も同じような情報を集めていたことをすでに知っていた。

さて、到着したバンバラの首都セゴは、正確に言うと四つのべつべつの町から成っている。二つの町はニジェール川の北岸にあり、セゴ・コロとセゴ・ブーと呼ばれ、あとの二つは南岸にあって、セゴ・スー・コロと、セゴ・シー・コロと呼ばれている。町はすべて高い泥の壁にかこまれ、家は粘土でつくられており、四角く、屋根は平面につくられている。二階建ての家もあり、多くは水しっくいが塗ってある。これらの建物の他に、あらゆる地区にムーア風の寺院が見られる。道は狭いが、車輪のついた車がまったく知られていない国としては、あらゆる用途に役立つだけの幅をもっている。調べたかぎり、セゴにはおよそ三〇〇〇人の住人がいると思われる。バンバラ王は常にセゴ・シー・コロに住んでいる。彼は大ぜいの奴隷を使って、人びとを川を渡す仕事をさせ、彼らが得る金（一人たった一〇カウリー〈タカラ貝一〇枚〉[1]だが）は王にとって、かなりの年収となる。カヌーは奇妙な構造で、中をくりぬいた二本の大木を横に並べるのでなく、縦に二つつないでいる。そのつなぎ目は、カヌーのちょうど真中にある。したがって非常に長く、不釣合いに細くて、デッキもマストもないが、スペースは広い。一そうのカヌーで四頭の馬と数名の人間が川を渡るのを見た。王の住む町へ行こうとしてこの渡し場に着いたとき、大ぜいが舟を待っていた。彼らは無言で不思議そうに私を見たが、なかに多くのムーア人がいたので私は気にかかった。三つの舟つき場があり、船頭は働き者でテキパキしていた。しかし、待つ人が多くて、すぐには舟に乗れなかった。私は川の土手に坐って、いいチャンスがめぐってくるのを待った。この広い都市の眺め、川の上に浮かぶおびただしいカヌー、人口の多さ、そして周囲の耕地、これらすべてが壮大な文明の繁栄をあらわしていた。アフリカの奥地で、こ

1　この小さな貝殻については前に説明した。これはアフリカや東インド諸島の多くの地域で通貨として通用している。バンバラおよびその付近の国々では、日用必需品は非常に安く、カウリー貝殻一〇〇個で私と馬の一日の食糧は充分まかなえた。私の計算では、約二五〇個の貝が一シリングにあたる。

のような文明を見ようとは夢にも思わなかった。

私は二時間以上も待ったが、川を渡るチャンスはめぐってこなかった。そうしている間に、川を渡った人が、マンソング王に、白人が川を渡るのを待っていて、やがて王に会いにくるだろうということを知らせた。王はただちに重臣の一人をよこして。どういう理由で私がこの国にきたのかを知るまでは会うことはできない、と伝えてきた。そして、王の許可なしに川を渡ってはならない、と言った。そこで使者は私に、今夜は遠くの村に泊ったらどうかと指示した。朝になったらどうすべきか、指示を与えるというのだ。私はたいへんがっかりした。しかし、他にどうしようもないので、その村へ出発したが、村では残念なことに、だれ一人私を迎え入れてくれる者はいなかった。みな驚きと怖れの気持で私を見、私は食べるものもなく、一日中木蔭に坐っているほかなかった。夜になると気味悪い風が起こり、豪雨がありそうな気配になった。しかも、このあたりは野獣が多いので、私は木にのぼって木の間で寝なければならなかったろう。ところが、こんなふうに一夜を過そうと準備し、馬を放して勝手に草を食べさせていると、一人の女が畑仕事からの帰りに私を見つけた。そして、私が弱っているのを見て、どうしたのか、ときいた。わけを説明すると、女は気の毒そうな顔をして私の馬の鞍と馬勒を拾い上げ、ついてくるようにと言った。自分の小屋に私を導き入れると、女はランプに火をともし、床にムシロをしいて、ここに泊ってよいと言った。私の空腹を知ると、何か食べるものをあげようと言って外に出て行き、すぐに大きな魚をたずさえて、もどってきた。そして残り火の上で半焼きになっていたその魚を私にくれた。このようにして、難儀している旅人に親切の礼儀をつくすと、この気高い恩人はムシロを指さし、心配せずに眠るがよいと言ってから、家族の女たちに声をかけた。女たちは唖然として突っ立って眺めていたのだが、彼女らにふたたび綿を紡ぐ仕事にとりかかるよう命じたのだ。この仕事はほとんど夜あけ近くまでつづいた。彼女らは歌をうたうことで労働を軽減していたが、その歌の一つは即興的につくられたものだった。というのは、その主題は私のことだったからである。歌ったのは若い女の一人で、他の者は合唱のような形で加わっていた。旋律は甘く、悲し気で、言葉を文字通り訳すと次のようである――「風はうなり、雨が降った。かわいそうに、その白人は弱々しく疲れ切ってたどり着き、わたしたちの木の下に坐っていた。彼にはミルクを与えてくれる母親もなければ、穀物をひいてくれる妻もない」コーラス――「その白人をあわれんであげよう。彼には母もなく――云々」

読者にはこんな歌はつまらぬものに思えるかも知れない。だが、私のような状態にあるものにとっては、この上なく胸を打つものだった。この思いもかけぬ親切に胸をふさがれて、私は眠ることができなかった。朝、私はチョッキに残っている四つの真鍮のボタンのうち二つを情け深い女主人に贈った。私にできるただ一つのつぐないであった。

七月二一日――私を見に押しよせる住民たちと話をして一日過ごしたが、夕刻になっても、王からなんの伝言も届かなかったので、いささか不安になった。マンソングが、セゴに住むムーア人や、スラティから私に関する芳しからぬ情報を受け取ったと聞いて、不安はいっそうつのった。彼らは私の旅の動機について、ひどく疑っているらしく思えたからだ。私を受け入れるか追放するかに関して、王となん回も話合いが行なわれたようだった。そして村人たちが正直に教えてくれたところによると、私には敵が多いから、恩恵は期待できないだろうという話だった。

七月二二日――一一時ごろ王からの使者が着いたが、とても喜べるような知らせではなかった。使者は私が何か貢ぎ物をもってきたか、と問い、私がムーア人に何もかもとられてしまったと言うと、ひどく落胆したようであった。使者について行きたいと申しでると、王が私に迎えの者をよこすから午後まで待て、ということだった。

七月二三日——午後になると、別の王の使者が両手に袋をもってやってきた。彼は、私がセゴの周辺から立ち去ってくれることが王の願いであること、しかし難儀している白人を助けてやりたいので、私が旅の途次必要な食糧を買うことができるように五〇〇〇カウリーをおくってくれたこと、そしてまた、私の意図がジェンネに行くことであるなら、彼がサンサンディングまで道案内するよう命を受けていること、などを語った。初め私は王のこうした態度をどう理解したらよいか困惑したが、あとでその使者とかわした会話から、王はセゴで私を喜んで迎えてくれる気持であったが、ムーア人たちの盲目的な執念深い敵意から私を守ることができないのではないかと心配していたらしいことがわかった。だから王は慎重かつ寛容な処置をとったのである。あのような有様でセゴに辿りついたのだから、私が何か旅の真の目的をかくしたがっているのではないかと、王が疑ったのも無理のないことだった。おそらく王は、私の案内人と同じような意見を述べたにちがいない。私の案内人は、私が遠い国から、さまざまな危険を冒して、ただこのニジェール川を見るためにきたのだ、と言ったとき、むりもない話なのだが、こうたずねた。「おまえさんの国には川はないのか」。そして、「川というものはどれも似たりよったりではないのか」と。こういう状態であったにもかかわらず、また、ムーア人たちの嫉妬深い陰謀にもかかわらず、この情け深い王は、一人の白人が自分の領土内で発見され、しかも極度にみじめな状態でみつかった以上、その苦しみを救うために情をかけてやるのは当然ではないかと考えたのだった。

第一六章　東方への強行軍

　こうして、セゴを去らざるを得なくなった私は、その夕刻、七マイルほど東にある村に案内された。私の案内人がその村のある住人を知っていたので、私は快く迎えられた。[1] この人はたいへん友好的で、よく話をし、この国の人の親切を自慢した。が同時に、もし私の目的地がジェンネであるならば（彼はどうもそうらしいと思っていたらしいが）、そのような計画は、私が考えているよりはずっと大きな危険を伴う、と言った。ジェンネの町は、名目上はバンバラ王の領土の一部ということになっているが、実際はムーア人の町だというのである。住人の大半はブシュリーンで、酋長自身も、マンソング王に任命されてはいるが、同じブシュリーンであり、そんなところへ行けば、私を殺すことを正当どころか、称賛に価すると考えている人びとの手にふたたび落ちる危険にさらされる、と彼は言った。このことは、私が旅をつづけるにつれて増大した危険状況にてらしても、明らかだった。が、とにかく、ジェンネより先の地域はムーア人の影響下にあり、ジェンネよりもっと危険だということがわかった。そして、私の探検の大きな目的であるティンブクトゥは、キリスト教徒の住むことを許さない野蛮で

1　バンバラ語はマンディンゴ語の一種のくずれた言語であることを前に述べておくべきであった。少し練習したあと、私はバンバラ語を難なく理解し、話すことができた。

無慈悲な人間の所有下にあることもわかったのである。しかし、このような不確かな情報だけで、ここから西へ戻ろうとするには、あまりにも遠く来すぎていたので、私は先へ進むことにきめ、ガイドに案内されて二四日の朝、その村をあとにした。八時ごろ、きれいに耕された国の中央にあるカッバという村を通った。このあたりは、アフリカの真中とは思えず、むしろイギリスの中央によく似ていた。人びとはどこでもシアの木から実をとる作業をしていたが、この実から植物性バターをつくることは前に述べた通りである。この木はバンバラのこの地域全体にたくさん生えている。これらは土民によって植えられたものではなく、森林に自生している。耕作のために森林が伐採されるときでもこの木だけは残される。木そのものはアメリカ樫によく似ていて、実はまず日光に干し、その種子を煮てバターをとるが、その実は、どこかスペインのオリーブに似ている。種子はうすい緑の皮の中の柔かい果肉に包まれていて、その種からとるバターは、塩気なしで一年中もつという利点を持っている上に、これまでに味わった牛乳からとるバターより白くしまっていて、私の味覚では、もっとも豊かな味に思える。この木の栽培とバターの製造は、この国や近隣の国々の産業の主要な目標の一つであり、また、アフリカ大陸の国々の間の商業の重要な商品となっている。

その日のうちに、漁民の住む大きな村々を過ぎ、午後五時ごろサンサンディングに着いた。非常に大きな町で、人口は八〇〇〇から一万人位のあいだだということである。この町にはムーア人がしきりにやってきて、ビールーから塩、地中海岸からビーズや珊瑚を持ち込み、ここで砂金や木綿の布と交換している。この綿布を彼らはビールーや、その他のムーア諸国で非常に高く売るのである。それらの国々では雨が降らないので綿がとれないのだ。

私は案内人に、できるだけ人目につかない道を通って、宿泊する家まで連れて行ってくれるように頼んだ。そこでわれわれは町と川とのあいだの道に沿って進み、水路もしくは港と思われるところを通った。そこには約二〇艘のカヌーが見えたが、多くは荷をいっぱい積み、雨で品物がいたまないようにムシロがかけられていた。さらに進んで行くと、三艘のカヌーが、二艘は人をのせ、一艘は品物を積んで到着した。さいわい、ニグロたちが私をムーア人とまちがえているので、妨害されずに通れたはずだったのだが、川岸に坐っていた一人のムーア人が、その誤りに気づき、大声で叫んだため、人びとが大ぜい集まってきた。

私が町の酋長のカウンティ・ママディの家に着いたときには、何百という人びとに取り囲まれたが、彼らはいろいろな種類の方言を話し、どれをきいてもチンプンカンプンだった。通訳の役を果たしていた案内人の助けを借りて、私はやっと、一人の見物人が私をどこかで見たことがあると嘘を言っていること、そして一人のムーア人の女が、セネガル川沿岸にあるガラムというところで三年間私の家の家政婦をしていたことがあると言っていることを知った。彼らが私をだれか他の人間とまちがえていることは明白だったので、もっとも確信をもっている者二人に、私を見た場所の方角を指さすようにと言うと、二人は南方をさした。それで私は彼らがおそらくケープコーストからきたのだろうと思った。その地で彼らは多くの白人を見たのであろう。

彼らの言語は私がこれまでに聞いたことのないものであった。ムーア人たちはしだいに数を増してきた。彼らは例のごとき横柄さを発揮し、ニグロたちは近づけなかった。彼らはただちに私の宗教に関して質問を始めたが、私がアラビア語がわからぬと見るや、二人の男を呼びにやった。彼らはイルウイディ（ユダヤ人）と呼ばれており、私と言葉を交わすことができるだろうと彼らは思ったのだ。そのユダヤ人は衣類や様子がアラブ人に似ていた。彼らは公けの場では、コーランの祈禱の文句を誦《しょう》するほどマホメット教に従っていたが、ニグロたちからはまったく尊敬されていなかった。ムーア人たちでさえ、クリスチャンであっても私の方がまだましな人間だと認めていた。しかしムーア人は、私もユダヤ人のように回教に従い、マホメットの祈りを繰り返すべきだと言い張った。私はアラビア語が話せないからと言って話題をそらそうとしたとき、彼らの一人で、砂漠の中にあるトゥアトから来ているシェリーフが飛び出してきて、もし私が寺院に行くのを拒否したら、私をそこへ引っ張って行くのを手伝うと神かけて誓った。もし私の宿の主人が割って入ってくれなかったら、この脅迫はただちに実行に移されたであろう。主人は、私が王からつかわされた外国人で、王の保護の下にあるあいだ、私をひどい目にあわせてはならぬ、と彼らに語った。そして私を一晩一人にしておくように注意し、朝になれば私は仕事で出かけるのだ、と請け合った。これで人びとの騒ぎもいくらかおさまったが、彼らが私が寺院の戸口のそばの高い席に、人びとから私が見えるように坐ることを強要した。というのは、人びとは、収拾がつかないほど大ぜい集まっていて、家にのぼったり、たがいに押し合いへし合いして、まるで死刑執行を見に集まった群衆よろしくの有様だったからである。この席に日没まで坐らされ、それから私は小さな庭のある小屋に案内された。だれも私を邪魔しないように、カウンティ・ママディはその戸を閉ざしてくれた。しかし、この用心もムーア人を防ぐことはできなかった。彼らは泥の塀にのぼり、群れをなして庭に入り込み、私が夕べのつとめを実行し、卵を食べるのを見とどけるために来たのだと言った。夕べのおつとめの方は承諾するわけにいかぬと思ったが、卵の方は持ってきてくれるなら、食べてみせると私は言った。主人はすぐに鶏卵を七個もってきたが、私がそれをなまで食べられないのを見て非常に驚いた。というのは、内陸の住民たちはヨーロッパ人が生卵を主な食物として生きているものと信じていたからである。この考えはまったく根拠がないということをやっと主人に納得させ、彼が適当だと思う食物ならなんでも喜んで食べると言うと、彼は一頭の羊を殺すよう命じ、その一部が私のために調理された。真夜中になって、ムーア人が去ると、主人が私のところにやって来て、お守り札を書いてくれと熱心に頼んだ。「もしムーア人のお守りにご利益があるなら（と、この親切な老人は言った）、白人のお守りはもっと立派なものにちがいない」

そこで、私は考えて、きっと効くだろうと思われるお札を書いてやった。それは「主の祈り」であった。ペンは葦でできており、小さな木炭とゴムの溶液が、なんとかインクの役をし、薄い木の板が紙の役を果たした。

七月二五日――朝早く、まだムーア人が集まらぬうちにサンサンディングを出発し、次の晩はシビリと呼ぶ小さな町で過ごした。翌日、そこからニヤラという川からほど遠からぬ大きな町に着いた。ここで二七日を過ごし、洗濯をし、馬を休養させた。ここの酋長は平らな屋根をもつ二階建ての広い便利な家に住んでいた。彼は手製の弾薬を見せ、戸口の近くの杭につないである茶色の小さな猿を珍しい動物だといって示し、それはコングという遠い国から来たのだと説明した。

七月二八日――ニヤラを出発して昼ごろニヤミーに着いた。この町の住民は、おもにマシナ王国から来たフーラー族である。酋長は（なぜだかわからぬが）私を受け入れてくれなかったが、親切にも馬にのった息子をよこして、私をモディブーまで案内させた。モディブーはここからさほど遠くはないということだった。

われわれは森の中を、ほとんど一直線に、細心の注意を払いながら前進した。案内者はしばしば立ちどまって木の茂みの下を注意して見た。どうしてそんなに用心するのかとたずねると、このあたりにはライオンが多くて、森を旅する人間を襲うことがしばしばあるのだと教えてくれた。彼が話しているうちに、私の馬が驚いて跳ねた。見まわすと、キリンの一種のような大きな動物が少し離れたところに立っていた。首と前脚が非常に長く、頭には後の方を向いた二本の短い黒い角があった。後肢の膝ぐらいまで垂れている尻尾の先には、一房の毛があった。身体はネズミ色をしており、緩慢な動作で去って行ったが、われわれが追いかけてきはしないかと、首を左右に大きく動かしていた。その後、二、三の茂みが散在する大きな開けた原野を横切っていると、私より少し先に進んでいたガイドが馬の轡をぐっと廻して、何ごとかをフーラー語で叫んだ。私には理解できなかったので、どういう意味かとマンディンゴ語できいた。「ワラ・ビリ・ビリ」（大きなライオン）と言って、彼は私に逃げろと合図した。しかし私の馬は疲れきっていたので、動物の声がしたその茂みをゆっくりと通りすぎた。私には何も見えなかったので、案内人が何か見まちがっているのだと思った。するとフーラー人は突然口に手をあてて「ソウバ・アン・アルヒ」（神よ助けたまえ！）と叫んだ。そのとき私は、茂みの近くに一頭の大きな赤いライオンが前脚の間に顔をうずめているのに気がついて、ぎょっとした。私をめがけてすぐに飛びかかってくる、と思った私は、馬の方がその餌食となるように、本能的に足をあぶみからはずして地面に跳びおりようとした。ところが、おそらくライオンは満腹だったのであろう。充分に飛びかかれる距離だったのに、私をそのまま見送った。私は目をこの百獣の王の上に釘づけにしたまま、かなり遠くに離れるまでそらすことができなかった。

このような恐ろしい出会いを避けるため、今度はまわり道をして、沼のような場所を通った。夕刻、モディブーに着いたが、ここは何マイルにもわたって、東西にニジェール川にのぞむことのできる川岸に位置したすばらしい村である。小さな緑の島々（勤勉なフーラー人の静かなかくれ家で、彼らの家畜はここでは野獣から安全に守られている）や、壮大な川幅（ここはセゴあたりよりずっと広い）が、この村の位置を世界中で、もっとも魅力的なものにしている。住民たちは手製の木綿の長い網を、ヨーロッパ人と同じような方法で用いて魚をたくさんとる。一軒の家の上にワニの頭がのせてあるのを見たが、彼らの話では、町の近くの沼で羊飼いたちが殺したものだと言うことだった。ワニのような動物はニジェール川では珍しくないが、ワニはいつも危険というわけではない。蚊の驚くべき大群に比べれば、ワニなどはそう恐ろしくはないのだ。蚊の大群は沼や小川に発生し、無感覚になっている原住民さえも悩ますのである。私の衣類はすりきれて、ほとんどぼろのようになっていたから、その襲撃を防ぎようがなかった。私は眠らずに帽子で身体をあおぎながら行きつ戻りつして夜を過ごした。刺されたところには無数の水ぶくれができる。蚊のおかげでろくに休息がとれず、私は熱っぽく、いらいらした。

七月二九日――朝早く、泊めてくれた家の主人は、私の身体の具合が悪いのを見ると、ケアまで案内する召使いを一人つけて、私を急ぎ出立させた。私はほとんど歩くことができなかったが、馬はもっと弱っていて、私を運ぶことはおぼつかなく、モディブーの東方六マイルのところで荒い粘土質の土地を横切る時、ついに倒れてしまった。ガイドと私が力を合わせたが、馬をふたたび立たせることはできなかった。私は疲れ切った私の冒険の相棒の傍に、しばらく坐っていたが、とても立ち上ることができそうにないので、鞍や馬勒をはずして、たくさんの緑の草を前に置いてやった。地面に喘ぎながら横たわっているあわれな馬を見て、胸がしめつけられるようだった。やがて私も同じように疲労と飢えで死んでしまうのかもしれないと思うと無性に悲しかった。不吉な予感を抱きながら、私は哀れな馬をそこに残し、うしろ髪を引かれる思いで案内人のあとにつづいた。徒歩で川岸に沿って進み、正午にケアに着いた。ケアはほんの小さな漁村にすぎなかった。酋長は無愛想な男で、門のそばに坐っていた。冷たく私を迎え、私が自分の状況を話して保護してくれと頼むと、そんな巧妙なつくり話にはのらない、と冷ややかに言い放ち、家に入れてくれなかった。ガイドが私のためにいろいろ言ってくれたのだが、なんのかいもなかった。酋長の心は固く、動かなかった。私は疲れた手足をどこに休めたらよいか途方にくれたが、幸いにも、たまたま川を下って来たシラの魚とりのカヌーに救われた。酋長は、漁夫に近くに来るよう手招きし、ムールザンまで私を連れて行ってやれ、と命じた。漁夫はちょっとためらったが、私を運ぶことに同意し、私は漁夫とその妻、息子と一緒にそのカヌーにのり込んだ。モディブーから私を案内して来たガイドとはここで別れた。彼に帰りがけ馬を見てくれるように、そして、もしまだ生きていたら世話をしてくれるように頼むと、彼は承知してくれた。
ケアをはなれて、一マイルほど川を下ると、漁夫はカヌーを岸辺に寄せて、私に下りるようにと言った。カヌーを杭につないで服を脱ぎ捨てると、漁夫は水に飛びこんだ。あまり長い時間もぐっていたので自殺したのではないかと思ったが、妻が平気なのには驚いた。やがて漁夫はカヌーのともの方に頭を出し、綱をよこせと叫んだ。で、私の心配も吹きとんだ。綱をもってふたたび彼はもぐり、それから舟に上って子供に綱を引くのを手伝えと言った。こうして彼らは、大きな魚が二匹入っている直径一〇フィートもある籠を引き上げた。そして籠を水にもどしてから、漁夫はその魚を急いで岸に運び、草の中にかくした。それから一同はまた少し川を下り、別の籠を引き揚げた。魚が一匹入っていた。漁夫はわれわれを残して獲物を近くの市場に持って行き、女と子供は私とカヌーで川を下った。四時ごろ、北岸にある漁師の町ムールザンに着き、そこから私は川の対岸にある大きな町シラへ運ばれた。ここで暗くなるまで、私は何百という人びとにとりかこまれて木の下にいた。しかし、彼らの言葉はバンバラの他の地方とは非常にちがっていた。東に進むにつれて、バンバラ語は通じなくなり、ジェンネに着いたら、住民の大半は別の言語、ニグロが「ジェンネ・クムモ」と呼び、ムーア人が「カラム・スーダン」と呼ぶ言語を話しているということだった。

何度も熱心に頼んだあげく、酋長は雨を避けるためやっと私を小屋に入れてくれたが、そこは非常に湿気ていて、夜中に私はズキズキする熱病の発作に苦しんだ。私は病気で弱り、飢えと疲労で消耗し切っていた。しかも、裸同然で、食糧や衣類や宿を手に入れるための価値のある品物も何一つ持っていなかった。どうしたらいいか、私は真剣に考えこんだ。これから先へ進むにつれて、行く手を阻む障害が数え切れない程あることは、これまでの苦しい経験で明らかだった。熱帯特有の雨は、ものすごい激しさですでに降りはじめており、田や沼には水が溢れ、二、三日もすれば、水路に頼る以外、どんな旅もまったく不可能になるであろう。バンバラ王からの贈りものの中で、まだ残っているタカラ貝も、遠くまでのカヌーを雇うほど充分ではなく、また、ムーア人が非常に大きな力を握っている国で、慈悲にすがってなんとか生きながらえる望みも、ほとんどなかった。それより何より、進めば進むほど、あの残酷な狂信者たちの勢力範囲に入ることになるのだ。セゴやサンサンディングでの私に対する仕打ちから考えて、ジェンネに到着しようとすれば、（彼らのうちのだれか偉い人の保護でもないかぎり——しかもそんなものは得られるはずがなかったが）犬死することになるだろう。そうなれば、私のさまざまな発見も、水の泡になってしまう。どう考えてみてもお先真っ暗だった。ガンビアに帰るとすれば、見知らぬ地域や国々を通って何百マイルも徒歩で旅をしなければならない。しかし、それが唯一の方法のように思われた。東へ進めば、死は避けがたい。そのようなわけで、私はこれ以上先へ進まなかった。それが正解であったと、読者も認めてくださるだろうと思う。私は自分の使命を力の及ぶかぎり実行しようと、あらゆる努力をしたのだ。このことに偽りはない。ほんのちょっとでも成功するきざしが見えていたなら、途中の困難が避けがたかろうと、ふたたび囚われる危険があろうと、私は旅をつづけたろう。しかし、以上のような状況で、私はついに旅を思いとどまった。この点について、読者諸氏がどのような意見をもたれようと、帰国後に、私のとった行動に対して私を雇った方々が喜んで心から賛同の意を表していただけたことは、望外の幸福であった。

　私はこうして、あれこれ迷い、思いあぐんだすえ、西へ向かってもどることにした。そこで、私はシラを去る前に、東へ流れるニジェールのコースと、その近隣の国々の状況や広さについて、できるだけの情報をムーア人やニグロの商人から集めて私の義務を果たそうと思った。私はさまざまな方面から情報を集めた。その情報は信ずるに足るものであると思う。

　ジェンネの町はシラから東方へたった二日の旅で行ける。この町は川の中の小さな島にあって、住民の数はセゴより、またバンバラの他のどの町より多いと言われている。さらに二日ほど旅すると、川はディビイ（暗黒湖）と呼ばれる大きな湖に入る。この湖の大きさだが、私が入手した情報によれば、西から東へ横切るとき、カヌーはまる一日陸地を見ないということである。この湖から、水は多くの小流となって流れ出すが、それらはやがて二本の大きな支流となる。一つはそこから北東に流れ、もう一つは東方へ流れる。しかしこの二つの支流は、カブラでふたたび一本となる。カブラはティンブクトゥから南へ一日行ったところにあり、ティンブクトゥの港、舟つき場となっている。二本の流れがとり囲んでいる土地の広がりは、ジンバラと呼ばれ、住民はニグロである。そしてジェンネからティンブクトゥまでの全距離は、陸路で一二日間の旅程である。

カブラから川を下って一一日の旅程のところで、川はハウサの南方へ流れる。ハウサは川から二日の距離である。この大河のその先の流れと、河口については、私が話をかわした原住民たちはまったくなにも知らなかった。彼らは取引きで、ティンブクトゥやハウサより遠くへはめったに行くことがないのである。彼らの旅の目的は富を得ることなので、川の流れや国々の地理について、ほとんど注意を払わない。しかしニジェール川が非常に遠隔の国々まで安全で容易な交通路を提供していることは確かであった。私に資料を提供してくれた人たちの話によると、ティンブクトゥやハウサに東の方からやってくるニグロの商人たちは、バンバラやその他彼らが知っているどの国の言葉ともちがう言語を話しているとのことだ。しかし、これらの商人たちでさえ、この川の終点がどこかということは知らぬように思われた。というのは、アラブ語を話す人たちまでが、この川の驚くべき長さについて、まったくあいまいな言い方、この川は世界の果てまで流れているなどと言っているのだから。

ハウサの東方にある多くの国々の名前は、バンバラの住人にはよく知られている。非常に変わった細工の箙《えびら》や矢を見せてもらったが、カシナ王国からきたものだということだった。

ニジェール川の北岸、シラからほど近いところにマシナ王国があり、住民はフーラー族である。彼らはそこで他の地域におけると同じく、主として牧畜に従事し、使用している土地の代価としてバンバラ王に年貢を収めている。

マシナの北東にティンブクトゥ王国があるが、ここがヨーロッパ人の調査の対象となっている町である。この国の主都が、ムーア人とニグロとの広範な交易の重要な市場の一つになっているからだ。交易によって富を得たいという希望を持ち、また、彼らの宗教を広めようという熱意を持つムーア人と、回教に改宗した者がこの広い都市に溢れ、王自身も、この国のすべての州の主だった役人も、みなムーア人である。彼らはアフリカのこの地域の他のムーア人よりもずっときびしく、その主義主張は情け容赦のないものだと言われている。ある立派なニグロの老人から聞いたのだが、彼がはじめてティンブクトゥを訪れたとき、宿屋のようなところに泊ったのだが、その宿の主人は彼を小屋に案内して床《ゆか》にムシロを敷き、その上にロープを置いて、「もしおまえさんが回教徒なら私の友人であるから坐ってよろしい。しかし、もし異教徒なら私の奴隷だからこのロープで市場へひいて行く」と言ったということだ。ティンブクトゥの現在の王は、アブ・アブラヒマという男で、巨万の富を持っていると言われている。その妻や妾たちは絹をまとい、その州の高官たちはかなり豪華な生活をしているということである。政府の費用は、きくところによると、その町の城門で集める商品税でまかなわれている。

ハウサの町（ティンブクトゥの東方に位置する同名の王国の首都）も、やはりムーア人の取引きの大きな市場である。かつてその都市を訪れたことのある多くの商人たちと話をしたが、ハウサはティンブクトゥよりも大きく、人口も多いということだった。交易も、治安も、政治も、両都市はほとんど同格であるが、ハウサはニグロの数がムーア人より多く、政治にも関与しているということである。

ジンバラという小王国については、あまり情報を集めることができなかった。土地は驚くほど肥沃だといわれているが、全土にわたって小川や沼地が多く、ムーア人もこれまで土地の開拓にすべて失敗している。住人はニグロで、なかにはかなり豊かな生活をしている者もあり、とくに首都の近くに住む者は豊かである。首都はティンブクトゥからアフリカの西部の地方へ商品を運ぶ商人たちの休憩地点となっている。

ジンバラの南方にニグロの王国ゴットーがあるが、これは非常に広い国だといわれている。以前この国は多数の小さな州に分かれていて、それぞれ長が治めていたが、仲間同士の争いが近隣の王国からの侵略を招いた。ついにモーセーという抜け目のない首領が巧みに話をもちかけて、バンバラに対する敵意という点で全州を統一し、その際全州一致で総大将に選ばれた。それぞれの首領たちは一時的に彼の命令に従うことに同意した。そこでモーセーはただちに食糧を積んだカヌーの一隊をディビイ湖岸からニジェール川をさかのぼってジェンネへ派遣し、全軍をあげてバンバラへ押し入った。町の人びとが、彼が近づいていることなど夢想だにしていないうちに、彼はニジェール川のジェンネの対岸に着き、同じ日にカヌーの一隊が彼と合流した。そして食糧を陸揚げして、その舟に軍隊の一部を乗船させ、夜のうちにジェンネを強襲して征圧した。この事件はバンバラ王を恐怖に陥れた。バンバラ王は和平を乞うため使者を送り、和睦を得るため、毎年多くの奴隷を送り、ゴットーの住民から取り上げたものをすべて返すことに同意した。モーセーはかく勝利を得て、ゴットーに帰還し、自ら王であることを宣言し、その国の首都は彼の名で呼ばれることになった。

ゴットーの西にバエドゥ王国があるが、この国は七年前にバンバラの現在の王に征服され、以来ずっと属国となっている。

バエドゥの西にマニアナがある。ここの住民は、私が集めることのできたもっとも信ずべき情報によれば、敵に対して恨みを抱きつづけていて、敵を絶対に容赦しない。また人間とはとても思えないほどぞっとする人肉の宴にふけることさえあるということだ。

ニグロが自分の敵に関して与えてくれる報告は、かなり用心してきく必要がある。だが、同じような報告を他の多くの国でもきいたし、また、正直さを一度も疑う必要のなかったような人びとからもきいたので、やはりその話はある程度信じていいと思う。バンバラの住民たちには、長い間の血なまぐさい戦いの間に、それが真実だと思わせる機会がたびたびあったにちがいない。そして、もしその報告がまったく根も葉もないことであったなら、マドゥムロ（人喰い人種）という言葉が、とくにマニアナ人のみをさすことが私には理解できない。

第一七章　西へ帰る

前章で述べたような理由で、シラ以東には進まない決意をした私は、セゴにもどるという意図を酋長に知らせ、川の南側に沿って旅をする旨を申し出た。すると酋長は南側は小川や沼が無数にあるから、北岸以外のルートは通行不可能で、しかも北岸ルートでさえ洪水のため間もなく通れなくなるだろうと教えてくれた。しかし、彼は私が西へ帰ることを大いに喜んで、漁夫の一人に私をムールザンまで運ぶように話をつけてくれた。そこで、七月三〇日の朝八時、私は一艘のカヌーに乗り込み、一時間後にムールザンに上陸した。私はここで六〇個のタカラ貝で一艘のカヌーを雇い、午後ケアに着いた。ここで、四〇個のタカラ貝と引きかえに、酋長は奴隷の一人と同じ小屋で眠ることを許してくれた。私の体の具合が悪く衣類がボロボロなのをみると、夜、その奴隷のニグロは、親切にも身体にかける大きな布を私に貸してくれた。

七月三一日——酋長の弟がモディブーまで行くという。そこまでの道は人跡未踏の道なので、彼に同行できるチャンスを逃さないことにした。ケアで馬が倒れたとき残してきた鞍をバンバラ王に贈りたいと申し出ると、彼はそれを運んでくれると約束した。

八時ごろケアを出発したが、西へ一マイルほど行ったところで、川岸にたくさんの泥製の壺が山のように積んであるのを見た。壺はいい恰好をしていたが、上薬はかけてない。それはダウニー（ティンブクトゥの西方にある町）で製造され、バンバラ各地でいい値で売られている陶器の一種であった。

その壺の山に近づくと、私の連れは、草を一握りつかみとって壺の上に投げ、私にも同じようにしろと合図した。それから彼は大まじめで、これらの壺は、ある神に属するもので、およそ二年前にこの場所で発見され、人間はだれもそれに手をふれたことがないので、ここを通る旅人はみな、目に見えない所有主に敬意を払って、この壺を雨から守るために草や木の枝を壺の山の上に投げて行くのだと語った。

このような会話を交わしながらたいへん友好的な旅をつづけていたが、不幸なことに、川岸近くの泥の上に、新しいライオンの足跡を見つけた。連れの案内人は細心の注意を払って進んだが、深い下生いの繁みまでくると、私が先に歩くべきだと言い張った。私は道を知らないのだからそれは許してほしいと言ったが、彼は頑固に言い張り、大声で何か言い、敵意に充ちた目つきでにらむと、鞍を放り出して走り去ってしまった。私は大いにまごついた。すでに馬を手に入れる望みは捨てていたから鞍が重荷になるのもいやなので、あぶみと腹帯をとって鞍を川の中へ投げ捨てた。連れのニグロは、私が投げ捨てるのを見るが早いか、かくれていた叢から走り出てきて川にとびこみ、槍をつかって鞍をひきよせそれを持って逃げ去った。私は岸に沿って進んで行った。森はおそろしく茂っており、ライオンがすぐ近くにいるようなので、私は恐ろしくなり、非常な遠まわりをして森を迂回し、ライオンを避けるため灌木のあいだを通った。

午後四時ごろ、モディブーに着くと、私はここで鞍を発見した。私より先に着いていたガイドは、王に自分の行為を報告されるのをおそれて、鞍をカヌーで運んできたのだった。

ガイドがこのようにして私を見捨てて逃げたことを酋長に話していると、一つの小屋の中で馬がいななくのがきこえた。酋長は笑いながら、私に話をしたがっている奴がいるが、だれだかわかるか、ときいた。そして彼は、私の馬がまだ生きていて、疲労もだいぶ回復していることを告げ、馬を連れて行ったほうがいいと言った。そして、かつてムーア人の馬を四カ月も世話したことがあったが、馬が元気を回復したとき、ムーア人が戻ってきて馬を返してくれといい、なんのお礼もせずに連れ去ったとつけ加えた。

八月一日——モディブーを出発した。馬を私の前を歩かせ、午後ニヤミーに着いた。ここに三日とどまったが、そのあいだ中どしゃ降りの雨が降りつづき、だれも小屋から外へ出られなかった。

八月五日——ニヤミーを出発したが、国中水が氾濫していて、しばしば道がわからなくなる危険にあい、また何マイルにもわたるサバンナ地帯を膝まで水につかりながら歩いて渡らねばならなかった。国の中でもっとも乾燥しているトウキビ畑でさえ、すっかり水につかっていたので、私は二度も泥沼にはまりこみ、ぬけだすのは容易なことではなかった。

同日夕刻、ニヤラに着き、酋長から手厚く迎えられた。六日は雨だったので出発を七日の朝にのばした。水は非常な高さにまで達していて、道路はいたるところ通行不能であった。私は胸までつかって沼地を渡ったが、ネマブーという小さな村にたどりつくのがやっとだった。ここでは一〇〇カウリーでフーラー人から馬に穀物を、自分には牛乳をたっぷり手に入れることができた。

八月八日——前日の苦しかった経験から、同行人を雇いたいと熱望した。この二、三日のうちに国中すべて洪水となり、道路はまったく通行不能となることがわかっていたからである。しかしガイドを雇うのに二〇〇カウリー出すと言ったが、だれも同行しようとは言わなかった。ところが、翌朝(八月九日)一人のムーア人とその妻が、塩を積んでセゴへ向かうため二頭の牛に乗って村を通りかかり、私を一緒につれて行くことに同意した。が、彼らは砂地には慣れていても、道については無知だったから、道づれとしてはまったく駄目で、ほとんど役に立たないことがわかった。地面が堅いかどうかさぐるために、牛より先に徒歩でふみこんでもみず、女を積み荷のてっぺんに坐らせ勇ましく第一の沼地に突っこんだところ、二〇〇ヤードほど行ったところで牛は穴にはまって、荷物も女も葦の中に放り出されてしまった。驚いた夫は恐怖のあまりに茫然自失し、しばらく立ちつくしていたが、妻がおぼれかけているのを見て、やっと助けに行く始末だった。

日没ごろシビティについたが、酋長は非常に冷たい態度であった。サンサンディングまでのガイドを要請すると、人びとは全部他の仕事についているからだめだという答えである。私はじめじめした古い小屋へ通され、ひどく不快な一夜を明かした。というのは、小屋の壁は雨のため柔らかくなっていて、屋根を支えられないほど弱まっていたからである。夜のうちに三つの小屋がつぶれる音をきいて、たぶん四番目は私の小屋だろうと心配した。朝になって、馬のために草を取りに行くと、雨季が始まってからこんな具合につぶれた小屋が一四もあった。

一〇日の日は一日中どしゃ降りがつづいた。酋長が食糧を何もくれなかったので、私は穀物を少し買って馬と分けて食べた。

八月一一日——酋長は私に村から出るように命令した。私はサンサンディングに向けて出発したが、そこでもシビティよりうまくやってゆける望みはまったくなかった。というのは、私がバンバラへスパイとしてやってきたという噂が広まり、人びとがそれを信じているようだったからである、そのことを、私はたずねてきた人たちから聞いて知った。しかも、マンソング王は、私に目通りを許さなかったから、町々の酋長たちは私をどのように扱おうと勝手であった。このことは何度も繰り返し耳に入っていたので、その真実性は疑う余地がなかった。しかし他にどうしようもなかったので、私は進む決心をし、日没少し前にサンサンディングに着いた。私に対する受け入れ方は思った通りだった。かつて私にあれほど親切だったカウンティ・ママディも、私を歓迎してはくれなかった。だれも彼も私を避けたがり、私の宿の主人は人をよこして、セゴから私に関して非常に好ましからざる報告が入っているから、翌朝早く出立するようにとつたえてきた。夜一〇時ごろ、カウンティ・ママディがこっそりやってきて、マンソング王が私を連れもどすために、カヌーをジェンネへ派遣したことを知らせてくれた。そして彼は西の国へ行くのはたいへん困難だろうから、そこでサンサンディングを夜明け前に出発し、ディガニや、セゴの近くの町には立ち寄らないように進めと忠告してくれた。

八月一二日――サンサンディングを出発し、午後カッバに着いた。町に近づくと、数名の人たちが門のところに集まっているのをみて驚いた。近づくと、その一人が私のところに走ってきて、私の馬の轡をとり、城壁をぐるりと一めぐりさせ、西の方を指さして出て行くようにと言った。そうしないとまずいことになると言うのだ。森の中で行き暮れたり、悪天候にさらされたり、野獣の恐ろしさなどの危険について説明したが無駄であった。「行け、行け」というのが彼らの返事であった。そして大ぜいの人間がやってきて同じように懸命に私を強いるので、私を捜索している王の使いの者が町に来ているのではないか、そしてニグロたちは親切心から私の逃亡をたすけるために、私に行けと言っているのではあるまいかと思った。そこで私はセゴへの道をとったが、夜は木の枝の上で過ごさねばならないだろうと思うと憂鬱だった。

三マイルほど行くと、道の脇にある小さな村に出た。酋長は門のそばで木を割っていたが、村へ入る許可を与えてくれなかった。私が中へ入ろうとすると、彼はとび上って、一歩でも先へ進んだら手にした棒で私を馬から叩きおとすとおどかした。

この村からほど遠からぬところで、道路からかなり入った地点に、もう一つ小さな村があった。通常のルートから少しはずれているので、人びとは私に泊る部屋を貸してくれるかもしれないと思い、穀物畑を二、三横切って、井戸のそばの木の下に腰をおろした。二、三人の女が水を汲みにきて、その一人が私が旅人であることに気づき、どこへ行くのかとたずねた。私はセゴへ行くのだが、途中で行き暮れたので、朝まで村にとどまりたいが、酋長に私の事情を話してくれないかとたのんだ。しばらくすると酋長は私に迎えをよこして、大きな小屋で泊まることを許してくれた。その小屋の一隅に、シアの木の実を乾燥させるための釜がつくられてあった。その釜には荷車半分ほどの実が入っていて、下には薪が燃えていた。人びとの話によると、この実は三日ですっかり乾燥し、それを粉にして煮るのだそうである。こうしてつくられるバターは、日光で乾した実からとるものより良質だということだった。雨季には日光に干す作業が厄介で、しかもいい結果が得られないというのである。

八月一三日――一〇時ごろにセゴまで半マイルほどの地点にある小さな村に到着した。努力してみたが食糧を手に入れることはできなかった。だれもがひたすら私を避けようとし、住民の顔つきや態度からみて、あきらかに私に関する非常に悪い報告が広まっているらしかった。マンソングが私を逮捕するために人びとを送り出したということをふたたびきかされた。酋長の息子は、もし私がバンバラから無事に逃れたいなら一刻の猶予も許されないと話してくれた。自分が非常に危険な状態にあることがよくわかったので、セゴは絶対に避けようと決心した。そこで私は馬に乗り、ディガニへの道をとり、できるだけ早く村人の見えないところまで行った。それから西へ向かい、背の高い草や沼地を通り抜けた。昼ごろ一本の木の下に立ちどまり、どのコースをとったらよいか考えた。ムーア人やスラティが王に、私についていい加減な報告をし、人びとが私を捕えてセゴへ送ろうと全力をあげて探していることはもはや疑う余地がなかった。馬でニジェール川を渡り、南へ向かって、ケープコーストへ行くことも考えてみた。だが、そうすると、コングへ着くまでには一〇日も旅せねばならず、そしてそのあとは私のまったく知らぬ言葉を話し、風習も異なるさまざまな人種の住む広大な地を横切らねばならない。それを考えてこの計画をとりやめ、自分の旅の目的にこたえるためには、やはりニジェール川に沿って西へ向かい、その方向にこの川がどこまで航行できるかをたしかめる努力をした方がよいと判断した。こう決心して、西へ進み、日没少し前にスーブーというフーラー族の村に着き、二〇〇カウリーで一夜の宿を得た。

八月一四日——川に沿って人口の多い、よく耕された地域を旅しつづけた。カマリア[1]という壁に囲まれた町は立ち寄らずに通りすぎた。昼ごろサミーという大きな町を通ったが、たまたまそこは市が開かれていて、町の中央の広場に大ぜいの人が集まり、牛や布地や穀物などを売っていた。私はその真っ只中を通ったのだが、人びとは私をムーア人だと思い、だれも気にとめなかった。午後ビニとよばれる小さな村に着き、一〇〇カウリーで一晩とめてもらおうと酋長の息子と話をつけたが、酋長が帰ってくると、彼は私にすぐにここを立ち去れと主張し、彼の妻や息子が取りなしてくれなかったら、私は彼の命令に従わざるを得なかったろう。

八月一五日——九時ごろサイという大きな町を通ったが、ここは私の好奇心をそそのかした。この町は壁から二〇〇ヤードほどはなれたところに掘ってある二本の非常に深い塹壕で完全にかこまれていたからである。塹壕の上には多くの四角い塔があり、全体が整った砦の様相を呈していた。この塹壕の由来について住人の二人から次のような話をきいた。もし真実なら、それはアフリカの無法な戦争の悲しむべき実情をよく物語っている。

およそ一五年前、バンバラの現在の王がマニアナを侵略したとき、サイの酋長の二人の息子は、王のために戦って戦死した。彼の三番目の息子は生きていたが、王は男たちをさらに召集し、この息子も加わるように要求した。しかし、酋長は彼を送り出すことを拒否した。そこで王は激怒し、雨季の

1　これと同名の町が後（二三二ページ）にでてくる。

初めのころマニアナから帰ってくると、軍をひきいてサイの前面に駐屯し、塹壕を掘って町を囲んだ。二カ月の包囲がつづくと、町の人びとに飢餓の恐怖が迫ってきた。壕の中で王の軍隊はご馳走を食べながら、サイの住民が町の中央に立っているベンタングの木の葉や樹皮をむさぼり食うのをみてよろこんだ。しかし、王はサイの人びとが降服するより自滅を選ぶことをみて、悪計を思いついた。彼は、もしも門を開けるならば酋長以外の者はけっして殺したり傷つけたりしないと約束した。あわれな老酋長は、町の人びとのために我が身を犠牲にしようと決心し、ただちに王の軍隊に出向きそこで殺された。息子は逃れようとしたが捕えられ壕の中で殺害され、他の町の人びとは捕虜として連れ去られ、ニグロの商人たちに奴隷として売られたのである。

昼ごろ、河岸にあるカイムーという村にきた。シビリで買った穀物が尽きたので、新たに買い入れようと努力したが、穀物は国中乏しくなっていると聞かされ、ほんのわずかな量に五〇カウリー出すと言っても、だれも売ってくれなかった。あきらめて出発しようとしたとき、村人の一人が（たぶん私をムーア人のマホメット教徒とまちがえたのであろう）少しの穀物を贈りものとしてもってきて、そのかわりに祝福を授けてほしいと言った。私は平易な英語でそれを授けると、彼は非常に感謝して受けた。この贈りものを私は夕食としたが、これで三日、なまの穀物だけで生きのびたのであった。

夕暮れにソングという小さな村に着いたが、つっけんどんな住人たちは私を受け入れてはくれなかった。門を入ることさえ許してくれなかった。しかし、このあたりにはライオンが多く、日中しばしば道に足あとを見たので、村の近くにとどまっていようときめた。馬のために草を集め、門のそばの木の下に横になった。一〇時ごろ、近くにライオンの吠え声をきいて門をあけようとした。が、人びとは門の中から酋長の許しがなくては何人《なんぴと》も中へ入れることはできないと言った。ライオンが村に近づいていること、そして私が門の中へ入れてもらえるよう願っていることを酋長につたえてほしいと彼らに頼んだ。私はその伝言の答えを不安のうちに待った。ライオンは村のまわりをうろついており、一度など草の中でガサガサ歩く音がきこえたので、私は木に逃げ登ったほどであった。夜半ごろに酋長は村人と門をあけてくれ、私に入れといった。彼らは、私がムーア人でないと確信したからだと言った。ムーア人は門のところで待つときは、かならず住民を呪う言葉を吐くのだそうである。

八月一六日――一〇時ごろ、回教寺院のあるかなり大きな町ジャッベを通った。ここから平地は丘陵となり、西方には高い山脈の頂きを見ることができた。道がぬかっていて、一日中不快な旅をつづけた。川の水位は、今やその両岸の平地の大部分を水浸しにするほど高くなり、水は泥で深さも測りかねた。ガングという町の西にある沼を渡るとき、馬は腹まで泥水につかっていたが、突然深みにはまり、溺れそうになった。やっとのことで、底のかたい粘土から足を抜いてやった。馬も乗り手も泥まみれだったので、カリマンタの村を通るとき、人びとは私たちを二匹の汚い象のようだと言った。昼ごろヤミナ近くの小さな村に着き、ここで穀物を買い、書類や衣服を乾かした。

ヤミナの町は遠方からみると非常に立派にみえる。サンサンディングと同じくらいの広さをもっているのだが、四年ほど前にカールタ王デイジィによって侵略され、まだ以前の繁栄をとり戻していない――町の半分は瓦礫の山である。しかし、それでもかなりの町である。ムーア人がよく来るところなので、ここに泊るのは安全ではないと思った。が、その人口や広さについて知っておこうと、町の中を通り抜けることにした。多くのムーア人がベンタングの上に坐ったり、広場などにたむろしていた。みな驚いたように私を見たが、私がすばやくかけ抜けたので、だれも私に問いをかけるひまがなかった。

夕刻、壁に囲まれた町ファラに着き、たいした困難もなく一夜の宿を確保することができた。

八月一七日――早朝に旅を始め、八時ごろバラバというかなり大きな町を通った。道はそのあと平地を離れ、丘陵の裾に沿ってつづいていた。この日のうちに、私は三つの町の廃墟を通過した。これらの町の住民は、カールタ王デイジィによって、彼がヤミナを侵略したその日にみな連れ去られたのである。この廃墟の一つの近くで、タマリンドの木に登ってみたが、その実はまっ青で酸っぱく、この国はどこからみても魅力がなかった。高い草や灌木は道をふさぎ、低地は川が氾濫していたから、ニジェール川は広い湖のように見えた。夕刻、カニカに着いた。ここでは門のところで象の皮に坐っていた酋長が私を温かく迎え入れてくれた。彼は夕食として牛乳と食物をくれたが、これは私のような境遇の者にとってはたいへんなぜいたくのように思われた。

八月一八日——私は誤って道をまちがえ、約四マイルほど行ってから、初めてそれに気づいた。小高いところにきて、ニジェール川がかなり左にそれているのがわかったのである。川の方向にコースをとり、背の高い草や、茂みの中を、やっとの思いで午後二時ごろまで進んだ。すると、かなり小さな、しかし流れの早い川に出たが、はじめそれを掘割か、あるいはニジェールの支流の一つと勘ちがいした。しかしよく注意して調べてみると、別の川であることがわかった。道があきらかに川を横切っているので（というのは川の対岸に小道がつづいているのが見えたから）、私は岸に腰をおろしてだれかがここへきて、渡ることのできる浅瀬を教えてくれないものかと待っていた。川岸は葦や灌木におおわれていて、この道以外の地点から対岸に渡るのは無理だと思われたからである。だが、流れが急なので渡れそうもない。いくら待っても旅人は現われず、雨が今にも落ちてきそうなので、私は川岸をさかのぼって草や灌木を調べ、流れに押し流されずに対岸に着けるよう、その小屋からやや川上の地点で川に入る決心をした。そして衣類を鞍に縛りつけ、首まで水につかって、馬がついてくるよう轡を引っぱった。そのとき、一人の男が偶然そこに来て、私が水中にいるのを見ると、すぐに戻るように夢中になって叫んだ。もし川を泳ぎ渡ろうとしたら、私も馬もワニに食われてしまうというのである。

私が水から上ると、これまでヨーロッパ人を見たことのないその男は、ひどく驚いた様子だった。二度手を口にあてて低い声で「神よお助けを。いったいこいつは何者だ」と叫んだが、私がバンバラ語を話すのをきき、私が彼と同じ方向へ行くのを知ると、彼は川を渡るのを助けてくれると約束した。川の名はフリナということだった。彼は川に沿って少し行き、大きな声で呼ばわると、だれかが対岸から返事をし、まもなく二人の少年をのせたカヌーが葦をかきわけてやってきた。二人は五〇カウリーで私と馬を対岸に渡すことに同意し、難なく渡ることができた。夕刻に壁に囲まれた町タファラに着き、住民の言語が、バンバラ語のなまった方言から純粋のマンディンゴ語になっていることに気づいた。

第一八章　困難とのたたかい

タファラに着くと、私は酋長に会いたいと申し込んだが、酋長は三日前に死んで、ちょうど、新しい酋長を選ぶために、おもだった人びとの会合が開かれているということであった。後継者について、なにか争いがあるようだった。おそらく、この町の不安な状勢のためであったろうが、私はまったく冷たい扱いを受けた。住民に、私は一晩しかここに泊らないのだと告げて、宿を借りるためにマンソング王から何カウリーかをもらってきたと見せたのだが、だれ一人家に入れてくれる者はなく、私は夜半まで、ものすごい勢いで降る雨と大荒れの旋風にさらされて、ベンタングの木の下に一人坐っていなければならなかった。やがて、川を渡るとき、私を助けてくれた旅人が私をたずねてきて、私が宿を見つけることができないのを見、夕食を分けてやろうと招いてくれた。その食事を、彼は小屋の戸口まで運んでくれた。というのは、彼自身も客人であるので、その小屋の主人の同意がなくては、私を中へ招じ入れることができなかったのである。このあと、庭の隅のしめった草の上で私は眠った。私の馬は私よりもっとひどい目に遭った。前に買った穀物は底をつき、他には手に入らなかったのだ。

八月二〇日――ジャバという町を通り、ソミノという村で二、三分とどまり、頼みこんで粗末な食物を少し手に入れた。それは住民がトウモロコシの殻からつくるもので、ブーと呼ばれる。二時ごろスーハという村に来て、村の入口の門に坐っている酋長から穀物を買おうとしたが、うまくいかなかった。そこで少し食物をめぐんでくれるよう頼んだが、分けるだけのものはないと言われた。この不愛想な老人の顔色を見て、その目に現われている不機嫌な表情の原因を探ろうとしていると、彼は少し離れた穀物畑で働いている奴隷を呼んで、鍬を持ってくるように命じた。そして、近くの場所を示して、そこに穴を掘るように命じた。奴隷は鍬で穴を掘りはじめた。非常に怒りっぽい男のようにみえる酋長は、その穴が掘りあがるまで、ぶつぶつ何かつぶやき、ひとり言を言っていた。それは繰返し「タンカトゥ」(役立たず!)「ジャンクラ・レメン」(いまいましいヤツだ!)と言っているのだったが、その言葉は他でもない、私自身のことだと思われた。そしてその穴はどうも墓穴らしくみえたので、私は馬に乗った方が利口だと考え、逃げようとしたとき、村の方へ行っていた奴隷が、九歳か一〇歳位の素っ裸の少年の死体をかついでもどってきた。ニグロは少年の手足を持って、それまでに見たこともないような乱暴な無関心さで穴の中に放りこんだ。死体に泥をかけると酋長は「ナフラ・アティニアタ」(金を損した)とひとり言を言った。してみると、この少年は奴隷の一人だったのだ。

このショッキングな現場から離れて、川に沿って旅をつづけ、日暮れに、かなり立派な町で塩の大きな市場であるクーリコロに着いた。ここで、かつてムーア人の奴隷だったバンバラ人の家に宿を借りた。彼は奴隷としてアオランやタウディニ、その他サハラ砂漠の各地に旅をしたことがあり、マホメット教徒となり、またその主人がジェンネで死んだので自由を得てこの地に落着き、いまは塩や木綿の商売をかなり手広くやっている。

広く世の中を知っていても、彼が若いころ吸収した護符や呪に対する迷信は少しもなくなっていなかった。私がキリスト教徒であるときくと、彼はすぐお守りを手に入れることを思いつき、この目的のためにワルハ(書く板)をもち出し、邪悪な人間から身を守るためのお守りを書いてくれるなら、夕食に米をご馳走すると言った。そう言われて、断わるわけにはゆかなかった。そこで、私はその板きれの両面いっぱいに上から下へ書いてやった。すると宿の主人は、その呪の効力が充分きくようにと、わずかの水でその板を洗い、呪をヒョウタンに移し、それに向かって二、三祈りの言葉を唱え、この力水《ちからみず》を飲んだ。そして、書かれた言葉がどこかへ逃げていかないように、その板をなめて乾かし、大切にしまった。お守りを書く人はたいへんえらい人だと考えられていて、人びとに知れ渡らずにはいなかった。この重大な情報は酋長にとどき、酋長は息子に便箋の半分をもたせてよこし、ナフラ・サフィ（富をもたらす呪）を書いてくれるように言った。贈り物として食事と牛乳をもたしてよこした。彼は私が呪を書き終え、大きな声でそれを読んでやると、この取引きにたいへん満足し、朝になったら朝食にミルクを持ってくると約束した。塩と米の夕食を終えると、私は牛の皮の上に横になって朝まで静かに眠った。こんなすばらしい食事と安眠を、ずいぶん長いこと、私は味わっていなかった。

八月二一日――夜明けとともにクーリコロを出発し、昼ごろカユーとトゥランボの二つの村を通過して、午後マラブーという大きな町に着いた。これはクーリコロのように塩の取引きで有名である。ジャウアという部族のカールタ人の家に案内され、温かく迎えられた。この男は奴隷の商いでかなりの財産を築き、その人並はずれた手腕のゆえに「ジャッティ」（領主）と呼ばれ、彼の家はすべての旅人のための宿屋のようなものであった。金のあるものはよい待遇を受けて泊れた。金持はつねに彼の親切になんらかの返礼をしたからである。しかし何も礼として出すもののない人たちは、主人が適当だと思う扱いで満足した。金持の仲間にはどう考えても入れない私は、カヌーでカンカバからやってきた貧しい七人の仲間たちと同じ小屋に泊れるだけで、充分嬉しかった。しかし主人はなにがしかの食物を出してくれた。

八月二二日――宿の主人の召使いの一人が道を教えてくれると言って、町から少し行ったところまでついてきてくれた。しかし、無知のためか、わざとかわからないが、まちがった道を教えた。まちがいに気づいたのは、次の日もかなり陽が高くなってからだった。そこに深い掘割があった。私はここから引き返そうと思ったが、そうすると夜までにバンマクー（バマコ）に着けないと思い、流れを渡ろうと決心した。水際まで馬をひいて行き、馬がまっすぐに水の中へ入るように押した。そして私は轡をくわえて向こう岸まで泳いで渡った。セゴを出てからこんなふうにして川を渡ったのは、これが三度目である。しかしノートやメモは帽子のてっぺんにしっかりと入れていたので、この冒険のために不都合なことはなにもなかった。雨やひどい露のため衣服は絶えずしめっぽく、道は深い泥沼だったから、このような洗濯はときには愉快なものであり、必要なことでもあった。背の高い草の間を抜け、未踏の道を通って旅をつづけ、昼ごろ川に出た。川岸は岩だらけで、水はごうごうと音をたてて流れていた。しかしバンバラのカヌーは岸よりにこの急流を通過していた。岸辺で番をしている人たちが、カヌーに結びつけられた綱をもち、カヌーの男は長い棹でカヌーを前へ推し進める。だが、この時期にヨーロッパでみるような舟でこの流れを渡るのは至難の業のように思えた。川から山の方向へコースを変えた私は、午後四時ごろ、小さな道に出た。この道はフルーカブーという村へ通じていて、私はその村で一夜を明かした。

八月二三日――朝早くバンマクーに向けて出発し、午後五時ごろにそこに着いた。塩の大きな市場としてよく話題に上るバンマクーが、マラブーほどの大きさもない中位の町であることを知って、いささか失望した。しかし、その住民の富裕さは、町の小さいことを償って余りあった。というのは、ムーア人がカールタやバンバラから塩をもって来ると、いつもここで二、三日泊る。ここのニグロの商人たちは、他の国で取引きされる塩の値段をよく知っているので、たいていそれを卸値で買う。そして、それを高い値段で小売りするのである。この町ではセラウーリ族のニグロの家に宿をとったが、多くのムーア人がたずねてきた。彼らはマンディンゴ語を上手に話し、周辺地のムーア人より私に対してずっとていねいだった。そのうちの一人はリオグランデに旅したことがあり、クリスチャンを高く評価していた。彼は夕方、炊いた米とミルクを届けてくれた。私はガンビア河畔に数年住んだことのある奴隷商人から、西へ向かう私のルートに関する情報を得ようと努力した。彼は途中にある多くの場所の名前を列挙した。だが、距離についての話は不確かだった。彼はこの時節には、その道は通行不可能だといい、それどころか、ここからちょっとでも先へ進むのは、非常に困難だと言った、バンマクーから西へ半日ほど進んだ所にある町で、道はジョリバ（ニジェール川）を渡ることになるが、馬が乗れるほど大きいカヌーがないから、少なくとも数カ月は渡れないだろうというのである。たいへんな障害にはちがいないが、ほんの数日さえ暮していけるだけの金もなかったので無理に進むことにし、もし馬を渡河させることができなければ、馬を捨てて自分だけ泳ぎ渡ろうと決心した。このようなことをあれこれ考えて夜を過ごし、朝になって、現在の困難をどうやって克服したらいいか宿の主人に相談した。彼が言うには、一本の道がまだ残っているが、岩でごつごつした道だから馬で通るのはむずかしい。だが、シビドゥルーという町で、山越えの案内をしてくれる適当なガイドを見つけ、忍耐強く注意深く進んで行けば、マンディングまで確実に到達できるだろうということであった。

私はすぐ酋長に申し出た。すると彼は、ジリ・ケア（歌い手）の一人がシビドゥルーに向かって出発するから、彼が山越えの道を案内してくれるだろうと教えてくれた。私の案内役を引き受けたこの男と、岩だらけの峡谷を二マイルほど行くと、小さな村に出た。ここで、連れの男は、ちがった道を案内してしまったことに気づいた。馬の通れる道は山の反対側にあると言って、彼は太鼓を背中にかつぐと、馬が絶対ついていけない岩を登って行ってしまった。私は彼の機敏さに驚嘆したが、自分ひとりで道を辿らねばならなくなった。先へ進むのは不可能だとわかったので、平地までもどって東方へコースをとると、昼ごろにまた別の峡谷にきた。小さな道を見つけたが、ここには馬の足跡がついていた。この小道を辿っていくと、まもなく羊飼いの小屋に出た。ここで私は正しい道にいることがわかったが、夜にならぬうちにシビドゥルーに着くことはできないだろうと教えられた。この後、すぐ私は一つの山の頂上に着き、そこから国を遠くまで眺望することができた。南東の方角には、はるかに山脈が見えたが、これは前にマラブーの近くの丘から見たもので、この山々はコングという大きな強力な国の中にあり、この国の王はバンバラ王よりずっと強大な軍隊を仕立てることができるのだと人びとが教えてくれたことがある。この山は土壌はうすく、岩は鉄鉱石と結晶片岩で、ところどころ白色石英がまじっている。

日没少し前にこの峰の北西側を下った。そして木蔭で一夜を過ごすべく、都合のよい木を探しているうちに（どこかの町に着く望みもなかったので）気持のいい谷間に下りて行き、まもなくクーマというロマンティックな村に着いた。この村は高い壁にかこまれていて、この前の戦争のときに家族とここへ逃れてきたマンディンゴ人の商人が住みついていた。付近の畑からは穀物が多量にとれ、彼の家畜は広く谷間に散らばっており、岩の多い山は戦争の略奪から彼らを守っている。この人里離れたかくれ場所には、めったに旅人が訪れることはなく、たまに疲れはてた旅人が通ると彼はあたたかく迎えた。気がつくと、私は危害を加えない村人たちにとり囲まれていた。彼らは私の国について多くの質問をし、私がいろいろと話すと、お返しに穀物とミルクを私に、草を馬にもってきてくれ、私が泊ることになった小屋に灯をともして、誠心誠意サービスしてくれた。

八月二五日――シビドゥルーに向かうという二人の羊飼いと一緒にクーマをあとにした。道は非常に険しく、岩だらけで、私の馬はバンマクーから来る途中、足を怪我していたので、難儀しながらゆっくり進んだ。急な登り坂や下り勾配が多く、もし一歩踏み外せば、木っ端微塵になること必至であった。羊飼いたちは先へ進むことに夢中で、私や馬のことには構わず、かなり前方を歩きつづけた。一一時ごろ小さな流れで水を飲もうと立ち止まった（私の仲間は四分の一マイルほど先を進んでいた）。そのとき人びとが呼び交わしているのをきき、やがて切端つまったような大きな叫び声がきこえた。私はすぐにライオンが羊飼いの一人を襲ったのだと思い、どういうことになったのか見さだめようと馬にのった。しかし、叫び声はやみ、その声が発せられたと思われる方へゆっくりと進んで呼ばわってみたが、応えはなかった。やがてまもなく、羊飼いの一人が道端の高い草の中に横になっているのに気がついた。血は見えなかったが死んでいるものと思った。ところが近づくと、彼は止まってくれ、とささやいた。武装した一隊の男が仲間を捕え、彼が逃げようとしたとき二本の矢を彼めがけて射たのだと言う。私はどの道を行こうかと立ちどまってあたりを見まわすと、少し先に一人の男が木の切株に腰をおろしているのが見えた。また六、七人が草の中に坐っていて、マスケット銃をもっているのに気づいた。逃れる望みはなかったので、その方へ馬を進めようと決めた。近づきながら、彼らが象狩りの途中だといいが、と願った。言葉を交わす口切りに、獲物はあったかとたずねたが、彼らは返事をせず、一人が馬からおりろと命じた。そしてふと思い出したように、先へ進めと手で合図した。そこで私は馬に乗ったまま通り過ぎ、やっとのことで小さな深い流れを渡ったとき、だれかが、おーい、と呼ぶのをきいた。ふり返ると、象狩りだと思った連中が私のあとをつけて来て、私に、もどれと叫んでいるのだった。立ちどまって、連中が近づくのを待っていると、フーラーの王が、私を馬や持ち物と一緒にフーラドゥまでつれてくるよう、わざわざ彼らを派遣したのだから自分たちに同行せねばならぬ、と言った。なんのためらいもなく、私は向きを変えて彼らに従った。一言も話さずに約四分の一マイル行った。やがて森の暗いところへ来ると、一人がマンディンゴ語で「ここでいいだろう」と言って、ただちに私の帽子をもぎとった。おそろしさでいっぱいであったが、私はできるだけ恐怖の様子をみせないようにし、帽子を返してくれなければ一歩も先へ進まないと言った。しかし返事をきく前に、一人がナイフを抜き、私のチョッキに残っていた金属のボタンをつかむと、それをきりとり自分のポケットに入れた。今や彼らの意図はあきらかだった。そして、なんでもとるがままにさせておく方が安全だと考えた。私はなんの抵抗もせずポケットを探らせ、衣服のすべてを調べさせたが、彼らは驚くほど綿密に調べた。そして、私が二枚のチョッキを重ねて着ているのを見ると、二枚とも脱げと言ってきかず、私をほとんど裸にしてしまった。私の半長靴（片方の靴底は切れた手綱で足にゆわえてあったが）まで入念に調べた。彼らが略奪品を調べているあいだ、私はポケット・コンパスを返してくれるよう一生懸命頼んだ。地面においてあるそのコンパスを指さすと、強盗の一人は私がそれを拾おうとしていると考えて銃の打ち金をおこし、それに手をふれたら即座に撃ち殺すと言った。このあと、数人が私の馬を連れて立ち去り、残った者たちは、私を裸同然でここに残しておくか、それとも日光を防ぐために何か着せておくかを考えて立っていた。ついに情けごころがおこったようだった。彼らは二枚のシャツのうち悪い方と、ズボンを返してくれ、立ち去りながら、一人は帽子を放り投げて返してくれた。私はこの帽子のてっぺんにメモを入れておいたのだが、たぶんそのために彼らはこの帽子をとっておきたくなかったのだろう。彼らが行ってしまったあと、私はしばらくのあいだ驚愕と恐怖のなかであたりを見まわしていた。どちらの方角を見ても、あるのは危険と困難ばかりだった。私は、雨季の真っ最中に、広大な荒地の真っ只中に、たった一人、裸で野獣や、もっと野蛮な人間にとりかこまれて、放り出されていた。もっとも近いヨーロッパの植民地からでも、五〇〇マイルははなれていた。そう思うと、とたんに気力が身体から抜けた。私の運命はきまっており、横たわって死ぬ以外、他にどうなりようもないのだと思った。しかし、宗教の力が私を助け、私を支えてくれた。いかに人間が知恵をしぼり、いかに深慮をめぐらしても、この現在の苦しみを避けることはできなかったろう。なるほど私は見知らぬ国にいるさまよい人だが、しかし、このような私にも目をかけてくださる神の守護のもとにあった。胸は苦しい思いでいっぱいだったが、この瞬間、小さな実を結んでいる苔のこの世ならぬ美しさが私の目をとらえた。私がこのようなことを述べるのは、人の心は時として、いかにささいなことから慰めを得るものかということをお知らせしたいためである。こんな植物は指先ほどもなかったが、その根や葉やサヤの全構造の微妙さを感嘆せずにはいられなかった。一顧だに値いしないような植物を世界の地の果てに植えて水を与え、完璧なものに仕立て上げた神が（と私は考えた）神自身の姿にかたどってつくられた人間の状態や苦しみを見すごすはずがあろうか。――いやそんなことは絶対にない。このような思いは絶望におちいることを私に許さなかった。私ははっと立ち上り、飢えや危険をもかえりみず、安堵は間近にあると確信して先へ進みはじめた。私は失望せずに進んだ。やがて小さな村に着き、その入口でクーマから一緒にやって来た羊飼いに追いついた。彼らは私をみて非常に驚いた。彼らは、フーラー人の略奪に出会ったとき、彼らは私をてっきり殺したと思ったと言った。そして、この村を出て、いくつかの岩だらけの峰をこえ、日没ごろにマンディングの国境の町シビドゥルーに到着したのであった。

第一九章　友人の発見と休息

シビドゥルーの町は、高い岩山に囲まれた肥沃な谷にある。馬ではなかなか近づけないため、バンバラ人、フーラー人、マンディンゴ人のあいだにしばしば起こった戦いのときも、敵に襲撃されたことがない。町に入ると、人びとは私のまわりに集まり、私につづいて小屋の中に入り、ここで私はこの町の酋長というか、首長というか、いちばんえらい人に紹介された。彼はここではマンサと呼ばれる。マンサとは王の意味である。にもかかわらず、私にはマンディングの政体は一種の共和国のようにみえた。いや、むしろ少数独裁政治にみえた。――それぞれの町はマンサを持ち、そして国の主権は最終的には国全体の首長たちの会議にあった。私は酋長に、馬や衣服を略奪された状況を話し、それを二人の羊飼いが証明した。私が話しているあいだ、彼はパイプを吸いつづけていたが、話し終わるやパイプを口からはなし、上衣の袖をまくり上げ、怒った様子で、「坐れ、なにもかも取り戻してやる。わしは誓ったぞ」と言い、家来の一人に向かって「この白人に水を一杯やれ。そして朝日が射すと同時に山を越えてバンマクーの酋長のところに行き、あわれな白人、バンバラ王からの旅人が、フーラドゥ王の家来に略奪されたことを告げよ」と命じた。

私はこんな絶望的な状況の中で、このように私の苦しみをわかってくれる人に会おうとは夢にも思っていなかった。私はその親切に心から感謝し、使者が戻るまでここにとどまるようにというすすめを受け入れた。私は小屋に招じ入れられ、食物が届けられた。しかし、人びとは群れをなして私を見に集まり、一同私の不運に同情してフーラー人に呪いの言葉をぶつけるため、真夜中過ぎまで眠ることができなかった。二日とどまっていたが、馬や衣類についての情報は入らなかった。この時期には食糧が不足していて国中がほとんど飢餓状態に近かったので、私は酋長の寛大さにこれ以上甘えるわけにはゆかないと思い、次の村に向けて出発する許しを乞うた。私がしきりに先に進みたがっているのをみて、彼は、ウォンダという町まで行き、そこに二、三日とどまって馬などに関する情報を待つようにと言った。

そこで翌二八日朝出発し、休憩のため小さな村々に寄った。ある村で私はそれまで見たことのない料理を供された。それはトウモロコシの花というか、葯といったものでできていて、それをミルクと水に混ぜ、とろ火で煮てあった。これは食物の乏しいときだけに食べるものである。

三〇日昼ごろ、ウォンダについたが、これは回教寺院を持つ小さな町で、高い壁にかこまれている。回教徒であるマンサは二つの仕事――町の行政長官としての仕事と、子供たちの学校教師としての仕事――をしていた。彼は開け広げた小屋に学校を設けていた。馬と衣類に関するなんらかの情報がシビドゥルーからくるまで、私はこの学校に宿をとるように言われた。馬はほとんど役に立たなかったが、わずかの衣類はなくてはならぬものだったからである。私が着ているわずかの衣服だけでは、昼間太陽から私を守る役に立たないし、夜も露や蚊から守ってくれなかった。シャツはすり切れて薄くなりモスリンのようになっているうえに非常に汚れていたので、洗うことができるのはなによりありがたかった。洗ったあと、灌木の上にひろげ、私はそれが乾くまで裸で木蔭に坐っていた。

雨季に入ってから、私の健康は非常に衰えていた。ときおり熱が急に上ることがあり、バンマクーを去ったときから、この症状はかなりひどくなった。このような状態で坐っていると、高熱が急に襲ってきたので心配になった。ひどくなるのをとめる薬もないし、こんな状態に必要な看護や手当てを受けられる望みもまったくなかったので、心配はいよいよつのった。

私はウォンダに九日泊まっていたが、そのあいだ中、毎日規則的に熱があがった。だが、このような食物の乏しい時には、宿の主人や、その家族にとってどれほど私が厄介者であるかよくわかっていたから、私はできるだけ自分の苦しみをかくそうと努力して、ときには穀物畑の、彼らに見えない所に一日中横になっていることもあった。だが、主人は私の状態がよくわかっていた。ある朝、火のそばで眠ったふりをしていると、彼は妻に、私が彼らにとって面倒で荷厄介な客になりそうだが、私の病気の容態では、メンツのためにも私が回復するか死ぬかするまでここに置いてやるより仕方がないだろうと話していた。

食糧不足は、貧しい人びとにいちばんひどくこたえていることがよくわかって、私は胸が痛んだ。毎夕、私が滞在しているあいだ、五、六人の女たちがマンサの家にやってきて、めいめい一定量の穀物を受けとるのを見た。私はこの穀物が、危機に当たっていかに大事なものか知っていたから、マンサに、これらの女たちを博愛心から養っているのか、それとも収穫が得られたときの返礼を期待しているのか、きいてみた。マンサは「あの子を見てみよ」と言って五歳ぐらいの男の子を指し、「この子の母親は彼女自身と家族の四〇日分の食糧代として子供を私に売ったのだ」と言った。

なんということだ！　自分の子を売るなんて、母親はどんなに苦しんだことだろう。それが私の心を離れなかった。そしてつぎの夜、女たちが食糧をもらいに来たとき、子供におまえの母親はどれだときくと、子供は指さした。母親はやせ衰えていたが、顔つきには残酷なところも野蛮なところもなかった。自分のトウモロコシをもらうと、母親はその子のところへやってきて、まるでまだ自分が世話をしているかのように、あかるく子供に話しかけた。

九月六日――シビドゥルーから二人の男が、私の馬と衣類を持ちかえってきてくれた。しかし懐中コンパスは粉々に割れていた。これは取り返しのつかない大きな損失であった。

九月七日――馬が水場のふちの近くで草を食んでいると、地面がくずれて水に落ちてしまった。井戸は直径一〇フィートもあり、非常に深かったので、馬が水中であえいでいるのを見ても救うことができなかった。ところが村人たちがすぐに集まってきて、何本かの藤づるをない合わせ、一人の男を井戸の中に下ろした。彼はその綱を馬の体にまきつけ、人びとはまず男をひき上げ、つぎに綱をつかんで、驚いたことには、たいへんな手際で馬を井戸から引き上げた。かわいそうに馬は、今や骨と皮ばかりだった。道は岩だらけでなければ泥水に埋まっており、ほとんど通行不能であった。馬と旅をつづけるのはむりだと思い、馬をよく世話してくれそうな人に喜んで残して行くことにした。そこで私は馬を宿の主人に贈り、鞍と手綱はシビドゥルーのマンサに贈りものにしてほしいと頼んだ。馬や衣類を取りもどすのに骨折ってくれたマンサに対して私ができる唯一の謝礼だったのである。

病気ではあったが、もうこの親切な主人に別れを告げねばならないと思った。九月八日の朝、出発しようとすると、彼は記念にと言って槍をくれ、衣類を入れるようにと皮の袋をくれた。私は半長靴をサンダルにつくり変え、前よりも楽に旅をつづけ、その晩はバランティという村で泊った。九日にネマクーに着いたが、その村のマンサは、私にはカメレオンを料理してすすらせておけば充分だと思ったようだ。

しかし、彼は翌朝、私にあやまり、穀物の不足がひどくて、私には何も与えることができないのだと言った。彼の不親切をとがめることはできなかった。みんな飢えているようにみえた。

九月一〇日――一日中雨がひどく、人びとは小屋にとじこもっていた。午後モディ・レミナ・タウラというニグロの裕福な商人がたずねてきて、私が困っているのではないかと食物を持ってきてくれ、次の日キニエトにある彼の家に案内してくれると約束した。

九月一一日――ネマクーを出発し、夕刻キニエトに着いたが、途中くるぶしをくじいて、それがはれ上り、炎症を起こしたため、翌日はひどく痛んで、歩くことも地面に足をつけることもできなかった。宿の主人はこれをみて、彼のところに滞在するよう親切にすすめてくれた。そこで私は一四日まで彼の家にとまったが、そのころにはだいぶ楽になり、杖の助けで歩くことができるようになった。私は主人の手厚い看護に感謝して出発し、同じ道を行く若者につきそわれて、ジェリジャングに向けて進んだ。ここは美しく、よく耕作された地域で、ここのマンサはマンディング中でもっとも強力であるとみなされていた。

一五日にドシタという大きな町に着き、雨のため一日とどまった。しかし病状は相変わらずよくならず、夜はうわ言を言うほどだった。一七日、かなり大きな町で少量の金のとれる町マンシアに向けて出発した。道は高い岩山を越えてつづき、私は心身ともに疲れ果て、山の頂上に着くまでに、気が遠くなり、気分が悪く三度も横にならねばならなかった。午後マンシアに着いた。この町のマンサは非常に不親切だった。しかし夕食にわずかの穀物を届けてくれた。がその代わりに何かよこせと要求した。価値のあるものは何も持っていないと言うと、彼は（まるで冗談のように）もしおまえが嘘をついたら、おまえの白い肌がおまえの身を守るなどと考えてはならぬと言った。それから彼は、私を眠ることになっている小屋に案内したが、私の槍を取り上げ、明朝返してやると言った。こんなささいなことも、私が彼について聞いたその性格と思い合わせてみると、彼を疑ぐるに充分だった。そこで、土地の住民で弓と箙を持っている一人に、私と一緒にその小屋に泊ってくれるようにこっそりと頼ん

1　木に這い登るツタのようなカッパという植物の蔓。

だ。夜中にだれかが戸口に近づく音を聞き、月の光が突然小屋に射し込んだので、はっとしてうかがうと、一人の男が用心深くしきいをまたぐのが見えた。私はいきなりニグロの弓と矢立てをつかんだ。そのガタガタいう音で男は退散したが、私の仲間は、その男がたしかにマンサ自身だったと言い、朝まで寝ずに起きているようにと忠告してくれた。私は戸を閉め、大きな木片をその後に置き、マンサの思いがけぬ訪問についてあれこれ考えていたが、そのとき、だれかが戸をはげしく押したので、ニグロは戸を閉めておくことができなくなった。しかし私が戸をあけろと大声で言うと侵入者は前のように逃げ去った。

九月一六日——明るくなると、そのニグロは私の要求に応じて、マンサの家に行き、槍を取り返してきた。マンサはまだ眠っているから、この不親切な酋長が私を引きとめる策を考え出さぬよう、彼が起き出す前に出発した方がよいと言うので、その通りにした。二時ごろ岩山のふもとにある小さな町カマリアに到着した。ここでは住人がかなり多量の金を集めている。ブシュリーンはカフィールとははなれて住んでおり、町から少しのところに小屋が散在している。彼らは祈りを行なう場所を別にもっていて、ミスラ（回教寺院）という名をつけているが、実際は平らにならされた四角な地面で、木の幹にかこまれ、東に向かって小さく突き出たところがあり、ここでマラブー、すなわち僧侶が立って、人びとに祈りを行なうよう呼びかけるのである。こういう構造の回教寺院は、改宗したニグロたちのあいだに、ごく普通に見られるが、壁も天井もないので、晴天の日にしか使うことができない。雨が降るとブシュリーンはその礼拝を小屋の中で行なう。

カマリアに着いたとき、私はカルファ・タウラというブシュリーン人の家に案内された。キニエトで私は彼の兄にたいへん世話になったのである。タウラは、雨季が終わったらすぐにガンビア河畔にいるヨーロッパ人に売ろうと奴隷の一群を集めていた。数名のスラティにとりかこまれて小屋に坐っていたが、彼らは隊商の仲間に入りたがっていた。彼は一同にアラビア語の本を読んでやっていたが、笑いながら、私にわかるか、ときいた。わからないと言うと、彼は一人のスラティに、西の国からもたらされた小さな奇妙な本を持ってくるよう命じた。その小さな本をあけてみると、それは祈禱書だった。私は驚いた。嬉しかった。私がそれを読むことができると聞いて、カルファは大いに喜んだ。というのは、海岸でヨーロッパ人を見たことのあるスラティの何人かが、私の肌（いまや病気のため黄色になっていた）や、長いひげや、ぼろぼろの衣服や、極端に貧しいさまをみて、私が白人であるとはみとめたがらず、アラブ人が変装しているのではないかとカルファに語ったからである。カルファは、私がこの本を読むことができるのを知って、疑いを晴らし、できるだけの援助を与えると約束してくれた。彼は、これから数カ月間はジャロンカの荒野を横切るのは不可能だと言った。途中に八本も急流があるというのだ。さらにつけ加えて、彼自身、川が徒歩で渡れるようになり、草が焼かれたらガンビアへ向かって出発するつもりだから、それまで待って一緒に行くようにと言ってくれた。土着民の隊商が旅行できないときに、白人が一人でそれを試みるのは無謀なことだとも言った。しかし、私には暮していくだけの金がないのだから、次から次へと旅をつづけて食物を乞うか、あるいは食べるものがなくて死ぬかのどちらかしかない、他にどうすることもできないのだ、と言うと、カルファはまじまじと私をみて、この国の人たちの食物が食べられるかときいた――彼はそれまで白人を見たことがなかったのだ。雨季が終わるまでここにとどまるなら、それまで充分な食糧と、眠るための小屋を与えようと彼はつけ加えた。そして無事にガンビアに案内したら、そのとき適当と思うものを謝礼としてくれればよいと言った。私が大人の奴隷一人分の値段でいいかときくと、それでよいと言い、彼は小屋の一つを掃除するよう命じて私の宿をしつらえてくれた。こうして私はまったく絶望的な状態から、この情け深い一人のニグロによって救われたのである。私には失望と飢餓が重くのしかかっていた。私は自分の前にジャロンカドゥの陰鬱な荒野――そこでは旅人はまる五日間も人っ子一人見ることがない――その荒野を心に描いていたのだった。そして、はるか彼方にココロ川の急流を見ていたのだった。私は自分が死ぬように運命づけられているその場所さえ、およそ見当がついていた。そんな時、この親切なニグロが私を救うために、温かい手をさしのべてくれたのだ。

私のためにしつらえられた小屋の中で、私は眠るためのムシロ、水を入れるための土製の壺、水を飲むための小さなヒョウタンを与えられ、カルファは自分の家から一日二回の食事を届けてくれて、奴隷たちには薪と水を補うよう命じた。しかし、カルファの親切も、またどれほどととのった設備も、熱をさげることはできず、私は日ごとに弱り、不安は日ごとに増していった。私はできるだけ苦しみをかくそうと努力したが、到着して三日目に、カルファと彼の友人を訪ねて行く途中、衰弱しきって歩くのが困難になり、その家につく前によろめいて溝におちてしまった。この溝から小屋を建てるために粘土が掘り出されていたのだ。カルファはすぐよくなるからと慰めてくれ、もし雨の中を出て歩かなければ、まもなく回復すると断言してくれた。私は彼の忠告に従おうと決心し、小屋にとじこもっていた。しかし、相変わらず熱に苦しめられ、私の健康はその後五週間危険な状態がつづいた。ときには小屋の外に這い出して、戸外に数時間坐っていたが、やがて起き上ることもできなくなり、のろのろと過ぎてゆく時間を、憂鬱と孤独のうちに過ごした。訪ねてくる人はほとんどなかったが、カルファだけは親切にも毎日容態をききに来てくれた。雨が少なくなり、あたりが乾燥しはじめると、熱は去ったが、衰弱しきった私は、真直ぐに立つこともむずかしく、トウモロコシ畑のいい香りを楽しみ、田園の眺めで目を楽しませようと、少しはなれたタマリンドの木蔭へやっとの思いで敷物を運んだ。やがて、私はようやく回復期にあることがわかった。これまでになるには、ニグロたちの温かい素朴なもてなしと、カルファの小さな本を熟読したことが大いに力になった。

そうこうしているうちに、カマリアに住む多くのスラティたちは金を使い果たし、カルファの好意に全面的に甘えるようになり、私を羨望の眼で見はじめ、私に対するカルファの評価を下げようと、多くの馬鹿げた話をつくり出した。そして一二月初旬に五人の奴隷を連れてセゴから到着したセラウーリのスラティも、私に関して悪意ある話をまきちらした。しかし、カルファはそのような話には耳を貸さず、相変わらず以前と同じように私に親切にしてくれた。ある日、私がこのスラティが連れて来た奴隷たちと話をしていると、中の一人が少し食物をくれ、とせがんだ。私は、自分もよそ者だから人にやるものはないと言った。すると彼はこう言った。「あなたが空腹だったとき、私はあなたに食物を上げた。カランカラでミルクを持って行ってあげた男を忘れたのか。しかし（とため息をつきながら）その時には私は足かせなどはめられていなかった！」

私はとっさに彼を思い出し、カルファに頼んでわずかの落花生をもらい、彼の昔の親切の返礼とした。彼の話によると、ジョカでの戦いの翌日、バンバラ人につかまってセゴに送られ、ここでいまの主人に買われ、カジャーガに連れていかれたということである。

あと三人の奴隷はカールタから、残りの一人はワッセラから連れて来られたということで、全員が戦争の捕虜だった。彼らはカマリアに四日滞在してからバラに連れて行かれ、そこで、ココロ川が歩いて渡れるようになり、そして、草が焼かれるまで待つのだ。

一二月の初め、カルファは奴隷の購入をすべてやってしまうというお触れを出し、そのため国内で彼が貸付けてある借金を集めた。

一九日、三人のスラティを伴って、彼はカンカバへ向けて出発した。これは大きな町で、ニジェール河岸にあり、大きな奴隷市場である。カンカバで売られる奴隷の大半はバンバラからくる。マンソングは、これらの捕虜をセゴに置いておく費用と危険を避けるため、通常彼らを小人数のグループにして、さまざまな貿易都市で売るために送り出すのである。カンカバには多くの商人が集まるので、ニジェール川をカヌーで送られてくる奴隷でいつもいっぱいだった。カルファはカマリアを出発するとき、一カ月ほどで帰ってくると言った。

彼の留守のあいだ、私の世話は善良な老ブシュリーンの手にまかされたが、この人はカマリアの若者たちに対して教師の役割を果たしていた。

こうして私は一人取り残され、ひまなときにはただ思いにふけるにまかされたわけだが、これは、この国の気候や産物に関して、さらによく観察し、また、毎日の危険な旅のあいだに得られたよりももっと完全な原住民に関する知識を得るのに、逃がしてはならぬ機会であった。また私は、アフリカの商業のいくつかの重要な部門、金、象牙、奴隷の取引きについて、できるだけ情報を集めようと努力した。それがカマリア滞在中の私の仕事だった。

そこで私は読者に、旅の記述のあいだ必要に応じて述べてきた情景や観察の繰り返しを避けて、私の研究や調査の結果をできるだけ、披露したいと思う。

第二〇章　マンディンゴ人とその国

私の通った全コースは往復とも、南緯一二度と一五度の平行線の中の地域に限られているので、おそらく読者は、ほとんどどこででも酷暑の気候であったろうと思われるであろうが、ベナウンの野営で体験したような激しい苛酷な暑さは、その他の土地では感じたことはなかった。このひどい暑気については前に述べた。平地から山へと傾斜しているところでは、空気はいつも比較的冷たい。しかし、私が横断した地域は、正確には山地とは言えない。六月半ばになると、雷雨を伴ったはげしい旋風（トルネードと呼ばれる）によってむし暑い大気がかもし出されるのである。この風雨で雨季と呼ばれる季節が始まり、これが一一月までつづく。日ごとに降る雨ははげしく、この季節によく吹く風は南西風である。雨季の終わりにも同様にひどいトルネードに見舞われる。その後、風は北東に変じ、以後ずっと北東風が吹きつづける。

風が北東から吹きはじめると、地域の様相は驚くべき変貌をとげる。草はたちまち乾燥して枯れ、川は急に水位が下がり、木は葉を落とす。この時期にはまた、ハーマタンがおとずれる。これは北東から吹く乾いた熱風で、濃いスモッグのような靄を伴い、太陽は靄を通してにぶい赤い色をのぞかせる。この風はサハラの大砂漠を越えながら、湿気を吸いとってしまい。その風道にさらされるものはすべて焼きつくしてしまう。しかし、この風は有益だと思われている。とくにヨーロッパ人は、この風の吹いているあいだに、多くはその健康をとり戻すのである。私はレイドレイ博士のところにいたときも、また、カマリアにおいても、ハーマタンの季節のあいだにたちまち病気から回復した。実際、雨季のあいだ、空気は湿気を多量に含むので、衣類も、靴も、トランクも、火から遠くに置いてあるものはすべてしめってカビ臭くなり、住民はいってみれば蒸風呂につかっているような状態になる。この乾燥した風は、たがのゆるんだ固体をひきしめるのである。気分は爽快になり、呼吸するのが気持よい。欠点は唇にひびができ、現住民の多くが眼を痛めることである。

草が充分に乾燥すると、ニグロはそれに火を放つ。しかし、ルダマールやその他のムーア人の国では、それは許されていない。ムーア人たちは雨季がくるまで、この枯れた刈り株で家畜を養うからである。マンディンゴにおける野焼きは、壮大な光景をくりひろげる。真夜中に平原や山は、目の届くかぎり火の列でさまざまな模様を描き出し、空に映るその光で天が燃えているようにみえる。昼間はどの方角にも煙の柱が立ちのぼり、猛禽類が大火のまわりを飛びまわって、炎から逃れようとする蛇やトカゲやその他の爬虫類に襲いかかるのが見られる。例年の野焼きが終わると、さわやかな美しい緑がおとずれ、そのころ国中は健康的な爽快な場所となる。

野菜類の中でもっとも多く、もっとも重要なものについては前に述べたが、それは私の通過した地域すべてに共通である。西インド諸島に生長する多くの種類の食用根類がアフリカでも見られるのだが、私の旅したどの地方でもサトウキビ、コーヒー、ココアの木は見たことがないし、また、きいてみても、原住民はそれらを知らなかった。また、パイナップルや、その他多くの美味な果物類は、文明国の人間が自然の恩恵を改良してアメリカの熱帯性気候の土地でも完全なまでに栽培に成功しているのに、ここではまったく知られていない。ガンビア川の河口近くで、わずかにオレンジやバナナの木をみかけたが、それは自生のものなのか、あるいは以前に白人の商人によって植えられたものか、知るよしもなかった。もとはポルトガル人によって持ってこられたものではないかと思われる。

土地の所有権に関しては、自然林の土地は王に、あるいは（君主政体をとっていない国では）国に属するものと考えられているようである。自由民である個人が、実際に所有している以上の土地を耕作する手段をもっている場合は、その地域の首長に申し出ると、首長は、もしその土地が一定の期限までに耕作されない場合は没収するという条件で、所有地の拡張を許可する。その条件が満たされれば、その土地は所有者のものとなり、よくはわからないが、おそらく子孫に受け継がれるようである。

しかしながら、訪れた国々の人口は、その広さや、肥沃な土地、また土地が容易に手に入ることなどを考えると、あまり多くない。広く美しい地域の多くは、まったく住民がみられず、国境地帯は概して人口が稀薄か、または無人状態である。不健康な土地のせいで人口が少ない地域も多い。ガンビア川、セネガル川その他海岸へ向かって流れる川の沼地の多い河岸は、だいたい右に述べたような状態である。これはまた、海岸地帯よりも内陸の国々に人口が多い理由であろう。私が観察したすべてのニグロの国々は、それぞれ小さな独立した州に分かれているが、同じような手段で生活し、同じような気温の中に暮しており、その性質は、ふしぎなくらいよく似ている。なかでもマンディンゴ族はたいへんおだやかな人種で、気質は陽気であり、好奇心が強く、人をすぐ信じ、素朴でお世辞が好きである。おそらく彼らの性格の唯一の欠点は、読者もそれがあらゆる階層に広まっているのに気づかれたであろうが、私が持っていたわずかの持ち物さえも盗もうとするあのどうしようもない性癖であろう。この盗癖については、それを正当化する理由は見出せない。というのは、盗みは彼ら自身の評価においても犯罪なのであるから。もっとも、彼らおたがい同士では、盗みはかならずしもいつも罪であるとはかぎらないことも知っておかねばならない。しかし私のものを盗む場合はその罪が軽くなる情況にあったのだ。われわれは、彼らが他の人種より腐敗した種族だときめつける前に、ヨーロッパの国々の下層階級の人間が、同じような情況におかれた場合、私に対するニグロの態度より、もっと正直に旅人に対して振舞うかどうか考えてみた方がよい。マンディングの法律は私になんの保護も与えていないこと、だれでも私から物を盗っても罰を受けないこと、そして私の所持品のいくつかはニグロの評価では非常に価値のあるもので、ちょうどヨーロッパ人にとっての真珠やダイヤのようなものであったことも忘れてはならない。かりにヒンドスタンの黒人商人が、背に宝石の箱を背負ってイギリスの中心部に入り込んだと仮定しよう。そしてイギリスの法律が彼に安全を保証しないとしよう。このような場合には、その旅人が財産の一部を盗られたからといっても、べつに驚くことはあるまい。むしろ次の略奪者のために少しでも何かが残っていたとしたら、もっと人びとは驚くだろう。つらつら考えてみれば、私に対してマンディングのニグロたちが盗みを働いたのは、そんなものだろうと思う。私はこの略奪で非常に苦しめられたが、それにもかかわらず、私は彼らの持ち前の正義観がゆがめられているとか、消えてしまったとは考えない。彼らの正義観は誘惑の強い力に、一瞬、圧倒されたのだ。それに打ち克つには、なみなみならぬ勇気が必要なのだ。

一方、彼らのこの腐敗——腐敗だとして——を埋め合わせるものとして、これらの貧しい異教徒たち（私が飢えのため死にかけていたとき、自分たちの小屋に迎え入れてくれたセゴの君主から、貧しい女たちにいたるまで）が私の苦難に同情し、私の難儀を救い、私の安全の手助けをしてくれたその私心のない情けごころと優しい気づかいを忘れることはできない。それは、この国々の女性にとくに見られることである。男たちも、読者は気づかれたであろうが、多くは親切に受け入れてくれたが、なかにはそうでない人間もいた。受け入れ方は、私が頼んだ人たちの性質によってさまざまであった。ある男はひどく強欲だったし、ある者は盲目的な頑固な信仰を持っていて、情けごころの道をふさいでしまっていたが、女たちについては、私に対して意地が悪かった例は一つも思い当たらない。旅のあいだ中、惨めさのなかで、私は女たちがみな一様に親切で、思いやりがあることを知った。そして私の先駆者のレッドヤード氏が、いみじくも私より前に語っている通りであった。彼はこう書いている。

「女に対しては、私がていねいに親愛をこめて語りかければ、かならずていねいで親愛のこもった返事がかえってきた。私が空腹で渇いていたり、ずぶぬれで病気だったりすれば、彼女たちは男たちのようにためらったりせず、寛大な行動をとってくれた。彼女らは私を救うために思いのまま親切をつくしてくれたので、私が渇いたときに、飲ましてくれた水はこの上なく美味であり、空腹だったときに与えてくれた粗末なかゆのおいしさは倍増した」

難儀している私に向かって、貧しい人びとが自発的に示してくれたこのような温かい親切や思いやりの気持は、彼ら自身の親族や、近隣の人に向かっては、ときに応じて、もっと強く示された。そして同情の対象が血族という糸で結ばれている場合は、とくにそうであった。母親の愛情は（束縛によって抑制されるとか、文明生活の上での思わくでゆがめられるということがないから）どこへ行ってもおおらかで、また、それにふさわしい優しい心を子供たちにも植えつけている。この例は、すでに六五ページに出ている。「私を打て！　しかし、母親を罵しるな！」と私の従者は言った。このような感情が広く行きわたっていて、アフリカ中どこでも、ニグロに対する最大の侮辱は、生みの母親を非難することであることも私は見てきた。

ニグロのあいだでは父親に対してより、母親に対する孝行心の方が強いのは、けっして不思議なことではない。一夫多妻制では、父親の愛情は複数の妻の子供たちに分散されて弱まるが、母親の嫉妬心のまじった愛情は、一つの点――自分自身の子供の保護に集中するのである。また見ていて大いに喜ばしく思ったのは、母親の心遣いが、その子の成長や安全にのみかかっているのではなく、ある程度まで、その子の精神の修養にまで及んでいることであった。マンディンゴ族の女たちが子供に教える第一の教訓は、嘘をつかないということである。フニングケディでムーア人の悪者たちに息子を殺されたあのあわれな母親のことを（一一〇ページ）読者は覚えておられるであろう。この母親にとって、この上ない悲嘆の中でのただ一つの慰めは、不運な息子が、短い生涯のなかで、けっして嘘をつかなかったということであった。この愛情深い母親の口から、あのようなときに出た言葉は、取り巻いていた見物人の中の若者たちの心に強烈な印象を与えたにちがいない。それは死者に捧げられた称賛であり、同時に生者に対する教訓であった。

ニグロの女たちは、子供が一人で歩けるようになるまで乳をのませる。三歳になるまで授乳するのは珍しくない。そして、この間、夫は他の妻たちに全精力を傾ける。それぞれの妻の子供が、それほど多くないのは、このためであろうと思われる。五人、六人の子を持つ女はめったにいない。子供は歩けるようになると、まったく自由に走りまわることが許される。母親は子供が転んだり、ちょっとした事故にあっても、それほど気遣ったりしない。実際にそんな目にあうことで子供は自然に気をつけることを学び、経験というものが子守りの役目を果たす。子供たちは成長すると、女の子は綿を紡ぎ、穀物を打つことを教えられ、家の中の仕事を教わる。男の子は畑仕事に従事する。男女とも、回教徒であれ異教徒であれ、思春期に達すると割礼を施される。この痛い手術をカフィールは宗教的な儀式として、というより、便宜と有効性から考えている。実際、彼らは割礼が多産であるのに役立つという迷信的な考えを持っているのだ。この手術は数名の青年たちに同時に行なわれ、彼らはその後二カ月間、あらゆる労働が免除される。この期間中、彼らはソリマナという組織をつくり、近隣の町や村を訪問し、そこで歌ったり踊ったりして住民から歓待を受ける。私は旅の途中で、この種の一行をよくみかけたが、みな男であった。しかしカマリアで女子のソリマナを見る機会を得た。

その祝いのあいだに、若い娘が結婚することもときにある。ある男が彼女らの中の一人の娘に好意を抱いたとき、その娘にじかに正式の申し込みをすることはそんなに必要だとは考えられていない。

第一の目標は、その娘がいなくなることによって生ずる労働や楽しみの償いをどうするかに関して、娘の両親に契約を取りつけることである。奴隷二人分というのが相場で、もし娘がとくに美人の場合、親は要求をかなり高く引きあげる。男が裕福で、要求額を喜んで支払うということになると、つぎに男は娘に心を打ちあける。しかし娘の同意はこの結婚には、かならずしも必要ではない。もし両親がそれに賛成し、この取決めの保証として、求婚者からおくられたコーラの実を食べれば、娘は親の選んだ男と結婚するか、または生涯未婚のままでいるか、どちらかの道を選ばねばならない。娘はそのあと、他の男と結婚できないのである。もし親の方が娘を他の人に嫁がせようとすると、前の求婚者は国の法律によって、その娘を捕えて自分の奴隷とすることが許される。結婚式の日取りがきまると、選ばれた人びとが招待される。牛か山羊を殺し、たくさんのご馳走が用意される。暗くなるのを待って花嫁は小屋に案内され、数名の主婦が花嫁衣裳をつけるのを手伝う。衣装はつねに白の木綿で花嫁の頭から足まですっかり隠すように着せる。仕度ができると、花嫁は床《ゆか》の中央の敷物の上に坐り、老女たちは彼女をとりかこんで輪になって坐る。それから彼女らは娘にいろいろと説教を与え、今後、彼女がどのように行動すべきかを作法通りに教える。しかし、この説教にはときどき邪魔が入る。少女たちが歌や踊りでみなをおもしろがらせにやってくるのだ。その歌や踊りは、優雅というよりは派手で滑稽なものである。花嫁が女たちと小屋にいる間に、花婿は戸外に集まっている男女の客の接待に忙しい。一同にささやかな贈り物として、コーラの実を配り、用意された祝宴に一人残らず参加しているか気を配り、その夜の楽しい気分を盛り上げるよう大いに努力する。夕食が終わると、全員夜のふけるまで歌い、踊り、夜明け前に解散することはめったにない。夜半に女たちは花嫁を、これからの住居となる小屋にひそかに案内し、花婿は合図とともに席から退く。しかし、新婚夫婦は朝まで女たちに邪魔される。女たちは（聖書に書かれてあるように古代ヘブライ人の作法に従って）新婚の床をのぞこうと集まり、そのまわりで踊るのである。この儀式は必要欠くべからざるものとされ、これなしでは結婚は正式なものとは認められない。

しばしば述べたように、ニグロは回教徒であろうと、異教徒であろうと、一夫多妻制である。回教徒たちは宗教によって妻を四人に限定している。夫は通例、それぞれに高額を払うので、彼女たちに最高の忠誠と服従を要求し、彼女らを妻というよりは、雇い入れた召使いのように扱う。しかし、妻たちは家事をすべてとりしきり、順番に家全体の主婦の役をし、料理から女奴隷の監督、その他の仕事をする。しかし、アフリカの夫たちは妻に対して非常な権威を持ってはいるが、概して言えば、残酷な扱いをすることはなく、また妻の側にもムーア人のあいだによく見られるようないやしい嫉妬心は見られなかった。

妻たちは世間一般のあらゆる娯楽に参加することが許され、それに夢中になっても、めったに叱られることはない。というのはニグロの女たちは陽気で、開放的であるが、けっして不倫の恋に走ることがないからである。不義密通の例はめったにきかない。妻たちのあいだでいさかいが起きると――こういう状況からは当然起こるのだが――夫があいだに立って調停するが、ときには多少せっかんして初めて平静が取り戻せる場合もある。しかし、もし妻の一人が夫から不当に罰せられたとか、夫が他の妻を不当に寵愛しすぎるとかで町の長に訴えると、これは公けの裁判に持ち出される。この評定はおもに既婚の男たちによって行なわれ、私が聞いたところでは、妻の訴えはかならずしも真剣に取り上げられるとはかぎらず、ときには訴えた妻自身が、争いや、いさかいを起こしたかどで罪に問われ、なんらの救済も施されずに終わることもある。そして、もし法廷の裁定に不平を言うと、マンボジャンボの魔法のムチがもち出され、この事件に決着をつける。

マンディンゴ族の子供は、つねに親類縁者の名を貰うとはかぎらない。なにか大きな出来事にちなんで名づけられることも多い。カマリアの宿の主人は、カルファ――「取ってかわる」の意味――という名であったが、これは兄の死後、じきに生まれたからである。またよい性質、悪い性質を表わす言葉を名前にすることもある。たとえば「モディ」（善良な男）、「ファディバ」（町の父）など。そう言えば、町の名そのものも、何かの意味を含んでいる。たとえば「シビドゥルー」（シボアの木の町）、「ケンネイエト」（ここに食物あり）、「ドシタ」（さじをとり上げよ）等々。また叱言めいた言葉が町名になっているのもある。「バンマクー」は「ワニを洗え」の意味だし、「カランカラ」は「茶碗で飲むな」という具合である。子供は生後七日目か八日目に命名される。儀式は赤児の顔を剃ることで始まり、穀物を搗いたものと、サワーミルクでつくられる「デガ」と呼ばれる料理が客のために用意される。両親が裕福だと、羊か山羊が加えられる。この祝い事は、「ディング・クーン・リー」（剃髪式）と呼ばれる。カマリア滞在中、私はこの種の祝いの席に四回出席したが、子供が回教徒であろうが異教徒であろうが、式はいずれも同じであった。学校の校長がこの場合僧侶の役を果たすが、彼はかならずブシュリーンでなければならない。まず彼は料理を前にして長い祈りを捧げるが、その間、人びとは右手でヒョウタンのへりをしっかりと握っている。その後、校長は赤児を腕に抱き、第二の祈りを唱えるが、この中で彼は神の祝福が赤児と、出席者全員に与えられるよう何度も繰り返す。この祈りが終わると、彼は子供の耳に二、三の文句をつぶやき、その顔に三度つばを吐きかけたあと、赤児の名前を大声で呼ばわって、それからその子を母親にかえす。式のこの部分が終わると、父親は料理をいくつかの容器に取り分け、一つ一つ出席者全員に配る。そしてだれか町に重病人はいないかと問う。重病人のいる家の人には料理が多量におくられる。この「料理《デガ》」は病人にききめがあると考えられているのである[1]。

ニグロは、自身の名前の他に、自分の属する家族とか家系とかを示すためコントングと呼ばれる苗字を持っている。ある家系の人間は、家族の人数も多く、強力な家柄とみなされている。さまざまな地方に見られる各種の苗字を数え上げることは不可能だが、それをたくさん知っていると、旅人にとって非常に役立つことがある。ニグロはだれでも自分の家系の重要さとか、古さを自慢にしているから、苗字で呼ばれると、大いに気をよくするのである。

ニグロ同士が会ったときに交わす挨拶の際、カフィールのあいだでもっともよく用いられるのは「アベ・パエレット」「エ・ニング・セニ」「アナワリ」等々で、どれもほとんど同じ意味である。だいたい「ご機嫌いかが?」というような意味だ。また、一日のうち、時間によって異なる挨拶、たとえば「エ・ニング・ソモ」(お早よう)などがある。こういう挨拶に対する返答は、通常相手の苗字を繰り返すか、あるいは挨拶そのものを繰り返すのだが、その前にかならず「マルハバ」(我が友よ)という言葉を口にする。

1 洗礼を受けたあと、子供は皮膚のいろいろな部分に印がつけられる。ちょうど南海諸島で「入れ墨」と呼ばれているのとよく似たやり方である。

第二一章　ふたたびマンディンゴ人について

マンディンゴ族とニグロは一般に「時」というものを区分する人工的な方法を知らない。年は雨季の数で数え、年は月に分け、日数は太陽の（出た？）数によって数える。一日は朝、昼、晩に区分し、必要なときには、さらにそれを空中の太陽の位置によって細分する。夜間、太陽はいったいどうなるのか、また朝になって見る太陽は、いつも同じものなのか、あるいは異なるものなのか、という質問を彼らに何回かしてみたが、彼らは、そんな質問は非常に子供っぽいと考えているようだった。この問題は、彼らにとって、人間の調査の及ばぬところにあると思われているらしい。彼らはこのことについて一度も考えたこともなく、仮説を立てたこともない。月はその姿が変わることによって太陽よりもっと彼らの注意をひいた。新しい月が姿を現わすと、彼らはそれは新しく創られたものとみなして、異教徒である原住民も回教徒も、短い祈りを捧げる。そしてカフィールが形に表わして神に捧げる祈りはこれだけのようである。祈りを捧げる人は、この祈りを、ささやくように発音し、両手を顔の前に差し出す。祈りの意味は（私がいろいろな人からきいて確かめたところによると）、前の月が出ていたあいだの神の親切に感謝し、また新しい月がかかっているあいだ神の恵みがつづいてありますように、ということである。その祈りのしめくくりとして、彼らは手につばを吐き、それを顔にこすりつける。これはあのヨブの時代[1]に異教徒のあいだに広く行なわれていた儀式とほとんど同じである。

しかし月が一カ月のあいだに変化することについては非常な関心をもち、旅とか、あるいは大事な仕事を一カ月の最後の四分の一のあいだに始めるのは縁起が悪いと考えている。そして月食にしろ、日食にしろ、魔法によるものだと思われている。星にはほとんど関心がなく、天文学に関する研究は無用なことと思われており、魔術などを扱う人びとだけが注意を払っているにすぎない。

彼らの地理的概念もまた同様に幼稚なものである。世界は広い平野で、その果てはだれも見たことがないと思っている。彼らによれば、地の果てには、雲と闇がかかっているということである。海は塩水の大きな川で、そのはるか彼方の岸には「トバウボ・ドゥー」(白人の国)があると言う。トバウボ・ドゥーのさらに彼方には、クーミと呼ばれる巨大な人食い人種の住むもう一つの国があると信じている。この国を彼らは「ジョング・サング・ドゥー」、すなわち、奴隷が売られる国と呼んでいる。しかし世界中のどの国よりも自分の国が最良の国のように思い、自分の国の人たちがもっとも幸せな人たちだと思っている。そして、神によって、自分の国より地味のやせた、不幸な地域に置かれている他の国々の運命をあわれに思っている。

ニグロの宗教に関する意見は、注意をはらう価値のないものである。宗教といっても、それは彼らの軽信的性格や迷信とごちゃまぜになっているのだが。彼らの信仰について、私はあらゆる階層、あらゆる状態の人たちと話を交わしてきたが、一神教であること、来世で報われたり罰せられたりするという信心が広く彼らの間にゆきわたっていること、またそれが絶対的なものであると信じている点については、疑いをはさむ余地がない。しかし、前に述べたように、新しい月が現われる時以外は、異教徒たちは絶対の神に対して祈りや願いをする必要はないと考えている。彼らは神をあらゆるものの創造主であり、守護者であると思っているが、一般的には、神は非常に遠い存在で、崇高な性質のものなので、みじめな人間の弱々しい祈りで神の意志を動かしたり、絶対的な知者の目的を変えさせるようなことを考えるのは無益なことだと考えている。それではなんの理由で新しい月が現われたときに祈りを捧げるのか、という質問に対して、彼らの答えは、慣習に従ってそうしなければならない、彼らの父親たちがそうしたからだ、ということであった。他の文明の助けのない人びとの盲目性はこのようなものである。この世のことは全能の神が、彼に従う妖精の監督と指図に任せていて、これらの妖精に対しては、特殊の魔法の儀式が大きな影響力をもつと信じられている。ある特定の木の枝につるした白い鳥とか、蛇の頭とか、わずかの果物などは、こういう守護神である従僕の妖精の怒りをしずめ、また、その好意を得るために、無知や迷信から捧げられたものである。

しかし、ニグロたちは宗教について意見をかわすことはめったにない。とくに彼らの行く末について質問すると、彼らは非常に敬虔な態度で、そのような話題についての会話をできるだけ短く切り上げようとし、「モ・オ・モ・インタ・アロ」（そんなことはだれにもわからない）と言う。彼らの話では、人生のさまざまな変転を生きぬいていくには、先祖の教訓や例にならえばよいということである。そして、この世になんの楽しみも慰めもないときには、もっと自分の性質に適していると信じているあの世を待ちこがれるようにみえる。しかし、その来世に関して、けっしてむなしい妄想的な推測にふけるようなことはない。

マンディンゴ人が非常な高齢に達することはめったにない。四〇歳でたいていの者は白髪となり、しわだらけになる。五五歳とか六〇歳に達する者はめずらしい。彼らは自分の年齢を、私が前に述べたように、雨季の数で数える（雨季は一年に一回しかない）。そして、一年一年に、その年に起こった何か大きなできごとにもとづいた特別な名をつける。このようにして彼らは「ファルバンナ戦争の年」

1 「ヨブ記」三一章、第二六、二七、二八節。

とか、「カールタ戦争の年」とか、「ガドウが侵略された年」などと言う。一七九六年は「トバウボ・タムビ・サング」（白人の通った年）と呼ぶ地方がたくさんできるにちがいない。このような出来事は、とうぜん彼らの歴史の中で一つの時期を画すからである。

長命はめずらしいことであるにもかかわらず、彼らのかかる病気の数は、ほんのわずかしかない。彼らの質素な食事や活動的な生活は、ぜいたくで怠け者の人間がかかる病気から彼らを守っているのだ。熱病と赤痢がもっとも多く、また、いちばん命取りになっている。これらの病気に対して、彼らはたいてい護符を体のあちこちに貼り、さまざまな迷信的な儀式を行なう。そのなかには、患者に回復の望みをおこさせたり、身の危険に沈みがちな気分を引きたてたりするよう、うまく計算されたものもある。しかし彼らのあいだに、もっと理屈にかなった治療が行なわれるのをしばしば見たことがある。熱病にかかった最初の徴候として病人が寒さを訴えると、一種の蒸気の中に寝かせることがよく行なわれる。これは、薪の熱い燃え残りの上にタニワタリ（谷渡り）の木（アカネ科の植物で、中国の中南部からインドシナにかけて分布する常緑の小喬木。高さは五―六メートル。日本では九州南部に見られる）の枝をひろげ、その上に患者を大きな綿布にくるんで寝かせるのである。そして、枝の上に水をふりかけると、水は熱い燃えさしの上にしみこみ、病人はまもなく蒸気に包まれる。患者は燃えさしの火が消えるまでそのなかに寝かされる。この治療は、ふつう非常な発汗をおこさせ、すばらしい効き目がある。

赤痢については、さまざまな木の皮を粉末状にしたものを患者の食事にまぜて与えるが、これは一般的にいって何の効き目もない。

ニグロのあいだに流行するその他の病気は、インド疸、象皮病《ぞうひびょう》、悪質の癩病《らいびょう》である。この癩病は、最初は体のいろいろな部分にふけのような斑点となってあらわれ、それが最後には手や足に落ちつき、そこの皮膚がしなびて、たくさんの裂け目ができる。ついに指の先がはれて、潰瘍のようになり、その膿は毒々しく悪臭を放つ。爪は落ち、指の骨はカリエスとなり、関節からとれてしまう。こんなふうにして、この病気はしだいに浸透してゆき、ついに患者は手足の指を全部失うことが多い。ときには、この長期間にわたる病気で手や足まで腐ってしまうことさえあり、ニグロはこの病気を「バラ・ジョウ」（不治の病）と名づけている。

メジナ虫も、ところによっては非常に多く、とくに雨季の始まる時期に多い。この病気に関しては、多くの筆者が書いているが、ニグロはこれを悪い水のせいにしている。そして井戸水を飲む者の方が川の水を飲む者よりこの病気にかかりやすいという。また、バンバラのある地方に非常に多い頸部《けいぶ》リンパ腺のはれも、水のせいだとしている。内陸地方では、淋病《りんびょう》の例もみたが、これはけっして慢性の梅毒《ばいどく》ではない。概してニグロは医者というより外科医である。骨折とか脱臼の処置はたいへん上手である。骨接ぎの副え木や繃帯《ほうたい》は簡単で、取り外すのもたやすい。患者はやわらかい敷き物の上に寝かされ、骨折した手、足は冷水にひたす。膿瘍はすべて焼灼法で切開する。そして繃帯は柔かい木の葉か、シア・バターか、牛の糞のいずれかをそれぞれ必要に応じて用いる。海岸方面とその地域ではヨーロッパのランセットが手に入るので、彼らはときに放血を行なうこともある。そして局部の炎症の場合には、奇妙な吸血法が施される。この手術はその部分を切開し、そこへ端に穴のあいた牛の角をあてがう。手術を行なう人は次に口に蜜蠟を少し含み、唇をその穴にあてて角から空気を吸う。そして舌を器用に使って、その穴を蜜蠟でふさぐ。この方法は、その目的にかない、普通充分に排泄物を出すことができる。

身分の高い人が死ぬと、親戚の者や近所の人が集まり、大きな陰気な声をあげて喚くことによって悲しみを表わす。葬儀は通常人の死んだその日の夕刻に行なわれるが、それを手伝いにきた人びとのために、牛や山羊を一頭殺す。ニグロは適当な埋葬地を持たず、死者の小屋の床下か、気に入った木の下を掘って墓場とする。死体は白木綿を着せ、ムシロにくるみ、親戚の者が夕暮れの薄明りの中を墓地に運ぶ。もし墓が町の壁の外にあるときは、狼が死体を掘り起こさないように、トゲのある灌木を墓の上に置く。しかし墓碑として石が墓の上に置かれているのは見たことがない。

これまで、私は主としてニグロの精神面を考察し、その精神的特質の中で、もっとも顕著な点の観察に焦点をあててきた。これから彼らの娯楽、職業、食事、芸術や製品、その他、細かい点について述べてみよう。

音楽と踊りについては、この旅行記の中で、おりにふれて述べてきた。それらの記録につけ加えて、ここに彼らの楽器のリストをあげてみよう。

楽器のなかでもっともおもなものは、クーンティングといって三絃のギターのようなものである。その他、コロという一八絃の大きなハープの一種、七絃の小型ハープのようなシンビング、二〇本の長さの異なる堅い木片でできたバラフォウという楽器——これには音を大きくするため、下にヒョウタンの殻がぶらさげてある——下部が開いている太鼓のタングタング、そして最後にタバラという国中に警告をひろめるために鳴らす大太鼓がある。これらの他に、小さな笛、弓の絃、象牙、鐘《かね》を用いる。そして踊りやコーラスのときには、いつも手拍子がコーラスの必要な部分を受けもっているように思われる。

音楽を愛好する心は、当然、歌に対する好みと結びつく。文明の進んだ国々では文学の信奉者たちは、たいてい人びとから軽視され、また貧困につきまとわれるものだが、アフリカの詩人たちは幸いなことに、そんなふうには扱われない。アフリカの詩人には二種ある。数が多いのはジリ・ケアと呼ばれる歌い手で、これについては前に述べた。どの町にもたいてい何人かいて、彼らの首長とか、あるいは「上辺だけの実のない賛辞に対して物質的報酬をくれる」人びとを賞めたたえる即興の歌をうたう。しかし彼らのもっと崇高な任務は、祖国の歴史的事件を朗吟することである。したがって、戦時には、彼らは従軍して前線に出かけ、祖先の立派な振舞いを朗唱して、兵士の心に輝かしい勇猛心をふるい立たせる。もう一つのグループは、回教の信者で、国中を旅して、敬虔な賛美歌をうたい、宗教的儀式を行なって、災害を防ぎ、計画が成功するのを保証してくれるよう神に加護を願う。これら二種類の吟遊詩人は、人びとから大いに尊敬され、重宝がられて、非常に寛大な寄進をよせられている。

ニグロの通常の食事は、地方によってやや異なる。一般的に言って、自由民は夜明けに朝食をとるが、それは粗粉《あらこ》と水からつくるかゆで、酸味をつけるため、タマリンドの実を少しまぜてある。午後二時ごろに、食事として、シア・バターを少し加えた一種の早作りプディングのようなものを食べる。しかし、夕食がもっとも大事な食事で真夜中にやっと準備される。これは大ていクスクスで、少量の動物の肉か、シア・バターをまぜてある。食べるときは、カフィールも回教徒も右手のみを使う。

ニグロの異教徒の飲みものはビールか蜂蜜酒で、飲むとなると、たいてい飲みすぎる。回教徒は水しか飲まない。原住民は、どの部族もみな嗅ぎタバコや普通のタバコを吸う。パイプは木製、灰皿は土製で、奇妙な細工を施してある。しかし、内陸の国々で、もっともぜいたくなものは塩である。子供が岩塩のかけらを、まるで砂糖のようになめているのを見たら、ヨーロッパ人は奇妙に感ずるにちがいない。私はこの光景をしばしば見た。もっとも、奥地では、貧しい階層の人びとはこの貴重なものにめったにありつけないので、「食物に塩をつけて食べる」というのは「金持である」ということと同じ意味である。私自身、塩の欠乏に大いに悩まされた。菜食を長くつづけると、無性に塩が欲しくなるが、そのつらさは言葉ではとても言いあらわせない。

一般的にニグロは、そしてとくにマンディンゴ族は海岸地方の白人からは、怠惰で、不活発な人種だと思われているが、これはいわれのないことである。実際、ひどい力仕事をするには気候は不向きであるが、必要なものを、自然がそのまま与えてくれているのではなくて、自分たち自身の努力によって補給している人種を怠惰な習性の持ち主であるときめつけるのは正当ではない。他のニグロには必要に迫られなければ、マンディンゴ族のようには働かない。しかし、労働によって得る余剰産物を利益に転ずる機会が少ないので、彼らは自分たちを養っていくに足りる土地を耕すだけで満足しているのである。雨季には畑の労働はほとんど全員が働くだけの仕事を提供する。そして乾季には、大きな川の近くに住む人びとは、主として漁に従事する。魚をとるには、柳の枝で編んだ籠か、小さな木綿の網が用いられ、魚はまず日光に乾かし、新鮮なしめり気がぬけないように、シア・バターをすりこんで保存する。その他の原住民は狩猟に従事する、武器は弓と矢で、普通用いられる矢[2]には毒をつけない。彼らは大へんな弓の名人で、驚くほど遠くの木にいるトカゲその他の小動物を射ることができる。同様に、彼らはホロホロ鳥、イワシャコ、ハトを殺すが、けっして飛んでいるところは射ない。男たちがこれらの仕事をするあいだ、女たちは綿布をつくることに精を出す。彼女たちは紡ぐために、まず綿を一度に少しずつ平らな石か木片の上に置き、厚い鉄の紡錘でころがして中の種子をのぞき、糸巻棒で紡ぐ。糸は細くないが、充分に撚れていて、丈夫な布になる。普通の働き手の女だったら、一年にこの布を衣服六着から九着分紡ぎ、その出来によって、それぞれ一ミンカリ[3]半から二ミンカリで売る。機織りは男たちによってなされる。織機はヨーロッパのものと全く同じ理屈でつくられているが、非常に小さく、幅が狭いので、織り物は幅四インチより広いことはめったにない。梭《ひ》（シャトル）はありきたりの構造だが、糸があらいので、その穴はヨーロッパのものより、いくらか大きい目である。

女たちはこの布を、次のような簡単な手順で色のあせない美しい青に染める。キアイ（インディゴー）の葉を若葉のころに集めて、木の臼で搗き、大きな土製の壺の中で木灰の強いあくとまぜ合わせる。時には特殊なあくをまぜることもある。この液の中に布をひたし、適当な濃さの色になるまでそのままにしておく。カアルタやルダマールなど、キアイが充分にとれない地方では、彼らはその葉を集めて日に干しておく。使いたいときには、必要な量だけ粉にして、前に述べた方法であくとまぜる。いずれの場合も、紫色のつやのあるその色は非常に美しく、私の感じでは最上のインディアンブルーやヨーロッパの青に匹敵する。布はさまざまな型に裁断され、原住民自身の作った針で衣服に縫いあげられる。

機織《はたお》りや、染色や、裁縫などの技術は簡単に習得できるので、これらの仕事をする人はアフリカでは特殊な職業についているとは考えられていない。ほとんどの奴隷が織ることができるし、裁縫は、どんな男の子もできるからである。ニグロから技術士として認められ、また自らも特別の商売をしていると誇りにしているのは革と鉄の細工師のみである。皮革の細工師はカランケア（あるいは、ときにガウンゲイと発音されることもあるが）と呼ばれる。彼らはほとんどの町にも見かけられ、また、その仕事をして国中を旅することも多い。彼らは皮を先ず木灰と水をまぜた液にひたして毛をとり除き、

2　毒矢は通常戦争に用いる。非常に強力だといわれるその毒は、森の中によくみられるクーナという灌木からとられる。この木の葉を少量の水で煮ると濃い黒い液を出す。この中にニグロは木綿の糸をひたす。この糸をやじりの鉄に巻きつけるのだが、矢尻があごより深くささった場合には矢を引き抜いても先端の鉄と、この毒糸がかならず傷の中に残るように巻きつけるのである。

3　一ミンカリは一〇シリング貨と同価値の金の量。

次にグーと呼ばれる木の葉を搗いたものをアストリンゼンとして用い、手っとり早く染めて仕上げる。それを両手にはさんでこすったり、石の上に打ちつけたりして、できるだけ柔かくしなやかにするのに骨を折る。牛の皮は、主としてサンダルにつくるので、仕上げにはそれほど注意がいらないが、羊や山羊の皮は、箙や護符の入れ物にしたり、刀剣やナイフの鞘、ベルト、ポケット、その他さまざまな装飾品をつくるので念入りな仕上げが必要である。これらの革は、ふつう赤か黄色に染められる。赤はキビの茎を粉にしたものからとり、黄色はある植物の根からとるが、その植物の名は忘れてしまった。

鉄の製造者はカランケアほど多くないが、その仕事を学ぶには同じように勉強が必要であるらしい。海岸地方のニグロは、ヨーロッパの商人から鉄を安く手に入れるので、けっして自分たちで鉄の製品をつくってみようとはしない。しかし、奥地では、現住民は、この有用な金属を多量に精錬して、必要な武器や道具をすべて自給するのみか、隣接の国々の商品さえつくり出している。私はカマリアに滞在したが、私が宿泊していたところのすぐ近くに溶鉱炉があって、その所有者や、そこで働く人たちはその操作方法をけっして秘密にせず、私が炉を調べたいというと許してくれ、私に鉄鉱石を砕く手伝いまでさせてくれた。炉は高さ約一〇フィート、直径三フィートの円形の粘土の塔で、熱の強さでそれにひびが入ったり、こなごなにくずれたりするのを防ぐため、二カ所を藤づるでかこんであった。その低い部分、つまり地面と同じ高さのところ（そこは炉の底ではなく、炉はそれよりいくらかくぼんでいる）の周囲に、七カ所ほど口が開けてあって、それぞれの口に三本の粘土の管が取りつけてあり、空気が管以外から入らないように、口はしっくいで塗り固めてある。そしてその管をあけたり閉じたりすることで火加減を調節するのである。これらの管をつくるには、木製のなめらかなローラーのまわりを粘土と草をまぜたもので塗りかため、粘土が堅くなりかけると、すぐローラーをぬき、日光で乾かすのである。私が見た鉄鉱石は非常に重く、灰色がかった斑点のあるくすんだ赤色をしていた。それを鶏卵ほどの大きさに砕く。まず乾いた木を一束、炉に入れて、かなりの量の炭でおおう。炭はすでに焼いたものを森から運んでくるのである。この上に鉄鉱石を積み重ね、さらにその上に炭という工合に、炉がいっぱいになるまで積む。管を通して火をつけ、山羊の皮でつくったふいごでしばらく空気を吹き込む。作業は初めはきわめてゆっくり進められ、炉の上に炎が現われるまでに数時間はかかる。しかし、このあとは非常な勢いで一晩中燃えつづけ、作業する人はときどき炭を入れる。翌日の火勢は、それほど激しくない。そして第二夜には管が何本か引き抜かれ、空気は炉に自由に入るが、熱はなお高く、炉のてっぺんから青い炎が数フィートも上る。作業を始めてから三日目に、管は全部取り除かれるが、その端は熱のためガラス化している。鋳鉄が取り出されるのはさらに数日後で、すべてが完全に冷却してからである。炉の一部がこわされ、鉄は大きなでこぼこした塊となって現われ、炭のかけらがくっついていた。それは響くような音がし、一部がかけ落ちたとき、その断面は砕けた鋼のように表面がざらざらしていた。所有者の話では、この塊の大部分は役に立たないが、それでもなお彼の骨折りに報いてくれるに充分な良質の鉄があるとのことであった。この鉄は、いや鋼といった方がいいかもしれないが、鍛冶場の炉の中で何度も熱せられ、さまざまな器具につくられる。この炉の熱は、一対の二重ふいごでおこす。このふいごは二頭の山羊の皮でできた単純な構造のもので、その管は炉に入る手前で一本となり、非常に規則正しく絶えず空気を送り込む。ハンマーやピンセットや鉄床は、みな非常に簡単なもので、できばえ（とくにナイフや槍の）は、まずまずである。実際、鉄は堅くて砕けやすく、使用目的にかなうようにするには非常な労力を要するのである。

　アフリカの鍛冶屋の多くは、また金の精錬にも通じている。その際、彼らは水分を抜いて乾燥したトウモロコシの茎を燃やしたものからとったアルカリ性塩を用いる。彼らはまた金を針金のように伸ばし、それでさまざまな装飾品をつくる。なかには、なかなかいい趣味と創意工夫に富んだものがあった。

私が旅の中で探検したアフリカの地方での芸術や製産品の現状に関して得た主な知識は、以上のようなものである。べつに観察するまでもないことかもしれないが、バンバラやカールタの原住民は実用品、あるいは装飾品として、葦から美しいバスケットや帽子をつくる。その葦をいろいろな色に染めていること、また同様に染めたシュロなどの茎を編み合わせて、ヒョウタンにかぶせる袋をつくる工夫をしていることをつけ加えておこう。

以上に述べたさまざまな骨の折れる仕事において、主人と奴隷はなんら優劣の区別なく、一緒に働いている。報酬のために人に雇われ、自らの意志で働くという従僕のあり方は、アフリカでは知られていない。こうした奴隷の状態、彼らをみじめな状況につき落としているさまざまな仕打ち、それについて、私はつぎに考えてみたい。この不幸な階級は、この広い大陸のあらゆる地方に見られ、地中海の国々やヨーロッパの国々との商業のかなりの部分を彼らが占めているのである。

第二二章　アフリカの奴隷制度

隷属の身分とか、地位や生活状態の不平等は、文明社会のどの段階においても避けられないものだが、この隷属状態が長期にわたり、社会の一部の人間と、その奉仕が、別の一部の人間の意のままになると、それは奴隷制度と名づけられる。アフリカのニグロの大部分は、その歴史のごく初期から、こういう状態をつづけ、これがしだいにひどくなって、彼らの子供たちは他の身分に生まれつくことができないのである。

アフリカの奴隷の自由民に対する比率は、だいたい三対一だと思う。彼らは自分たちの仕事に対し、食物と被服以外は、なんの報酬も要求しない。そして雇い主の性質の良し悪しにより、親切な扱いをうけたり、ひどい目にあったりしている。しかし、習慣上、奴隷の処遇について、若干の規則が確立されていて、それを破ることは不名誉とされている。子飼いの奴隷や、雇い主の家で生まれた奴隷は、金《かね》で買われた奴隷より寛大な処遇を受けている。子飼いの奴隷に対する主人の権限は、私がよそで見てきたところによれば、理屈にかなったこらしめをするだけにとどまっている。なぜなら、主人は自分の召使いを売る前に、その地の酋長のところに連れて行って、公けの評定にかけねばならないからである。[1]

しかし、雇い主の権限は、戦いで手に入れた捕虜や、金《かね》で買った奴隷の場合には制約を受けない。これらの不幸な者たちは、すべてよそ者と考えられ、法の保護を受ける権利もなく、持ち主の意のままにひどい扱いを受けたり、他人に売られたりする。げんにこのような奴隷たちが連れて来られて売られる定期市が開かれている。アフリカの奴隷商人の算定する奴隷の価値は、その奴隷の生まれ故郷からの距離に比例している。奴隷たちは生まれ故郷から二、三日の旅程のところにいるときには、しばしば逃亡を企てる。しかし故郷との間にいくつもの国が介在するような場合には、逃亡は困難なので、彼らは自分たちの状態に甘んじてしまう。そこで、悪くすると、一人の商人から別の商人へと売られ、ついには故郷へ帰る望みをまったくなくしてしまう不幸な奴隷もいる。沿岸地方のヨーロッパ人に買われた奴隷は、おもにこの種の奴隷である。彼らのうちのある者は、この後に出てくる海岸近くで起きたこぜりあいで捕えられたものであるが、大部分は、ヨーロッパ人たちが名前すら聞いたことのない内陸の国々から、大規模に組まれた隊商によって連れてこられたものである。このようにして内陸から連れてこられた奴隷たちは、二つの種類に分けられる。第一は奴隷の母から生まれた、生まれながらの奴隷である。第二は自由民として生まれついたが、後になんらかのきっかけで奴隷になった者である。第一の種類の奴隷が圧倒的に多い。なぜなら戦いで分捕った捕虜たち（少なくとも一王国が別の国に戦いをしかけ、大っぴらに布告した戦いで捕えられた者たち）が一般にこの種の奴隷たちだからである。

アフリカ全体で奴隷に対する自由民の比率がかなり少ないことはすでに述べたが、自由民たちが戦場でも奴隷に対して多くの利点をもっていることもつけ加えておくべきであろう。彼らは一般によい武具をつけ、よい馬に乗り、勝つ見込しだいで戦うことも、逃げることもできるが、奴隷たちは槍と弓だけを与えられ、大ぜいの荷物を背負わせられるので、簡単につかまってしまうのである。こうしてバンバラのマンソング王がカールタに戦いを挑んだとき、（前の章で述べたように）彼は一日で九〇〇人の捕虜を捕えたが、そのうち自由民はたった七〇人であった。この報告は、私がダマン・ジュンマから受けたものである。彼はケンムーに三〇人の奴隷を持っていたが、そのすべてが、マンソングによって捕えられた捕虜たちであった。

自由民が捕えられると、ときには友人たちが奴隷二人と交換に買いもどしてくれるが、奴隷が捕虜になっても、このような身請けの望みはまったくない。おまけに、内陸部で奴隷を買って、彼らを売るために沿岸地方へ連れてくるスラティたちは、子供のときから奴隷で育った者の方を好む。なぜなら、そういう奴隷たちは飢餓にも労役にも慣れていて、自由民より長い苦しい旅の辛さに耐えられるし、それに沿岸地方に到着して、もしよい条件で売れなかった場合には、自分たちの労働によって容易に自活させることができるからである。しかも、彼らが一度自由の味をしめた者たちのように逃亡を企てたりしないことを知っているのである。

第二の種類に属する奴隷たちは次のいずれかの理由でなった者が多い。(1)捕虜 (2)飢饉 (3)破産 (4)犯罪。自由民もアフリカの習慣上、戦いで捕えられて奴隷になることがある。他のどの場合よりも戦いがもっとも多く奴隷をつくり出すし、たぶんそれが奴隷の起源であったと思われる。というのは、ある国が、相手国が手に入れた捕虜よりずっと多くの捕虜を獲得した場合、その勝利者が、捕虜を維持しきれないとわかれば、彼らに労働を強要するのは当然であるからだ。はじめは彼らを自活させるためだが、後には主人たちのために働かせるようになる。このようにして、アフリカでの戦いの捕虜

1 飢饉のとき、主人は自分の家族の食糧を買うために、召使いたちを、一人または複数で売ることを許される。また、主人が破産した場合、子飼いの奴隷がときおり債権者に捕えられることがある。もし、主人が彼らを買いもどすことができなければ、彼らは負債の弁済のかたに売られることがよくある。子飼いの奴隷が自分たちの不品行や過失のためでなくて売られる羽目になるのは、私が思い出すかぎりではこれらの場合のみである。

が征服者の奴隷になったことは周知の事実である。そして弱い者や、負けた戦士たちは、敵方のふり上げた槍の下でその慈悲を乞い、同時に自由を要求することをあきらめ、おのれの自由を売った代金で命を買うのである。

一つの国が無数の小さな州に分けられ、そのほとんどが独立して、たがいにねたみ合うようなところでは、すべての自由民が武器を持ち、戦いで手柄をたてることを好む。小さい時から弓と槍のけいこに励んできた若者は、自分の武勇を誇示する機会のみを望むのである。当然、こういう国では、ごくつまらない刺戟が、しばしば戦いのもとになる。一国が他の国より強力な場合には、敵対行為をおこす口実はいくらでもある。カジャーガとカッソンの間の戦いは、脱走した奴隷を拘禁したことにより引きおこされたし、バンバラとカールタの間では、二、三頭の家畜がいなくなったことにより戦いがおこった。同じたぐいのケースは絶えず起こり、そのなかには王子たちの愚かさや馬鹿げた野心、宗教の狂信者の熱情が、荒廃という大鎌を存分に駆使した。

アフリカの戦いには二種類あって、別々の名称で区別されている。ヨーロッパの戦いに非常によく似た種類のものは、「挑戦」という意味のキリという名で呼ばれる。これらの戦いは、堂々と名のりをあげ、前もって宣戦を布告するからである。しかし、アフリカのこの種の戦いは、一戦のみで終わる。一回戦うと敗北者はめったに再挙を考えない。住民全体をパニック状態につき落し、勝利者が奴隷たちを縛り、戦利品と犠牲者を連れ去れば、それですむのである。捕虜のなかで、年寄りや病弱者で労働に耐えられなかったり、売りものにもならない者は、役に立たないと考えられ、しばしば死に追いやられることは確かだ。同じ運命が酋長や、戦いで手柄を立てた者たちをも待っている。このような皆殺し政策にもかかわらず、アフリカの町が、いかに早く復興し、人びとがそこへ戻って行くかを見ると、まったく驚かされる。それは正々堂々と戦う戦闘がごくわずかで、弱い者は自分の立場を知り、無事を求めて逃げてしまうからである。彼らの国が荒廃し、滅びた町や村を敵が捨て去ると、剣と鎖を逃れた住民は、用心深い足取りで自分たちの生まれ故郷の地に戻ってくる。なぜなら、子供のころ過ごした場所で晩年を送ることが、万人共通の願いであるからだ。あわれなニグロたちにはこの望みがとくに強い。彼らにとって自分の家の井戸から汲んだ水ほどおいしい水はどこにもないし、故郷のタバの木[2]が投げかけてくれる影ほど涼しくて心地よいものはないのである。戦争のために、自分が産声をあげたすばらしい地を捨て、他国に安住の地を求めねばならなくなったとき、彼は自分の祖先の地について語っては時を過ごす。そして平和が甦るや、踵《きびす》をかえして故郷に舞い戻り、急いでこわれた壁を直し、故郷の村から立ち上る煙をながめて歓声を上げるのである。

アフリカのもう一つの戦闘は、テグリア（略奪または盗み）という名称で呼ばれている。それは、一国もしくは一地方の住民たちが、他の地の住民たちに対して抱いている先祖代々の反目から起こる。戦いの直接原因もなければ、襲撃の前ぶれもないが、住民たちはおたがいにあらゆる略奪の機会をねらっていて、恨みの対象者を略奪行為によって苦しめる。とくに雨季が終わって乾季がおとずれ、刈り入れの仕事もすみ、食糧が豊富なときにこれらの戦いはよくおこる。

復讐の計画がまず練られる。配下の者たちがお祭りで槍をしごき、自分の貫禄を誇示するとき、酋長は彼らの数と活動状況を調べ、彼自身や彼の祖先が隣国から受けた略奪や侮辱に対して復讐の念をかきたてる。

この種の戦いは一般に、ごく秘密裡に行なわれる。冒険好きな勇気のある者を頭に、数人の果敢な

2　これは枝をひろげる大木（アオギリ科）。通例その下にベンタングがしつらえてある。

者たちが森を縫って静かに進み、夜陰に乗じて無防備な村を襲い、隣人たちが助けにくる前に住民や手廻り品を運び去る。私たちがカマリアに滞在していた時、ある朝、われわれはこの種の一味に驚かされた。フーラドゥ王の息子が五〇〇人の騎手を連れてカマリアのやや南方にある森を密かに抜け、翌朝ジャロンカドゥの有力な酋長マデイガイの持つ三つの町を襲ったのである。

この遠征の成功はフーラドゥ王国の町、バンガシの支配者に、同じ国の別の地方をふたたび侵略させる勇気を与えた。彼は約二〇〇名の部下を集めて、夜の中にココロ川を渡り、大ぜいの捕虜を連れ去った。襲撃を逃れた数人の住民は、後に森の中をさまよい、谷間や山の峻険な場所に隠れていたところを、マンディンゴ人に捕われた。

これらの略奪ごっこは、常に矢継早の報復を伴う。そして、その目的のために大ぜいの人間が集まらぬ時には二、三人の友人がかたまって、略奪する積りで敵国に侵入したり、住民を連れ去ったりする。一人の場合は弓と矢筒をもち、同じように進むのである。このような企ては、たしかに向こう見ずな行動である。しかし、以前にこうした略奪戦で、自分の子供や近親者が奪われたのだったら、その立場は非難されるよりは、むしろ同情すべきかもしれない。そのような苦しみを持つ者は、近親者として、あるいは父親としての愛情から、復讐心に燃えて、茂みの中に身をかくし、若者か武器をもたぬ者が通るのを待つ。そして虎のように、獲物にとびかかり、犠牲者を茂みの中に引きずり込んで、夜陰に乗じて奴隷として連れ去るのである。

ニグロがこのような手段で一度敵の手におちると、彼は征服者の奴隷としてとどまるか、あるいは遠い国に、物々交換の具として売られる。アフリカ人は一度敵を征服したら、後日彼に手向かう機会を相手にめったに与えない。勝利者は普通、奴隷が自国で持っていた身分に従って捕虜の身分をきめる。召使い向きのおとなしい性質の奴隷、そして、とくに女は自分専用の奴隷として手許に置く。不平を言いそうな者たちは遠い国に送られ、自由民や、奴隷でも戦いで活発な働きをした者は、スラティたちに売られるか殺される。それゆえ、戦いは確かに奴隷制度のもっとも一般的な、かつ多産的な源であり、戦いによる荒廃は（かならずとは言えないまでも）奴隷制度の第二の原因である飢餓を引きおこす。その場合、自由民は、より大きな不幸を避けるために奴隷となる。

哲学的な思慮深い人なら、奴隷の身分という大きな不幸より死の方がまだましだと思うであろう。だが、哀れなニグロは飢えで失神しそうになった時、旧約聖書のエサウ（食べものと引きかえに長子の特権を弟に渡した）のように、「見よ、わたしは死にそうだ。私のこの自由は、私にどんな利益をもたらしてくれるのか」と考える。自由民たちが己れの命を救うために、自ら進んで自由を捨てたケースは多い。三年もつづいた大飢饉のあいだに、ガンビアの国々では、多くの人びとがこのようにして奴隷になった。当時、大ぜいの自由民がやってきて、自分たちを飢えの苦しみから救うために、奴隷のクサリをかけてくれと頼んだと、レイドレイ博士は私に語った。大家族が欠乏のどん底に落されるケースは非常に多い。両親は自分の子供たちに対し、絶対の権限をもっているので、残りの家族の食糧を買うために、何人かの子供たちが売られることは、アフリカのいたるところでよくおこる。私がジャラにいたとき、ダマン・ジュンマは、彼がこのようにして買った三人の奴隷を私に示した。私はすでにウォンダで見たべつの例について述べたが、フーラドゥでも、それはよくあることだといわれた。

奴隷制の三番目の原因は破産である。アフリカの法律が、奴隷苦役という罰を課しているすべての罪の中で（もしも破産が罪と呼ばれるものとすれば）これがいちばんありきたりのものである。ニグロの商人は、遠くの市場へいい条件で売るために、隣人たちから、あるいは沿岸地方のヨーロッパ人から品物を買い入れるが、支払いを一定の期日に決済するという負債契約をする。どちらの場合も投機師の立場はまったく同じで、もし成功すれば独立を確保できるであろうが、不成功に終わったときには、彼の労働力は相手方の自由になる。というのはアフリカでは、破産者の財産のみならず、破産者自身も、彼の債権者たちの法的要求を満足させるために売られるのである。[3]

四番目の原因は、罪を犯したということで、その国の法律がその罰として奴隷になることを押しつけたものである。アフリカでは、この種の罪は、殺人、姦通および魔法だけであるが、さいわいなことにこういう事件はあまりない。殺人の場合、いちばん近い関係者が死者を確認した後、その被告を自らの手で殺すか、奴隷に売る権利があるということであった。姦通の場合には、犯罪者を売るか、あるいは被害者が蒙った損害と同額と考えられる賠償金を受けるか、損害を受けた者の選択に任される。魔法の罪というのは、魔術を行なうふりをして人の命や健康に影響を及ぼすことで、言いかえれば毒を盛ることである。しかし、私がアフリカにいたあいだに、この罪に対する裁判は一度も見たことがないので、その罪も罰も、めったにないのだと思う。

自由民が前述の理由のどれかで奴隷になった時、一般には、生涯その身分がつづき、彼の子供たちは（奴隷の母親から生まれた場合には）同じように奴隷の状態のままで育てられる。

しかし奴隷がある特別の仕事を遂行したり、または戦争に行って、身代わりの捕虜を二人連れ帰ることによって、時には雇い主の同意を得て自由を取りもどす事例も二、三はある。が、彼らが自由を取りもどす普通の方法は逃亡による。奴隷たちがひとたび脱走しようと決意したときには、彼らはしばしば成功する。なかには機会が訪れるまで、何年でも待ちつづけるものもいる。そして、その間は、不平一ついわない。一般に丘陵地帯の国々からやってきた奴隷で、狩や旅によく慣れている者たちは、平地に生まれ、耕作用に雇われている者たちより逃亡を企てることが多い。

こんなところがアフリカの奴隷制度の概略である。その制度の性質や普及の範囲から見ると、これが近世の制度ではないことはあきらかである。たぶんその発端は、イスラム教徒が砂漠を越える道を探検した以前の遠い古代に源を発するものと思われる。二〇〇年ものあいだ、ヨーロッパの各国が沿岸部の土着民とともに営んできた奴隷貿易によって、それがどの程度維持され、支えられてきたかを説明するのは、私の専門でもなければ、また私の力の及ぶところでもない。奴隷貿易を停止した場合、土着民たちにどんな影響があるか、ということについて、意見を求められるなら、私は躊躇なくこう言うであろう。彼らの心性が現状のように未開の状態であるかぎり、多くの賢明なおえらがたが期待をかけておられるほど、その影響は、大きくも、また、有益なものでもない、と。

3

あるニグロが沿岸部のヨーロッパ人のだれかから信用で品物を買い付け、特定の日時に支払わなかったとき、ヨーロッパ人はその国の法律により、負債者を捕える権利がある。もし、本人を見つけることができなければ、その家族のだれかを捕えることができるし、また、最後の手段として同じ国の原住民のだれでも捕えることができる。このようにして捕えられた者は拘留され、一方、彼の友人たちが負債者を探しにやられる。本人が見つかると、その地の酋長たちの集会が開かれ、負債者は約束を果たして友だちを身請けするよう強要される。もし、負債者がこれを果たせぬ場合には、彼の奴隷がただちに捕えられ、沿岸地方に送られて、人質の友人は釈放される。負債者がみつからぬ場合には、捕えられた者は負債額の倍額を支払わされるか、もしくは奴隷として売られる。しかし法のこの部分はめったに強要されぬとのことであった。

第二三章　金と象牙

金と象牙、この二つの貴重品（これがわれわれの調査の次の対象なのであるが）は、アフリカではおそらく、この世のはじめから見いだされてきたものと思う。それらはアフリカの歴史の最古の記録のなかで、いちばん大事な産物として数えられている。

金は、山岳部の不毛な地域以外には、ほとんど見つからず、絶無だと言われている。自然がそのような貧しさを、他方でうめ合わせているというわけだ。だが、かならずしもそうではない。かなりの量の金がマンディングの全域で見つかっている。そこは丘陵地帯ではあるが、山地とは言えないし、まして不毛の地ではない。また別の丘陵地帯のジャロンカドゥ（とくにブーリの付近）にも多量の金があるのを見たが、ここもけっして不毛地帯とは言えない。しかも前記のブーリは、カマリアから南西四日の旅程にあり、サハラ砂漠から来る岩塩と、リオ・グランデから来る海塩で塩の市さえたつのである。それぞれの塩の価格は、産地からここまでの距離からいって、だいたい同じである。どちらの塩の商人も、つまり北からくるムーア人も、西からくるニグロも、この地にやってくる目的は一つ――彼らの塩を金と交換することである。

マンディングの金は、私が知るかぎりでは、母岩や鉱脈中で見つかることはなく、いつも、ほとんど純粋な粒状で見つかる。大きさはピンの頭から豆粒大ぐらいで、大きな砂地や粘土の中に散らばっている。この状態をマンディンゴ族は、サヌー・ムンコ（金粉）と呼んでいる。しかし、私がその地形から知り得たところによると、たぶんまちがいないと思うが、その大部分は、もともと近隣の丘から、たびかさなる土砂降りの雨によって洗い流されてきたものである。その採集方法は、およそつぎの通りである。

一二月のはじめごろ、刈入れが終わり、ゆるやかな流れも急流もぐっと水位をさげたとき、その町のマンサ、すなわち酋長は、ある一日をサヌー・クー（金の洗い出し）の開始日と決める。女たちは決められた日までに準備万端整える。砂掘り用の鍬と鋤を一梃ずつ、砂を洗うヒョウタンを二、三個、砂金を入れる羽茎を二、三本、それが金の洗い出しに必要な道具である。

出発の朝、初日のご馳走として一頭の雄牛が殺される。そして成功を期して多くの祈りや呪文が唱えられる。その日は、ちょっとしたあやまちも不吉の兆しとして忌み嫌われるのだ。思い出すが、一四人の家人を連れたカマリアのマンサが、初日の洗鉱にひどくがっかりしたので、ほとんどの者がそれ以上つづける気をなくしてしまった。何人かは仕事をつづけたが結果はさんざんだった。それもそのはずで、彼らは新しい場所を探さず、何年も掘って洗った同じ場所を掘りつづけたからだ。そこには大きな金塊など残っているわけがなかった。

川床の砂を洗う方が砂金を得るには、はるかにたやすい方法である。しかしほとんどの場所で採り尽くされてしまったから、川がコトスを変えないかぎり、極く少量しか見つからない。一行の何人かが砂洗いに精出しているあいだ、他の連中は急流をさかのぼる。だが速い流れが泥や砂をすっかり押し流してしまい、川床に残っているのは小さな小石だけである。こんななかから金を探すのはたいへん面倒な仕事である。私は女たちがこの仕事で指先の皮をすっかりすりむいてしまったのを見た。けれども、ときに、サヌー・ビロ（金の石）と呼ぶ金の小片を見つけることがある。そうなると彼らの苦労はいっぺんに報いられる。カマリアの女とその娘が、ある日、このような金の石を二個も見つけた。一つは五ドラクムでもう一つは三ドラクムの重さがあった。しかし、もっとも確実で儲かる洗鉱法は、以前に金が発見された丘の近くの掘り井戸のような深い坑を、乾季の最中に掘ることである。ニグロたちは坑を掘りさげていきながら、ちがった層の泥や砂をヒョウタンにつめ、それを一つ二つ実験的に洗鉱してみる。こうして作業を進めていくうち、彼らは金の混っている層にぶつかるというわけだが、ときには岩に邪魔され、あるいは地下水で作業ができなくなる。だいたいにおいて、小さな黒い粒が混っている細かい赤い砂の層にぶつかったとき、かなりの確率で金を見つけることができる。そこで大きなヒョウタンに砂をいっぱい詰めて女たちに渡す。坑を掘るのは男たちで、洗鉱するのは女の仕事なのである。というのは、女たちは子供のころから、トウモロコシの実と皮を分ける作業に慣れており、洗鉱はそれに似た仕事だからである。

私は一度も坑の中に降りて行ったことがないので、彼らが地中でどんな様子で働いているのか見ていない。実際、私がおかれていた状況では彼らの国の宝物を、そんなに綿密に調べるわけにはいかなかった。原住民から疑いをかけられないように気を配らなければならなかったからだ。しかし金を砂から分離させる方法は、きわめて簡単で、女たちがしばしば町の中でやっている。金探しの男たちが夕刻、谷から帰るとき、砂の入ったヒョウタンを一個か二個持ち帰り、家に残っている女たちに洗鉱させるのである。そのやり方はこうだ。

一定量の砂か泥（金はときどき茶色の泥の中にあるので）を大きなヒョウタンに入れ、充分な量の水を入れる。それから砂と水が混り合うようにヒョウタンをグルグル振りまわす。はじめはゆっくり、しだいに速く回転させると、砂と水が少しずつヒョウタンの口から飛び散る。こうして砂は泥水の混った粗い砂だけになる。さらにこの作業をつづけていると、砂は沈澱し、水はこぼれ出る。そこで、ヒョウタンのいちばん上層部にある粗《あら》い砂を手で取り出し、これに新しい水を加えて、水が澄んでくるまで、その作業を繰りかえす。つぎに、女は二つ目のヒョウタンを取り出し、一つ目のヒョウタンの底の近くにあるもっとも金を含んでいると思われる部分を残して、砂と水をそっと二つ目のヒョウタンにうつす。底に残ったその砂を、さらにきれいな水と混ぜてヒョウタンの中で動かし、それから注意深く調べる。もし二、三の金の粒がみつかれば、もう一つのヒョウタンの中身も同じようにして調べる。そして、両方のヒョウタンから金が三粒か四粒でも取れれば、それで充分満足する。

　女たちのなかには、長いあいだの熟練から、砂の性質と洗い方のコツを知っていて、他の女がひとかけらも見つけられない場所で金をあつめる者もいる。砂金は羽茎の中にしまって、綿でふさぐ。彼女たちはこれらの羽茎をたくさん髪に飾るのが好きだ。場所さえまちがえなければ、なみに働いて、乾季のあいだに奴隷二人分の価値に相当するだけの金を集めることができると言われている。

　こんなふうにマンディングでニグロたちが金を手に入れる方法は、じつに簡単なのである。してみると、この国にはかなりの量の金が埋蔵されていると見てよかろう。こんなやり方だから、とうぜん、多くの粒が見落されているはずだし、原地人は、だいたいにおいて丘陵からかなり遠くの川の中の砂を探しているので、かんじんの金山からはずっと離れてしまい、むだ働きをしていることがよくあるからである。だから、この重い金属のごく小さな粒だけが川の流れによってかなり遠方に運ばれ、大部分は産地の近くに埋もれているはずである。金を含む川の源をたどり、金を産出する丘を正確に調べれば、金を含んだ砂から、もっとずっと大きなサイズ[1]の粒が見つかることは明らかで、また、小さな粒でも、現地人が知らない水銀とか、その他のもっとよい道具を使えば、かなりうまく採集することができるであろう。

　金の一部は婦人用の装身具につくられる。しかし一般にこれらの装身具は、細工よりも重さが珍重される。だから、とくにイヤリングなどの場合には大きすぎて不便である。耳たぶに穴をあけて下げるには重すぎるので、彼女たちは赤い皮紐で結び、頭のてっぺんを通して一方の耳からもう片方の耳にかけている。ネックレスはなかなか見事だ。いろいろのビーズと金箔を上手にアレンジし、じつに優雅である。地位のある婦人が正装したときには、彼女の金の装身具は全部で優に五〇から八〇英国ポンドの値打はあろう。

スラティたちはこうした金を、海岸地方へ行くときの旅費にあてており、さらに大量の金が、毎年、ムーア人たちの手で、塩や他の商品と交換に運び去られている。私がカマリアに滞在しているあいだだけでも、塩の売買のために商人たちによって集められた金は、約一九八ポンドにのぼった。カマリアは小さな町で、ムーアの商人たちはあまり繁く往来していない。だからこの量は、カンカバやカンカリーおよびその他の大きな町で集められる金と比べたら、ごく少量にちがいない。

アフリカのこの地方における塩の価値は、たいへんなものである。岩塩一枚――長さ約二フィート半、幅一四インチ、厚さ二インチ――は、ときとして二ポンド一〇シリングで売れる。一ポンド一五シリングから二ポンドが普通相場ということだ。これら岩塩四枚でロバ一頭分の積荷、六枚で雄牛一頭とされている。マンディングでのヨーロッパ商品の価値は、沿岸地方からの供給品か、内陸の国々からの戦利品かによって非常にまちまちであるが、ふつう、それらの品物の見返りは奴隷である。私がカマリアにいたときの、上等な奴隷の値段は、九ミンカリから一二ミンカリで、ヨーロッパ商品は

1　私が聞いたところによれば、一七九五年に発見されたアイルランドのウィックローにある金鉱は、山の頂き近くのけわしい斜面にある。ここでは数オンスの金の塊がよく見つかった。二マイル下方では、おそらく砂金であったろうと思われる金が、ここでは金の砂利、つまり一粒一粒が小石大で、なかには二二オンス・トロイ――金衡――もあった。

その時およそ次のような値段であった。

鉄砲の弾丸　一八個
タバコの葉　四八枚
火薬　二〇発分
そり身の短刀　一梃
｝一ミンカリ

マスケット銃一梃は、三、四ミンカリである。

産物や、種々の生活必需品を、金と交換する場合は、次のように売られる。

一日分の食糧＝一ティリー・キシの目方（ティリー・キシは黒豆のことで、一ティリー・キシはその一個の重さの金ということである。黒豆六個の重さの金が一ミンカリ）。鶏一羽＝一ティリー・キシ。羊一頭＝三ティリー・キシ。雄牛一頭＝一ミンカリ。馬一頭＝一〇―一七ミンカリ。

ニグロたちは、彼らがいつも持ち歩いている小さな秤で金をはかる。彼らは砂金と細工した金との価値のちがいは認めない。物々交換の際は、金を受け取った者が、自分のティリー・キシで品物をはかる。その豆は、ときどき重くするために、不正にシア・バターにひたされることがある。私は一度豆そっくりに作った小石を見たことがあるが、こんなインチキは、そう始終あることではない。

以上、思いだすままに、土の中から金を取り出すアフリカ的な方法や、また、物々交換の際の金の価値についてふれたので、つぎに象牙について記そう。

ヨーロッパの商人たちが夢中になって象牙を手に入れようとするので、沿岸地方のニグロたちはびっくりしている。いったい何のために使うのかと彼らはいぶかり、その理由を、彼らに理解させるのは非常に困難である。象牙の柄のついたナイフや、象牙の櫛、玩具などを見せて、これらの細工は、みな象牙からつくったのだと説明しても、彼らはなかなか納得しない。彼らは、象牙がもっとずっと大事な目的のためにヨーロッパに持ち去られるのではないかと疑っている。そして、それをかくしているのは、象牙の値段がつり上げられることを恐れているためだと思っている。彼らにとっては、木片でも済まされるナイフの柄を作るのに、なんでわざわざ船を仕立て、海を渡って象牙を買いにくるのか、まったく理解できないのだ。

アフリカの内部には象がたくさんいるが、アジアの象とは種類がちがうようだ。ブルーメンバッハの図鑑にのっている象牙の図をみると、そのちがいは明らかである。M・キュビエの百科雑誌によっても、それは、はっきりしている。私はアジアの象を調べたことがないので、私見ではなく、これらの記述によって話を進める。

アフリカ象はアジア象より性質が凶暴で、飼い馴らすのは不可能とされている。現に、ニグロたちは象を飼い馴らしてはいない。しかし、かつてカルタゴ人は軍隊で象を飼いならしていたし、実際にポエニ戦争のときには何頭かの象をイタリアに輸送している。考えてみると、あんな大きな穀物を、莫大な費用をかけてアジアから連れてきたわけはないから、彼らは自分たちの国の象を飼いならす技術を心得ていたように思われる。おそらく、象牙めあての野蛮なハンターたちに追いまわされているうちに、象は前よりもずっと凶暴になってしまったのであろう。

ガンビア川とセネガル川で売られる象牙の大部分は奥地から持ってきたものである。沿岸地区一帯は、象のような大きな動物がこっそりと移動するには、じめじめしすぎており、そのうえ、入江や川があまりに複雑に入りくんでいる。現住民は、地面の象の足跡を見つけると、村中で武器を取る。仕とめれば象の肉で祝宴が開けるし、生皮でサンダルがつくれる。さらに牙はヨーロッパ人に売れる。そう考えて、みな奮い立つのである。こうして、象は追跡者たちからめったに逃れられない。バンバラやカールタの平原や、ジャロンカドゥーの広大な密林には、象がたくさんいるが、これらの地方では、火薬が欠乏しているから、象は彼らによってあまり殺されることはない。

しばしば象牙が森の中で見つかることがある。そこで旅人はそれらをたんねんに探す。象は乾いた小高いところに生えている灌木や茂みの根っこに、牙を突込んでおく習慣を持っているようだ。象はこれらの茂みを掘り返し、その根を常食としている。根は堅い枝や葉っぱよりも水気を含んでおり、やわらかいからである。しかし、年をとった象は、牙が部分的に弱くなっていて、しっかりと根を張ったのを掘りかえそうとするとき、力を入れすぎて、しばしば牙を折ってしまうのである。カマリアで私は二本の象牙を見たが、森のなかで見つかった一本は非常に大きかった。象がこのようにして折ってしまったものにちがいない。それ以外に、こんなにたくさんの折れた象牙があちこちの加工場で連日のように売りに出されている理由は考えられない。というのは、象が狩猟で倒された場合には、崖《がけ》からでも飛びおりないかぎり、牙はいつも完全なままで抜けるからである。

象は年に何度か、きまった季節に、群れをなして食物や水を求めて移動する。ニジェール川北部一帯は川が少ないので、森の中の水たまりが干上ってしまうと、象はニジェールの岸にやってくる。そしてここに雨季がはじまる六、七月まで留まっている。この時期に、充分な火薬をもっているバンバラ族は象を狩るのである。象狩りの連中は、めったに単独行動はとらない。四、五人が一緒になって、めいめい火薬と弾丸、それに五、六日分の食糧としてトウモロコシ粉を皮の袋に入れて人跡まれな深い森に入り、細心の注意で象の気配を調べる。象は図体が大きいが、偵察は非常に綿密に行なわれなければならない。折れた枝、ちらばっている糞、足跡などが注意深く調べられる。狩猟者の多くは長年の経験と注意深い観察によって、探索に熟達しているので、象の足跡を見つけると、ほとんどまちがいなく、象がいつ通ったか、どの位の距離に見つかるかをピタリとあてる。

彼らは象の群れを見つけると、遠巻きに追って、そのなかの一頭が群れから離れ、射程距離に入るまで待つ。それから細心の注意を払いながら草の中を這って行き、確実な照準距離まで近づく。そこで全員が一度に発砲して、草の中に伏せる。手負いの象は鼻で無数の傷口をこするが、弾丸を抜くことはできず、まわりに仲間がいないので、暴れ狂って茂みを走り廻る。やがて疲労と多量の出血で力つきる。このときが二発目をうち込むチャンスで、たいてい象は倒れてしまう。

ハンターたちは即座に皮を剝《は》ぎ、地面に杭を打ってその上に拡げて乾かす。そしていちばん上等な肉を薄く切って日に干し、保存食糧にし、牙はいつも携帯している手斧で切りとる。斧はこの目的のためだけでなしに、蜜の入った木を切り倒すこともできる。彼らは食糧を五、六日分しか携帯していないが、うまくいけば何カ月も森に留まって、象の肉と野生の蜜で狩りをつづける。

こうして集めた象牙を彼らの自分たちで海岸地方へ持って行くことはめったにない。沿岸地方から毎年、武器と弾薬を持って、この貴重な品を買いにくる旅商人に売るのだ。これらの商人のなかには、一シーズンで、ロバ四、五頭分の積荷に相当する象牙を集める者もいる。かなりの量の象牙がこうして奴隷商人により奥地から持ち出される。しかし、回教徒の奴隷商人は宗教上の理由から、槍で殺された象でなければ牙を売ることも肉を食べることもしない。

アフリカのこのあたりで集められる象牙の量は、それほど多くない。牙も赤道近くの国々のものほど大きくはなく、一本で八〇ポンドから一〇〇ポンドの重さのあるものはまれである。平均して、ヨーロッパの商品一バーは象牙一ポンドの値段として計算されている。

以上、私はこの章と前章で、私が旅したアフリカの各地のニグロとヨーロッパ人のあいだに、いま行なわれている取引きの種類、範囲についてくわしく説明した。アフリカのこの地方からの輸出品目は、さきにあげたいくつかの商品、蜜蠟、蜂蜜、皮革、ゴム、染料用の木材とともに、奴隷、金、象牙なのである。もっとも他の産物もアフリカの成長につれて、付随的に注目されるようになった。たとえば各種の穀物、タバコ、藍、綿、その他二、三の産物である。だが現地人は、（耕作と労力によってのみ収穫できる）これらの産物を、直接必要なだけしかつくらない。というより、彼らの法律、習慣、取引き、さらに政治の現状から見て、彼らにそれ以上を期待するのはむりなのである。しかしながら、東西インド諸島の豊かな、価値ある産物を、この広い大陸の熱帯地方で生産し、完璧なものにすることは充分にできると思う。彼らの心を啓発し、教えこみ、産業を軌道にのせるために欠けているのは実例だけである。すばらしく肥沃な土、使役、食用にできる多くの家畜、植民地経営および農業に適した種々の環境条件、これらを考え、そしてこの広大な奥地への航行手段に思いをいたすとき、私は、こんなに豊かな恵みを受け、自然にめぐまれた国が、現在の野蛮で、いい加減な状態に放置されていることを嘆かずにはいられなかった。さらに嘆かわしいのは、こんなにも優しく情け深い態度や性質をもつ民族が、不快な異教徒の盲目的迷信にとらわれていたり、頑迷な狂信の組織に帰依したりしていることである。そのような迷信や狂信は、彼らを啓蒙するどころか、彼らの心をすっかり下落させているのだ。この問題については、さらにいろいろと観察されねばならないと思う。

　だが、読者はたぶん、私があまりに横道にそれ過ぎているとお考えであろう。そこで、私は、このへんでカマリアでの自分の現状に戻ることにする。

第二四章　海岸へ向けて出発

カルファの不在中私が世話になった校長はおだやかな性質で、ものごしのやさしい人であった。名をファンクーマといい、厳格な回教徒であったが、宗派を異にする人にも、けっして彼の主義をおしつけるようなことはしなかった。彼は多くの時間を読書に過ごした。そして、教えることは仕事でもあるが、同時に楽しみのようでもあった。

彼の学校には一七人の少年――そのほとんどがカフィールの息子たちだが――と二人の少女がいた。少女の一人はカルファの娘であった。少女たちは昼間授業を受けていたが、男子は日の出前に大きな火をたいて、その明りで授業をし、ふたたび夕方遅く授業をうけた。というのは、勉学中は、男生徒は校長の子飼いの奴隷と考えられていて、日中はトウモロコシの栽培や、薪運び、その他、奴隷の仕事に従事していたからである。

回教の聖典であるコーランと、その一、二の注釈書のほかに、校長はいろいろな写本を持っていた。一部はムーア人の商人から買ったもので、一部は近隣のブシュリーンから借り、苦心して写したものである。他の写本は、旅行中、私があちこちで見たものと同じだった。私は前に見た写本の名をあげ、校長の持っている写本の内容をきいてみた。そして、ニグロがモーゼの五書（旧約聖書のはじめの五巻）のアラビア版（他の版もあったが）をもっていて、それをタウレタ・ラ・ムーサと呼んでいることを知った。この書物は非常に大事にされており、最上級の奴隷一人分の値段で売られることもある。彼らは同様にダビデの「詩篇」(ザボラ・ダヴィディ)の訳も持っている。また、彼らは「イザヤ書」をリンギーリ・ラ・イサと呼び、たいへん尊重している。だが、これらの写本にはマホメットの独特な教義のいくつかが挿入されているのではないかと思われる。多くのページにマホメットの名が出てくるからである。私のアラビア語の知識がもっと該博なら、このことは別の解釈ができるかも知れない。とにかく、これらの本のおかげで、ニグロの改宗者の多くは、旧約聖書に書かれている重要な出来事のいくつかを知っている。アダムとイヴの話、アベルの死、ノアの洪水、アブラハム、イサクおよびヤコブの生涯、ヨセフとその兄弟たちの話、モーゼ、ダビデ、ソロモンの歴史……。私はこれらのすべてを、いろいろな人たちから、マンディンゴ語でかなり正確に聞かされた。ニグロたちの口からそんな話を聞いたとき、私は少なからず驚いたが、それ以上に彼らは、彼がそれらのことがらを知っているのに驚いた。一般的に、ニグロはヨーロッパ人の富と力についてはよく知っているけれども、回教に改宗した彼らは、われわれが宗教上の高い知識をもっているとはけっして思っていないのである。海岸地方の白人の商人たちは、べつに、こうしたおかしな偏見を打ち消そうとも思っておらず、祈りを捧げるときは、こっそりと行ない、そして、ニグロと話す時は横柄で、彼らに親しみをもって、教えてやるようなことはめったにない。マホメットの迷信でさえ、このようにして、貧しい人びとに、わずかながらも学問のかすかな光を投げかけているのに、キリスト教の貴い光がまったく閉め出されているのをみて、私は驚くよりも、残念でならなかった。アフリカの沿岸をヨーロッパ人たちが二〇〇年以上も前から知っており、これまでにもしばしば訪れているのに、ニグロたちがいまなお、われわれの神聖な宗教の教えをまったく知らないままに置かれていることを、私はつくづく嘆かわしく思う。われわれは暗黒のなかから、古代の考えや記録を見つけだし、また、アラビアやアジアの詩文の美しさを知ろうと一生懸命努力している。そして、我が国の図書館には、あれほどさまざまな国の研究資料が集められていながら、われわれの宗教的な真実の恵みと、地球上の未開の地の人たちに分かち与えることを惜しんでいる。アジアの原住民は、われわれとの関係を持ちながら、この点ではほとんど利益をこうむっていない。そして、われわれが野蛮人と考えがちな哀れなアフリカ人でさえ、われわれのことを、恐しいけれども無知な異教徒ぐらいにしか考えていないのではないかと思う。私がガンビアで奴隷商人たちにリチャードソンのアラビア語入門書を見せたとき、彼らは、ヨーロッパ人が彼らの宗教の神聖な言葉を理解したり、書いたりできるということを知って驚嘆した。はじめのうち、彼らは、それを、沿岸地方から連れて行かれた奴隷のだれかによって書かれたものではないかと疑った。だが、よく調べて見ると、ブシュリーンにはこんな美しいアラビア語は書けないということがわかり、彼らは納得した。彼らの一人は、もし私がその本を手放すなら、ロバ一頭と一六バーの品物を私にくれると申し出た。もしも、子供向きの教理問答のような、短いやさしいキリスト教入門書が、美しいアラビア語で印刷されて沿岸の各地に配布されたなら、すばらしい効果があるだろうと思う。費用はいくらもかかりはしない。多くの人が好奇心からそれを読むにちがいない。そして美しさの点でも、安価な点でも、彼らがいま持っている写本よりずっとすぐれているということで、ついにはそれがアフリカの教科書として採用されるようになるだろう。

私がこの大事な問題についての考えを、あえて読者諸氏に述べたのは、アフリカ各地で学問（学問とはとうてい言えないようなものだが）が奨励されているのを、実際に見たからである。カマリアでは、生徒たちの大部分が非回教徒の子弟であるのを見た。だから、親たちがマホメットの教義に対して好感をもっているはずがなかった。親の目的は子供たちを向上させることにあるのだ。もしも、もっと開化した教育制度が与えられたなら、たぶん、彼らはそっちの方を好むであろう。子供たちもまた、回教徒を見ならおうなどとは思ってはいないのだが、それを養うのが教師の目的であった。生徒の一人がコーランを読み終え、公式の祈りをいくつか実習すると、校長が祝宴を用意して、生徒は試験を受け、（ヨーロッパふうに言うと）学位を授与される。私はこの種の授与式に三度出席し、こういう機会に集まって試験官をつとめるブシュリーンに、生徒たちがはきはきと明快に答えるのをきいて嬉しく思った。ブシュリーンが生徒の学習と能力について満足すると、コーランの最後のページが彼の手に渡され、それを声高らかに朗読させられる。そのレッスンが終わると、少年はその紙を自分の額におしいただき、アーメンと唱える。するとブシュリーン全員が立ち上って、彼に心からの握手をしてやり、こうしてブシュリーンのタイトルが授けられるのである。

生徒がこの試験に合格すると、彼の両親は教育が修了したことを告げられ、そして校長に一人の奴隷、または奴隷一人分相当のものを支払い、引き換えに息子を買い戻す。それが両親の義務だとされているのである。むろん、両親にその力があればのことで、もしそれができないときには、少年は自分で働いて自由の身になるだけの富を蓄えられるまで、校長の子飼いの奴隷としてとどまらねばならない。

カルファが出かけてから約一週間すると、三人のムーア人が、かなりの量の塩やその他の商品を持ってカマリアに着いた。彼らはそれらの商品を最近カンカバにやってきたフェザンの商人から信用で仕入れたのである。その際の取り決めは、品物が売れた時に支払うということで、彼らは一カ月の間に売れるものと期待していた。律儀なブシュリーンたちは、彼らにカルファの持ち小屋の二つを宿舎としてあてがい、彼らは有利に品物を売り捌いた。

一月二四日、カルファは大ぜいの一族と、彼が買った一三人の上等な奴隷をつれてカマリアに帰ってきた。彼はまた四番目の妻として、カンカバで結婚した若い女性を連れてきた。そして妻の両親には、彼女の代わりに三人の上等の奴隷を与えてきた。カルファの他の妻たちは、小屋の戸口で彼女を親切に迎え入れた。そして彼女らはこの新しい知人、同じ身分の仲間を最上の小屋の一つに案内した。その小屋は、彼女を受け入れるためにきれいに掃除させてあり、白く塗装させてあった。[1]私の衣服は、このころには非常にぼろになっていたので、外に出るのが恥ずかしかった。だが、カルファは帰ってきた日に、この国で一般に人びとが着ている上着とズボンを気前よく私にプレゼントしてくれた。

カルファが連れて帰ってきた奴隷たちは、すべて戦いの捕虜だった。彼らは、ワセラとカールタでバンバラ軍によって捕えられ、セゴに連れてこられた人たちだった。そこで彼らのうちの何人かは三年間、鎖につながれていた。そしてセゴから、彼らは、多くの他の捕虜とともに二艘の大きなカヌーでニジェール川をさかのぼり、ヤミナ、バンマクー、カンカバで売りに出された。これらの地で大ぜいの捕虜が砂金と引き換えに取引きされ、売れ残った者はカンカリーに送られるのである。

彼らのうちの一一人は子供のころから奴隷だったと私に打ち明けてくれたが、他の二人は素性を明そうとはしなかった。彼らはみな、やたらにせんさく好きなのだが、最初は私を恐ろしそうに見て、私の国の人間は人喰い人種ではないかと、何度もきいた。彼らは、奴隷が海を渡ってからどうなるかをしきりに知りたがった。私は彼らに、そういう連中は土地を耕作するために雇われるのだと話したが、彼らは私の言うことを信じようとはしなかった。そして、そのうちの一人は、手を地面について、まったく無邪気に、「ほんとうにおまえの国では足で立てるこういう地面があるのか」と言った。白人がニグロをむさぼり喰う目的で買うとか、また、別の人に売り、あとで喰われてしまうというような考えが根強いから、とうぜん奴隷たちは沿岸地方へ行く旅を恐れている。そこで、奴隷商人は彼ら

1 ニグロたちは、骨灰と水を混ぜ、普通はそれに少しゴムを加えたもので小屋を塗る。

をいつも鎖でつなぎ、逃げないように監視している。奴隷の右脚をもう一人の奴隷の左脚と一緒にして、足かせをはめるのである。足かせを紐で持てば、彼らはゆっくりとではあるが歩くことができる。四人一組に編んだ革紐の丈夫なロープで首をつながれ、夜は、さらに手かせをはめられ、時には軽い鉄の鎖が首のまわりにかけられる。

不満の顔つきを表わす者たちは別の方法で監禁される。太い丸太を三フィートの長さに切り、一方の端にすべすべしたきざみをつけ、その部分に奴隷のかかとをU字型のくくり金で止めつける。その際、尖った先がかかとの両側にかかるようにする。これらの足かせや止め金は鉄製で、今回の場合、カンカバから奴隷が着くと、すぐに鍛冶屋の手ではめられた。そしてこの足かせは彼らがガンビアに向けて旅立つ朝までそのままでおかれる。

ほかの点では、カマリアでの奴隷の扱いは、けっして過酷でも残酷でもない。彼らは毎朝、足かせのまま、タマリンドの木蔭に連れ出されて、そこで元気づけるために、冒険ゲームをしたり、楽しい歌を唱ったりさせられる。彼らの何人かは驚くべき忍耐強さで、辛い境遇に耐えていたが、しかし、大部分の奴隷はまったく気落ちして、終日、不機嫌な鬱病のような状態で目を地面にすえて坐っていた。夕方になると、足かせが調べられ、手かせをかけられたのち、二つの大きな小屋に連れて行かれ、夜通しカルファの子飼いの奴隷たちが見張っている。これほどの厳重さにもかかわらず、到着後一週間ほどすると、奴隷の一人が小さなナイフをまんまと手に入れて、そのナイフで足かせの鎖をこじあけ、ロープを切って逃げた。彼らがお互いに助け合ったら、おそらくもっと多くの者が逃げられたであろうに、その奴隷は自分が自由になるやいなや、仲間の首のまわりにかかっている鎖を切って助けるのを拒んだのである。

この隊商に所属するすべてのスラティと奴隷が、カマリアや付近の村に集められた。ただちにガンビアに向けて出発するつもりだったのだろう。ところが出発の日は終始決定されては、都合で変更された。乾いた携帯食糧の用意ができていない者がいるとか、親類を訪問にでかけた者がいるとか、少しばかりの貸しを取り立てに行った者がいるとかで、しまいには、日が良いかどうかを調べなければならないからと言うことであった。

何やかや、これらの理由で、出発は二月もかなり過ぎるまで、一日延ばしになった。あげくの果てにスラティは断食月が終わるまで、ここに留まることに衆議一決してしまった。こうした時間の浪費は、ニグロたちにとっては、べつに大したことではないのである。しなければならない大事なことがあっても、それを今日しようと明日しようと、あるいは一カ月先二カ月先にしようと、どうでもよいのだ。ともかく、現在の瞬間がある程度気持よく過ごせれば、未来の事など、ほとんど気にしない。

ブシュリーンたちはラマダンの断食を、非常にきびしく守る。だがムーア人のように私にまで強制するようなことはせず、カルファは私に、自分の好きにしていてかまわないと言った。しかし、彼らの宗教上の見解に敬意を表するため、私は進んで三日間断食した。そうすればカフィールの非難から自分を充分に守ることができると考えたからである。断食の間、スラティたちは、毎朝カルファの家に集まった。そして、校長はシェイファというアラブ人の書いた大きな二つ折りの本の中から、宗教上の説教を彼らに読んで聞かせた。夕方になると、回教徒の女たちが集まってミスラの人びとの前で祈りを捧げた。彼女らは全員白装束で、宗派により定められたさまざまなひれ伏し方で、おごそかに礼拝を行なった。ラマダンの断食期間中は、ニグロは非常に温順で、謙虚に振舞い、この時期にムーア人たちが示した野蛮な偏狭さや粗暴な頑迷さとは著しい対照をなしていた。

断食の月がほとんど終わりに近づいたとき、ブシュリーンたちはミスラに集まり、新しい月の出を待った。だが、その晩はすこし曇っていたので、多くの者はがっかりして、もう一日断食する決心で家に帰った。とその時、とつぜん、輝かしい月が雲間から鋭い光を放った。やんやの拍手と太鼓の音、小銃の発砲、一同は歓喜して月を迎えた。この新しい月は幸運の月とみなされ、カルファは隊商の連中全員に、ただちに携帯食を荷作りして待機するよう命じた。そして四月一六日に、スラティは協議を行ない、一九日をカマリアを出発すべき日と決めた。この決定は私を大きな不安から救ってくれた。なぜなら、出発がすでに長いこと延期されていたので、さらに延ばされたら、雨季に入ってしまうのではないかと私は心配していたからである。カルファは私に対しては非常に親切に振舞ったが、私は自分の立場を非常に不快に思っていた。スラティたちは私に不親切で、しかもこの時期にカマリアにいたムーア人の商人は、彼らが到着した日から私に危害を加えようとたくらんでいたのだ。このような情況下では、私の生命は、ヨーロッパ人に関する悪意にみちた話を毎日耳にしているある一人の人間のおもわくにかかっていることは、あきらかだった。そしてその人間が、かならずしも私と彼の国の人間とのあいだに立って、公平に判断するとは思えなかった。時間が私を彼らの生活様式にある程度、調和させてしまって、けむたい小屋や、乏しい夕食も、私にそれほど不安は与えなくなっていたが、それにしても、絶えず警戒し心配していなければならないような状態に疲れ果て、私は文明社会のさまざまな恩恵を切望するようになっていたのだ。

一七日の朝、あることが起こって私の状況はかなり好転した。カマリアに到着して以来、カルファの保護を受けて滞在していた三人のムーア人の商人が、丘を越えてバラへ出発してしまったのだ。彼らは高潔な風貌で、すべてのブシュリーンから尊敬されていたのだが、突然荷物をまとめると、カルファの親切に一言の礼も述べずに出発してしまった。この予期しなかった出発に、だれもが驚いたが、その夕刻、カンカバ（二八二ページに記述あり）からやってきたフェザンの商人によって事件はすべてあかるみに出た。この商人がカルファに語ったところによると、彼らは以前、塩その他の商品をすべて彼から借りていて、その代金を受取りにカマリアまで来いと彼に迎えの者を送っていたのであった。彼らが支払いもせずに西へ逃げたときくや、彼はあふれる涙を上衣の袖で拭って、こう叫んだ。「あのシラカス（盗賊）どもは回教徒だが、人間じゃない。私から二〇〇ミンカリも盗んだのだ」

私はまた、この商人から、一七九五年一〇月に、我が国の地中海護送船団がフランスに捕えられたという情報を得た。

四月一九日――待ちに待ったわれわれの出発の日がやってきた。そして奴隷たちの鎖を解いたスラティは奴隷とともにカルファの家の戸口に集まった。そこで荷物に全部縄をかけ、各人がそれぞれ荷物をあてがわれた。一行は、カマリア出発の際には、カルファのものである二七人の売りものの奴隷と、四人のスラティであったが、後にマラブーで五人、バラで三人加わって、全部で奴隷の数は三五人になった。自由民は一四人だが、彼らのほとんどが、一人か二人の妻と、何人かの子飼いの奴隷を持っていた。そして故郷のワラドーに帰る校長は八人の生徒を連れていた。それで自由民と子飼いの奴隷の数は三八にのぼり、一行の総数は七三名に達した。自由民のなかには、六人のジリ・ケア（歌唱い）がいたが、彼らの音楽的才能は、しばしばわれわれの疲れを慰め、またわれわれが他国人から歓待を得るのに役立った。われわれがカマリアを発ったとき、その町の住民のほとんどが、約半マイルもわれわれについてきた。泣いている者もあれば、故郷を去ろうとしている親族と握手している者もあった。カマリアを見渡せる小高い丘に来たとき、一行全員は顔を西に向けて一カ所に坐るように命じられた。そして、町の人たちは別の場所にカマリアの方を向いて坐れと言われた。ここで校長は二人のおもだったスラティとともに、二つのグループのあいだに座を占め、長くおごそかな祈りを唱えた。それから、彼らは一行のまわりを三度まわって槍の先で地面を突いて、何やら呪文をつぶやいた。この儀式が終わると、一行に加わった全員が立ち上って、友人たちにきちんとした別れも告げずに出発した。奴隷たちの多くは、何年も鎖に繋がれたままでいたので、急に重い荷を頭にのせて早く歩かされ、脚にけいれんを起こした。そして一マイルも行かないうちに、彼らの二人はロープを外してゆっくり歩かせなければどうしようもない始末となった。

やがて土塀にかこまれた村マラブーに着いたが、ここで一行に加わるため数人が待っていた。私たちは約二時間休み、新しく加わった者が食糧を詰め込むのを待った。

さらに旅をつづけ、バラの町に午後四時に着いた。バラの住民はこの季節には、おもに魚をとって暮すのだが、魚は近くの流れで非常にたくさん取れる。一同、ここに翌二〇日の午後までとどまり、そこから、ジャロンカドゥーに接するマンディングの国境の村、ウォロンバンに行った。われわれがまもなくジャロンカ荒野にさしかかるというので、村の人たちはわれわれにたくさんの食糧を用意してくれた。そして二一日の朝、ワルンバングの西方に向けて、森に踏みこんだ。少し行ったところで、荒野を抜けて進むべきか、あるいは、一日分の食糧をうかすためにジャロンカドゥーにあるキニタクーロの町へ進むべきかについて相談が行なわれた。しばらく討議した後、キニタクーロへの道を取ることに意見が一致した。だがその町へ行くにはまる一日かかるので、腹ごしらえが必要だった。そこでそれぞれが食糧袋をあけ、カルファとスラティたちが坐っているところへ、手に一、二杯の食物を持って行った。めいめいが自分の分け前を持ってきて、全部の食糧が小さなヒョウタンにきちんと並べられたとき、校長が短い祈りを捧げた。その内容は、神と神聖なマホメットが、われわれを泥棒やすべての悪者から守って下さるように、そして、われわれの食糧が不足しませんように、さらに、われわれの手足が疲れませんように、というようなものだった。

この儀式が終わると、一同、食事をともにし、水を少し飲んだ。やがてわれわれは出発し、(歩くというより走って)セネガル川の支流のココロ川まで進み、そこで一〇分ほど休んだ。この川の堤は非常に高い。流れに取り残された草や藪から判断して、ここでは雨季には水が垂直に計って二〇フィートを越えたことは明らかだった。だが、この時期には、せいぜい水車を廻せるぐらいの、魚の群れている小川にすぎなかった。ワニがたくさんいること、そして雨季には流れの勢いで浅瀬がえぐりとられる危険があるので、この川はココロ（危険な）と名づけられているのだ。

ここから全速力で旅をつづけ、午後にはココロの二つの小さな支流を越えた。日没近く、キニタクーロがみえてきた。よく耕された広い平野の真ん中にあり、ほぼ四角の大きな町である。町に入る前に、われわれは休んで、遅れた連中がやってくるのを待った。この日の旅で二人の奴隷、バラのスラティに属する女とその娘は疲れ切って、一行についてこられなくなった。彼女たちはひどく鞭でたたかれ、引きずられてきたが、午後三時ごろに二人とも吐いてしまった。吐いたのを見ると、彼女らは泥を食べていたのであった。この習慣はニグロのあいだでは決して珍しいことではないが、それは食欲がおかしくなったためか、自殺行為を企てたためかは私にはわかりかねた。彼女らは森の中で横になって休むことを許され、回復するまで、三人が残ることになった。だが、彼らは夜中になっても町に着かなかった。二人は非常に体が消耗していたので、残ったスラティは、そのままの状態で森を越えて彼女らを連れて行くことをあきらめ、彼女らとともにバラにもどり、次の機会を待つことに決めた。

キニタクーロは、マンディングの境界を越えてから最初の町だったので、いつもより礼儀を守ることになった。各自が自分の部署につくよう命じられ、われわれは、次のような隊列をつくって町に向かった。一隊のメンバーである五、六人の歌い手が先頭を進み、自由民がこれにつづく。それから奴隷たちが、いつものように首にロープを巻きつけられ、一本のロープに四人ずつつながれてつづいた。そして、そのグループのあいだに槍をもった男が一人ずつ入った。そのうしろには子飼いの奴隷がつづき、最後尾に自由民の女たちや、スラティの女房が従った。

この形で町の入口の手前一〇〇ヤードまで進むと、歌い手たちは大声で歌い出した。この町の住人が他国者を歓待し、とくにマンディンゴ人に対しては特別の友情を持っているということをほめたたえ、彼らの虚栄心をくすぐるようにうまく計算しているのである。町に入るとベンタングまで進んだ。人びとはわれわれのデンテギ(歴史)をきくために、われわれをとりかこんだ。二人の歌い手がデンテギを人びとに物語った。彼らは一行にふりかかったどんな小さなことも並びたてた。現在の出来事から始めて、過去へさかのぼり、カマリア出発のところまでさかのぼった。この話が終わると、町の長が二人にちょっとした贈りものをくれ、一行は自由民も奴隷も、町のだれかしらに招かれて、一夜の宿と食糧を与えられた。

第二五章　奴隷船の旅

　われわれは四月二二日まで、キニタクーロに滞留し、その日の正午に西方約七マイルのところにある村に移った。この村の住民はフーラドゥにいるフーラー族の襲撃を恐れて、このとき、村の近くの高い山の中腹の岩のあいだに仮小屋を建てている最中であった。その地は東側を除いて断崖に囲まれ、難攻不落であった。

　東側には一度に一人しか登れない小道が残されてあった。この小道のすぐ上の、山の突き出たところに大きな石をぐずぐずに積み重ねた山がいくつもできていた。もしフーラー族がその山を襲ったら、彼らにその石を投げつけてやるのだということだ。

　二三日の明け方、われわれはこの村を発ってジャロンカの荒野に入った。そして最近フーラー族に焼かれた二つの小さな町の廃墟を昼前に通った。火事は非常に烈しいものだったにちがいない。多くの小屋は壁がガラス状になっていて、遠くから見ると赤いニスを塗ったようであった。一〇時ごろウォンダ川に到着。この川はココロ川よりいくらか大きかったが、流れはこの時期、泥で濁っていた。おびただしい魚の群れのせいだとカルファは言った。たしかに魚がいたるところに見えた。すごい量だったので川の水自体が生臭いようにさえ思われた。川を渡るとすぐにカルファは一行全員に、これからは、ばらばらにならずに、それぞれの持ち場を守って旅をするように命じた。案内人と若者は先頭に立ち、女と奴隷をまんなかにし、自由民がうしろになった。この順序でわれわれは全速力をあげ、森の豊かな美しい国を進んで行った。さまざまな形をした丘や谷がところどころにあって目を楽しませ、山ウズラ、ホロホロ鳥、シカなどが森のいたるところに見られた。ついにコ・メイサングという名の、ロマンティックな川のほとりにやってきた。私の腕と首は一日太陽に焼かれ、歩いている間に服がすれてひりひり痛み、ひどい炎症を起こして水ぶくれができていたので、私は一行が川の堤で休んでいるあいだ、流れに身を浸すことができるのを喜んだ。この水浴と夕方の涼しさが炎症をずっと楽にしてくれた。コ・メイサング川の西方約三マイルの地点で、一行は茂った森の中に野宿し、野営の火を焚いた。私の推測では、この日、三〇マイルは旅したと思う。全員非常に疲れていたが、だれも不平は言わなかった。夕食の準備中に、カルファは奴隷の一人に命じて木の枝を折って私の寝床をつくらせてくれた。クスクスを熱湯で溶いた夕食を済ませ、奴隷たちに鎖をかけてから、みな眠りについた。だが、夜半に、野獣の遠吠えに何度も目を覚まされ、小さな茶色の蟻になやまされた。

四月二四日、夜明け前にブシュリーンは朝の祈りを捧げ、自由民のほとんどがモーニング（一種のうすい粥）を少量飲んだ。今日一日の疲れにもっとも耐えられそうにない数名の奴隷にも、少し与えた。カルファの女奴隷の一人は、非常に不機嫌で、粥をすすめられても飲むのを拒んだ。夜あけとともに出発して、午前中ずっと荒れた岩だらけの国を旅した。このため私の足は傷だらけとなり、その日は一行と歩調を合わせて行けないのではないかと心配した。だが、他の者たちが私以上に疲労しているのを見て、心配はだいぶ軽くなった。とくにその朝、食事を拒んだ女の奴隷はおくれはじめ、足の痛みをひどく訴えた。彼女の荷物はべつの奴隷に渡され、彼女は一行のいちばん前に行くように命令された。

一一時ごろ、一同、小川のほとりで休息していると、だれかが木の洞に蜂の巣を見つけ、蜂蜜を取ろうとして近づいた。そのとき、見たこともない蜜蜂の大群が飛び出してきて一行を刺し、われわれは八方に逃げた。私は人より先に警戒して逃げたので、無事だった。刺されなかったのは私一人だったと思う。蜂が追跡をやめ、各自が刺された毒針を抜こうと夢中になっていたとき、さきの哀れな女――その名をニーリーと言った――が、そこにいないことに気がついた。奴隷の多くは逃げた時に自分たちの包みを置き去りにしてきてしまったので、だれかが引き返してそれを取ってくる必要があった。蜂の危険を防ぐために、蜂の巣の東側のかなり遠くまで草に火を放ち、風がすごい勢いで火を追い立てているあいだに、人びとは煙の中をくぐって包みを取り返してきた。彼らは小川のほとりに倒れていたあわれなニーリーも連れて帰ってきた。彼女は疲れ切っていたので、川の縁に這って行き、身体に水をかけて蜂から身を守ろうとしたが、効果はなかったようだ。彼女は恐しいほど蜂に刺されていた。

スラティたちは女の身体からできるだけ毒針を抜き取り、身体を水で洗って、たたいた葉をこすりつけてやった。だが、そのみじめな女は、頑固にそれ以上進むのを拒み、歩くより死んだ方がいいと言った。たのんでも、おどしてもきかないので、ついに鞭があてられた。二、三度じっと耐えてから、女は立ち上って、まあまあの速さで歩いた。四、五時間たったとき、彼女は一行から脱走することを企てたが、弱っていて草の上に倒れた。起きあがれないのにふたたび鞭が鳴った。が、効果はなかった。そこでカルファは二人のスラティに、乾燥食糧を運んでいたロバに女を乗せるよう命じた。だが彼女は真っ直ぐに坐れず、ロバは非常に強情で言うことを聞かないので、その方法で彼女を運ぶことは不可能だということになった。しかしスラティは、その日の旅も終わりに近づいていたので、女を見捨てることを承知しなかった。そこで彼らは竹の茎で担架のようなものをつくり、その上に女を乗せて、木の皮のひもで縛りつけた。この担架を前後から二人の奴隷が頭の上に乗せてかつぎ、うしろについているもう二人の奴隷がときどき交替した。このようにしてその女を運び、暗くなるころガンカラン・クーロと呼ばれる高い山の麓を流れる川に到着し、ここで夜を明かすことにして、夕食の仕度に取りかかった。一行は前夜からほんの一握りの食事しか取っていないのに、暑い日中を終日旅したので、頭に荷物を乗せて運んだ奴隷の多くは極度に疲労していた。そして何人かは指をぽきぽき鳴らした。これはニグロたちのあいだでは絶望のしるしである。スラティたちはただちに彼らに鎖をかけ、そして意気消沈した様子がとくに目立つ者は、他の者たちから離して、手も縛ってしまった。翌朝になると、彼らは元気を回復したようにみえた。

四月二五日――夜明けに哀れなニーリーは目を覚したが、手足はかたくしこって痛み、歩くどころか、立つこともできなかった。そこで彼女を死体のようにロバの背に乗せ、スラティたちはその両手をロバの首に縛りつけ、細長い樹皮のひもで足を腹の下にくくりつけた。この状態で彼女を安定させようと努力したが、ロバが手に負えず、どうやってもこの荷物を引き受けてくれようとしなかった。そのうえ、ニーリーは自分で落ちないように努力することをしないので、すぐにふり落され、片足にひどい怪我をした。こうして彼女を連れて行こうとするあらゆる試みが失敗に終わったので、カンテギ、カンテギ（喉を切れ、喉を切れ）と言う叫びが一行の中からおこった。そんな手術を見るのはたくさんだったので、私は一行のいちばん先頭に行った。一マイルも行かないうちに、カルファの子飼いの奴隷の一人が、弓の先に哀れなニーリーの衣服をかけてやってきて、「ニーリー・アフィーリータ」（ニーリーが死んだ）と言った。私は彼に、スラティたちが彼女の喉を切った褒美にその衣服をくれたのかと尋ねた。彼の話では、カルファと校長がそのやり方には不賛成で、彼女を道に捨ててきたが、そこで彼女はまもなく死に、たぶん野獣に食われてしまったにちがいないということであった。

前にのべたように、「喉を切れ」という叫び声があがったにもかかわらず、この哀れな女の悲しい運命は、全員の心に強い印象を与えた。校長はこのためにその翌日は終日断食した。われわれは深い沈黙の中を進み、その後まもなくフルクーマ川を渡った。この川はウォンダ川とおなじぐらいの大きさであった。今度は全員が非常な速度で旅をした。そうしなければ哀れなニーリーと同じ運命を辿ることになるとめいめいが案じていたからである。私は、槍やその他少しでも邪魔になる物は全部捨てたが、みなについて行くのは非常に骨が折れた。

正午ごろ、象の大群に会ったが、彼らは邪魔をせずにわれわれを通してくれた。夕刻、竹藪の近くで休んだが、水がなかったので、さらに四マイル強行軍して、小さな流れのそばで一夜を明かした。この日は約二六マイル進んだと思う。

四月二六日——朝、校長の二人の生徒が足のひどい痛みを訴え、また奴隷の一人は足の裏に水ぶくれができ、炎症を起こしてびっこを引いて歩いていた。それでもわれわれは出発し、一一時ごろ、ボキ・クーロと呼ぶ岩山に登りはじめた。われわれが反対側の平地に着いたのは二時を過ぎていた。これは今までの旅の中でももっとも岩の多い道で、全員が足を痛めた。まもなくボキという、かなり大きな川に到着し、歩いて渡った。川は玄武岩の河床をゆるやかに流れており、水はきれいだった。その川の西方約一マイルの地点で、ガドーへ向けて北東につづく道路にさしかかった。やわらかい砂の上に多くの馬の足跡を見て、スラティたちは略奪者の一味がガドーのある町を襲うために最近その道を通ったと推測した。そして、彼らが帰りに私たちの通ったことを発見し、足跡をたどって追跡してくるといけないので、分散してばらばらになり、背の高い草や茂みの中を通って進むように命じられた。暗くなる少し前に、山の背を越えて、ボキ川の西方へ向かい、クロン・キー（白砂の井戸）と呼ばれる井戸に着き、ここでその夜は休んだ。

四月二七日——朝早くその井戸を離れ、夜にならないうちに町に着こうと、元気を出して歩きつづけた。午前中、道は広大な竹藪の中を縫っていた。二時ごろナンコロと呼ぶ川にぶつかり、そこで一同、一握りの食事をあてがわれた。その食事は迷信によって、この川の水にまず浸してから食べるということであった。

四時ごろ、われわれはクロー地区にある小さなジャロンカ村のスーシータに着いた。クロー地区はブラック・リバーすなわちセネガル川の最大の支流の堤に沿っているすべての地域を含む。われわれはキニタクーロの西方にある村を出てからこの五日間で、一〇〇マイルの道程を旅して来たが、ここではじめて人間の住居を見たのである。しかし、さんざん頼んだあげく、やっと寝る小屋が与えられたような始末で、その村の長は、最近この地方は食糧が不足しているから何もあげられないとはっきりと言った。今ある穀物を収穫する前は、クローの全住民は二九日間、穀物を口にすることができなくてニタと彼らの呼ぶ一種のミモザの実の、さやの中の黄色い粉と、籐《とう》の種で命をつないできたということであった。籐の種は上手に搗き砕いて調理すると、米のような味がする。われわれの乾燥食糧はまだ残っていたので、かなりの量のクスクスが夕食に調理され、大ぜいの村人が食事に招かれた。彼らはこの親切にひどい仕返しをしてくれた。その夜、ベンタングの木の下でぐっすり眠っていた生徒の一人を連れ去ったのである。少年は村からそう遠ざからないうちに目を覚し、大声でわめいたので、彼を拉致していた男は手で口を押え、森の中に連れ込んだが、あとで、少年が校長の生徒で、校長の住居が三日ほどの道程にあることがわかると、校長に知られずに彼を奴隷として留めておくことはできないと思ったのであろう、身ぐるみ剝いで返してきた。

四月二八日――朝早くスーシータを出発、一〇時ごろにはマンナと呼ばれる城壁のない町に来た。ここの住民は、このあたりに豊富なニタの木の実を集めていた。この実のさやは長くて細く、前に述べた小粒状の粉につつまれた二、三個の黒い種がはいっている。粉そのものは鮮やかな黄色で、硫黄の粉末に似ており、甘く、ねばねばしている。そのまま食べると、ねばつくが、ミルクか水を混ぜると美味しい栄養食となる。

マンナの人たちの言語はジャロンカドゥーと呼ばれる広大な山岳地帯で話されている言語と同じものである。マンディンゴ語に非常によく類似している言葉もあるが、住民自身は別個の言語だと考えている。彼らの数詞は次のようである。1＝キディング、2＝フィディング、3＝サラ、4＝ナニ、5＝スーロ、6＝セニ、7＝スーロ・マ・フィディング、8＝スーロ・マ・サラ、9＝スーロ・マ・ナニ、10＝ヌフ。

ジャロンカ人はマンディンゴ族のように、たがいに独立している多くの小酋長に支配されている。彼らは共通の元首をもたず、また、戦争中でもおたがいに援助するような親善関係をもつことはめったにない。マンナの酋長は大ぜいの家来をひき連れて、バフィン川、またはブラック・リバーという川(セネガル川の第一の支流)の堤まで、われわれを見送りにきてくれた。ひどく奇妙な構造の竹の橋を渡った。このあたりでは川はゆるやかで深く、ほとんど流れていない。二本の高い木の鞘を結べば、こちら側から向こう岸に充分届く長さになる。木の根は岩の上に置かれ、梢は水に浮いているのである。二、三本の木をこのような向きに置き、それを、乾いた竹で巻いて浮橋がつくられる。両側の岩の上にある木の根が、傾斜した渡り口になるのである。この橋は毎年雨季に、川の増水によって流され、マンナの住民によって、また架け直される。彼らはそのためにすべての通行人から少しずつ貢ぎ物をもらうことにしている。

午後いくつかの村を通ったが、宿はどこにも取れなかった。そして日暮れごろに、二〇〇人のジャロンカ族がわれわれ一行を襲おうとメロと呼ばれる町の近くに集まっているという知らせを受けた。そこでわれわれはコースを変えねばならなくなり、ひっそりと夜中まで歩きつづけ、コバと呼ぶ町に近づいた。町に入る前に、全員点呼したところ、自由民一人と奴隷三人がいなくなっていた。奴隷が自由民を殺して逃亡したのだと、みなそう断定した。そこで六人が最後の村まで引き返し、死体を探し、奴隷に関する情報を集めようということに意見が一致した。そのあいだ一行は大きなニタの木の近くの綿畑に潜伏し、話すならひそひそ声で話せと命じられた。六人の男が帰って来たのは明け方で、自由民についても奴隷についても何も聞かれなかったという。二四時間、だれも食糧を口にしていなかったので、コバに行って何か食物を手に入れようということになった。そこで夜が明け切らぬうちに町に入り、カルファは酋長からビーズの鎖三本と交換にかなりの落花生を買い、われわれはそれを炒って朝食にした。その後、小屋を与えられ、ここでその日は休息した。

一一時ごろ、昨夜一行からはぐれた自由民と奴隷たちが町にはいってきたので、みんなは喜び、かつ、驚いた。どうやら奴隷の一人が足を怪我し、非常に暗い夜だったので、彼らはまもなく一行を見失ったらしい。その自由民は、自分がたった一人で奴隷といることに気がつくと、身の危険を感じ、奴隷たちに鎖をかけると言い張った。奴隷たちは最初は従おうとしなかったが、彼が一人ずつ槍で突き殺してやると脅したので、それ以上抵抗しなかった。そして彼らは、朝まで茂みの中にひそみ、それから鎖を解いて、一行がどのルートを取ったのか聞けるだろうと町にやってきたのである。われわれ一行の略奪を企んでいるジャロンカ人についての情報が確かであったことが今日判明し、われわれは三〇日の午後までここに滞在せざるを得なくなった。

三〇日にカルファは一行を守るために、大ぜいの人を雇い、われわれはティンキンタングと呼ぶ村に進んだ。翌日、この村を発ち、高い山の尾根を越えてブラック・リバーの西方に向かい、荒れた石の多い地方を進んで、日没ごろウォラドゥー地区の小さな村、リンギコッタに到着した。ここで乾燥食糧の袋の底をはたいて、最後の一握りの食糧を取り出した。一口の食物も取らずに朝から晩まで旅をつづけたのはブラック・リバーを越えてからこれで二日目だった。

五月二日――リンギコッタを後にしたが、奴隷たちが非常に疲れていたので、その晩は西方約九マイルにある村で宿泊し、校長の縁故で、いくらか食糧を手に入れた。校長はここで、自分の故郷の町、マラコッタに使者を送り、友人に彼の到着を知らせ、一行に二、三日振舞うに必要な食糧を調達してくれるように伝えさせた。

五月三日――一同マラコッタに向けて出発。正午ごろ、ある村に到着した。近くに、西に流れるかなり大きな川があった。ここで前日マラコッタに出した使者の帰りを待つため、とどまることになった。この川にはワニはいないと土地の人が保証してくれたので、私は一人で沐浴した。ここでは泳げる人間はほとんどいない。人びとは大ぜいでやってきて、私が水に入るのを思い止まらせようとした。水が頭の上までくるからだという。二時ごろマラコッタから使者が戻り、校長の兄も、弟に会うのが待ち切れなくて、使者と一緒にこの村まで迎えにきた。九年間も会わなかった兄弟の再会は非常に自然で、愛情のこもったものであった。彼らはたがいの首に抱きついて、しばらくは両者とも言葉がでなかった。やっと校長が、やや落ち着いて、兄の手を取り、振り向いてカルファを指差し、「これがマンディングでの私の父上だ。すぐに紹介しようと思ったが胸がいっぱいで」と言った。

われわれは夕方マラコッタに着き、歓待された。ここは城壁のない町である。大半の小屋は籐の裂いたものを枝編み細工のようにねじってつくられており、その上に泥を塗りつけてある。ここにわれわれは三日滞在し、校長は毎日、雄牛を贈ってくれた。町の人たちも歓待してくれたが、彼らは非常に活動的で、勤勉だった。彼らは落花生を水炊きし、木灰のあくを加えて非常に良質の石鹼をつくる。彼らはまたすばらしい鉄を製造し、それをボンドウへ持って行って塩と交換する。町の住人の一行が最近このような行商から帰り、フータ・トラの王アルアミ・アブダルカダーとジャロフの王ダメルとのあいだの戦いについて情報をもたらした。この戦争のことは、すぐに歌い手たちの気に入りの歌となり、セネガル、ガンビア両川に接する全王国の共通の話の種となった。一風変わった話なので、ここにかいつまんで読者にお知らせしよう。

自国の宗教を布教する熱意に燃えたフータ・トラの王はダメルに使節を送った。この使節は九一ページで述べたカッソンに送った使節と同じようなものであった。このたびの大使は二人のもっともすぐれたブシュリーンを伴っていた。二人はそれぞれ、先に大きなナイフをとりつけた長い竿をかついでいた。大使はダメルに謁見の許しを得て、アブダルカダー王の意向を告げ、従者のブシュリーンに、この度の使命の象徴である品を差し出すように命じた。そこで二つのナイフがダメルの前に置かれ、大使は次の様に説明した。「もしダメルが回教の教えを受け入れるなら、アブダルカダーはこのナイフでダメルの頭を剃って差し上げたい。しかし、もしダメルがそれを受け入れることを拒否するなら、アブダルカダーはもう一つのナイフでダメルの喉を切るであろう。どちらをお取りになりますか」。ダメルはどちらも取らぬと冷たく使者に告げた。彼は頭を剃られることも、喉をかき切られることも拒否したのである。こう返事をして使者を丁重に引き取らせた。そこでアブダルカダーは行動をおこし、強力な軍隊を率いてダメルの国に侵入した。その町村の住民は、彼が近づくにつれ、井戸を埋め、糧食を捨て、荷物を運び出し、住居を破棄した。かくして彼は次から次へと占拠し、三日目にはジャロフの国に入った。彼はなんの妨害にも遭わなかったが、彼の軍隊は水不足で非常に苦しみ、数人の部下が途中で死んだ。このため彼は軍を森の中の水場に向けざるを得なかった。そこで彼の部下は渇きをいやしたが、疲労のために不注意にも茂みの中で寝込んでしまった。そこを夜明け前にダメルに襲撃され、全滅した。多くは眠っているところをジャロフの馬に踏みつぶされたのである。逃げようとして殺された者もおり、なお多くの者が捕虜になった。捕虜のなかにアブダルカダー自身もいた。一カ月前にダメルに脅迫の使者を送ったこの野心家、いや、狂気じみた王は、いまや哀れにも捕われの身をダメルの前にさらした。この時のダメルの態度を歌い手たちは最高の賛辞でうたい上げた。アフリカの君子としてはできすぎているので、読者はその歌を信じないかも知れない。捕虜となった国王が鎖《くさり》でしばられ、敵国の王の前に引き立てられ、地面に投げ倒されたとき、寛大なダメルは、こういう場合の習慣に従ってその首に足をかけ、槍で突き殺すかわりに、次のように話しかけた。「アブダルカダーよ、この問いに答えよ。もし戦況が私をお前の立場に置き、お前が私の立場になったとしたら、お前は私をどのように扱ったろうか」「私は槍でお前の心臓を一突きにして見せただろう。そして同様な運命が私を待っていることも承知している」とアブダルカダーは敢然と答えた。「いや」とダメルは言った。「たしかに私の槍は戦いで殺されたお前の部下の血で赤く血塗られている。そして私は今、それをお前の血でさらに赤くそめることができる。だが、そうしても私の町が建つわけでもなし、森の中で倒れた大ぜいの命が甦るわけでもない。それゆえ、私はお前を殺さずに、私の奴隷として留め置こう。お前を国に返した時に、その存在が隣国にとってもはや危険でないことを私が認める時がきたら、その時にお前の正しい身の振り方を考えよう」

こうしてアブダルカダーは身柄を引き取られ、三カ月間奴隷として働かされた。この期間が終わったとき、ダメルはフータ・トラの住民の懇願を聞き入れ、彼らに王を返した。

この話は奇妙だと思われるかも知れないが、私はその真実を疑わない。この話はマラコッタでニグロたちが私に話してくれたものであるが、後にガンビアでヨーロッパ人が同じ話を私にしたし、ゴリーでフランス人も同じ話をしてくれた。そして森の中の水辺でアブダルカダーとともに捕われ、私と同じ船で西インド諸島に連れていかれた九人の奴隷も真実だと証明している。

第二六章　無事海岸へ帰る、そして帰国

五月七日、マラコッタを発って、セネガル川の支流、バ・リー（ハニー・リバー）を渡る。夕方、ビンティンガラという名の城壁のある町に到着して、そこで二日休息した。

そこからさらに一日でディンディクーに進んだ。これは高い尾根をもつ山々の底にある小さな町で、その山々にちなんで、この地区はコンコドゥ「山々の国」と名づけられている。これらの山々からは金がたくさん出る。私は最近集められた少量の金を見せてもらった。粒はだいたい普通の大きさだったが、マンディングのよりずっと平たく、ハンマーで細かく砕くと、白色石英の中から出てきた。この町で、私は髪も肌もくすんだ白い一人のニグロに会った。彼はスペイン領西インド諸島でアルビノス（白いニグロ）と呼ばれる種族のようであった。皮膚は青ざめて見苦しく、原住民はこの顔色を病気のせいだと考えていた（もっともだと思う）。

五月一一日――夜明けにディンディクーを出て、苦しい一日の旅の後、夕方サタドゥーに到着した。これは同名の地区の首都である。ここは、以前はかなり大きな町であったが、フータ・ジャラのフーラー族の侵入略奪の結果、多くの家族が去って行ってしまったのだ。フーラー族はこっそりと森を抜けてやってきては、穀物畑で働く人びとや、町の近くの井戸にくる人びとさえ連れ去るのを常習にしていたのである。一二日の午後ファレメ川を渡る。この川は、前に私が東方に旅したとき、ボンドウで渡ったのと同じ川である。この季節には川の流れが二フィートぐらいの深さなので、この地点で楽

に渡ることができた。水は澄んでいて、砂と小石の河床を速く流れている。その晩、われわれはマンディンゴの一商人の私有であるメディナという小さな村に泊った。この商人はヨーロッパ人との長い交際によって、ヨーロッパの習慣の一部を取り入れていた。食物は白鑞《びゃくろう》の皿に盛られ、彼の家もガンビアのイギリス人の家の流行をまねて建てられていた。

五月一三日――朝、出発の用意をしていたとき、セラウーリの商人の奴隷の一団が川を渡ってきて、われわれと一緒にここからまる一日の旅程にある、デンティラの首都、バニセライルまで行くことになった。われわれはともに出発し、森を抜けて非常な速度で進んだ。正午に、セラウーリの奴隷の一人が頭から荷物を落したかどでひどく鞭打たれた。荷物をもとのように頭に載せたが、一マイルも行かないうちにまた落して、同じ罰を受けた。彼にとって、この後の旅は非常に苦しいものとなった。その日はとくべつ暑かったので、二時ごろに水溜りのそばで一息入れた。その哀れな奴隷は消耗し切っていたので、主人はロープを解いてやらざるを得なかった。地面に倒れたまま動かなかったからである。そこで一人のセラウーリがそこに残り、夕方涼しくなってから、彼をなんとか連れてくることになった。一方、われわれは、旅をつづけ、まる一日の苦しい旅を終えて、夕方遅くバニセライルに到着した。

一行のスラティの中に、この地の出身者で、三年も留守にしていた男がいた。この男は私を彼の家に招いてくれた。門のところで彼の友人たちが大喜びで迎えた。握手をしたり、抱きついたり、彼の前で歌ったり踊ったりした。彼が戸口の敷居のそばのマットに坐るやいなや、一人の若い女(彼の許婚者)が、ヒョウタンに少し水を入れてもってきて、彼の前に跪き、手を洗って下さいといった。彼が手を洗うと、その娘は目に喜びの涙をため、その水を飲んだ――これが彼に対する貞操と愛情の最大のしるしと考えられているのである。その晩八時ごろ、疲労した奴隷の面倒をみるために森の中に残してきたセラウーリが帰ってきて、彼が死んだことを告げた。しかし、噂では、彼が自分で奴隷を殺したか、路に置き去りにしてきてしまったのだろうということであった。セラウーリ族は奴隷の扱い方がマンディンゴ族よりはるかに残酷だと言われているからである。われわれは、土産《どさん》の鉄、シア・バター、その他ガンビアで売る物資を購入するために、二日間バニセライルに留まった。私を招いてくれた三人の奴隷をもつスラティは、沿岸部では奴隷の値段が非常に安いという情報を聞いて、われわれとここで別れることにした。自分の奴隷を高値で処分できる機会を待って、この地に留まることに決めたのである。その間、前述の若い女との結婚式をすまさねばならないから、とわれわれに説明した。

五月一六日――バニセライルを後にして密林を進んだが、正午ごろ、遠くにジュリファンダの町が見えた。その夜はカーワニという大きな町に休息する予定だったので。ジュリファンダには近づかなかった。そして午後四時ごろ、カーワニに到着した。この町は谷にあり、周囲一マイルにわたって森が開墾され、よく耕作されていた。住民は活動的で勤勉であるらしく、ある程度完全な農法を行なっているように思われた。というのは、適当な時期に土地に施肥をする目的で、乾燥期に家畜の糞をうずたかく集めていたからである。このようなことは、アフリカの他のどの地域でも見たことがない。町の近くに数個の精錬用の溶鉱炉があり、原住民は非常に良質の鉄をとる。彼らはその鉄をハンマーでたたいて、長さ約一フィート、幅二インチの小さな棒にする。その棒の一本でマンディンゴの穀物用の鍬二本が充分つくれる。

到着の翌朝、この地のスラティの訪問を受けた。最近買った奴隷の中に、フータ・ジャラの出身者がいるが、その国が近いので、逃亡するのではないかと心配で、彼はこの奴隷を安心して畑仕事に使うことができないとカルファに話した。そのスラティは、この奴隷をカルファの奴隷の一人と交換してもらいたかったので、この申し出に応じてくれるようにカルファを説得するため、布やシア・バターを贈った。カルファは申し出を受け入れた。そこでスラティは、問題の奴隷に落花生を二、三粒もってくるように命ずるため、一人の少年を使いに出した。その哀れな奴隷は、すぐにわれわれが坐っている中庭に入ってきた。彼は主人が門を閉めさせて、坐るように言いつけるまで、どんな交渉が行なわれていたかにまったく疑念を抱かずにいたのである。だが彼は、自分の危険を知り、自分が閉じこめられたことがわかると、豆を放り投げて垣根を飛び越えた。ただちにスラティが追いかけて、連れもどし、足かせをはめた。次にカルファの奴隷の一人が鎖を解かれ、代わりに連れて行かれた。不幸にも囚われの身となったその奴隷は、はじめのうち元気がなかったが、二、三日すると憂鬱はしだいにおさまり、やがて仲間と同じように元気になった。

二〇日の朝、カーワニを出て、二日間の旅程であるテンダの荒野に入った。森は非常に深く、土地は南西に傾斜していた。一〇時ごろ、ガンビアから帰ってきた二六人の人間と荷を積んだ七頭のロバの一行に会った。男は大半がマスケット銃を持ち、肩から緋色の布製の幅広いベルトをかけ、頭にはヨーロッパ風の帽子をかぶっていた。彼らは船がここ何カ月も入港しないので、沿岸地帯での奴隷の売れ口は非常に悪いと言った。これを聞いて、ファレメ川からわれわれと一緒に旅をしてきたセラウーリたちは、奴隷たちを連れて一行から離れた。彼らは次の船がやってくるまで、ガンビアで奴隷たちを養っておくだけの富もないし、安く買いたたかれるのは厭だと言った。そこで彼らはわれわれと別れ、カジャーガをめざして北に向かった。われわれは荒野を抜けるルートをたどり、広大な竹藪におおわれたでこぼこの地域を終日進んだ。嬉しいことには日没ごろ水場に着いた。ここは大きなタバの木の近くで、そのためにタバギーと呼ばれている。二、三時間休む。この時期、このあたりの森林には水が乏しく、しかも日中は耐えられぬほど暑いので、カルファは、夜歩こうと言い出した。こうして一一時ごろになると、奴隷は鎖をはずされ、一つには奴隷たちの逃亡を防ぐため、また一つには野獣から身を守るため、かたまって歩くように指令された。非常に敏速に進んだが、一人の自由民の女が夜のうちに一行からはぐれたことが夜あけに判明した。大声で彼女の名を呼び、その声が森にこだましたが、返事はなかった。道に迷ったか、だれも知らぬまにライオンにやられたのだとみんなそう推測した。一行の中の何人かが水を飲みに足をとめた小川まで、夜中に四人の者が二、三マイル戻ることになり、われわれは彼らの帰りを待つことになった。日が高くなる一時間ほど前に、人びとはその女を連れて帰ってきた。彼女は小川のそばでぐっすりと寝込んでいたのを発見されたとのことだった。われわれはふたたび旅をつづけ、一一時ごろ城壁のある町、タンバクンダに着き、そこで歓待された。ここでわれわれは次のような出来事に関する協議のため、四日間滞在した。——一行のなかのスラティの一人、モディ・レミナは、以前この町の女性と結婚し、二人の子供をもうけた。彼はその後、マンディングに行き、そこで八年暮し、その間、別居中の妻になんの便りもしなかったので、彼らが帰る見込がないと思ったその妻は、三年後、別の男と結婚し、さらに二子をもうけた。レミナは今になって、その女は自分の妻だと主張したが、二人目の夫は、アフリカの掟によって、男が生死の消息を絶って三年間妻の許を離れていた場合、女は再婚する自由があることを主張して、彼女を引き渡すことを拒否した。酋長たちの集まりで、すべての情況を調査した結果、妻に選択権があり、彼女が自分でいいと思えば、最初の夫の許に帰るも、また二人目の夫と生活をつづけるのも自由であるという結論が出た。この決定はその婦人に有利なものではあったが、彼女は決心がつかず、しばらく考える時間がほしいと言った。私は最初の夫の愛が勝利を得るだろうと思った。レミナは、ライバルよりいくらか年上であったが、ずっと金持だった。このことが妻の愛情の秤《はかり》にどれだけの重さを持ったかは、私はあえて言わないでおこう。

二六日の朝、タンバクンダを後にした時、カルファはこの町から西にはシアの木はもうないと言った。私はマンディングからこの木の葉と花を持ってきたが、それらは途中でひどく傷んでしまったので、ここで別種のシアを採集しておこうと思った。その実の恰好からみて、このシアの木はあきらかにサポタ（アカテツ）科に属するようで、チャールス・ハミルトン大尉が『アジア探検記』（第一巻、三〇〇ページ）の中で描写しているムドサの木にいくらか似ている。

一時ごろ、シビキリンという城壁のある村に着いたが、住民がよそ者に冷たく、盗みが好きな性質を持っているので、その町に入らない方がいいと考えた。われわれは木の下でちょっと休み、それから暗くなるまで歩きつづけて、ガンビアの方向に流れている小川のそばで一夜を明かした。翌日、道は荒れた岩地を越えて、いたるところで山に向かっており、猿や野獣が多かった。山のあいだの小川にはたくさんの魚がいた。この日の旅はたいへんきつく、クームブーの村に着いたのは日が暮れてからであった。この近くに以前、戦いで破壊された大きな町の廃墟があった。クームブーの住民はシビキリンの人たちと同様、評判が悪かったので旅人はめったにこの村には泊らなかった。そこでわれわれもその夜は野宿した。雨が降りそうだったので、仮のテントを張った。

五月二八日――クームブーを出て西に約七マイルの地点のフーラーの町で眠った。翌日そこを出発、ネオラ・コバという名のガンビア川のかなり大きな支流を渡り、人口の多い地域に入った。ここには、たがいに見える位置に数個の町があり、まとめてテンダと呼ばれているが、個々にも名前がついている。われわれはその一つでコバ・テンダという町に泊り、シンバニーの森を越えるのに必要な食糧を調達するため、その翌日もここに留まった。三〇日、われわれはジャラコッタに着いた。かなりな町だが、ボンドウから森を抜けてやってきて、手当りしだい盗みまくるフーラーの山賊どもにかなり荒らされていた。われわれが到着する二、三日前に、彼らは二〇頭の牛を盗み、翌日またやってきたが撃退され、一人が捕えられた。

一行の奴隷の一人は、この三日間、かろうじて旅をつづけてきたが、これ以上先に進めないことがわかった。そこで彼の主人（歌い手）は、この町の住人の所有する若い女奴隷と交換したいと申し出た。哀れなその少女は、朝荷物が全部ととのい、一行が出発する時になって、はじめて自分の運命を知った。ほかの若い娘たちと一緒にわれわれ一行の出発を見送りにやってきたとき、彼女の主人が娘の手を取って歌い手の所に連れて行った。落ち着いた顔つきがたちまち深い悲嘆に変わった。頭の上に荷物を載せられ、ロープが首の周りにまかれた時に彼女が見せた恐怖、仲間に別れを告げた時の悲しみの表情は、まったく見てはいられないほどだった。

九時ごろ、われわれはシボアの木（椰子の一種）でおおわれた大平原を横切り、ガンビア川の支流のネリコ川に出た。この川は、この季節には小さな川にすぎないが、雨季には旅人たちにとって危険な川になる。この川を渡り終えるや、歌い手たちは、無事に西の国、彼らの言葉を借りると日の沈む国に着いた喜びをあらわす独特の歌を大声でわめきはじめた。地面は平らで、土は粘土と砂がまじっていた。午後、ひどい雨があったので、われわれはニグロたちがいつも使う傘、大きなシボアの葉を使った。それを頭に載せると全身を完全に雨から防げる。その晩はある村の廃墟の近くの大きなタバの木の木蔭で眠った。翌朝、ノーリコ川を渡って、二時ごろ、ふたたびガンビア川の堤に立ったとき、限りない喜びがこみ上げた。ガンビア川はこの地点では深くゆるやかで船が通れるが、少し下流では流れが浅いので、旅人たちは歩いて渡ることが多いと人びとが話してくれた。この対岸の南側にトゥームビー・トゥーリラと呼ばれる粘土質の大平原がある。それは沼地の一種で、横切るのにまる一日かかるので人びとはよくそこで道に迷う。午後、われわれは頭に綿布の束を載せた男一人、女二人と出会った。彼らはデンティラに鉄鉱を買いに行くのだと言った。ガンビアの沿岸では鉄がひどく不足しているのである。暗くなる少し前、われわれはシースカンダと呼ぶウーリ王国のある村に到着した。この村の近くにはたくさんのニタの木があり、そこを通ったとき、奴隷たちはその実のついた大きな房を集めた。だが住民は迷信を信じているので、この実を村に持ちこむことはできなかった。人びとが、ニタを常食として穀物の耕作をおろそかにすると、その地には大災害が起こるという迷信である。

六月二日――シースカンダを出発。多くの村を通ったが、全員ひどく疲れていたにもかかわらず、どの村も一行を受け入れてはくれなかった。午後四時過ぎ、バラコンダに着き、そこで一日休息。四日の朝バラコンダを発って二、三時間でウーリ王の領土の首都メジナに着いた。読者は私が一七九五年、一二月のはじめ、東方への旅の際、この王からあたたかいもてなしを受けたことをご記憶であろう[1]。私はただちにこの善良な老恩人が元気であるかどうか尋ねた。ところが、重い病気にかかっているときいて心を痛めた。カルファは一行が立寄ることを許さなかったので、私は王に会えなかったが、税関吏に頼んで私の無事を念じてくれた王の祈りは無駄でなかったと伝えてもらった。日没まで旅をつづけ、クータカンダのやや西にある小さな村に泊り、翌日ジンディに到着した。ここは一八カ月前、私の友人レイドレイ博士と別れた地で、以来、今日まで、私は唯一人のクリスチャンの顔も見なければ、私の母国語の楽しいひびきも聞かなかったのだ。

　私が旅を開始した地点、ピサニアはすぐ近くにあった。友人のカルファがガンビアで奴隷を売る機会にすぐには恵まれそうになかったので、私は彼に、市が立つまで奴隷をジンディに置いた方が得ではないかと言ってみた。彼は私のこの意見に賛成して、その町の酋長から奴隷を泊める小屋と、自給させるための穀物や、その他の食糧を栽培させる少しばかりの土地を借りた。彼自身について言えば、彼は私がアフリカを去るまで私を見捨てないと断言した。こうして、カルファと私と一行の一人のフーラー人は、九日の朝早く出発した。いまや、長い苦しい旅も終わりに近づき、あと一日もすれば自国の人たちや友人に会えると思うと期待に胸がふくらんだが、不幸なこれらの旅の道連れたちと、これきり別れてしまうには忍びなかった。おそらく彼らの大半は囚われの身の奴隷として、その一生を見知らぬ国ですごし、しかもそれをたいして悲しいとも思わずにいることであろう。熱帯の灼けるような太陽の下を五〇〇マイル（イギリス流に言って）を越すつらい旅のあいだ、このあわれな奴隷たちは、私よりはるかに大きな苦しみの中にありながら、私をあわれんでくれた。私の渇きを癒すために水を汲んでくれたこともたびたびで、夜ともなれば荒野の中で私の寝床をつくるために、木の枝や葉を集めてくれた。われわれはたがいに名残りを惜しみ、感謝しつつ別れた。私にせいぜいできることは、彼らの幸せを願うことと、神の加護を祈ることだけであった。私がそれ以上何もしてあげることができないことはわかっている、と彼らが言ってくれたのが、私にとってせめてもの慰めだった。

先を急ぎたい一心で、道中休みもせずに、夕方にはテンダクンダに着き、セニョラ・カミラという年老いた黒人女性の家であたたかく迎えられた。この人は長年イギリスの工場に勤めたことがあり、英語を話した。私は今度の旅へ出発する際、ガンビアを出発する前に彼女に会ったが、私の今の服装や姿がヨーロッパ人の普通の様相とあまりにちがうので、彼女が私をムーア人とまちがえたのも無理のないことである。私は名前と国名を告げたとき、彼女は非常に驚いて、私は見つめ、信じがたい様子であった。ガンビアの商人は、だれ一人として私にふたたび会えるとは思っていなかったと彼女は言った。ルダマールのムーア人たちがホートン少佐を殺害したように、私をも殺したとの情報を聞いたのは、かなり前のことだとも言った。私は私の二人の随行者、ジョンソンとデンバの安否と尋ねた

1　五六ページを参照。

が、残念ながら二人とも帰ってきていなかった。それまで英語の会話を聞いたことのないカルファは、私たちの話にじっと耳を傾けていた。彼には見る物がすべてすばらしいようだった。家具や椅子、そしてとくにカーテンつきのベッドは、彼の憧れの的であった。そして彼は私に種々の品物の実用性や必要性について山ほど質問をした。そのいくつかは私にも満足に答えられなかった。

一〇日の朝、私がテンダカンダにいることを聞いてロバート・エインズレイ氏が私に会いにきて、自分の馬を使ってくれるようにと親切にも申し出てくれた。彼は私にレイドレイ博士はその家財全部を川を少し下ったところにあるカエと呼ぶ地に移し、船でドゥマサンサに米を買いに行ったが、一両日中にもどってくるだろうと言った。そこで彼は博士が帰るまでピサニアの彼のところに来てはどうかと招いてくれた。私はその招きに応じ、友人カルファを伴い、一〇時ごろピサニアに着いた。

エインズレイ氏のスクーナー船が家の前に停泊していた。これはカルファがそれまでに見たなかでもっとも驚いたしろものだった。彼はマスト、帆、綱具等の使い方を容易に理解することができず、また、彼にはどんな仕掛けにせよ、このように大きな船体を普通の風の力で動かすことが可能だなどとは想像もできなかった。船を構成している種々の厚板の留め方も、水が浸み込まぬようつぎ目をふさぐ方法も、まったく彼にははじめてのものだった。そしてケーブルと錨のついたそのスクーナー船が、ほとんどその日一日カルファを深い瞑想に閉じこめてしまった。

一二日の午後、レイドレイ博士がドゥマサンサから帰ってきて、まるで死者が甦ったように私を大きな喜びと満足で迎えてくれた。私が彼に託した衣類は売られもせず、イギリスへ送り返されてもいなかったので、私は直ちにイギリスの服装を整え、私のあごから由緒ある邪魔物を剃り落した。カルファは私の英国のなりを見て大喜びだったが、あごひげを剃ってしまったのを非常に残念がった。ひげがなくなったので大人から子供になったと言った。レイドレイ博士はすぐに、私がガンビアを出発してからかかった金銭上の債務契約をすべて清算する労を取ってくれ、その金額を協会に請求してくれた。（すでに述べたように）私のカルファとの約束は、一級の奴隷一人分の値段を彼に支払うことであり、その分はわれわれがカマリアを出る前に、レイドレイ博士宛の請求書として彼に渡してあった。というのは、もし途中で私が死んだ場合に、私の恩人が損をするのは、私としては不本意だったからである。しかしこの善人は私に対してずっと変わらぬ親切を示してくれたので、この報酬では申しわけないと考えた。そこで私は、最初に約束した額の倍額をあげたいと話し、レイドレイ博士も、いつでも都合のいいときにその金額の品物を届けようと言った。カルファはこの予期せざる私の感謝のしるしにすっかり興奮してしまった。そして私がマラコッタの校長のファンクーマにも立派な贈り物をするつもりだと話したとき、その興奮はさらに大きくなった。彼はその贈りものを自分のものと一緒に持って行くと約束した。そしてレイドレイ博士は、奴隷船が着いたらすぐに、最高の条件で彼の奴隷を取引きできるよう尽力すると請け合った。レイドレイ博士によって示されたこれらの心づかいや親切は、けっして無駄にはならなかった。カルファは「私の旅は最高だった」とくり返した。しかし、われわれの製品が非常に進んでいることや、生活が明らかに文化的であるのを見て、カルファはときおり思いに沈み、我れ知らず溜息をついて「ファト・フィング・インタ・フェング」（黒人は駄目だ）とつぶやいた。また時には大真面目で「商人でもないあなたが、なんでアフリカのようなみじめな国を探検しようなどと思ったのか」とたずねた。彼の質問の意味は、あなたがいろいろ見てきたとおり、アフリカには注目に価いするものは何もないだろう、ということである。

私が、この立派なニグロの性格のこまかな特徴を述べたのは、彼自身について述べたいからというより、彼が、彼の身分をこえた高い心をもっていたということを語りたかったからである。それは以上の彼の行動からもあきらかであろう。読者が、人間性というもののあらゆる段階について、粗野なものが磨かれたものへ移っていく過程を辿ってみたいと思うなら、私がこのあわれなアフリカ人に関して述べたことを考えていただきたいと思う。

私が内陸から戻る何カ月も前から、ヨーロッパ船は一隻もガンビアに到着していなかった。すでに雨季に入っていたので、私はジンディにいる仲間の所へ帰るようカルファを説得した。一四日に彼は愛情こめて、別れを告げた。しかし、私は、年内にアフリカを去ることはまずできないと思ったので、出発前にもう一度会いたいと彼に言った。だが、幸か不幸か会うことはできなかった。そして私の物語もそろそろ結びへ急ぐことになる。

一五日にチャールス・ハリス氏の指揮するアメリカ船チャールルス・タウン号が入ってきた。その船は奴隷買い入れのためにゴリーに立ち寄り、そこで満船にして、そこからサウス・カロライナに向かう予定であった。このときガンビアのヨーロッパ商人は非常に多くの奴隷を手もとに抱えていたので、主としてラム酒と煙草であるその積み荷を全部買い取り、二日間でその金額に相当する奴隷を届けることで船長と折り合いがついた。これが（回り道ではあるが）私に、忘れられぬ故国に帰る機会を与えてくれた。そこで私はすぐにアメリカ行きのこの船の切符を買った。そしてたいへん世話になったレイドレイ博士と友人たちに別れを告げて、六月一七日にカイーで乗船した。

川を下る船旅は退屈で苦しいものだった。天候は非常に暑く、じめじめし、健康に悪かったのでゴリーへ着く前に、四人の水夫と医者、三人の奴隷が熱病で死んだ。食糧不足のため、われわれはゴリーで一〇月初めまで引き留められた。ガンビアとゴリーでこの船に乗せられた奴隷の数は一三〇人、このうち、約二五人はアフリカでは自由の身であったようだ。彼らの大部分はブシュリーンでアラビア語が少し書けたからである。彼らのうち九人は、前章で述べたアブダルカダーとダメルのあいだにおきた宗教戦争による捕虜で、他の二人は私がボンドウを通ったとき私を見ており、内陸地方で私のことを聞いて知っていた者も大ぜいいた。私は彼らと土着語で会話をかわしたが、それが彼らを慰めた。医者が死んだので、私はその後の航海中、その部屋で医者の役目を果たすことに同意した。事実、彼らには、私の力で与えられるすべての慰めが必要だったのだ。私は雇い主や船員が彼らに対して、勝手気ままに残酷な振舞いをするのを見たわけではないが、ニグロを閉じこめ、つないでおくアメリカ奴隷船のやり方は（主としてアメリカの船員の弱さのため）、同じ貿易に従事しているイギリス船よりもはるかに厳しくて、あわれな奴隷たちの苦しみはひどく、病人が続出した。ガンビアで死んだ三人の外に、ゴリー停泊中に六―八人、海上で一一人死に、多くの生存者も衰弱した状態になっていた。

この悲惨な状態の真只中で、三週間の航海ののち、船は水漏れがひどくなり、始終ポンプで汲み出さねばならなくなった。そこで、もっとも有能なニグロの鎖を外して、この労働に使う必要にせまられたが、彼らは力以上の仕事を強制された。そのみじめさは筆舌につくしがたいものであった。しかし、救いは思ったより早くやってきた。というのは、船から水をかい出そうとするわれわれの懸命の努力にもかかわらず、漏水はひどくなる一方で、船員たちは、われわれの生命を救う唯一のチャンスを得るために、西インド諸島向けに進路を変えることを主張したからである。したがって、奴隷の持ち主側から反対はあったが、船はアンティグアに向かい、幸運にもゴリー出発後約三五日でその島に到着したのである。しかしこの中継地において、船はあやうく難破するところであった。その島の北西側に近づいたとき、船はダイヤモンド・ロックにぶつかり、やっとのことでセント・ジョーンズ港に入港できたのだ。その後、船は航海不能と宣告され、私の聞くところによれば、奴隷たちは所有主の利益のために売られるように命じられた。

この島に滞留して一〇日目に、リーワード諸島から本国に向かうチェスタフィールド・パケット号がアンティグアからの郵便を受けとるため、セント・ジョーンズ港に立ち寄った。そこで、私はそれに乗船した。船は一一月二四日に出帆し、荒れ模様の短い航海の後、一二月二二日、ファルモスに到着し、私はそこからただちにロンドンに向かった。

じつにイギリスを出てから二年七カ月後のことであった。

アフリカから帰ってから、パークはかなりの期間ロンドンにとどまり、この旅行記の出版のため、材料の整理に力を入れた。

第二部　第二次探検

一八〇五年　アフリカ奥地への探検記

二八章から三二章までは、ほとんどパークの逐語的報告とも言うべき日記で、天文学上の観察と、必需品のリストなどは省略してある。道中で記述された簡単な旅日誌によくあるように、文体は第一巻（本書では第一部）ほど洗練されていない。実際、彼をおそった困難のことを考えると、パークが日記を書きつづけたことすら驚嘆に価いする。

第二七章　はしがき

パークの帰国は凱旋のようなものであった。家族はまるで死者がよみがえったように喜び、アフリカ協会は特使のこのような成功に歓喜した。一般民衆は彼の重要な発見についてはもとより、そのような重要な発見をもたらした彼の態度が控え目なことに強い印象を受けた。日誌の出版準備は、パークにとって大きな重荷であったが、一七九九年に発売されると、たいへんな成功を収め、数版を重ねた。しかし、こうした成功がパークの人柄を変えさせることはなかった。彼は名士扱いされるのを拒み、探検について語るのを避けた。背が高く、体格がよく、美男子であるにもかかわらず、彼はうぬぼれず、見栄も、えらぶった様子もなかった。あふれる活気とおもしろい話を彼に期待した人たちは、それとは反対の、かなり冷ややかで、控え目な彼を発見するのだった。しかし、彼は友人のなかにいるときは逆で、友人たちは彼を高く評価し、彼に好感を寄せた。

日記の出版の後、パークはファウルシールズに帰り、彼が前に勤めていた主人の娘、セルカークのアリソン・アンダソンと一七九九年に結婚した。二年の平和な歳月がつづき、彼は本の収入で生活し、アフリカの旅のきびしさで損った体力を徐々に回復した。初め彼は胃病――おそらく赤痢であろう――にしばしば悩まされ、また自分がふたたびアリのとりこになったり、あるいはアフリカの地で絶体絶命に追いこまれているような夢に脅やかされた。しかし一八〇〇年の夏ごろまでには、体力も気力も取りもどしたようである。というのは、彼はジョセフ・バンクス卿に手紙を書いて、海外での職がないかと求めているからである。ニュー・サウス・ウエールズへの特使としての可能性がありそうなので彼は上京したが、そのとき、ロンドンから、一八〇一年三月一二日に妻宛に出したつぎのような手紙の中に、われわれは彼の人柄の一端をうかがうことができる。

「愛するアイリー、君に便りを書くのがなによりの楽しみだ。この前手紙を出すのが一日おくれたのは、じつは、君に送る金を手に入れるためだったのだよ。君はそのうちの紙幣一枚で君自身のものを買いたいというのだね。かわいいアイリー、もちろん賛成するよ。僕のものは君のものだ。そんなちょっとしたことまで相談してくれる君の優しさが嬉しい。何千ポンドでも君に上げたいが、いまあるだけで君は満足してくれると思っている。もっと暮し向きがよくなる日のくるのを楽しみに待とう。ほんとうに君と一緒にいたい。もうとうに事は落着しているはずだったのだが、ジョセフ（・バンクス）卿が病気で、彼が回復するまでは、どうすることもできないでいる。

「愛する妻よ・君が一緒にニュー・サウス・ウエールズへ行ってくれると知ってほんとうに嬉しい。君は僕の求めるすべてだ。どこへ行こうとも、僕がいつも君を愛していることを信じてくれるだろう。いかなる状況になっても、きまりしだい知らせる。それがはっきりときまるまでは、だれにも言わないでほしい。茶碗から唇までのあいだは大きなへだたりだからね。

「いとしいアイリー、いつも君のことを考えている。この土地には倦きてしまったが、二人のために何かできるというチャンスを逃がすわけにはいかないのだ。これが成就したら、一刻もむだにしない。君に会えるとき、僕はこの世でいちばん幸せな男なのだ。すぐに返事がほしい。便りのくるのを指折り数えている。愛するアイリーよ」

オーストラリヤの使節団からはなんの報せもなく、マンゴはファウルシールズへもどって、他の可能性を探った。ふしぎなことに、彼は医業に従事することを好まなかった。――彼は農業をやることさえ考えたのだが。

彼のアフリカの旅を考えるとき、われわれはこのことを心にとめておかねばならない。どんな探検の場合でも、パークは旅を容易にしたり、金をかせいだりする手段として、自分の職業を用いようとはしなかった。彼の旅行記を読んでも、マンディンゴ族の病気に関する記述（第二一章二五〇ページ）をみれば、彼が医術を学んだとは思えないだろう。この点、リビングストンとは対照的である。もしもパークがアフリカで、リビングストンのように治療できるという評判をかち得たなら、彼の困難はずっと少なかったにちがいないと思うが、正直なところ、パークの時代の医学は、リビングストンの時代よりも、かなり初歩の段階であったことも念頭におくべきだろう。

一八〇一年一〇月、パークはピーブルスに移って開業医となった。間もなく彼は勤勉で親切なために高い評判を得たが、その仕事は彼にとって、もっとも性に合わぬものであった。サー・ウォーター・スコットは彼について次のように書いている。

「彼は、冬の嵐に吹きとばされながら、寒い淋しいヒースや陰気な丘を越えて、遠くまでつらい往診をして一生をすりへらし、しかも報酬は糊口をしのぐのがやっとであるという暮しをするより、むしろアフリカに立ち向かい、あらゆる恐怖に挑戦する方を選ぶだろう」

ジョセフ・バンクス卿と絶えず連絡をとり、アフリカの探検をさらに試みたい旨を知らせてあったので、一八〇三年、植民局からニジェール川への使節の話が持ち出されると、パークはただちに招きに応じてロンドンへ出向いた。

パークは承諾した。今回は政府自体からの応援と資金があったのだが、またまたその遅延をしのばなければならなかった。延期、また延期で、パークはたまたま知りあった一人のムーア人とスコットランドへもどり、そのムーア人から探検実施のときがくるまで、アラビア語の教えを受けることにした。

一八〇四年九月、ふたたびロンドンに呼び出され、同年一〇月四日付けの記録によると、彼は自分の提案をカムデン公に送っている。探検は、「英国貿易の拡大と地理的知識の拡充のため」というのである。彼は貿易を行ないうるニジェール川までのルートを踏査することを提案した。彼はアフリカが輸出する商品や、バーター制で交換するヨーロッパの商品の価値をきちんと記した商品のリストをつくり、またアフリカにヨーロッパの植民地をおく可能性を調べるという計画を上申したのである。彼は三〇名のヨーロッパの兵士、六人の大工、一五―二〇名のニグロ（できれば細工技術者）、五〇頭のロバ、六頭の馬またはラバを要求した。一行の装備の明細書がつくられ、ニジェール川で建造される予定の、長さ四〇フィートの二隻の船のために必要な品名が提出された。さらに加えて、途中バーター制で取引きされるべき商品の一覧をつくった。そして、輸送のための動物はカナリー諸島で、人間はゴリーで調達すること、旅行中はつねに原住民の有力者の好意を得るよう努力すること、川に到着し、船を建造したら、その川を少なくとも一四〇〇マイルは航行すること、が上申書の中に記録された。そのあと、彼特有の控え目な記述が、つぎのようにつづく。

「もし川が不幸にしてそこで終わるならば、私は極度に危険な状況に追いこまれるであろう……ニジェール川をふたたび西へ向かって引き返すのは不可能だと思われるし、北へ向かうことも同様に不可能である。またアビシニアを旅することはきわめて危険である。いささか成功の望みのあるただ一つのルートは、ギニアのバイトへの道であろう」

彼は実際この企ての非常な危険性を認め、ニジェールとコンゴが同一の川であることが証明されることを希望して、南方への道が可能であることに望みをかけていたのだ。おそらくそうなるであろうと思われる理由をいくつかあげている。

彼の要望は受諾された。彼は隊長の使命と、五〇〇〇ポンドの金と、もし彼が死んだ場合は四〇〇〇ポンドが妻に与えられるという保証を与えられた。彼は同行者として二人の同郷人をえらんだ。一人は彼の参謀役として義理の弟アレキサンダー・アンダソン、もう一人は旅の記録係として同じくセルカーク人のジョージ・スコットである。

残念なことに、いや、そればかりか危険なことでもあったのだが、延期につぐ延期であった。探検隊が雨季になる前に現地に着くためには急がねばならない。雨季になれば旅はできない。だが、やっとイギリスを発てたのは一八〇五年一月三一日で、それはパークがまさに避けたいと願っていた時期であった。しかし彼がゴリーに着いて、そこから妻に書き送った手紙には、懸念していたにちがいない心配事はまったくふれられていない。

「一八〇五年四月四日　ゴリーにて。

アメリカの船が数日中にイギリスへ向けて出帆することをたったいま知ったので、この機会を利用して君に手紙を送る。イギリス出発以来、一同元気にしている。アレキサンダーがセント・ジャゴでちょっとリューマチにかかったが、いまは回復している。昨夜、彼はパーティでいくつかの田舎踊りを踊った。ジョージも心身ともに元気。セント・ジャゴから送った手紙は受けとったと思う。三月二一日そこを発って、二八日、ロバも一緒に当地に着いた。駐屯軍の兵士のほとんどが私に同行したいと希望したが、長官の助けをかりて、その地のもっともすぐれた者を一隊選んだ。当地の人たちは、この計画に付随する危険を軽く見ているので、私は同行を希望した数名の陸海軍将校の申し出を断わらねばならなかった。一行は金曜か土曜に、ガンビアに向けて出航する予定である。我が旧友のカルファがジョンカコンダに現在いることがわかって喜んでいる。同行してもらうため、彼を雇うことができるだろう。

これまでのところ、われわれは非常に幸運で、セント・ジャゴでも、また当地でも、仕事はすべてうまく運んだ。神が地球上のこの地方の住人の気質や感情を上手に支配して下さっているので、われわれは、君が思っているよりずっと容易に事を運んでいけるだろうと思う。いや、そうできると確信している。

どれほど君のことを思っているか言うまでもない。君にはそれがわかるはずだ。このあとの人生を妻子とともに過ごしたいという望みが、何事もたやすくしてくれるように思う。僕が無鉄砲なことをして、生命の危険を冒さないことを君はよく知っているだろう。君の幸せや子供たちの幸福がかかっているのだから。お母さんも私のことであまり心配しないようにしてほしい。君やお母さんが取り越し苦労して、僕がさまざまな目にあっていると想像しているのではないかと、ときどきそう思う。いままでのところ、私は成功しているし、あと六カ月で私の望みはすべて完了するだろう。

追伸、今朝内陸へ一二マイルほど馬で入った。アレキサンダーは、すっかり喜んでいる。暑さもほどほどで現在のところこの地は健康的だ」

ヨーロッパ人の同行志望者にはこと欠かなかったが、アフリカ人がだれも同行しようとしなかったことは不吉な予感を抱かせる。パークの人柄と名声が、現地のヨーロッパ人に強い印象を与えたにちがいない。また多くの者がゴリーにおける駐屯軍隊の退屈な仕事からはなれるチャンスをつかむのを喜んだこともいなめない。パークが彼らに何を望んでいたかは推測できないが、結果的には、彼らはまったくのお荷物であったし、彼らの隊長マーチン中尉は、パークの助けにはまったくならず、何から何まで責任をパークに押しつけた。パークはマーチン中尉についてなんら不満を表明していないが、マーチンが自分の部下のためになるよう責任をとった証拠はおろか、軍事面を担当した証拠などは、どこにも見あたらないのである。

ともかく、パークの旅はこういう仲間とピサニアの近くのカイーから始まった。最初から困難が起こり、護衛隊が内陸へ向かって出発したのは、やっと五月四日になってからで、ちょうど暑い盛り、雨季が迫っている時期であった。たちまち動物と人間の長い列の統制をとることのむつかしさがわかり、軍隊はまったくこの事態に対処する能力がなかった。内陸へ進んで敵が現われれば、このように長い輸送隊を効果的に守ることは不可能で、盗みが横行した。この一隊が弱いというニュースは野火のようにひろがった。原住民の略奪団がつぎつぎに傍若無人に盗みを働き、兵隊たちが病気で弱腰になると、ますます増長した。こんな探検隊では、こういう運命になるほかない。おそらくパークはそう予測していたであろう。また彼は、このような時期に奥地へ出発することのあやまりも知っていたにちがいない。しかし、もしこうしなければ、海岸で六、七カ月待たねばならず、それは健康的にも心理的にも、もっとひどい危険を伴ったであろう。この一団がまごまごと進んで行ったとき、パークは表面は勇ましい顔つきをみせてはいたが、心の奥底では気持が重く沈んでいたのではなかろうか。

R・M

第二八章　ピサニアからガンビアへ

一八〇五年四月二七日——午前一〇時カイーを出発。クレシェント号、ワシントン号、そしてエインズレイ氏の船がわれわれの出航に際して、祝砲をうって送ってくれた。この日はとくに暑く、荷を運ぶのに慣れていないロバが何頭かいて、進むのに難儀し、ヘトヘトになった。三頭のロバがカイーの東二マイルのところで泥沼の田にはまり込み、引きずり出すのに手間どっている間に、ガイドと先頭の連中はどんどん先へ行ってしまったので、われわれは彼らを見失った。まもなく一〇人ほどの兵士とロバに追いついたが、彼らも先頭から遅れ、道に迷うのを怖れて、われわれが行きつくのを待っていたのである。後方のわれわれ一行は、ジョンカコンダへの道をとり、一時ごろそこに着いたが、マーチン中尉も先頭部隊も見あたらず、彼らはニュー・ジャーミー経由で行ったのだろうと察して、われわれはガイドを雇い、旅をつづけた。ラメイン・コットーの村で、兵士たちを大木の下で二、三分休ませ、すぐラメインへ向かい、四時ごろそこに到着した。

一日中、真上から照る太陽の下を歩きつづけ、風がそよともなかったので、一同の疲労は極限に達した。マーチン中尉と他の連中はニュー・ジャーミー経由のルートで五時半に到着した。

四月二八日——ピサニアへ向けて出発。フーラー族の小さな二つの町と、コリンの村を通過し、ガンビア川の河岸に一一時半に着いた。そこでとどまり、馬やロバに水と草を与え、われわれも昼食を料理し、三時まで休息。ふたたび前進し、日没にピサニアに着いた。ここでエインズレイ氏の家に宿をとり、われわれの荷を積んだ彼の帆船がまだ着かないので、動物のために穀物を、兵士のために牛を買った。

四月二九日――セニョラ・カミラを表敬訪問したが、彼女は私が内陸部への旅をふたたび試みようとしているのをみて、たいへん驚いていた。

四月三〇日――エインズレイ氏の帆船が到着。荷物と米の陸揚げをただちに開始。

四月三一日――ロバの鞍を外して草をつめ、積み荷の重さをはかる。できるだけ減らしてみたが、結局ロバはわれわれの荷物を運べないことがわかった。エインズレイ氏の助けをかりて、さらに五頭のロバを購入。

五月一日――積み荷をしばり、それに印《しるし》をつける。

五月二日――三頭のロバと、食用の牛を一頭買う。

五月三日――積み荷をすべて完了、出発準備整う。

五月四日――九時半、ピサニア出発。ロバも積み荷もすべて印をつけ、赤いペンキで番号をふり、積み荷は一定数ずつ、六つの食事グループに割り当て、兵士たちもその六グループに分けて配属した。ロバをさらに各グループの中の個人個人に分けて、だれでも自分に属するロバを一目でわかるようにした。土着民が盗むのを防ぐためロバには大きな文字で番号をふり、その番号を洗い落したり、毛を切りとったりすれば、かならず見つかるようにした。ジョージ・スコット氏とイサコの隊のうち一人が常に先頭を行き、マーチン中尉が中央部、アンダソン氏と私がしんがりをつとめた。運ばせるロバがいないので、約二五〇キログラムの米をピサニアに置いてこなければならなかった。テンディクンダをすぎるところまで、エインズレイ氏と、あの親切な老セニョラ・カミラ、そして近隣の善良な原住民たちがつきそってくれた。行進は非常に難儀した。ロバの多くは積み荷が重すぎて道端に横になってしまい、歩かせるのにさんざん苦労したあげく、やっとのことで八マイルほどの距離にあるサミーに到着した。町から少し離れたところにある大きなタバの木の下でロバの積み荷をおろし、夕方、私はイサコと、サミーのスラティに敬意を表するため出かけて行った。

五月五日――琥珀六バーをマンボジャンボの男たちに支払い、朝早くジンディに向けて出発した。この日の旅はたいへんむずかしかった。ロバはほとんどが先へ進もうとせず、仕方なくその積み荷を馬に移した。ジンディに正午ごろ到着。牛を一頭購入して翌六日は休む。もし先を急ごうとするなら、森の中に荷を一部残していかねばならなかったからである。

五月七日――ジンディを出発したが、ロバがひどく疲労しているので、荷を運ぶのを手伝わせるため、さらに三頭のロバと四人の御者を雇わざるを得なかった。セント・ジャゴのロバの一頭が荷をつけると倒れてけいれんを起こし、マンディンゴの一一番のロバは荷を運ぼうとしなかった。私はそのロバをジンディまで送り返し、かわりに別の一頭を雇わねばならなかった。

昼ごろまでワリア・クリークの北側を進み、クータクンダの近くでそのクリーク（小さな川）を渡った。ロバを泳ぎ渡らせ、兵士たちはニグロの助けをかりて、荷物を頭上にのせて歩いて渡った。クリークの南側で休み、昼食を料理した。四時ごろ出発。クータクンダを通過、スラティ・ブリーに敬意を表するためマディナという村へ立ち寄った。水差し一杯の酒代として、エインズレイ氏のつけで一枚の札《さつ》を彼に与えた。ほとんど無人の村タバジャングで休む。ジャンベルーの王がウーリの王と協力して、この季節のあいだにここへ侵略したのである。われわれの案内人の母親がここに住んでいる。現状ではとても先へ進めそうもないので、ロバを買い足すか、米を少し捨てるか、どちらか以外になかった。

五月八日――二頭のロバを買ったが、一頭につき琥珀一〇バーと、珊瑚一〇個を支払った。雨で傷まないように、インドの天竺木綿を皮でおおった。兵士二名が赤痢にかかった。

五月九日――ジャンベルーの王の息子が私に敬意を表しに訪ねてきた。ジャンベルーはワリア・クリークの北側にあり、北方へ広くのびている。住民はジャロフ族であるが、大部分はマンディンゴ語を話す。彼に琥珀を少し贈る。五頭のロバを買い、途中の使用分を除いて弾薬をすべて皮でおおう。

五月一〇日――ロバを卸す人たち全員に金を支払ってみると、その出費は、私が彼らから得る利益よりはるかに大きいことがわかった。そこで今日はロバの世話をすべて兵士にゆだねた。日の出にタバジャングを出発。タティコンダまでのわずかの道のりは簡単に進んだ。ここで、私の古い友人ウーリ王の息子が私に会いにきた。われわれの旅が、スラティや、マディナあたりに住むセラウーリ族の連中に非常な羨望をもって見られていることを彼の話から容易にわかった。

五月一一日――正午ごろ、ウーリ王国の首都マディナに到着した。町の門の外の大木の下でロバの荷をおろし、五時まで待ってやっと王から接見の許しが出た。私は王に銀の飾りのついたピストル二挺、一〇ドル、琥珀一〇バー、珊瑚一〇バーを持って行ったが、王はしばらく冷淡にその贈り物を見たのち、それを受け取ることはできぬと言った。そして、お前さんはカタバ王にはもっとずっとすばらしい贈り物をしたではないか、と不平がましく要求をした。そんなことはない、といくら言ってもだめだった。彼は断固として受け取ることを拒み、私はさらに一五ドル、珊瑚一〇バー、琥珀一〇バーを贈ると、やっと彼は受け取った。その上、彼は雨のときに身を包む毛布がほしいと請求し、私はそれを贈らざるをえなかった。

五月一二日――夜明けまでにロバの積み荷を終え、王の許可を得てウーリを出発した。まもなくバラコンダの町を通ったが、ここで二、三分とまって非常に有名なスラティ、ジェマフー・ママドゥを表敬訪問した。一〇時半ごろ、バンバクー村に到着。二頭のロバと、兵士のために牛を一頭購入。

五月一三日――日の出にバンバクーを出発、一〇時ごろ雑然とした村カニペに着いた。この村の住人たちは、われわれがマディナで水を買わされたということをきいていて、同じようにひと儲けしようと、女たちは井戸から水をすっかり汲み上げ、群れをなして立っていた。水がたまるといそいで汲み上げる。兵士たちは水を汲もうとしたが無駄であった。軍隊のヤカンは女たちのヒョウタンほど水を汲むのに適していなかった。兵士たちは水を汲まずにもどり、女どもの嘲笑があとにひびいた。

町の南方二マイルほどのところに水溜りがあるというので、彼女らをあきらめさせるため、男たちに馬でそこへ行かせ、できるだけたくさん水を持ってこさせた。米を炊くために水が必要だったのだ。午後にはそこで全部のロバに水を飲ませた。夕暮れには兵士の何人かが次のような作戦で、町の近くの大きな井戸から水を得ることに成功した。一人の兵士が、うっかりまちがったふりをして水筒を井戸に落した。仲間たちはその兵士の身体にロープをまきつけ、井戸の底につりおろす。彼はそこに立って軍隊のヤカン全部に水を入れた。水を売り頸や髪を小さな琥珀やビーズで飾ることを夢みて、まる一昼夜もせっせと水を運びつづけた女たちはひどく口惜しがった。

五月一四日――カニペの東方四マイルのクッサイで泊まる。これはシーセクンダと同じ村なのだが、住民が村の名を変えたのである。ここで一人の兵士がニタの木の実を少し集めて食べていると、村長がすごい見幕でやってきて、その実をひったくろうとしたが、取り上げられぬとみるや、ナイフを抜いて、さっさと荷をまとめて村から出て行けと言った。われわれが笑って相手にしないでいると、彼は、やがて冷静をとりもどした。われわれはこのように変った規則に不慣れのためにやったことで、他意はなかった、今後は食べないように気をつけるからと、私が話すと、彼は、もし女たちがそれを食べているところを見なければ、そのこと自体はたいしたことではないと言った。彼が言うには、この地は雨が降らないため、しばしば飢饉におそわれ、そういう苦しいときには、ニタの木の実だけが頼みなので、その時だけそれを食べてもよいという許可が出るのだそうである。女や子供たちが、そのたくわえを無駄にしないよう、飢饉が迫ってくるまでニタにはトゥーングがかけられる、という。トゥーングというのは、魔法によって封をされたものすべてのことである。

ロバを二頭購入。この町からシンバニの森へ入るとき、イサコはわれわれがボンドウ人に襲撃されはしないかと心配した。ちょうどこの時期に、ボンドウでは二人の兄弟のあいだに後継者争いの激しい戦いが行なわれていて、白人の一隊が内陸へ入ろうとしているというしらせが広まっていたから、われわれが奴隷を買うための豪華な商品を積んでいるとだれもがきめこんでいた。そして兄弟どちらの側がわれわれの商品を手に入れるにせよ、手に入れた方が相手側より優位に立つことは明らかだとされていた。こういう事情だったから、私は一同に、森の中でシカなどの獲物に発砲してはならぬと指示し、めいめい鉄砲に火薬をつめ、いつでも発砲できるように、そしてマスケット銃の合図、もっと詳しくいうと、三発か四発の合図があったら、すべてのものを捨てて合図のあった場所へ馳せ集まるようにと命令を出した。

五月一五日――クッサイを出発。森の入口で、イサコは道路に黒い雄羊をおいてその喉を切りさき、初めて長い祈りを捧げた。彼は、これはわれわれを成功に導くのに非常に大事なことだと考えていた。羊の肉はクッサイの奴隷たちに与えた。こうすれば彼らも心の中でわれわれの成功を祈ってくれるだろう。コースの最初の五マイルの間、われわれは森の多い地域を通り、やがてほとんど森林のない平原に着いた。この平原には、口のまわりが白い黒色のカモシカが何百頭も見られた。土地の住人はダ・クイと呼んでいて、牛ぐらいの大きさであった。一〇時半ごろ、ガンビア川の河岸に出、ティーリー・コラと呼ばれる大木の下で日中の暑いあいだ休息した。この木は以前、奥地からの帰途、その下で休んだことのある木だった。

ガンビア川は、ここでは川幅約一〇〇ヤードで、ふつうに流れていたが、岸のところでは予想に反して四インチほど高かった。この日、午後一時には水位が低く、ワニが群れていた。河岸に沿って一度に一三頭を数えることができた。またカバも三頭見えた。カバは夜中に餌をとり、昼間はめったに水から出ない。彼らは川床を歩き、水面から頭を出すこともほとんどない。

午後三時半、ふたたび出発し、東方へ一マイルほどのところで丘に上ったが、ここで西へ広がるもすばらしい景色を見た。その遠く連なる風景は、いままでに見たことのないほどの豊かさであった。ガンビアの流れは、河岸に生えている濃い緑色の木々の連なりで容易に見わけることができた。「眺望の丘」の一マイル半ほど東、道の北側に、また別の丘があり、ここからは南方へ向かってやはり美しい風景が広がっていた。川の流れは東北東からきていて、その南側には丘一つなく、地域全体がまったく水平である。東北東一〇マイルのところで川は台地のそばを流れる。台地はまるで古い砦のように見える。日没ごろ、ファラバと呼ばれる水場に着いたが、木はなかった。

ロバの荷を下ろしているとき、兵士の一人、ジョン・ウォルターズがてんかんの発作を起こして倒れ、約一時間後に死んだ。われわれのガイドに所属するニグロたちは井戸を掘りはじめたが、水を求めて群がる蜂を追い払うために、まず火を燃やした。やがて彼らは夕食を料理し、また夜のあいだ馬やロバにやる充分な水を掘り当てた。

ボンドウ人の襲撃を恐れ、二倍の数の見張りを置き、全員装塡したマスケット銃を枕の下に置いて眠った。月の高度による緯度は北緯一四度三八分四六。

三時ごろジョン・ウォルターズを埋葬、彼の想い出として、ここをウォルターズの井戸と呼ぶことにした。

五月一六日——夜が明けると同時に、この水場を出発、八時半にニューリコに着いた。この季節には、この川は乾いていて、窪みだけに水が残っていたが、そこに魚がたくさんいた。イサコの班のニグロが手で数匹の魚をとるのを見た。また一束の草を網の代わりに使って魚を驚かし、狭い場所へ追い込んだ。一匹の魚は新種だった。

ニグロたちは川床で多量の肉を、とくにこの目的のために臨時につくった木製の台の上で焼いた。こうして燻製にした肉は、燻製にしない肉よりずっと長持ちするのである。この肉は道でみつけたダ・クイ（カモシカ）の一部で、ライオンが夜中に殺して片脚を食べてしまったやつだった。

午後四時、ニューリコを出発。五時に以前泊ったことのあるマンゲリの廃墟を通過し、六時にある村の廃墟、マンジャリ・タバ・コッタと呼ばれるところで一泊するためにとまった。

この日の旅で通った森は概して小さく、道は乾いた竹で何カ所もふさがれていた。宿泊所には水は充分あった。

五月一七日――マンジャリ・タバ・コッタを発ち、一二マイルの苦しい行進をしたのち、ブレイという水場に着いた。トロートンの小型六分儀で逆観察することによって、太陽の子午線上の高角を測ろうとつとめる。そして着実な手と適切な注意さえあれば、太陽の出入を間隔を置いて注意深く観察することにより、非常に精密に計れるという確信を得た。これは私にとって大きな安堵であった。

私はこれまで恒星の動きを観察して悩み、それらが子午線上にあるとき眠りにつくこともしばしばだったのである。

三時にブレイを発ったが、運べるだけ多量の水を運んだ。月ののぼる前にニリンディングコロで休息するつもりだったから。しかしそこには水がなかったので、ガイドはネリコ川へ一同を案内した。八時にそこへ着いたときには、人もロバもくたくたに疲れていた。この日通った地方は、ひらけた平地で、灌木やシビの木があり、眺めは壮大ではないが豊かなものであった。森の中ではライオンのおびただしい糞をみた。彼らはきまった場所で糞をし、猫のようにそれをかくすため地面を爪で掘るのである。

五月一八日——午前中かかって荷物やロバを川の向こう岸へ渡した。ロバも人間も非常に疲れたので午後はずっと川の東側で休ませるほうがいいと考えた。そうすれば兵士たちは衣類を洗濯することができるだろう。

ネリコ川の支流の川幅は、約六〇フィートで、水深四フィート、流れの速さは時速二マイル。午後二時の川の温度、華氏九四度。

第二九章　雨季到来までの好調な行進

五月一八日——三時半ごろネリコを発って、日没にテンダの最初の町ジャラコッタに着いた。ここからボンドウのシンブニまでは二日間の道のりである。

五月一九日——馬に元気を回復させるため、ジャラコッタで穀物を買って休息する。ネギをたくさん買ったので米がずっとおいしく食べられた。町の人びとは森で釣りをしていたが、水溜りはほとんど乾いていたので魚はたやすくとれた。

五月二〇日——ジャラコッタを発ち、東へ二マイルほど行ったところでマヒーナという村を通ったが、そのすぐ近くに同名の村の廃墟があった。廃墟の数が多いことから、テンダの人口が著しく減じていることがわかる。テンディコ（またはタンビコ）に八時ごろ着いた。住人はほとんど家畜を飼っていないので、牛を買うことができなかった。この村はジャラコッタに属していて、ジャラコッタのファランバ族はウーリ王に帰属している。タンビコから半マイルのところにベイディという美しい大きな村があって、この村の長はファランバという称号を用いており、独立しているようであった。彼は旅の一行から高い税金、ロバ一頭の積み荷に対して弾薬を一〇バーもとり立てるのである。

われわれはタンビコから使者をファランバに送って、到着を知らせた。彼はわれわれが彼に差し出すべき品を受け取るため、夕刻になって、息子と、マスケット銃で武装した二六人の部下と、大ぜいの人間を送ってきた。案内人を通じて一〇バーの琥珀をおくったが、彼はそれを受け取るのを拒絶した。私は珊瑚一〇バーをもって自身出かけて行ったが、これも同様に拒否された。実際、武装した男たちの数や、彼らの傲慢な態度から、事を友好的に収める望みはまずないように思われた。そこで私は手帳の一ページを引き裂いて兵士たちに武装させせよとマーチン中尉にメモを書いた。一方アンダソン氏は村でこの騒ぎのことをきき、何ごとかとやってきた。私は思っていることを彼に説明し、兵士たちに武装させ、合図しだい、ただちに行動に移れるよう用意してほしいと言った。またイサコに、われわれはこれまでの旅でなんの支障もなかったし、カタバ王も、ウーリ王も、それぞれの国を通過する許可をすぐにくれたこと、もし彼がわれわれの通行を許さないなら、われわれはジャラコッタへもどって別の道を探すだけであることをファランバに伝えるよう命じた。そして（ファランバの部下とわれわれのガイドとのあいだで激しい言葉のやりとりの末）これで交渉を打ち切った。

このような状態のまま、ファランバの息子は琥珀と珊瑚を持ってベイディに帰ってしまい、われわれは翌朝早くジャラコッタへもどるべく準備をしていたが、六時半ごろ、われわれのガイドが井戸で馬に水をやっていると、ファランバの部下がその馬を連れ去ってしまった。イサコはそのわけをききにベイディに行ったが、わけもわからぬまま捕えられ、彼の二連発銃と刀はとり上げられ、彼自身は木に縛られムチで打たれた。またファランバはイサコの部下の少年に手錠をはめ、数名の人間をタンビコへ送って、われわれに同行してデンティラに向かっていた老人の馬を奪った。そこで私はイサコの部下の二人のニグロに、私と一緒に村に行き、だれが老人の馬をとったのかを教えてくれたら（もうだいぶ暗くなっていたが）、兵士たちにその盗人を捕えさせ、イサコの代わりの人質として留めおこうと言った。彼らは出かけて村の二人の長老にこの話をしたが、彼らはそんな挙に出ることを許さなかった。彼らは自分たちの権利は自分たちで守る、馬は奪われたままにしてはおかない、と言った。そして、間もなく激しい口論と騒ぎがおこり、乱闘のあげく、ファランバの連中はほとんど村から追い出された。

いったいどうしたらいいのか、私は途方に暮れた。イサコの妻子は木の下に坐って泣いているし、イサコのニグロたちはまったく意気消沈して事態は解決の望みがないと思っているようだった。闇に乗じてベイディに行き焼き打をかけようとすれば、できないことはないが、これでは多くの罪のない人びとをも殺すことになり、しかもガイドを取りもどせる望みはなくなる。そこで、私は（アンダソン氏とマーチン中尉に相談した結果）朝まで待って、まだガイドを返さないようだったら、その時こそ日中に彼らを攻撃するのがもっとも賢明な策だと考えた。昼間の攻撃の方が夜半の戦闘より徹底的にやれるし、成功の算が多いからだ。したがってわれわれは夜のあいだ二倍の歩哨を置き、一人残らず装塡したマスケット銃を手の届くところに置いて眠るよう命じた。また二人の男をジャラコッタに送り返して、酋長に、われわれがファランバから受けた扱いを報告させた。もっとも、それはウーリ王に属する町の一つではあったのだが。

五月二一日――朝早くガイドは解放され、われわれのところに送り返されてきた。一〇時ごろ、ファランバの部下が大ぜいやってきて、ファランバは私と争う気はないのだが、旅の一隊を、慣例となっているだけの貢ぎ物を払わないのに通すことは考えられないと言った。私はそれを前夜拒否していたので、彼らは、もし私が彼に贈ると言った品物をあらためてベイディまで持って行くなら、すべては友好的に解決するだろうと言った。私は彼らに、ガイドがあのような仕打ちを受けたあとで、私が一人でベイディに行くなどと思っては困る、もし行くなら二〇人か三〇人の部下を連れて行くからと言った。彼らにとって、それは好ましくないとみえ、馬その他を二つの村のちょうど真中まで連れてくるから、そこで貢ぎ物と交換しよう、ということで話がきまった。私は何回かにわけて一〇六バーに相当する品物を払ったが、これはニグロの一隊が支払うべきものの三分の一にもならなかった。フアランバの部下は、まだガイドの鉄砲と刀を返さなかった。それらは夜のうちに近くの町ビスラに送られたが、それを取りに行った男が帰って来しだい、われわれのところへ届けると言った。そこでわれわれは三時ごろタンビコを出発し、バフラ（カバテンダ）の近くのジェニンガラで一晩泊った。ここは私が以前泊ったことのある場所で、そのときの宿の主人が大きなヒョウタンいっぱいのミルクを持ってきてくれた。

五月二二日――ロバにやる穀物を買うため、ジェニンガラに泊る。溶鉱炉を見に行ったが、マンディングのものより上部が小さかった。

ここから次の水場まではかなりの距離なので、月の光を頼りにそこへ行くことにして、ジェニンガラを出発したのは、

五月二三日――夜中の二時であった。そしてニーロ・コバに八時に到着。前に渡ったと同じ場所で川を渡ったが、川は流れておらず、ところどころに水溜りができていた。深くて魚が群れている水溜りもある。カキは大きいが、緑がかった色をしており、食べなかった。二時、ふたたび旅を始め、日没に小さなフーラー族の村に着いたが、二八マイルも旅をして一同非常に疲労していた。

五月二四日――フーラーの村からほんの四マイルほど行ったところにあるマンサファラで休む。これはたがいに隣接する三つの町からなり、近くに大きな水溜りがあった。この町からガンビア川北岸のニッタコラの村までは、南へわずか八マイルの距離である。サマカラの森を越すときにロバのため穀物を、そして人間のために牛を買った。南東の方角に激しい稲妻と雷鳴があった。荷をすべて草でおおう。夜の間に、アンダソン氏や私の寝ている場所から二〇ヤードのところで、いちばんいいロバが一頭、狼の餌食となった。

五月二五日――マンサファラを発ち、テンダ（あるいはサマカラ）の荒野に入る。東へ四マイルのと

ころでコバの廃村を通った。私は以前ここに泊ったことがある。[1] 町は二年前にボンドウ人に破壊され、ベンタングの木は焼かれてしまった。一〇時にニーリコ川に似たガンビア川の支流を過ぎ、その後まもなく南南西から北北東に走る最初の山脈が見えてきた。一一時半、この山から一マイルもない水場、スーティータバで休息。

暑い盛りが過ぎると、ただちにスーティータバを出発し、最初の山並を越えた。アンダソン氏と私は、そのうちの一つの山の頂上まで登ったが、そこからは四方にすばらしい景色が眺められたので、その山にパノラマ山という名をつけた。すり鉢形をしていて、狼の穴がたくさんあった。山越えの道はロバにには難儀だったが、この上なく美しかった。夕刻、われわれはロマンティックな谷間におりて行ったが、ここは水が豊富で、ニーロ・コバの遠い支流の一つであった。水溜りには魚がいっぱいいたが、深いので手ではつかめなかった。この流れの近くにドゥーフルーの村の跡があった。ここは何年か前にデンティラの連中に破壊されたのである。象の狩場として最良の場所と考えられており、流れの近くに、象のホヤホヤの糞や新しい足跡がたくさんあった。木星の最初の衛星が欠けていくのを待ったが、雲が出てしまった。

五月二六日――夜明けにドゥーフルーの平原から登山を始め、岩だらけの道を登って行った。一〇時ごろに（スーテニンマという水場で）旅の一隊に会った。彼らは借金のかたとして捕えられ、二、三カ月のうちに身代金を払わなければ奴隷として売られることになっている人間を請け出すため、ガンビアへ向かう途中であった。この水場には水がなかったので、止まらずに、行進をつづけたが、兵士二

1　コバテンダと呼ばれる。

人が落伍してしまった。一隊はなお歩きつづけ、一二時半にビー・クリークに着いた。疲労した二人の兵士を連れてくるため、ここから一頭のロバと二人のニグロを送り出した。

クリークのところでロバから荷をおろすかおろさぬうち、蜂蜜を探していたイサコの隊のものが、一行の休んでいる近くにあった大きな蜂の巣を運悪くつついてしまった。たちまち蜂の大群が人間にも動物にも同時に襲いかかった。幸いロバはつないでなかったので谷の方へかけ出したが、馬と人間は大いに刺され、四方八方に逃げざるを得なかった。料理のために燃やしていた火はだれも見る者がいなくなったため、広がって竹に火がつき、荷物はもう少しで燃えてしまうところだった。三〇分のうちに、蜂はわれわれの旅を完全にメチャメチャにしてしまった。

夕刻になって蜂がやや静まったので、思い切ってロバや馬を集めにかかったが、多くは頭のあたりをいっぱい刺されて、はれ上っていた。ロバは三頭が行方不明、一頭は夕方死に、翌朝、また一頭が死んだ。あと一頭はシビキリンに残してこなければならず、全部で六頭が失われた。さらに加えて、ガイドは馬を失い、人間もほとんどが顔や手を刺されていた。

五月二七日——早朝に出発。四マイル行ってシビキリンに着いた。町に供給される水は深い岩の窪みに貯えられており、魚がたくさん泳いでいたが、住民はそれをけっして食べようとせず、また、だれにも魚をとらせなかった。魚をとると水はたちまち干上ってしまうと思っているのだ。兵士たちに魚を取らないよう注意する。夜、住人の一人が、ガイドの馬を森の中で見つけ町にひいてきた。琥珀一五バーと、バラルールなどをやる。

五月二八日——夜明けとともに出発、シビキリンの東三マイルのところで谷におり、そこで初めてシアの木をみた。実がなっているものもあったが、まだ熟していなかった。一一時ごろ、約三〇〇戸からなる小さな町バドゥに到着した。この町の少し北にやはりバドゥと呼ばれるもう一つの町があるが、人びとは二つをサンサンディングとサンサンバと呼んで区別している。

五月二九日――午後二通の手紙をガンビア経由でイギリスへ送る機会を得た。

（この二通の手紙、妻宛とジョセフ・バンクス卿宛は簡単な状況報告で、非常に楽観的に、六月二七日にニジェール川に到達するつもりであると記されている）

夕刻バドゥを発ち、バドゥの東四キロにあるタンバクンダに行く。ガンビア川はバドゥの南、ここからほんの四キロである。アンダソン氏とスコット氏は町の近くの丘に上り、その美しい景色を眺めた。川は南東から流れていて、バドゥの近くの山に至り、そこで南に向きを変える。この川はバ・ディーマ（常に川である川、すなわちけっして乾くことのない川）と呼ばれている。バドゥとフータ・ジャラのラヴィとのあいだの距離は五日の旅程である。

二頭のロバを買う。

五月三〇日――タンバクンダを発ち、森に入る。強行軍で旅をつづけ、一一時にファティフィングという水場についたが、水は緑色をした汚い水だった。あまり汚いのでよほど喉が渇いてなければ飲めそうにない。二時半までここで休み、ふたたび出発して、暗くなるころタバ・ギーに着いた。水はなかった。午後中、南方の地方は山がちの美しい風景がつづいた。休息地に着く少し前に雨がパラパラ落ちてきた。

五月三一日――夜明けにタバ・ギーを出発し、東へ二、三マイル行ったところで、石英のまるい塊のある場所を通った。原住民はこれをタ・クーロ（旅人の石）と呼び、すべての旅人はこれを持ち上げて、くるりとまわすのだ。石はすっかり滑らかになっていて、石が置いてある鉄の基礎は絶えず動かされるので擦れてへこんでいた。日盛りのあいだマンバリで休んだが、ここはこの季節になって小さな村がつくられたところである。以前あった村は、何年も前に戦いで破壊されたのである。午前中の旅でガンビア川に流れこむ二つの支流を通過した。

ムイアンタは城に似た形の丘でコンパスによると南東に当たり、一六キロの距離にある。サンバンカラは南東に当たり、フータ・ジャラの山脈はコンパスでは南西と西南西の中間から南東と南の間へ走っている。ラヴィの町はこの山脈のすぐ向こうにあり、ここから三日の旅程である。ガンビア川はムイアンタとフータ・ジャラの山脈のあいだの平原を南南東に流れている。この山塊は海から眺めると、マディラの姿とよく似ているが、山々はマディラの山ほどとがっていない。

午後、ふたたび出発し、東へ四マイルの地点でガンビアへ流れる急流の乾いた川床を通った。道は岩だらけで石英の塊や粉末が多く見られた。暗くなるまで旅をつづけたが、夜になってしまい、水のないところに泊らねばならなかった。もちろん夕食抜きで眠る。

六月一日——夜明けに出発し、一〇時にジュリファンダに着く。これは、ガンビア川沿岸のリオ・ヌネスとカジャーガにいるヨーロッパ人の商人たちから以前、前借りの形で商品を受け取った人たちによってつくられたかなり大きな町である。リオやカジャーガからバンバラへ行くには、戦争で他のルートが閉ざされると、この町を通る。

信用で取引きをするこれらの人びとは、ジュリと呼ばれ、自己資金で取引きするスラティと区別されている。ジュリファンダの住人は、以前はソニンケ人だけであったが、フータ・ジャラの王が戦いを仕掛け、和平の条件として回教の信仰を強制したのである。町はその周辺を含めて約二〇〇〇人の人口があると推定される。

夕刻、マンサ・クッサンという称号で呼ばれる町長のもとへガイドを送る。彼はこの道路沿いの地方全部の中でもっとも強欲だとみなされている。贈り物として琥珀と緋色の布を贈り、米を買うためにジュリファンダに一日滞在する旨を告げさせる。

六月二日——穀物とロバ二頭分の米を買い、マンサ・クッサンに琥珀、珊瑚、緋の布を贈り、彼はそれですっかり満足したように見え、お返しに牛を一頭くれた。彼は私の無事を祈ることさえしてくれ、われわれを出発させるためになんでも力になると言った。ロバ一頭を琥珀二〇バーで買う。四時に積み荷を終わり、バニセリールに向けて出発。ロバは全部出発し、アンダソン氏と私だけが残り、マンサ・クッサンにわれわれの出発を報告するため、ガイドをやった。ガイドがもどってきて言うには、マンサ・クッサンはそれぞれの商品について一〇バーずつよこさなければ、この国を通ることを許可しないし、また、もし彼の許可なく出発しようとするなら森の中で全力をあげて略奪すると言っているということである。

人びとやロバを呼びもどし、ことを友好的に解決しようと努力した。他の町々もマンサ・クッサンに手をかしてわれわれを攻撃するという確約を取りつけていなければ、彼がこれほどひどいことを言うはずがないと思って、さらに緋の布と琥珀をガイドにもたせてやった。私を捕えて、その釈放のためにもっと多くを取り上げようというのが王の意図であるという情報を得たので、一人で町に入ることをしなかったのだ。

マンサ・クッサンは私がロバの代金として売り手に渡した金もとってしまい、さらにひどいことには、交渉が終わるまでそのロバを放さなかった。

六月三日——多くの贈り物をすませて、私はもうこれ以上の要求はないものと思っていた。また王の弟たちがそう確約してくれた。ところが、ガイドと王の弟たちが帰ってきて、弾薬を一〇バーと火打石を一〇個贈らなければならぬと言ったので私は啞然とした。そこで私はここでもう決着をつけようと決心した。私は王の弟たちに、私は彼の領地を通過するのに充分のものを支払ったと思う、だからこれ以上は弾薬のひとかけらも、一つの火打石もやらない、もし王がわれわれの通行を許可しないならば、許可なしで出発する。そして、もし王の部下がわれわれを妨害するなら、われわれは全力とあげて自衛手段をとる、と言った。王の弟たちとブシュリーンの老人どもは、弾薬か、あるいはそれと等価値の商品を届けるように言い張ったが、私は断固としてヨーロッパ人は（食糧を買うために持ってきた）商品を不当な要求によってまき上げられるぐらいなら、むしろ戦いで略奪される危険を冒すほうをえらぶ、と言ってやった。王のところへ何度も往復したあげく、王は満足であると伝えてきた。しかも驚いたことには、午後、王が親善訪問にやってくるということであった。王は寄生虫のような部下の一群と、歌い女を引き連れて訪ねてきた。私にコーラの実を少しばかりくれたから、私は、ガイドにそれを食べさしてやってくれと言った。彼はまた、バニセリールまで案内人をつけてやろうとまで言った。

六月四日――早朝に出発。シッタの木の大きな森で有名なイールセラの村を通過し、一時ごろバニセリールに着き、井戸の傍の木の下で休む。今日は陛下の誕生日であったので、テントを一つ張り、牛と仔牛を兵士のために買い、午後には兵士を整列させて祝砲をうった。そして事情が許すかぎり祝日らしく祝い、水筒の水で陛下の健康に乾杯する始末ではあったが、それでも陛下の臣の何人かは陛下の長命と、その御代の栄えを真剣に祈ったのである。

バニセリールは回教の町で、町長のフォディ・ブラへイマはいままでに会ったなかでもっとも友好的な人物の一人であった。私は彼にアラビア語の新約聖書を一冊贈ったが、彼はたいへん気に入ったようであった。

六月五日――東へ行くほど米が乏しくなるという情報を得たので、米の購入に努力。こことジュリファンダで、小さな五バーの琥珀で米を買った。食糧の欠乏は、ほとんど飢饉といってもいいほどであったが、一ポンドのきれいな米を英貨二ペンスの琥珀の玉一個で買うことができた。

ロバ三頭分の、そして六日にはさらに二頭分の、しめて七五〇ポンド分の米を買った。この日ガイドの一人に所属する男が奴隷を買うためにフータ・ジャラのラヴィへ出かけて行った。三日間の旅である。ここの人たちはバドゥからラヴィまではたった三日の旅程だと保証した。夜、雷鳴を伴ったスコールがあった。積み荷はテントに入れたので濡れなかったが、大工の一人（老ジェイムズ）がネリコを渡って以来、赤痢にかかっていて、回復に向かっていたのが非常に悪化した。

デンティラは鉄で有名である。鉄を溶かすための溶剤はキノの木の皮の灰が用いられている。この灰はメリケン粉のように白くて、青く染めるには用いられないことからみて、何か特殊の成分を含んでいるにちがいない。なめてみたが、ミモザの灰ほどアルカリを含んでいるとは思えず、酸っぱい味がした。もしそれを食べたら、きっと私は死ぬだろうと人びとは言った。

六月七日――早朝に出発。前記の大工が衰弱しているので、二人の兵士に、彼をロバに乗せ、そのロバをひいて行くように命じる。バニセリールの東四マイルで、山の端に出たがそこから東に向かって眺望がひらけていた。コンコドゥのディンディクー近くの山と思われる真四角な形の山は、コンパスで測ってみると、真東に当たっていた。

まもなく、ファレメ川に流れ込む支流の川床を渡ったが、この川は雨季になると、おびただしい象の群れがここで体を洗うので、サマクーと呼ばれている。象の新しい足跡と糞をよく見かけた。ほど遠からぬところにライオンのうなり声をきく。この日、ロバはなかなか進まなかった。おそらく生の草を食べさせたせいであろうと推測した。

仕方なく馬に荷を積み、正午にサマクー川の川床にあるジャナンガという大きな池で休息した。

サマクー川を渡ってから休憩地に着くまで道はなかった。南へ少し行った地点で戦いが行なわれており、人びとは武器を持っているから、後方にいる疲れたロバが殺されるのではないかとガイドは心配した。

午後行進を再開し、荒れた岩だらけの土地の道なき道を選んだ。ロバを二頭、道に置き去りにし、全部の馬に荷をつけねばならなかった。水場に着いたのはすっかり暗くなってからで、たがいにはぐれないよう、ときおりマスケット銃を発砲しなければならなかった。

六月八日――朝早くふたたび出発。東へ二マイル行くと山の端に出た。そこから川沿いに生えている濃い緑色の木によって、ファレメ川のコースをはっきり見分けることができた。大工は真直ぐ坐ることができず、ときどきロバから身を投げて、どうかこのまま放っておいて死なせてくれと言った。無理にも彼を引き上げてロバにのせるようにと二人の兵士に言いつける。正午にマディナに着き、ファレメ川のほとりで休む。川はこの季節には雨のためにいくらか変色しているが、目にみえるほど増水はしていなかった。原地人が示すところによると、この川の本流のコースは南東の方向からで、その源までの距離は普通六日の旅程だという。

川床はここでは岩だらけであるが、渡し場のところだけは砂と砂利がまじっている。川には魚が多く、非常に大きなのもいる。もぐったり、とびはねたりするのをみたが、六〇ポンドから七〇ポンドぐらいあったようだ。流れの早さは一時間四ノット程度である。

午後、荷物全部を川の向こう岸に運んだ。兵士たちはヘトヘトになった。すべて運び終わったとき、大工は衰弱がさらにひどくなり、死期が近いと思われた。私は彼を翌朝までマディナに置くのが最良だと思った。村に行き、彼のために琥珀六バーで小屋を借り、酋長に四バーを与えて、もし彼が夜のうちに死んだら、（病人の世話をするために残してきた）兵士と人びとに手伝わせて埋葬してくれるように頼んだ。夕方サタドゥに出かけたが、これは川からほんの一マイルの地点にある。雨がいまにも降りそうな気配なので、すべての荷物を一つにまとめ、その積み荷の上に寝て、他のテントを兵士に与えた。激しい雷鳴を伴った旋風が吹き荒れた。

六月九日――朝、病人の世話のために残っていた兵士がもどってきて、大工は前夜八時に死に、ニグロの助けをかりて、村人たちが死者を葬る場所に彼を埋葬したと報告した。ロバのための穀物と、人間のための大きな牛と、そしてロバを一頭買った。

夕刻町に入り、酋長に六バーを送り、シュロンドまでのガイドをつけてほしいと依頼、彼はこころよくきき入れてくれた。サタドゥは周囲に壁をめぐらしてあり、三〇〇ほどの小屋が建っている。以前はもっとずっと大きかった町である。

テントに入らず、雨の中で木の下にいた兵士のうち五名がひどい頭痛と胃の不調を訴えた。

六月一〇日――兵士はまだ気分が悪かったが、日の出とともにサタドゥを出発した。夜のうちに水筒が数個盗まれていた。午前中二マイル以上を歩いたが、道には白い石英の大きな塊が一面にちらばっており、他の石は見当たらなかった。途中水が見つかるかどうか不確かだったので、大きな皮袋一杯の水を用意して進んだ。一一時に左側に流れるビララとよばれる小川の川床に到着したが泥水しかなかった。

三時半、ふたたび旅を始め、山へ向かって堅い岩だらけの土地を歩いた。ロバの多くが疲労した。日没ごろ、一隊の先頭がシュロンドに着いたが、後方にいた私は、病人の一人を私の馬にのせ、疲れたロバを追うのを助けねばならず、そんなわけで休息所に着いたのは八時であった。しかも森の中に四頭のロバを捨ててこなければならなかった。

シュロンドは小さな町である。いつものように少し離れた木の下で休んだが、テントの一つも張らないうちに激しい旋風に見舞われ、一同ずぶぬれになった。一つのテントを木の枝にしばりつけようとしたとき、私は帽子を吹きとばされ、なくしてしまった。あたりの地面は深さ三インチほど水をかぶった。

夜中の二時ごろに、またもやトルネード（大旋風。とくにアフリカで雨季の初めと終りごろに起こる）に襲われた。

われわれが到着したと同時に襲ったトルネードは、たちまち兵士の健康に影響を及ぼし、「悲しみの始まり」となるであろうことを示した。私は、ほとんど人命を失わずにニジェール川に到達してみせる、と誇らしくそう思ってたのだ。二人が赤痢にかかったが、一人は旅のあいだに完全に回復していた。もう一人も、バニセリールで雨にうたれなかったらおそらく癒っていたであろう。しかし、まだ旅程の半分しかきていないのに、いよいよ雨季が始まってしまった。私は身ぶるいが出た。雨が降りはじめて三分もすると、多くの兵士は吐気を催し、その他の兵士は半分酔ったように眠りに落ちた。嵐のさなかに私も猛烈な睡魔に襲われ、嵐がすぎるやいなや、目を覚していようと必死の努力をしたのだが、濡れた地面の上で眠り込んでしまった。兵士たちも同様に濡れた荷物の上で眠ってしまっていた。

六月一一日――兵士六人が病気。酋長の所に行き、ご機嫌をうかがう。琥珀五バーとビーズ二個を贈ってこの近隣にあるという金鉱山を見る許可を乞うた。許しをもらい、同行してくれる女を雇い、もし砂金をみせてくれたら琥珀一バーを支払うと約束した。町の西方へ半マイルほど行くと、四、五エーカーの広さの小さな牧草地のようなところに出たが、ここには井戸に似た穴が数カ所掘ってあった。だいたい一〇――一二フィートの深さで、牧草地の中心に行くほど穴は深く周辺ほど浅い。数はおよそ三〇、他にすでに埋められた古い穴がたくさんあった。これらの採掘坑の入口の近くには、粘土でふちどった浅い穴が数個掘ってあり、雨水が溜っていた。採掘坑とこれらの洗い場のあいだに小砂利の山がいくつかある。それぞれの山の上には石があり、白、赤、黒などいろいろな色をしている。これでだれの所有物かを区別しているのである。砂利の中には、とくに変わったものはなかった。あるものはハトの卵ほどの石英質の砂利で、また白や赤っぽい石英、鉄鉱石、キロウ、そして指で粉々になる柔かいもろい黄色の石などを見分けることができた。その他は大量の砂と、漂石粘土に似た黄色い土であった。

女はたぶん自分のものと思われる山から、一握りの約半ポンドの砂利を取り、大きなヒョウタンに入れ、小さなヒョウタンでそれに水を少しそそいだ。金を洗うには二つのヒョウタンだけで充分なのである。水は砂利を一インチばかりおおうほどあればよい。それから砂利を細かくつぶし、水とまぜる。それもぐるぐる廻すやり方でなく、両手を自分の手前に引いてゆするやり方であった。

それから大きな砂利を捨てる。金を捨ててしまわないように、捨てた砂利を注意する。ヒョウタン型の容器のふちから砂と水の一部がこぼれるように、容器をぐるぐる廻す。これを右手で行ない、左手でその渦の真ん中から砂と水を一回廻るごとに捨てていく。さらに少しきれいな水を入れ、砂がだいぶ減っているので、容器を斜めに持って、早い動作で絶えず砂をかきたてながら砂がゆっくり廻るようにする。

すると弾薬によく似た黒い物体が見えた。それが砂金だというのである。そして砂が容器の四分の一ほどまわったところで彼女は黄色い点を指して、「サヌー・アフィリ」(ほら、金だよ)と言った。注意してよく見ると、純金の部分がみえ、私はそれを取り出した。およそ一グレンの目方があったろう。この作業は、彼女が砂を容器に入れてから金を見せてくれるまで、二分以上はかからなかった。そこで、もっとたくさんやってみてくれと言った。女は、だいたい約二ポンドの砂利を入れ、同じ方法で、同じ時間洗って二三個ほどの粒を見つけた。あるものは非常に小さかった。どちらの場合も、不純物は金の量の少なくとも四〇倍はあった。時には拳骨大の金が見つかると彼女はしきりに強調した。一年間にここで採取される金の量はどれくらいなのか推定できない。人びとは雨季の始まりと終わりのころしか採取しないが、いずれにしてもかなりの量だろうと思われる。

午後タルファ・タウラの兄弟の一人に会いに出かけた。彼はアラビア語の本を非常にたくさん集めている。そして私がその蔵書にアラビア語の新約聖書を加えてやると、彼はひどく喜んだ。

六月一二日——朝早くシュロンドを出発した。病人は歩くことができないので、全部の馬にのせ、余分のロバにものせた。コンコドゥ山脈の谷の底をゆっくり進んだ。谷は切り立った岩の壁で、八〇から二、三〇〇フィートの高さであった。

正午にディンディクーに着いたが、ちょうどそのとき、旋風がえらい勢いで襲ってきたので、全部の荷物を原地人の小屋に運ばねばならなかった。ガンビアを出てから、一行が町に入ったのはこれが初めてであった。雨が上るや、私はアンダソン氏とこの町の近くにある金の採掘場を見に行った。採掘坑はシュロンドのとまったく同じように掘ってあったが、坑の内側に、下りるときに梯子代わりに使うためのV字形の刻み目がついていた。ここの砂利は非常に粗く、まるい石で人間の頭より大きいものもあり、人の拳より大きいものが坑の入口のあたりに二〇個ばかりころがっていた。坑の近くには、流れがあって、土手は金を洗うためこすりとられていたので、一〇フィートの厚さの土と大きな石の断層がみられ、その下に二フィートほどのハトの卵大の鉄分を含む小石と、黄色やさび色をした砂と、土壌の層、その下に堅い白い粘土の層があることがわかる。さび色の砂の中に金が含まれている。多量の砂金を見た。

金の採掘坑から帰ると、私はスコット氏と町の近くにある丘の頂上へ登った。丘は急で岩が多かった。岩は（コンコドゥの山と同じく）荒い赤味を帯びた花崗岩で、赤い長石、白い石英と黒い雲母から成っている。しかしこれは、まるいなめらかな小石（多くは砲丸ほどの大きさだが）を含んでいる点で今までに見た花崗岩とは異なっている。これらの小石は砕くと花崗岩だが、色はもっとうすく、密度は濃い。この日は涼しかったが、疲れて六回も休んだので、頂上まで半道ほどしか登っていなかった。驚いたことに、山はてっぺんまで耕されていて、ディンディクーの人たちがまだ畑の準備をしているというのに、山では穀物がもう六インチにも伸びていた。これらの山の中にある村はいままでに見たこともないほどロマンティックであった。

村々は山のもっとも美しい谷間にあって、四季を通じて充分な水と草があり、自給するに充分な家畜がおり、余剰の穀物ですべてのぜいたく品が買えた。そして雷が頭上で恐しいほどひどく鳴りひびいているときに、彼らはその巨大な崖の上からファレメからブラック川に至るまでひろがる森の多い平野をながめることができるのである。この平原は北から南へ約四〇マイルひろがっており、その南に連なる山脈はコンコドゥの山脈と同じ方向、すなわち東西へ走っているようにみえる。ライオンは平原には多いが、山中にはいない。夕方マーチン中尉が熱病にかかった。

六月一三日――早朝にディンディクーを出発。病人や馬や予備のロバを全部占領して、御者の数が減ったので、われわれの仕事はたいへんであった。一〇頭のロバとその御者は別の道を行った。アンダソン氏とスコット氏はそのグループに同行したが、ロバの足跡のない道へガイドが進んでいることに気がついて、マスケット銃を発射した。それに答えて、私は軍曹を援けにやった。三〇分ほどで彼らと落ち合ったが、彼らは三マイルほど右へ入りすぎたのである。ほとんど人気のない村に一時ごろ着き、その村の東方にある小川のほとりで一隊が休んでいるのを見つけた。われわれ一行の状態はまことに不安だった。半数の人びとが熱を出していたり、精力がなかったり、ロバを追うので疲れていた。困ったことに望遠鏡や、その他いくつかの物を積んだロバがどこかへ行ってしまった。アンダソン氏、軍曹、ガイドの三人が馬で五マイルほどもどって探したが見つけることができず、三時半ごろ帰ってきた。村の酋長に五バーの琥珀を贈り、もしそのロバのことを耳にしたら、それを送ってほしい、そうすればかならずお礼をするからと依頼した。荷を積み、一隊の一部が出発したあと、酋長の息子の一人がやってきて、ロバをみつけたと言って村へ届けてきた。村へ行き、発見者に二〇バー、そして酋長に一〇バーを払った。私の馬にも荷をつけ、私の前を歩かせた。ファンキアについたのは七時ごろであった。おくれてしまって、しかも木の下ではかならず横にならねばならぬ三人の病気の兵士をなだめすかして、ゆっくり進まねばならなかったからである。ファンキアはビンリンガラから北西四マイルの地点にある小さな村である。ここで以前通ったルートからはずれ、ニジェールに着くまで、そのルートに出ることはなかった。

第三〇章　困難山積

六月一四日――ファンキアで休息した。この近くで険しい山に登らねばならぬことがわかっていたので、病人に少し休息を与えるためである。私自身気分が悪く、一晩中熱っぽかった。ロバのために穀物を、病人のためにたくさんニワトリを買った。

六月一五日――ファンキアを出発。兵士たちはまだ病いがひどく、うわ言をいうものもある。この村から一マイル北東にトゥミンジーナと呼ばれるタンバウラ山脈の中を走る道がある。上りは非常に険しい岩ばかりの道であった。もっとも急な斜面は三〇〇フィートぐらいもあるだろう。病人を運ぶためロバを使ったので、ほかのロバ一頭あたりの荷物が非常に多くなった。そこで崖に荷物を引きあげるのが非常に困難であった。

御者の数よりロバの数が多いため、この岩の階段ではえらい騒ぎになった。荷を積んだロバは岩を転げ落ちるし、病気の兵士たちは歩くことができず、黒人は盗みを働くしで、ここが文字通りの難所となった。やっと荷物やロバをひき上げて前進した。そしてその絶壁から二マイルほどでトゥームビンのすばらしい村に着いた。荷物を集めてみると、原地人たちが、こまごました物のほか、七梃のピストル、二枚の大マント、ナップザック一個を盗んだことがわかった。馬に乗ることができずに絶壁のところに残してきた兵士を迎えに行くため、二頭の馬を送る。テントを張り、雨がかからぬよう荷物を確保する。

六月一六日――人びとやロバが出発したとき、前の旅の記録で述べたことのあるあの善良な老教師[1]がやってきた。私が一行のなかにいることを前夜にきき、私に会いに夜を徹してやってきてくれたのである。荷物が先に行ってしまったので、次に休むところまで一緒にきてくれないかと言った。以前の親切に対して何らかのお礼がしたかったからである。盗まれたピストルのうち三梃と、一枚の大マントを取りかえした。前進。

村から東へ一マイル行った地点で、アンダソン氏の馬に乗って行った病人の一人、ヒントンが木の下に横になり、馬は少し離れたところで草を食んでいた。現地人の何人かが彼の皮袋からピストルを抜きとき、鞍に結わえてあった私のコートケースからひとつづきの珊瑚と、琥珀やビーズ全部、さらに一個のバラルールを盗んでしまった。幸いなことに、彼らは同じ場所にあった私の携帯用六分儀と、水平器には気がつかなかったらしい。ヒントンを馬に乗せ、私はそのあとから馬を追って行ったが、彼を馬にひき上げ、鞍の上に坐らせておこうとあらゆる努力をしても、彼を運んで行くのは不可能で、六マイルほど運んだところで、私自身がすっかり疲れ切って、彼を残して行くほかなかった。

ヒントンを置いて一マイルほどくると、二人の者が木蔭に横たわっているところにきた。一人をアンダソン氏の馬に、もう一人を私の馬に乗せ、私の前を歩かせた。一二時半ごろセリマンナの村に到着。夕方涼しくなったところで、馬を一頭送り返してヒントンを迎えにやる。馬に乗れないので仕方なく彼を馬にしばりつけて村まで運んでこさせた。

老教師に五バーの緋色の布、バラルール一個、ビーズ一〇バー、琥珀一四バーと二ドルを贈る。彼はすっかり喜んだ。またアラビア語の新約聖書を与えたが、彼は一生懸命それを読むと約束した。

六月一七日――ヒントンはさらに悪化し、スパークスは精神錯乱を起こしているので、二人を村の酋長の世話にまかせ、もし二人が生きのびるなら食物を、もし死んだら埋葬をするに充分なだけの琥珀とビーズを与える。もし彼らが回復したら、ガンビアへ旅する一隊に加えてやると彼は約束してくれた。セリマンナから二時間でファジェミアに着いた。これは、ほんの小さな村だが高い壁でかためてある。村は村長の名前からとっているが、その村長は、以前はこの村の東方にあるファランバに住んでいた。最近彼は村民や奴隷をそこに残してここに隠退したのである。ファジェミアはコンコドゥの中でもっとも強力な酋長で、トゥームビンからベイフィングに至るあいだの地域を全部支配下に置いている。

旅行者が納める税金は、酋長の権力と、性質のあくどさに比例するので、ファジェミアで取り立てられる税金は、いうまでもなく非常に高かった。

六月一八日――ファジェミアとの交渉は一九日の朝までかかった。一八、一九、二〇日の三日間、私は非常に気分が悪く、一日のうち何時間かはどうやら起きていられたが、体力が非常に弱って穀物や、ミルクや、家畜などの買い付けに立ち合うことができなかった。アンダソン氏が代ってこれらのものを買い、馬やロバの世話などをしてくれた。マーチン中尉や軍曹や伍長、そして兵士の半数が発熱していた。ディンディクーを出て以来、軍隊用のやかんでキナの煎じ薬を沸しつづけた。三頭のロバを一二〇バーで買った。四頭のロバを追うために、ガイドの親族の者を雇う。彼らはすでに二頭のロバを御していたから、全部で六頭を御すことになった。

一八日にアンダソン氏と兵士の一人が、残してきた二人の様子を見るため、そして彼らを運んで前進することができるかどうかを確かめるために、セリマンナへもどった。一九日に帰ってきて、彼ら

1　二三六、二七九ページ参照。

は二人とも生きているが動かせる状態でないし、彼らもそこに残ることを切望していると報告した。それが彼らの回復を望み得るただ一つのチャンスであったからである。

六月二〇日――ロバに荷を積み終わったところで、兵士の一人（老ロウ）が馬に乗れないことがわかった。村でいちばん善良な男に琥珀一〇バーを支払い、病人のために一八日分の米を計って与えた。その男はかならず病人の面倒をみてくれるものと信ずる。ファジェミアを発ってまもなく、雷が鳴りはじめ、四マイルほど行ったところで、激しい旋風に見舞われた。このトルネードのために荷物の多くはずぶぬれとなり、道は泥んこになってつるつるすべった。昼ごろ、ほとんど人影のない村、ニーラカラに着いた。ここで、予備の衣類を運んでいたロバがついてきていないことに気がついた。人びとの多くはひどいなりをしていて、とくに靴はひどかったので、そのロバを見つけるために二人の男を引き返させるのが最良の策だと考えた。彼らが日没になっても帰ってこないので、ひどく不安になった。数発マスケット銃を発砲したが返事がない。

ニーラカラの村はバ・リー（蜜の川）に近い。この川は変色してはいたがそれほど増水はしていない。二頭のワニ、そしておびただしい数の大きな魚を見た。

六月二一日――二人がまだ帰ってこないので、一行を先へ進ませ、川を渡らせた。全員割り切ったら銃を発砲するようスコット氏に言う。アンダソン氏と私は、二人に関する情報を何か聞けるかもしれないと考えて昼までニーラカラにとどまることにした。彼らは一一時ごろもどってきた。ロバと積み荷をファジェミアのすぐ近くで見つけたので、ファジェミアまで行き、老ロウの小屋で一泊したのである。ロウは回復に向かっていて、もうだいじょうぶだと言っていたということだ。出発する。

村の北東一マイルの地点で川を渡る。川の流れは、ここでは玄武岩の川床のためにせかれ、たくさんの小さな滝となっている。みんな荷物を頭にのせて川を渡らねばならなかった。先行の者たちは川の東側の土手で食事をつくっており、出発の準備もほぼできていた。アンダソン氏と私は岩から岩へとび移って足をぬらさずに渡った。

朝食を終わるとすぐ出発。東へ二マイルの地点で、幅の狭い、深いクリークに出た。これは泥水の流れだった。渡るのに非常に骨が折れたので、「にがい掘割」と呼んだ方がいいという者もいた。四時ごろ、険しい岩山の麓に美しくひろがるブーントゥーンクーランという村を通過した。この村の東二マイルのところにあるドゥーギコッタの村で一泊。ここは広く耕作が行なわれていて、われわれの馬やロバが穀物を荒らさぬようにするのに骨が折れた。夜中に旋風に見舞われる。

六月二二日——雨が降りそうだったので一〇時まで休む。ファジェミアを発ってから、ずっとぐあいの悪かった大工の一人ウィリアム・ロバーツが、もうこれ以上歩けないと言いだした。そして、自分の意志であとに残る、という覚え書きに署名した。

東へ約四マイルの地点で小さな村を通過。川に沿った上り坂をまる一日前進した。ファジェミアを過ぎてから絶えず見えていた高い孤立した四角い岩山クラリーがよく眺められた。この山はどちらの側からも近づくことができず、頂上は平らで緑におおわれている。その頂上には湖があって、雨季には、大亀が崖からころがり落ちて死ぬ。その大亀を拾いに、現地人は、よくそのふもとをさがしまわる、ということだ。行軍のあいだ、多くの絵のように美しい岩山を見た。夕刻ファリフィングの村で休む。この村は、バ・リーとバ・フィングを分かつ勾配の頂上にある。ロバ一頭と八〇ポンドの弾丸を失った。

六月二三日——早朝に旅を再開。左右とも高い岩の絶壁となっている平原を二時間旅したのち、ゆっくりと東へ下り、やがてギンビアとかキンビアとかいう村へ到着した。私はたまたま、荷を放り出したロバを数頭引いて後方にいたのだが、一同に追いついてみると、村人たちは皆敵意に満ちた顔をしていて、男たちが穀物畑から走り出て、矢筒をつけたりしているのが見えた。騒ぎの原因は例によって金欲しさであった。村人たちは、白人がここを通ること、しかも非常に弱っていて抵抗することも、持っている巨大な財産を守ることもできないことを聞いていたのだ。そこで一隊の一部が通りかかると、人びとは勢いよくとび出してきて、酋長が許すまで隊は通過させないと嘘をつき、ロバをうしろへもどせ、と言い張った。一人は軍曹の馬の轡をつかんで村の中へひいて行こうとしたが、軍曹がピストルの打ち金をおこして相手に向けると轡を放した。他の連中は荷を積んだロバを追い散らし、すべてがメチャメチャになろうとしていた。兵士たちは冷静にピストルに弾丸をこめ、銃剣をつけた。これをみると村人は尻ごみした。兵士たちはロバを追って流れを渡らせ、ロバを守るために充分な人数を残してもどってきた。

村人たちは村の入口の木の下に集まったが、そこで酋長とイサコが声高に口論しているのを見つけた。騒ぎの原因をきいてみると、村人たちがロバから荷を取ろうとしたのだとイサコは言った。私は酋長に向かって、そのようなことをしようとしたのはだれだときいた。彼は弓矢を持っている三〇人ほどの人間を指した。これをきいて私は吹き出した。こんな連中が闘えると思っているのか、と私は彼に言った。そして、もしやる気があるなら、ロバのところへ行って荷を一つでも取ってみるがよい、とつけ加えた。このころになると、村人はつまらぬ試みをしたことに充分気がついたようだ。酋長は私に、ロバを連れて先へ進むようにみんなに命じてほしい、と言った。もしかすると、病人の何人かは、この道を帰っていかねばならなくなるかも知れぬと考えて、友好的に別れた方がよいと思い、琥珀四バーを酋長に贈り、われわれは戦いをしにきたのではないが、だれか一人でも戦いを仕掛けるなら、最後まで防戦すると言った。

ふたたび前進し、東へ半マイル行ったところで岩の谷間へ下った。急な斜面をおりるとき、多くのロバが倒れた。昼ごろ、スロに着いた。スロは岩山の麓にある囲いの壁のない村である。休息しているうち、マーチン中尉の馬が死んだ。これはスロの人たちにとっては思いがけぬ賜り物であった。彼らはまるで牛を切るようにこの馬を裂いて、その分配のことで、あやうくなぐり合いになるところであった。それほど馬の肉はこのあたりでは珍重されているのである。町中の岩の上に大きな猿がたくさんいた。

六月二四日——スロを出発。想像を絶する美しい地域を通って進んだ。ありとあらゆる形の岩がある。ある岩は城の廃墟のように見え、また他の岩は尖塔やピラミッドのように聳え立っていた。まるでくずれたゴシック寺院のような岩があったので、そこでしばらく足をとめた。その壁がんや窓やくずれた階段などが、すべて自然の石であることがやっとわかるほどだった。この岩の様子を忠実に描写したら、きっとつくり話だと言われてしまうだろう。

石ころ一つ、草っ葉一枚見えない等質の固い一つの岩（赤い花崗岩）でできている丘を通ったが、こんな丘は見たことがない。やがて、岩の絶壁が三日月形になり、そこにロマンティックに場所を占めている村をいくつか通った。絶壁は一〇〇フィートから五、六〇〇フィートの高さがある。バ・フィングとバ・リーのあいだに横たわる地域は、これまで見たどこよりも岩が多く壮大な景色だった。

正午にセコバに着く。この町の酋長はファジェミアの弟である。五〇バーほどの品を贈る。彼は非常に喜び、バ・フィングを渡ってしまうまで同行しようと申し出て、カヌーの船頭が金をまき上げないようにしてやると言った。

六月二五日——病人を休ませるため、セコバでとまる。彼らのため、家禽とミルクを多量に購入。

六月二六日——酋長はじめ数名の人に付き添われてセコバを出発。酋長の友人三名をキャンディまでの案内人として雇う。フーラドゥのこの地域ではガイドはガンガランと呼ばれている。セコバの東七マイルで、コンクロモの村に到着し、川のそばにテントを張った。カヌーの船頭たちと契約するまでに、かなり時間がかかった。荷物全部を対岸に渡すことはどうみても不可能だったので、翌朝まで待つのが賢明だと考えた。

六月二七日――朝早く、われわれの荷物全部と馬やロバを渡してもらうため、カヌーの船頭に五〇バーを払い、セコバの酋長にもビーズを少し贈った。ロバの荷物は一度に一頭半分しか運べない。四艘のカヌーがこの目的のために用意された。カヌーからこの荷を受け取りテントに運ぶため、アンダソン氏と武装した六人を送った。ロバはカヌーの両側に一頭ずつつけ、カヌーに坐った二人の少年がその耳をつかんで泳いで渡らせるのである。

ここで私は、彼らが金を溶かす方法を見ることができた。イサコはコンコドゥを通ってくる途中で買った金を、ここで大きなリングにつくらせた。鍛冶屋は普通の赤い粘土で坩堝《るつぼ》をつくり、日光で乾かす。この中に何の溶剤もまぜものも入れず、金だけを入れ、それを上と下から炭火で熱し、この国特有の二重のふいごで吹くと、金は熱で溶けてどろどろの状態になる。つぎに地面に小さな溝をつくり、そこへ溶けた金を流し込み、冷えると取り出し、ふたたび熱し、それを四角な床に置いてハンマーで打ってのばす。ふたたび熱し、それを二本のピンセットのようなもので一種のねじクギのようにねじまげ、その両端をのばしてまるくする。こうすると大きな高価なリングができる。

荷と馬やロバを渡してしまうと、次に人間を渡し、最後のカヌーで私自身も川を渡った。しかし他のカヌーの兵士の一人が何か買いに行ってしまったので、私は自分の乗っているカヌーを押して岸から離れさせ、彼らには、その兵士が帰ってきたらすぐ漕ぎ出すよう命じた。カヌーは漕ぎ手のほか三人しか乗っていないのだが、カヌーのバランスをくずさぬように坐るのはじつにむずかしいということに気がついた。われわれが東の土手に上陸すると、対岸から三人の兵士を乗せたカヌーが漕ぎ出すのが見えた。ところが、まもなくカヌーは転覆してしまい、岸から原住民たちが助けに泳ぎ出したが、不幸にも、J・カートライトが溺死してしまった。原住民たちはもぐって、マスケット銃二梃と、カートライトの遺体をひき上げ、遺体をカヌーに乗せて運んできた。「投身者救助会」がすすめる方法を試みてみたが無駄だった。夕刻、われわれは彼を川の土手に埋葬した。

バ・フィングはここでは航行できるぐらいの大河となっており、この時期には二フィートも増水して流れの速さは一時間三ノットであった。ここの住民はすべて盗人で、われわれの荷を数個盗もうとした。そのうちの一人が、薬が全部入っている包みを持ち出すところをつかまえた。カバが岸の近くまでやってきて一晩中鼻あらしを吹くので、その音で眠れなかった。

六月二八日――金塊四個でロバを一頭買い、四五バーで馬を一頭購入した。七時ごろ出発。四マイル歩いたところで私の買ったロバが倒れ、引き起こすことが不可能だとわかったので、荷をはずし、置き去りにした。一〇時ごろ高い岩山のふもと近くにきた。この山は、平らな原野にまるで巨大な城のように聳え立っている。それはサンカリーと呼ばれている。崖のふもとにある大きな小石の山は、この近くにあるマディナの町が数年前カールタ人に襲われたとき、住人の大部分が逃げてきた山だということであった。しかし、ある者はその途中で殺され、これらの石はその一人の墓をおおうために集められたということである。話によると、山の近くにはこのような墓があと五つあり、もし死者と同じ一族もしくはコントングに属する人がここを通ったなら、その友人の思い出を永久にとどめておくために、小石の塚に石を一つ投げて行かなければならないのだそうである。これらの石塚は、スコットランドでケルン（石塚）と呼ばれているのとまったく同じである。この山に近づくには非常に狭く難儀な道を通るほかない。人びとが言うには、山の頂上は一年中水が豊富で、マディナ人によって建てられた小屋が、荒れてはいるが、まだ建っているとのことだ。

一一時ごろ北に向かって流れる水車用の流れのような小川を渡った。その東岸で休んだが、ビーズを積んだロバの一頭がついてきていないことに気がついた。そのロバを追ってきたブルーアという兵士がだれにも言わずにロバを探しにもどって行った。間もなくロバと荷は森の中で見つかった。軍曹を馬に乗せ、ブルーアのあとを追わせたが、サンカリーまで行っても見つからず、彼は道に迷ったのだと考えるほかなかった。軍曹は病人の一人ウォルターを見つけて連れて帰った。彼は一行の進路からはずれて（道というものはなかった）倒れているところを原地人に発見されたのである。そこでウォルターを見つけてくれた原地人らに一〇バーを支払い、さらにブルーアを探し出してくれるよう頼んだ。

午後行進を始めるためロバを集めた。馬を見つけるのに苦労した。一頭（軍曹の馬）はさんざん探したが結局見つからなかった。ブルーアを待っても無駄なので、荷をつけて出発した。森の中は道がないことがわかり、散り散りにならぬようにするのがひと苦労だった。行進の列を仲間に知らせるためマスケット銃をたびたび発砲した。約四マイル行くと、前記の病人、シャディ・ウォルターは、疲労がその極に達し、ロバに乗っていられなくなった。そこで彼をロバにしばりつけ、まっすぐに支えたが、しだいに気を失い、まもなく死んだ。後方部隊が追いつくのを待っていた先頭部隊のところへ彼を運んだ。一行が出発してしまってから、二人の兵士が銃剣で、私自身は刀で荒野の砂漠の中に彼の墓を掘った。この勇士の墓をおおう月桂樹は、わずか二、三本の木の枝だった。

われわれが一行に追いついたのは、彼らが野営のために、大きなシュロの木が影を落とす池のそばで休んでいるときであった。ここで私は兵士二人がついてきていないことを知らされた。一人はバロンで、この休憩地から一マイルの地点で見かけたということであり、もう一人のヒルは三、四マイルおくれているらしいということだった。一五分ごとに二発のマスケット銃を発砲した。初めの一発は彼らの注意をひくために、三〇秒後に発する二発目は彼らに方向を教えるためである。七時半にヒルがやってきたが、彼はマスケット銃の音だけを頼りにたどりついたのだ。一一時ごろ、森の中に明りが見え、人びとの大声をきいた。やがて五人の男がブルーアをつれて現われた。ブルーアはロバを探しに行った男である。彼はブラック川までもどり、川を渡ってロバとその積み荷について人びとにきまわったが、彼らには彼の言っていることがよくわからず、彼の一行が別の隊に襲われて、この兵士は逃亡したのだと思われた。そこで彼らは、何らかの分け前にあずかることができるかもしれない、あるいは少なくとも兵士を連れてきたことで何か報酬をもらえるだろうと、一緒にやってきたのである。彼らに一〇バーやり、バロンを探してくれたらさらに一〇バーを支払うと約束した。

六月二九日——夜明けにバロンのために銃を発砲したが、彼がロバの踏みかためた道を外れてさまよい出たことは、いまやあきらかだった。いまさらこのように広い荒野を探しても無駄だと思い、六時半、ロバに荷を積んで出発した。さらに二人の兵士が熱病にかかる。午前中の道は岩の道であった。とにかく水場に着こうと、休まず一二マイル歩いた。水場の二マイルほど手前まで来たとき、夜中に戻ってきた兵士のブルーアが木蔭に坐り込み、非常に疲れたから、少し涼んでから追いかける、と言った。私は彼に、水場はもうすぐそこなのだから、絶対に眠りこんではいけないと注意した。高台となっている台地で休んだが、水と言えば岩のくぼみにたまった雨水だけであった。四時半になってもブルーアが現われないので、騎馬の軍曹に連れてくるよう命じた。夕暮れ、軍曹は帰ってきたが、さきの場所にブルーアの姿は影も形もないので、さらに数マイルももどってみた、ということだった。私は軍曹が木の下で眠っているブルーアを見すごしたのではないかと思い、自分と一緒に彼を探しに行く希望者を三人つのった。もう真暗だった。枯れ草を集めて大きな束をつくり、一度に一握りずつつかみ出して火をつけ、あかりを絶やさぬようにした。森にたくさんいるライオンを驚かすためである。彼が横になっていた木に到着したとき、火をたいた。彼が草を押しつぶした形跡と、彼の足跡を見て、小路を西へ向かい、おそらく方向をまちがえたにちがいないと思って、彼の足跡を調べた。しかし、何も見つからなかった。数発、発砲してみた。何の返事もない。草に火をつけた。ふたたび木のところまでもどり、あたりを調べた。血痕も野獣の足跡もない。さらに六発、発砲する。これ以上探しても無駄だと思われたので（というのは、われわれ自身道を失いかねないので、道からはずれて遠方へ行くことはできなかった）、テントに帰った。イサコの隊の一人が夕刻水牛を一頭仕留めた。全員が食べてもなお余った。狼のため夜通し苦しむ。

六月三〇日――早朝に出発。台地を下ってより豊かな平原に出る。岩には猿の大群がいた。一〇マイル行進したのち、キャンディに着く。全員非常に疲労。ここは、ほんの小さな町である。大きな町は二年前にデイジィの息子に襲われて焼かれ、住人は全部連れ去られたのである。アンダソン氏とスコット氏が熱病にかかった。

七月一日――ビーズの荷を水牛の皮でおおう。小さなビーズの粒の全部を入れた荷が夜中に盗まれた。夢中で探したが、取り戻すことはできなかった。米が欠乏したが、ここでは買えないので、できるだけ早く前進することに決めた。しかし一行の多くが非常に重病のようにみえたので、荷物やロバを彼らにまかせるのはむりだった。元気な隊員にロバを分配することに手間どった。

七月二日――出発。さらに二名の兵士が熱病にかかった。三マイルほど行くと、兵士の一人、ロジャー・ミランが精神もうろうとなったので、彼を連れて行くのは不可能だとわかった。サンジーコッタという村に彼を残す。国のためにつくした老兵士を、病気で苦しんでいるときに残して行かねばならぬことが、しきりに悔まれてならなかった。彼は三一年間も兵士として働き、一二回も伍長となり、九回も軍曹となった。しかし不幸なことに、酒に対するなみなみならぬ執着から、いつも兵士に格下げされていたのだ。

三時頃コイーナに着いたが、一同の疲労はひどかった。道中多数のロバをひき上げたり荷を積みなおしたりしたため、私自身もヘトヘトだった。コイーナの村は周囲に壁がめぐらしてあり、三方は岩の絶壁にかこまれている。七時ごろ、ものすごい旋風に見舞われ、夜警のかがり火は消え、全員テントにもぐりこんだ。激しいスコールが終わると、唸り声のような音がきこえたが、イノシシの唸り声ともちがっていた。一頭以上いるようで、われわれの馬やロバのまわりをうろついていた。彼らを近づけないため、マスケット銃を二発うち、枯れ草を集めて火をつけ、マーチン中尉と二人で、イノシシかも知れぬと思い、その動物を探しに行った。一頭に近づき、茂みの中に数発、高い草の中を逃げていく一頭めがけてさらに一発発射した。テントに帰って、原地人の一人にきいてみると、それはイノシシではなく、若いライオンだということであった。そして、警戒を厳重にしないと、夜のうちにわれわれの馬やロバはみな食い殺されてしまうだろうということだった。夜半、若いライオン数頭が一頭のロバを襲おうとしたため、他のロバが非常に驚いて、綱をちぎり、テントのロープの中へ全速力でかけ込んできた。二頭のライオンが追ってわれわれの近くまできたので、見張りは刀を抜いて一頭に切りかかった。しかしロバにあたるのを恐れ、発砲はしなかった。時計を巻くのを忘れる。

七月三日――コイーナを出発。六マイルの地点にあるクームバンディで日中の暑いうち休憩。キャンディで雇ってきたガイドたちは、ここからもどることになっていた。私は、マクミランのナップザックと、食糧を買うために持っていた琥珀とビーズを彼らに持ち帰ってもらうことに同意した。三人の男が二頭のロバを売りにきてこう知らせた。自分たちは朝早くサンジーコッタを発ってきたのだが、そこに残っていた兵士は夜中に死んだ。原住民が町の近くのトウモロコシ畑に葬った……。

病人を運ぶため、そのロバを買う。

三時ごろクームバンディを出発。アンダソン氏とスコット氏は非常に病気が重かったので、一晩ここに残りたいと言ったが、頼みに頼んでやっと馬に乗って先へ進むよう説得した。村から三マイルの地点で、陛下の船「リス号」から貰いうけた船員の一人、ウィリアム・アルストンは気を失ってロバから落ち、ロバは逃げ去ってしまった。彼を私の馬に乗せたが、支えていなければ坐っていられないことがわかった。彼をロバに乗せかえたが、やはりころげ落ちた。ふたたび馬に乗せ、一人の男に彼を真直ぐに支えさせ、私が馬をひいた。しかし彼自身馬上に坐る努力をしないので、馬に乗せておくのは不可能で、何度かころげ落ちたあげく、朝まで森の中に残りたいとしきりに頼んだ。私は装塡したピストルを彼に残し、弾丸を彼の帽子のてっぺんに入れてやった。日没ごろウォンダ川のほとりの、壁にかこまれた小さな村フォニラに着いた。この川は、ここではバ・ウーリナ（赤い川）と呼ばれ、水源の方に行くとバ・クイ（白い川）という名になり、中流の地域ではウォンダと呼ばれている。南方に降った雨のため、川は二フィートも増水し、泥水となっていたが、それでも大きな川とは言えない。

七月四日——荷物と馬、ロバを六〇バーで川を渡してもらうという契約を、カヌーの船頭とかわした。カヌーは一艘しかなかったので、すべてを渡し終わると正午だった。ロバを渡すのは困難をきわめた。川は浅く、岩だらけだったので、ロバは足を川底につけると立ちどまってしまう。ガイドのイサコはてきぱきとロバを水中に押しやり、カヌーに沿って追って行った。彼は陽のあるうちにすべての荷を運び終えないと困るといって、一度に六頭のロバをもっと浅い下流で渡そうとした。川の中ごろまで進んだとき、一匹のワニが水面に出て近づき、彼の左の腿をくわえて水中にひきずり込んだ。イサコは驚くべき勘で、彼はワニの頭をさぐり、指をワニの眼に突っこんだ。ワニが彼を放したので、こんどは右の腿はナイフをくれと叫んで向こう岸に泳ぎつこうとした。しかしワニはもどってきて、こんどは右の腿をくわえふたたび水中に没した。イサコは同じ手段に頼ってものすごい力で指をワニの両眼につきさしたのでふたたびワニは彼を放した。ワニは水面に上ると、まるで阿呆のように狂いまわり、川の中央を泳ぎ下って行った。カヌーが岸にもどってきたとき、私はそれで向こう岸に渡ったが、彼はひどい裂傷を受けていた。左の大腿部の傷は長さ四インチに達し、右腿の傷はそれほど大きくないが非常に深く、さらに背中に数カ所歯にかまれた傷がある。傷口を粘着性のある薬で閉じ合わせ、繃帯《ほうたい》でしっかりと巻いた。村からあまり遠くない場所なので、傷がひどく、傷まないうちに一刻も早く出発するのがいちばんだと彼は言った。そこで彼は一頭の馬に乗り、ブーリンクームブーの村へと出発した。

私自身非常に気分が悪く、まっすぐに立っていると気が遠くなるような感じであった。他の人びともみな調子が悪く、雨が降りそうだったが、テントに荷を運び込むのにかなり骨が折れた。驚いたことには、前の晩に森の中に残してきた船乗りのアシュトンが[2]、ほとんど素っ裸で現われた。彼は夜のうちに三人の原住民に衣類を身ぐるみはがれたという。彼の熱はだいぶひいているようであった。

七月五日――やっとのことでロバに荷を積んだが、病人のためのロバの数が足りなかった。病人の一人を私の馬に乗せて歩いた、熱はひいたようだがまだ目がくらくらして気分がよくない。間もなくブーリンクームブーに着いた。ここは川を渡った地点からたった二マイルである。この村はモイアハラと呼ばれることもあり、住人は一〇〇人以上はいない。ロバを集めてみると、病気のロバの他三頭が行方不明だった。病気のロバは弱っていて、川が渡れず、フォニラの人たちに食べられてしまったのである。これで病人を運ぶ便法はいよいよ少なくなった。

2　パーク氏の原稿にはこのように書かれているがこれは三六八ページにあるアルストンではないかと思われる。

私はこのような現状に途方に暮れた。ケミヌーンまでイサコを連れずに行けば、非常な困難に出会うことは目に見えていた。ケミヌーンの息子たちはこの道筋で名だたる盗賊であるとみなされていたからである。イサコが回復するまで（それは非常に疑わしいことであるが）待てば、豪雨に見舞われるであろう。イサコ以外に信用のおける人物はおらず、何より悪いことに、米はもう二日分しかない。そして国中に飢饉が広まっている。私はイサコの傷の様子をみるため三日間待つことに決め、その間に、イサコの隊の人間二人にロバと五バーの琥珀の鎖三本をもたせて米を買いに出した。

七月六日――一人を除いて、全員病気か、衰弱した状態にある。できるかぎりのミルクを買い、毎日、木の皮の煎じ薬を軍隊用ヤカンに一杯わかした。

七月七日――イサコの傷の手当てをする、驚くほどよくなっている。

七月八日――今や米も底をついたので、イサコの隊の二人が米を持って帰るのを千秋の思いで待つ。

七月九日――午後、イサコ隊の二人はきれいな米一二三ポンドをもって帰った。イサコの傷はよくなったようにみえ、膿が多量に出る。

七月一〇日――ブーリンクームブーを出発。北東八マイルのところでセラバブーの村を通過する。この村のごく近くにキンヤコと呼ばれる小さな川があり、ひざぐらいの深さで北西へ流れている。川床の岩は亀裂があって、渡るのは困難である。数頭のロバが転び、その荷は水びたしになってしまった。ここから東北に向かい岩の尾根を行く。これが山の連なりを越す唯一の通路となっている。これを過ぎ、岩でほとんど通行不能の道を六マイル進んだ。日没少し前、嬉しいことにサブーシーラに到着した（酋長はマッタである）。この村は壁をめぐらさず、ただ家が散在しているだけである。緯度一三度五〇分。

第三一章　盗難と病気

七月一一日――サブーシーラ（マラブーともいう）から西へ、さらに北西へ昼まで進み、ケミヌーム（あるいはマニアコロともいう）に到着。これは壁をめぐらした町で、アフリカでこれまでに見たどの町よりも強力に要塞化されている。

バ・リーの近くの木の下にテントを張る。この川はここでは非常な速度で流れており、いくつもの小さな滝となっている。

七月一二日――午前中、イサコを連れてケミヌームのところにあいさつに行く。彼は通例マンサ・ヌンマと呼ばれている。

夕刻、赤いコートをさっそうと着た兵士たちがやってきた。ヌンマの要請で、私は彼らと町へ行った。そこで彼らは儀式めいたことをやり、鉄砲を撃った。

七月一三日――住民が盗みを働くのを見つけ、早くここを立ち去りたいと思った。実際盗みや無礼がこれほど公然と行なわれるところを見たことがない。これは、マンサ・ヌンマが三〇人以上の子供の父親だと称し、自分たちを普通の人間よりずっと偉いと思いこんで、どんな人間をも軽蔑してあしらい、大っぴらに盗みをするということを考えれば、説明がつくであろう。川のそばに、おびただしい人骨があった（三〇以上の頭蓋骨）。わけをたずねると、それはマンサ・ヌンマが死刑にした罪人の骨とのことだった。残念ながら、その死刑は王の真正の子孫や子孫であろうと思われている人びとにはけっして及ばないということである。

七月一四日――夜があけるやいなや、テントをたたみ、ロバに荷をつけた。われわれがここにいるあいだに、彼らは四枚の大マント、ビーズの大きな束一つ、マスケット銃一梃、ピストル二梃、その他いくつかのものを盗んだ。町からそれほど行かぬうちに（王の息子が馬で守護のため同行していたにもかかわらず）町の住人の一人が、兵士の一人の持ち物の入っている袋をロバから取って逃げた。王の息子と、マーチン中尉と私が馬で追いかけ、幸いにもその男に追いついて袋を取り返した。しかし隊にもどらぬうちに、また別の男が荷にくくりつけてあったマスケット銃をかっぱらって逃げた。

こんなわけで、絶えず警戒をおこたらずに進んだが、彼らの無礼さに腹を立てて、兵士の中には銃剣で彼らを刺し殺すものがでるのではないかと私は恐れた。マニコロから二マイルの地点で、岩の多い道を登ったとき、数頭のロバが荷物もろとも転げ落ちた。もっと楽な道が見つからないかと私は少し脇へそれた。私が不注意にもマスケット銃を手にもち、あたりを見廻していると、ヌンマの息子二人が近づいてきて、一人が私にかぎ煙草を少しくれと言った。この二人から、まさかひどい目に遭おうとは思わず、というのは二人が王と一緒にいるところや、われわれのテントにいるところをたびたび見かけていたので、私はふり返って、かぎ煙草はやらない、と言った。この瞬間、他の一人（ウーサバと呼ばれる）が私のうしろから近づいて、私の手からマスケット銃をひったくって逃げて行った。私はただちに鞍からとび降り、刀をもって彼を追いながら、アンダソン氏にもどってきてくれ、と大声で呼ばわり、他の連中には私の馬に注意するよう命じた。アンダソン氏は射程距離まで追いつめたが、それがヌンマの息子であるとわかり、撃ったものかどうか迷って、発砲してよいかと私にきいた。彼の言ったことが私にきこえなかったのが幸いだった。もしきこえて発砲していたら、マスケット銃をとり返すだけのために、危険な示談のすえ、おそらく荷物の半分をひきかえにとられてしまったであろう。とにかく盗っ人は岩のあいだに逃げ、私が馬のところに戻ってみると、今度はもう一人の息子が私の長コートを盗んだことがわかった。私はガイドとしてわれわれが雇った王の息子にことの次第を話し、もしだれかが荷の中から何か盗んだ場合には、どのような処置をとるべきか教えてくれと頼んだ。彼が言うには、このようなことが起きたのだから、荷から盗もうとする者がいたら撃ってもいいだろうということだった。私は近くにいる兵士たちに、マスケット銃に弾丸をこめ、いつでも発砲できるように準備させた。空は曇っていた。町から五マイルもいくと、激しい旋風が起こった。雨のさなかに、ヌンマの息子のもう一人が、兵士の一人がロバに荷をつけなおすあいだ、そばにおいたマスケット銃とピストルをすばやくかすめとって逃げた。

一同岩の間で休み、びしょぬれになった荷をおろした。雨はひどく降っていたが、草を食べさせるためにロバを放し、米を調理した。三人の男がロバを追って逃げたと、ニグロの少年が告げにきた。私は数名をつれて追いかけた。盗人は岩の間に逃げたが、ロバは全部置き去りにして行った。三頭のロバは足をほどいてあり(ロバは放すとき前肢だけを縄でくくっておく)、もう一頭は灌木につないであった。われわれはロバを集め、荷を積みはじめた。ロバに荷をつけている最中、一頭が離れて二〇〇ヤードほど行ってしまった。すると驚いたことには、一人の男が岩かげから現われてそのロバから積み荷をおろし、それをナイフで切り裂いた。われわれがとんで行くと、彼は荷を置き去りにし、岩をかけあがって行った。兵士が彼を目がけて発砲したがあたらなかった。

ふたたび前進。岩だらけの道だ。荷を盗む者がいたら、見つけしだい発砲するよう兵士に命じた。難所にくると、数頭のロバが横になっており、荷が放ってあるのを見つけた。荷物二つについて半病人の兵士一人しか見張っていないこともしばしばあった。それをいいことに、連中がロバや荷を取ろうとねらっているのに気づいた私は、後部からついて行った。盗賊が岩の上からのぞいて、一行のなかの仲間に合図を送っているのが見えた。この連中は、われわれの荷を積む手伝いを、しきりにやりたがっていたのだ。

そこで荷の一つを私の馬につけ、もう一つをアンダソン氏の馬につけて、こうして、幸いにも何一つ失わずに、日没までにもっともけわしい岩山の難所を越えた。もっとも、途中、すご腕の盗人たち少なくとも一〇人に囲まれたのだが。

岩山の麓の道に出ると、旅はずっと楽になり、八時には先行の隊に追いつくことができた。森の中で彼らは一晩過ごしていたのである。われわれの衣類もまたそうであった。[1] 実際われわれは濡れた草の上で非常に不快な一夜を過ごし、ひどく夜露に濡れた。

七月一五日――朝早く出発した。私は後方からゆっくりと進んだので、先頭と離れてしまった。いつものように私の馬には荷を積んでいた。ガナンブーの村をかこむ耕作地帯に着くと、兵士の一人がやってきて、奴隷の服装をした男が茂みの中から現われて、突然、兵士の荷の上にくくりつけてあったマスケット銃とナップザックを奪おうとしたことを報告した。兵士はマスケット銃をとりかえそうと争い、それを彼からもぎとった。すると男はナップザックを放し、逃げようとした。そこで兵士が銃の打ち金を起こすと、撃たれると思ったその男は、道に身を投げ出して、ひどくあわれっぽくわめき出した。兵士はじっと狙いをさだめたが、残念なことに銃は火皿の中で破裂し、奴隷は跳び起きると茂みの中へ逃げ去ったというのである。

ガナンブーは壁にかこまれた小村で、マニアコロから東北東に一〇マイルの地点にある。

七月一六日――ガナンブーを発ったが、兵士もロバも非常に疲れていたので、夜はバランドゥで泊らざるをえなかった（酋長はマリ・ウムファ）。経験したこともないようなものすごい雷雨に見舞われた。テントに落雷すると思ったので、弾薬が破裂したらたいへんだと、少し離れたところへ避難した。

七月一七日——八時にバランドゥを発ち、正午にセランサングに到着。馬にはすべて荷を積んだ。私の馬が荷が重くて倒れたので、休んだ場所からロバが送られてくるまで馬のそばに坐っていなければならなかった。セランサングは家が散在している人口の多い町で、その周囲はかなり広く耕されている。夜の間に、いちばん上等のロバが盗まれた。

七月一八日——盗難を防ぐため馬を身軽にしておかねばならないので、荷を移してセランサングを出発した。一マイルあまり行ったところで、二人のいかがわしい男がやってきた。一人はいちばん後部につき、もう一人はひどく急いでいるふうに通りすぎた。アンダソン氏に後部にいる男を見張るように頼み、私はもう一人のあとを見失わない距離でついて行った。道を曲り、茂みの陰で見えなくなったところで、彼はチャンスとばかり病人の一人が追っているロバの荷から大マントを奪って逃げた。幸い私は茂みの中を逃げる男を見失わなかった。馬を速足にかけさせ、彼の前に出て、すばやく男に近づいた。男は大きな茂みの中に逃げこんだが、私がそちらにまわると、男は反対側からとび出てさらに逃げようとした。こうして、私は長いこと男を追いまわした。とうとう男は大きな木のそばを走りぬけ、くるりともどって木の幹を背に立ちどまった。この機を利用しなければきっと逃してしまうと思って、私は彼に発砲し、ついでマスケット銃を鞍のなかにしまい、ピストルをとり出し、逃げたらすぐ撃ち殺すぞ、と言った。「白人さん、殺さないでくれ」と彼は叫んだ。「私は逃げられない、足を撃たれた」。みると血が足から流れていた。着衣をまくると膝頭から二インチ下の個所を弾丸が撃ちぬいていた。「殺さないでくれ」と男はあわれな叫び声を上げながら、のぼりやすい枝によじのぼ

1　パークの原稿にこのようにある。なにかぬけた個所があると思われる。

った。隊の者たちが弾丸の音をきいて走ってきた。ケミヌームがわれわれのためにつけてくれたガイドは、すぐに盗人を射殺すべきだと主張した。そうしないと、盗人はだれでも撃ち殺せと指示した彼の主人の命令を遂行しないことになると言う。ガイドが男を殺そうとするのを、やっとのことでとどめ、大マントをとり戻し、血を流している盗人を木の枝のあいだに置き去りにした。

その後妨害されずに進んだが、午後三時ごろ、旋風に襲われた。雨の最中、病人の一人が少しおくれると、四人の男が彼をつかまえて上衣をはぎとった。その男たちがアンダソン氏と私のところに追いつくと、その病人は、男たちが上衣をとったから、その一人を撃ち殺してくれと、うしろから大声で叫んだ。私は点火薬がぬれないように銃をハンカチでおおっていたのだが、彼らは私がハンカチをとり除くのをみると、男の一人はマントの下から病人の上衣を引っぱり出してロバの上に置いた。アンダソン氏は馬で彼らのあとにつき、私は自分の馬に荷を積んでいたので徒歩でできるだけそのそばを歩きつづけた。三マイルほどあとをついて行くと、彼らは森の中に逃げこんだ。おそらくヤツらは戻ってきて、後方の疲れたロバからまた荷を盗むつもりなのだ。そう思いながらスコット氏ともとの隊列まで戻ってくると、兵士の一人がナップザックを、もう一人が上衣をとられたという報告を受けた。しかし、彼らの話からすると、盗んだのはさきの連中ではなさそうだった。

後部について進む。ヌンマブーの町へ一マイルのところで、道は高い岩山の近くを通る。ロバはわれわれよりだいぶ前を進んでいたが、前に岩かげから見えた盗賊二人がロバのそばへ近寄ろうとしていた。だが、われわれが近づくのに気がつくと、また岩のあいだへこっそりとかくれた。その一人に「とまれ」と私は大声で言った。「何を探しているのか」と言うと、彼らはそばへやってきた。しかし二人はわれわれのものを一つも持っていなかったので、とめておくこともできず、彼らは西へ向かって去って行った。スコット氏と一緒に、彼らが出てきた岩へ行って調べてみると、幸いにも兵士のマント一枚、軍用ヤカン一個、その他いくつかの物が見つかった。これらはおそらく彼らの分捕品の分け前だったのであろう。というのは、町へ着いたとき、その病人のマスケット銃を積んでいたロバが四人の男にこの岩の近くでとめられ、マスケット銃六梃、ピストル二梃、ナップザック一個がとられたことがわかったからである。この事件で何よりの痛手は、病人の一人J・ボウデンがついてきていないことであった。彼は森の中でこれらの盗賊に身ぐるみはがされ、殺されたのではないかと思われた。またしても、夜の間にいいロバが一頭盗まれた。

七月一九日――盗まれたロバの代わりに一頭買い足し、壁にかこまれたヌンマブーの村を出発、さらに先へ進む。二度トルネードに会う。二つ目のは一一時で、われわれはずぶぬれになり、道はツルすべった。二頭のロバが進めなくなった。そのロバの荷を馬につけ、ロバは置き去りにした。スコット氏の馬が歩けなくなり、ガイドにまかせる。正午、町の廃墟に着く。さらに二頭のロバが荷を運ぶことができないことを発見。荷を運ぶ人間と、ロバを追う少年を雇う。一二時半にまた別の町の廃墟に着いたが、ここで二人の病人がいることがわかった。彼らは木の下に横たわり、立ちあがれないと言った（後になって彼らはニグロに衣類をはがれ、翌朝裸同然でテントにもどってきた）。このあとまもなく、荷を積んで先へ進めず道に横たわっているロバを見つけた。すでにいっぱい荷を積んでいる私の馬に、そのロバの荷を一部うつした。ナップザックは自分で背負った。兵士がその残りを持ち、ロバを追って行った。

一時半にウーリマ川の岸に着いた。この川は狭く、五、六〇フィートほどだが、雨で非常に増水し、われわれが渡ろうと予定していた場所は二〇フィートの深さになっていた。最初に試みようとしたのは川のそばにある木を切り倒して横にしようということであった。しかし四本も切り倒したが、まったく役に立たなかった。一本の木のてっぺんは切り倒したとき対岸の岩まで達したのだが、流れが激しく押し流されてしまった。こんなことを夕方までやってみたが、疲れ果て、ついにこのやり方をあきらめた。

どうしても、川を渡らねばならないので、私は筏をつなで対岸にひっぱろうと提案をした。だが、マンディンゴたちは橋をかける以外にわれわれの目的を達する手段はないと言い張り、橋ならば二時までに完成させると言った。私は大工たちと筏をつくる作業にとりかかった。しかし材木を一定の長さに切ったとき、それを水辺まで運ぶ丈夫な人間を集めることができなかった。われわれはその試みも断念して、ニグロの橋にすべて頼らざるを得なかった。

隊員は全員非常に調子が悪かったので、荷を運び、ロバを泳ぎ渡らせるためにニグロを雇った。荷物は川の東岸の岩の上に置いてあったが、病人ばかりで、それを土手まで持ち運ぶことができなかった。兵士の一人フランシス・ビードルは熱病で死期が迫っていることがあきらかであった。仲間の一人が助けて彼を渡そうと努力したが無駄だった。私は彼を西岸に残す以外になかった。その夜一晩もつまいと思われた。

七月二一日——土手に荷を揚げ、ロバに荷を積むのを手伝わせるためにイサコの隊の人たちを雇った。兵士の一人が橋を渡り、ビードルが息を引きとるのを見た。太陽が高かったので、とどまって埋葬することができず、すぐに出発した。森林地帯だが平坦な地域である。一〇時半に小道のわきに横たわっているスコット氏のところに来た。病気がひどく、歩けないのだ。その直後、マーチン氏が同じような状態で倒れた。私の馬には荷を積んであり、私自身はいつものように徒歩でロバを追っていたので、彼らを助けることができなかった。一二時少し前にマリーナの町が見えるところに来た。嬉しいことに、イサコ隊の者が二頭のロバを連れて戻ってきて、後方の馬の荷を引き受けてくれた。彼らをスコット、マーチン両氏のところに戻し、町へ向かう。

われわれとともに川を渡った人たちが、マリーナの人びとに、マニアコロからウーリマ川へ来る途中で（この地域はキッシとよばれるのだが）われわれがひどい目にあったことをさかんに教えていた。彼らは我が隊のことを「ダマラフォング」、すなわち、格好の餌食、英語で言えば、だれでも手を出してかまわないいいカモだ、と語っていた。そこでマリーナの住人は分け前にあずかろうと、夜中にロバを五頭盗んだ。しかし翌朝になって、

七月二二日――われわれがバンガッシへ進もうとせず、王に使者を送って、われわれが経験したひどい仕打ちを報告しようとしているのを知って、彼らは非常にがっかりしたようだ。だが、盗人のうち三人は盗んだロバを返したが、あとの二人は返そうとはしなかった。

正午ごろ、馬とロバ全部に荷をつけた。盗まれた馬の一頭が積んでいたトランク二個を運ぶため、二人の青年を雇った。バンガッシはマリーナからたった六マイルの距離である。バンガッシはマニアコロと同じような砦に囲まれた大きな町で、広さは四、五倍ある。町の東方の大木の下にテントを張った。

七月二三日――酋長のセレヌンモから立派な牛一頭と、おいしいミルクの入った非常に大きなヒョウタン二個の贈り物を受けとる。彼はまた、マリーナの連中が盗んだ二頭のロバも届けてきた。

町は大きく、人口も多い。マニアコロよりも立派な砦をもっている。セレヌンモはほんの数名の仲間に囲まれて、木蔭に坐っていた。だれもそこに入れてはならぬ、という命令が出されているのである。彼は、私が以前この国を旅した白人であるかどうか、また、なぜふたたびここへもどって来たのか等々質問をした。これらの質問に対して、できるだけうまい返答をし、私は奴隷や金《かね》を買いに来たのではないことを告げた。また他の人の商売や金をとりに来たのでもなく、金を儲けに来たのでもなくて、金を使うために来たのだと言った。そして、その証拠には、私を知っている人、あるいは私と

旅をした人のだれにでもきいてみたらいいと言った。さらにつけ加えて、今の私の目的は、この国を平和に旅してバンバラに入ることであり、あなたの名声とその人柄に敬意を表するため二、三の品物をガイドにもたせて届けると話した。ここでイサコ隊の人びとがさまざまな品物を床《ゆか》の上にひろげた。酋長はそれらを冷淡に眺めたが、この冷淡さはアフリカ人が自分で見たことのないものに対してつねに示すものである。心の中でどれほどその品物を称賛していようとも、けっして驚いたふうをみせてはならないのである。酋長はわれわれが通行許可を得なければならぬこと、そしてセゴまで自分の息子に面倒をみさせること、ただし彼の準備ができるまでに数日かかること、を告げた。私は隊員が病気なので早くバンバラに入りたいと思っており、もし彼がガイドをつけてくれれば、その恩をありがたく思うと言った。私は彼の息子が金三〇〇ミンカリにも達する年貢を持ってセゴに行く予定であることを前から知っていた。そして、金がまだ集まっていないので、その不足分を私が彼に与える品物で買うであろうということも知っていた。

七月二五日——琥珀五六バーでロバ二頭を買った。この町に滞在中、手ごろな価格で充分なミルクを得ることができた。ニジェール川に向かって出発する前に隊員が元気を回復してくれることを願って、毎朝、やかん二杯ずつミルクを買ったが、彼らの病気は癒えず、元気は回復しなかった。ポワル伍長は熱病で重態だし、ミネリは赤痢にかかり、なおる見込みはなかった。彼は昨日テントからやや離れた木の蔭に移され、夜も近くに連れてこなかったので、危うく狼に八つ裂きにされるところだった。彼は目が覚めると狼が足もとで臭いをかいで恐ろしい唸り声をあげたので、病気ではあったが、とびあがって、見張りの者がかけつける前にテントまでたどりついたのである。

七月二六日——夜中にポワル伍長が死んだ。朝彼を埋葬した。ポケットに二ドル五〇セント入っていたが、それについては私が責任をもつことにした。ロバの鞍をよく点検し、荷を積みなおし、翌朝早く出発することにする。

七月二七日——朝、雨が降っていたので、九時にやっとバンガッシを出発した。ミネリをここに残して行く。彼のために食糧を買い、小屋を与えてくれるよう酋長に琥珀一〇バーを支払う。町を出てまもなく、三人の兵士が木の下に横たわり、もう先へは進めないと言った。フレア、トムソン、ハーキュリーズである。そこから四分の一マイル行くと、ポーツマスから連れてきた大工の一人、ジェイムズ・トロットが熱病のため動けなくなった。私は彼のロバを追い、彼にバンガッシに戻るように言った。私は米を積んだ私の馬と、二人びき鋸をつんだロバと両方を追って行かねばならず、自分自身も気分が悪く気が遠くなるように感じた。高台に出たが、ここから東南東の方角に遠方の山々を見ることができた。この山脈の南の麓をニジェール川が流れているにちがいないと思い、私は熱病のことを忘れ、道々その青い頂上へどうやって登るかということばかり考えていた。

ヌンマスーロに二時に着く。これは以前大きな町であったが、数年前の戦争で破壊され、町の四分の三は廃墟となっている。テントをきちんと張り終えぬうちに雨が降ってきて、人も荷もずぶぬれになった。これはわれわれにとって非常に重大なことであった。品物の多くは腐敗しやすいものだったからである。しめった土の上にぬれた服で不快な夜を過ごした。夜中にライオンに悩まされた。ライオンがすぐ近くまできたので、見張りが発砲したが、暗やみでねらいがうまく定められなかった。ロバはつないであった杭を引き抜いて人間の近くに逃げてきた。前記の病気の兵士たちは、日没前には到着しなかったので、彼らはバンガッシに戻ったものと考えた。馬で酋長の息子がやってきて、彼らは彼の父の家にもどったと知らせてくれ、彼らについてどうするつもりか、とたずねた。私は彼らの世話をよくみてくれるようにと言って、ここまで知らせにきてくれたお礼に琥珀一〇バーを与えた。また、四〇バーの琥珀の鎖を彼に贈り、病人のためにそれをどのように使うかを教えた。さらに、もし一人でも回復したら、だれか適当な人間をつけてバンバクーまで送ってほしい、そうしたらその人間にインド木綿か、緋衣一〇バーかをやると言うと、彼は緋衣の方がよいと言った。そこで私は病気の兵士たちに短い手紙を書いた。

「兵士諸君、君たちがバンガッシにもどったことを知って残念に思う。この手紙を持って行く者に三本の完全な琥珀の鎖をあずける。その一本で四〇日分の米が買える。次の一本でやはり四〇日分のミルク、またはトリが買えるし、残りの一本で君たちがニジェールに到着するまでの道中の食糧が買えるだろう。M・パーク」

七月二八日——一日中雨。ヌンマスーロのテントで過ごす。

七月二九日——あとに置いてきた人たちの衣類を一同に分配する。多くの者が衣類に困っていた。夜は寒くてしめっぽい。J・トロットのナップザックの中に五ドル見つけた。これについては私が責任を持つ。米をひろげて乾かす。米は熱をもち、だいぶいたんでいた。東方から着いた人たちの話では、途中の川がいつもは乾いているのだが、今は増水していて、ロバは渡れないということだ。いろいろな物を乾かすため昼間ここにとどまる。

七月三〇日——ヌンマスーロを出発。ウィリアム・アレンは病気のため、ここに残していく羽目になった。彼の世話を頼むため、例によって酋長に支払う。この男を残して行くのはまことに残念である。彼は生まれつき陽気な性質で、よく夜の見張りを、なつかしい祖国の歌で楽しませてくれたのである。

ヌンマスーロの東五マイルのところで、前述の南東に流れる川を渡った。水は引いていて、およそ一八インチの深さになっていたが、非常に速い流れだった。ロバは多く倒れ、積み荷を濡らした。行軍中、二時間ほど雨が降った。ひらけた所で山を越した。道は二カ所以外は、まあまあだった。東側に下り、小さな廃墟となっている村サータブーに二時ごろ到着した。ここに来て、一隊の先頭の者たちが、ここからさらに四マイル先の村へ行ってしまったことを知ったが、後方のロバはどれも疲労していて荷を積んだまま倒れたので、新手のロバが助けにくるまでここにとどまる方がいいと判断した。

一時間も休まぬうちに、イサコ隊の三人が二頭のロバを連れて帰ってきたので、その助けをかりてソビーに七時ごろ到着した。道中セント・ジャゴのロバの最後の一頭を失った。これで四〇頭全部が、途中の各地で死に、捨てられたことになる。われわれは一同びしょぬれだった。一日中雨が降りつづいたのだ。そして空腹だった。前夜から何も口にしていなかった。

ソビーの町は三回その様相を変えている。一〇年ほど前にカールタ王デイジィが一三人の騎兵と徒歩の奴隷を率いてここを占領した。そして五〇〇人の奴隷——そのうち二〇〇人は女であったが——を連れ去った。逃れた者たちが昔の町から約一マイル東に町を再建したが、それがある程度繁栄して来たとき、こんどはバンバラ王マンソングに破壊された。現在の町は丘の麓近くにつくられ、一部壁をめぐらして、一種の砦の役を果たしている。穀物も米もかなり充分あるのだが、彼らはまだ家畜を補充する間もないようだ。

七月一三日——午前中どしゃぶり。一日中、篠つく雨である。ソビーにとどまる。

夜中に町の住人の一人が兵士の銃を盗もうとした。兵士の銃はテントのすぐそばの木にたてかけてあった。マーチン中尉は木の下で眠っていたが、だれかがマスケット銃を動かす音をきき、それがニグロだとわかるや、銃をさっと取り、もう一梃の銃で逃げ出した男めがけて発砲した。弾丸があたったかどうかはわからないが、盗人はマスケット銃をとり落とし、朝になって弾薬入れも銃剣も落ちているのが発見された。
八月一日――朝早く、ピストル一梃、天竺木綿、それにマンディンゴ布と交換でロバを一頭購入した。七時に出発。町のすぐ東側で、南南西の方角に流れる別の川に出た。この川は深く、荷はすべて人が頭にのせて運ばねばならなかった。川を渡っている間に、四方を盗賊に囲まれたイサコは、不幸にも兵士二人を殴ってしまった。この行動で兵士の一人が銃剣で彼をさし殺そうとしたところを、アンダソン氏が防ぎ、イサコは危うく一命を助けられた。私はイサコの振舞いを激しく叱責した。そのため彼はすねて、部下を連れて行ってしまった。そこでわれわれは川を渡る道を自分たちで夢中で探さねばならない羽目になった。私は荷を渡すため四人を雇い、私自身は盗難の見張りに立った。このようにしていままでのどの川よりもずっと少ない損失で荷を渡すことができた。ロバは泳いで川を渡り、費用は五バーの琥珀の鎖一本だけですんだ。しかし、ロバの代金として、酋長の息子に穀物五〇ストーン支払わねばならなかった。
荷を全部渡し終えると、ロバに荷を積み、出発した。日没にバランディングに到着した。テントを張ると同時に雨が降りはじめた。兵士全員は料理にかかっていたが、ヤカンが煮立たぬうちに降ってきたので、アンダソン、スコット、マーチン氏と自分も全員その日一日何も口にせず眠りについた。
八月二日――雨。バランディングに滞在。
八月三日――太陽は東南三度の方角に昇る。バランディングを発ち、バランドゥで休憩、ここは東南へ約四マイルの地点にある壁に囲まれた村である。バラルール一個で二頭の羊を買った。
八月四日――バランドゥを出発。東へ一マイル行くとソビーの山が見えた。コンパスでは北東の方角を示している。このあたりで、数日来具合が悪いと言っていた一人の兵士ローレンス・カヒルが落伍した。私はゆっくりついてくるように言って、彼のロバを引く者を一人雇った。一一時ごろ南東へ向かって流れる川を渡ったが、その土手は非常に急でツルツル滑り、たいへん難儀した。一二時半ごろ、今度は東北に向かっている同じ川をふたたび渡った。今日一日の旅で四人の兵士がロバを追うことができなくなった。スコット氏は病気がひどく、私の馬に乗ったので、私はロバを追って行った。人びとは非常に衰弱していて、荷が落ちても、それを取り上げることさえできなかった。行進の途中、私は一三頭のロバに荷を積むのを手伝った。三時にクーリホリに到着した。この町は一部壁に囲まれているが、小屋の大部分は囲いを持っていない。テントを張り終えると雨が降りはじめ、一晩中つづいた。料理する時間もなく、雨のため、たき火が消えてしまい、おかげでロバ一頭が狼にやられてしまった。その場所は人が寝ていた場所からたった一六フィートの距離であった。

八月五日――午前中、靄がかかった。一二時に出発しようときめ、休憩。森の中で眠る。バ・ウーリは一回の行程には遠すぎる。熟したトウモロコシを買う。

バンガッシからの全行程にわたって破壊された町や村が見られた。いくつかは再建されていたが、まだ廃墟のままの村の数の方が多かった。道中、ほとんど家畜を見なかった。そしてクーリホリの人たちが動物の肉に飢えていたのか、あるいは彼らの独特の嗜好なのか、彼らは狼がわれわれのロバを食べたその残りを食べた。狼はロバの腸と心臓ぐらいしか食べないので、全体の四分の三と頭が残っていたのだ。しだいに曇って雨模様になったので、今夜はここにとまることにした。午後になってローレンス・カヒルがわれわれに追いついた。それほど病気のようにみえなかったのに道端のこわれた小屋に入って行ったウィリアム・ホールは到着しなかった。おそらく夜の間に小屋の中で狼に食べられてしまったのであろう。日没とともに、ロバをすべてテントの近くにつなぎ、私自身も見張りの者たちと一晩中警戒に当たった。狼がまわりを夜通しうろついていた。

第三二章　多数の死者と略奪、そしてニジェール川到達

八月六日――一バーと食事付きということでもう二人のロバ追いを雇って、朝クーリホリを出発し、かなりの速度で進み、三時に、小さな、みじめそうな村ガニファラに着いた。この旅の途中、L・カヒルとJ・バードの二人の兵士と船乗りの一人ウィリアム・コックスがおくれ、倒れてしまった。隊の先頭がガニファラに着くと、ひどい雨が降り出した。後方にいた私はずぶぬれになった。銃、ピストル、鏡などの入った四個のトランクを積んだ二頭のロバが、町の近くの流れの中で倒れ、すべて濡れてしまった。ニワトリはもちろん、ここでは何一つ買うことができなかった。米はほとんど底をついていたので、ほんの少量だけ調理した。

八月七日――夜半にだれかが最上等のロバを一頭盗んだ。もしそのロバを取り戻さなければ、その積み荷をここに残していかねばならないので、かなり遠くまでその足跡を辿ってみた。イサコ隊の人たちがさがしに行くことに同意した。イサコは部下に厳命を下し、もし森の中で盗人に追いついたら射殺するように、また、もし町まであとをつけたなら、酋長にそのロバを返すよう要求すること、そしてもし酋長がそれを拒否したら、すぐとって返すようにと言った。

濡れたものを乾かすのに一日費やした。飾りのついたピストル一〇梃全部にシア・バターをぬって掃除し、すっかり汚れた鏡を乾かした。午後、原住民二人に品物を持たせ隣の町まで米や穀物を買いにやった。夕刻バードがやってきたが、コックスやカヒルは見なかったと言った。

八月八日――使いの者はまだ帰ってこない。二連発銃の銃床の入っているトランクをあけ、それを掃除し、油をさす。昼ごろ使いに行った人間が米と穀物をもって帰ってきたが、一日分にも足りないほどである。同時にイサコ隊がもどり、ロバを連れてきた。彼らはその足跡を辿ってクーリホリを過ぎ、バランドゥで見つけたのである。盗人はつかまえられなかったが、その名前がわかったので、イサコはバンガッシにいる友人に手紙を書いて、盗人の村の酋長に知らせてくれるように頼んでみると約束した。午後、荷を全部運んでくれたことに対して、酋長に三五バー支払うことを約束する。夕方、ひどい降りであった。

八月九日――兵士の一人マイケル・メイが夜半に死んだ。夜明けに埋葬する。八時までにすべての荷を渡し場まで運ぶ。ウーリ川は以前渡ったことのある同名の川とほとんど同じ大きさであった。非常に深そうで、時速四、五マイルで流れている。ここにはなかなかいいカヌーが一艘あって、ロバ四頭分の荷を一時に運ぶことができる。雨が降りそうなので、テントの一つを三人の男に持たせてやり、川から半マイルほどの東岸にそれを張らせた。土手の近くは沼のようであったから、荷を運びそれをカヌーにのせる人たちを雇う。また対岸でそれを受け取り、土手に運び上げる人たちも雇った。兵士はみな病気で弱っており、何も動かすことができなかったからである。

一時までにすべての荷運びを完了したが、ロバを渡すのが一苦労だった、速い流れは、カヌーと最初の六頭のロバを押し流し、荷揚げの場所より下流へ行ってしまった。下流へ遠く流されたので、ロバは溺れてしまうにちがいないと思った。もしロバを失えば現状ではとり返しのつかぬ損失である。しかしロープをもってカヌーまで泳いで行ったニグロたちの努力で、ロバは無事対岸に着いた。そして、ニグロが穀物用の鍬で、険しい土手を上る道をつくるまで、ロバは水辺に立っていた。事故を防ぐため、われわれは数個の荷からロープをはずし、そのロープを一つにつないで向こう岸に渡し、荷を積んだカヌーをその綱で輸送し、空《から》になったカヌーはニグロが漕ぎかえった。こんなふうにして、ロバも馬も一頭も流されずに渡すことができた。

すべての荷をテントに運んだとき、もう米は今日一日分がやっとであることがわかった。しかも、これ以上買うことができないので、次の朝早く出発する以外に方法がなかった。バンバラまでの距離は、どう見つもっても一四、五マイルぐらいであろう。

八月一〇日――ウィリアム・アシュトンは、もうこれ以上進めないと言ったが、彼を残しておくべき場所がなかったので、なんとか努力してゆっくりでいいから、どこか食糧を得られるところまでついて来るようにと命じた。八時に出発。午後四時まで休まずに急ぎ、四時に隊の先頭はバンバラの一村であるダバドゥに到着した。後方にいたので、多くの者が長旅と酷暑に疲れ果てていることがわかった。私はロバをひいて四時半に、西に流れている川にたどりついた。

ここで私は兵士の多くが坐り込んでおり、アンダソン氏は木の下に横になって、あきらかに死にかけているのがわかった。私は彼を背負い、腹までひたる川を渡った。私が追ってきたロバの荷を渡し、ロバを渡し、アンダソン氏の馬を渡した。一六回川を往復して非常に疲れた。ここで荷を運ぶことができないロバと、四人の兵士を残した。私のロバに荷をつけ、アンダソン氏を馬にのせ、村まで進んだ。しかし、米は少しも手に入らず、やっとたった一羽のトリが買えただけであった。

八月一一日――ムーア系の小さな牛を一頭一バラルールで買った。また少しばかり穀物を購入し、それを洗って人間のための食糧として米の代わりに調理した。今朝イサコ隊の人たちを雇って、川のほとりに休んでいる兵士の荷を取りにもどらせた。その日のうちに荷はすべて到着したが、ここ二回の行進のあいだに四人の人間、すなわち、コックス、カヒル、バード、そしてアシュトンを失ったことはまことに悲しかった。アンダソン氏はまだ非常に危険な状態で、歩くことも、まっすぐに坐ることもできない。スコット氏はだいぶ回復した。一頭の馬が死にかけており、その荷を残して行かねばならぬことになった。その荷の引き綱をだれかにとりにやらせるまで酋長に預ってくれるよう依頼した。

八月一二日――午前中ずっと雨。一一時ごろ空が晴れたので、ロバに荷をつける。ヨーロッパ人はだれ一人荷を持ち上げることができないので、イサコがニグロに全部荷を積ませた。

アンダソン氏の馬に鞍を置き、また私の馬に病気の兵士をのせた。アンダソン氏の馬の轡を取って、病人がただその上にまっすぐに坐っていればいいようにした。たいして行かぬうちに、弾薬をつんだロバの一頭を追っていた（ディキンソン）が、これ以上進むことができないのを発見した（その後、彼のことは何もきいていない）。そのあと、まもなく私の馬から病人がおり、小さな水溜りのそばに横になり、立てないと言った。私はそのロバと馬をうしろから追っていった。多くの病人のかたわらをそのまま通りすごした。一二時半ごろ、アンダソン氏は、これ以上は進めないと頑張った。そこで彼を馬からおろして木蔭に寝かせ、そのそばに腰を下ろした。二時半に彼はもう一度馬に乗ろうとしたが、一〇〇ヤードも行かぬうちに、鞍からおろして木蔭に寝かせねばならなかった。夕方の涼しさがくるまで彼を先へ運ぶことをあきらめ、馬やロバを放して草を食べさせ、私は腰を下ろして余命いくばくもない友人の脈拍を見守った。四時に病人の四人が追いついてきた。そのうち三名は弾薬をつんだロバの世話を引きうけてくれ、残りの一人は足を痛めていたので私の馬にのせ、もし途中でスコット氏を見かけたら馬を彼にやってくれるようにと言った。

五時半に南西からいい風が吹いてきて、アンダソン氏は再度挑戦してみると言った。そこでふたたび彼を鞍にのせ、暗くならぬうちにクーミクーミに着きたいものと、かなりの早さで私はその馬を引いていった。一マイルもいかぬうちに左手に大きなマスティフ（猛犬）の吠え声のような音をきいたが、その声の終わりの部分は猫の fuf[1] のようにシューシューいう音で終わった。大猿にちがいないと思い、アンダソン氏に「すごいヤツにちがいないよ」と言ったとき、先刻よりもっと近くで、また吠え声がした。やがてさらに近くで、また吠える声がし、つづいて、唸り声がきこえた。私は野獣がわれわれを襲おうとしているのではないかと思ったが、どんな動物なのか想像できなかった。そこから一〇〇ヤードほど行くと、茂みの中の開けたところに出た。そこで私は三頭のライオンがこちらへ向かってくるのを見てぎょっとした。彼らはかつてバンバラで見たライオンのように赤くはなく、ロバのような黒っぽい色をしていた。非常に大きく、順番に三頭が近づいてくるのではなく、頭をそろえて高い草の上を跳びこして迫ってくる。もし近くまできて、私のピストルがうまく火を吹かなかったら食われてしまう。私は馬の手綱を放して彼らの方へ近づき、射程距離内に入るや中央の奴をめがけて発射した。あたったとは思えないが、彼らは立ちどまり、たがいに顔を見合わせると、二、三歩あとずさりし、一頭が立ちどまって私の方を振り返った。私はピストルの弾丸をこめるのに夢中で、彼らの立ち去るのに気がつかなかったが、最後の一頭が、茂みの中へゆっくり歩み去るのを見てホッとした。

そこから半マイルも行かぬうち、近くの茂みで、またもや吠え、唸る声がするのをきいた。おそらく先刻のライオンの一頭であろう。暗くなるまでわれわれのあとをつけて来るのではないかと不安になった。暗くなれば、人間が気づかぬうちにとびかかるチャンスはいくらもある。そこで私はアンダソン氏のいうことに従い、できるだけ高音の口笛を吹き、大声を出した。それ以後、彼らの唸り声は

1　パークの原稿にこうある。

きこえなくなった。
あたりが暗くなるころ、小さな流れのある谷間へおりた。対岸の上り坂は一種のでこぼこの土地で、アフリカ以外ではどこにもみられないものであった。それは次のような性質の土地である。一四フィートから二〇フィートほどの固い黄粘土の地層（雨の降っていないときは岩石のように堅い）が毎年の雨に洗われて地層の厚さと同じ深さの亀裂をつくる。こういう場所では植物は頂上か、地層の表面以外には生育しない。こういったおそろしい小峡谷で、私は不覚にも前に進んで行ったロバの足跡を見失い、出口がわからなくなった。地表面に達すれば足跡がみつかるのではないかと思い、非常に険しいところを馬を引いて登った。しかし見渡すかぎり、地面はでこぼこで、しばらく進んだのち、越すに越せない小峡谷にぶつかった。これ以上進めば崖から谷底に転落して死んでしまう。そう思って朝までとどまる方がよいと考えた。このでこぼこの頂上で、病人の一人ジョナス・ワトキンスにはからずもめぐり合い、彼の助けをかりて火を燃やした。アンダソン氏をマントに包んで、火のそばに寝かせた。一晩中火を絶やさぬよう見張り、そう遠くないところにいるにちがいないライオンを防いだ。二時ごろ、あと二人病人が加わった。アンダソン氏は夜のあいだぐっすり眠った。夜があけるのを待って、
八月一三日――ロバの足跡を見つけ、日の光の中でさえむずかしいようなこの迷宮の出口を探り、スコット氏と病人三人をみつけた。彼らもまた道に迷い、われわれの東の方半マイルの地点で眠ったのである。一〇時にクーミクーミに到着した。この村は壁の囲いはないが、広い穀物畑にかこまれていた。
八月一三日――休止。クーミクーミで憩う。
八月一四日――朝ジョナス・ワトキンス死亡。埋葬。一日ここにとどまり、アンダソン氏の熱病がどちらの方向に向かうか見ることにする。その間に荷をつんだ二頭のロバをドゥムビラへ送る。ロバ

は夕刻にはもどって明朝荷を運ばせる予定である。

ニグロのいうところによれば、トウモロコシの花が咲くと雨が一一日間止むのだそうだ。雨が止むということは太陽が大地の真上に近づきつつあるということである。この日の観察では太陽はわれわれの北、わずか七一マイルの点にあった。そして、ちょうどこの時期、このあたりのトウモロコシは花盛りだった。それはすばらしい神の掟だった。畑の中を通るとき、その雄花の花粉で目が見えなくなるような気がした。

八月一五日――まっすぐな棒の下にマントをハンモックのようにつり下げて、その中にアンダソン氏を入れ、二人の男が頭の上にかつぎ、もう二人がそれを手伝うためにつづいた。今朝スコット氏は気分が悪く、頭痛がすると訴えた。兵士の一人に言いつけて、アンダソン氏の馬に鞍をおいてスコット氏をのせ、彼に水の入った水筒を与えた。そして私は馬を前方に歩かせて、頭に荷をのせて運ばせるために雇った四人のニグロを見に行った。彼らは他国者だし、荷をもって逃げてしまうのではないかと気になっていたからである、しかし何事もなかった。かなりの速度で進んだので、南方へ一六～一八マイルぐらいも距離があったのにドゥムビラに四時間半で到着することができた。午後中ひどい雨がつづき、病兵たちが全員揃ったのは暗くなってからであった。今日ロバを追うことのできた兵士は三人しかいなかった。

町に入って、カルファ・タウラに会えたのは、この上なくうれしかった。彼はこの前の旅で述べたりっぱな人柄のニグロである。彼はブーリ（彼の現在の居住地）で白人の一隊がバンバラへの旅の途中フーラドゥを通過していて、その隊を引率しているのはパークという名のマンディンゴ語を話す人物だという報告をきいたのである。彼は夜、このしらせをきき、翌朝家を出た。できれば六日間の旅程であるバンバクーで私に会いたいときめていた。彼は三人の奴隷を連れて、私がセゴへ向かうのを助けるためバンバクーまできたのだが、私がまだ到着していなかったので、さらにここまで出てきてくれたのだ。彼はすぐに私に気づいた。なつかしい恩人に会えたときの喜びがどんなであったかお察しいただきたい。

四時になってもスコット氏が現われず、後部の人びともずっと彼を見かけていないというので、私はイサコ隊の一人を私の馬で隣村まで見に行かせた。雨が降り出したので、おそらくそこで彼は休んでいるのだろうと思ったからだ。男は暗くなってからもどり、クーミクーミあたりまで行ったがスコット氏を見かけなかったし、なんの情報も得られなかったという。彼はきっとクーミクーミにもどったのであろう、ということになった。

八月一七日――荷を乾かすために、また、スコット氏が到着することを願ってドゥムビラにとどまった。アンダソン氏を運んできて今朝クーミクーミにもどる四人に、スコット氏のことについて八方手をつくして調べるように言った。そして、もし彼が馬に乗れるなら、彼を連れてきてくれた者にお礼をはずむと言った。もし彼がクーミクーミに帰っていたなら、そこの酋長にスコット氏が必要とするものに対して、すべての支払いを私がすることをはっきり言ってくるように、また、彼をマラブーまで案内してくれるガイドにも支払いをする旨伝えるよう命じた。ドゥムビラの酋長から仔牛と羊を一頭ずつ受けとる。彼にバラルール一つ、琥珀五バー、銃の火打石五〇個を支払う。

八月一八日――スコット氏に関する情報なし。彼はまだクーミクーミにいるのだが、きっと旅ができないのであろうと結論を下す。

七時にドゥムビラを発ったが、ロバは今やみな弱っていて、まもなく私は馬を下り、積み荷の一つを自分の馬にのせねばならなかった。ロバを追って行ける兵士はただ一人。道は非常に悪く、南南東一八―二〇マイルにあるトニバに着いたのは日没のころであった。アンダソン氏をかついでいる者たちは、途中のある村で休んだが、そこにはよいビールがあった。テントを張るやいなや雨が降り出し、一晩中つづいた。兵士たちはみな村へ行ってしまった。私は不快な一夜をすごした。ロバが穀物畑を荒らすのを防がねばならなかったからである。そのため、私はほとんど夜通し歩きつづけていたのである。

忘れてしまうといけないので、この折にアフリカの普通の法律が次のようなものであることを記述しておく。もしロバが穀物の茎を一本でも折ったら、その穀物の所有者はロバをとらえる権利をもつ。そして、もしロバの持ち主が、ロバがしたと思われる損害に対して満足のいく償いをしなければ、穀物の所有者は、ロバを自分のものにすることができる。ただし、彼はロバを売ったり、働かせたりすることはできず、ただ殺すことができるのである。バンバラ人はロバの肉をたいへんなぜいたく品とみなしているので、この法律はよく実行される。

八月一九日――アンダソン氏の運搬者たちが早朝彼を連れてきたので、われわれはただちにロバに荷をつけ、トニバを出発した（マッキール軍曹はいささか気がおかしくなっているように思える）。トニバ南方の山々を登りつづけ、三時に、ニジェール川と、セネガル川の末端の支流を分ける山の峰を征服した。私はさらに少し進んで山の突出部の先端に立った。そして、平原を曲りくねって流れているニジェール川の巨大な流れをふたたび見た。

これまで経験してきた難儀な旅のあとで見るこの川の姿は、なんと心地よいものだったろう。その姿はわれわれの苦労の終わり、少なくとも苦労の軽減を約束してくれた。しかし行進の途中で兵士の四分の三が死んでしまい、生き残った一行も極度に衰弱しきった状態にあること、さらにわれわれが発見したニジェール川の探検を続行するため予定していたボートの建造に当たる大工がいないことなどを思い合わせると、見通しはけっして明るいものではなかった。しかし、こんなにたくさんの荷を持ったヨーロッパ人の一行を、五〇〇マイル以上にわたって、広い原野のなかを導いて来たこと、そして、その間、いつも原住民と友好的な関係を持ちつづけることができたことを考えると、私のなかになんともいえぬ喜びがこみあげてくるのだった。実際、この旅は、第一に、それほど短気をおこさなければ、ガンビア川からニジェール川まで多くの品物を原住民に略奪されることなく運ぶことができることを実証し、第二に、もしこの旅行が乾季に行なわれたなら、五〇人中、三人か、せいぜい四人ぐらいの死者を出すだけで遂行できたにちがいないということを証明してくれたのである。

それにしても、ふたたびニジェール川へ帰ってこられようとは。

川は雨のため非常に増水していたが、両岸から溢れているようにはみえなかった。ニジェールは、ここでさえ、セネガル川よりも、ガンビア川よりも大きい。

苦労して山の急斜面をバンバクーの方へ下り、六時半にそこへ着いた。町の近くの木の下にテントを張った。ガンビアを出たときには三四人の兵士と四人の大工がいたのに、ニジェールにたどりつくことができたのは、わずか六人の兵士と大工一人だけだったのだ。

夜中に二つの大きな布の包みをテントの入口から、かなり遠くまで狼がくわえて行き、そこで包みをおおっていた皮を食い散らし、中身を放って行った。

八月二〇日——酋長から贈り物として牛を一頭もらった。それは午後のことで、われわれはそれをロバが全部つないであるテントのごく近くの木につないだ。ところが、暗くなるやいなや、狼がその牛の内臓をひき裂いた。われわれがみんなで腰を下ろしていたテントの入口からわずか一〇ヤードのところである。ここの狼はいままでに見た中でもっとも大きく、もっとも恐ろしかった。

八月二一日——ビーズの包みを乾かす。その紐は全部雨で腐ってしまった。皮袋をあけると、これから使おうという三〇ポンドの弾薬が全部しめってだめになっていた。日光にひろげ、それで何とかしようとした。荷物をマラブーまで運ぶカヌーを求めていることを話す。この時期には川の急流を下ることが可能だからだ。

トニバからバンバクーまでの旅の途中でマッキール軍曹、パーベイ、サミュエル・ヒルの三人を失った。

八月二二日――朝早くすべての荷をロバにつけ、乗船する場所まで運ばせる。そこはバンバクーの東一マイル半のところで、ボスラドゥと呼ぶ村である。午前中、土砂降り。カヌーは品物の面倒を見る二人以外は、兵士、その他だれ一人のせることもできない。私はアンダソン氏とカヌーにのることに決め、マーチン氏は他の人たちと一緒に陸路を来るように残す。彼らはロバで来るのだ。

三時一〇分に乗船した。流れは毎時五ノットほどもあり、われわれはただカヌーがまっすぐ進むようにする以外、ほとんど漕ぐ必要がなかった。川幅はイギリス・マイルで一マイルにも達し、急流のところではその二倍の幅にもふくれ上っている。川が南東の方向にある山の端を通るために流れが急になるのである。そういう急流の個所は非常に多く、ちょうど山の突き出ているのと同じ数だけあるように思われた。なかでも、流れの激しい個所が三つあり、ここでは川の中央で水がかなりな音をたてて砕けていた。しかしカヌーを操る人たちは、急流をたくみに避けて岸に近い支流を漕ぎ下った。それでも流れの早さにはため息がでた。

午後は主な早瀬のうちの二つと、それよりいくらか小さな三つの早瀬をこした。川の中ほどにある島の一つに、大きな象がいるのを見た。赤い粘土色で脚は黒かった。私は赤痢に苦しんでいた。そうでなかったら象を撃ち殺していただろう。それほど象は近くにいた。また別の島の近くに三頭のカバをみた。カヌーの漕手たちはカバがカヌーをひっくり返しはしないかとビクビクしていた。マスケット銃を発射すればどんな場合でもカバは驚いて逃げ出す。彼らはまるで鯨のように水を吹き上げる。

岸に沿ってわれわれは滑るように下っていたが、カヌーの漕手の一人は、みごとな亀を槍でついた。これは以前、私がガンビアで見て画に描いたのとよく似ていた。

日が落ちると、われわれはカヌーを岸につけ、平らな岩に上って夕食に亀と米を調理しはじめた。しかしこの豪華なご馳走が半分も料理されぬうちに雨が降りはじめ、夜通しひどく降りつづいた。

八月二三日――夜明けにふたたび乗船。ずぶぬれで眠い。第三の早瀬を過ぎ、九時にマラブーに着いた。まもなくガイドが大きな運送小屋をみつけ、荷物一個につき小さな琥珀一個であずけることにした。二、三分で全部運び上げた。夜、マーチン氏と他の人たちが到着、二人だけは翌日着いた。

八月二四日――酋長から小さな黒い牛を贈り物としてもらったが、真黒な牛だったので、ガイドは殺してはならぬと言った。酋長はソキーという名で、非常に迷信家であったため、われわれがマラブーにいるあいだ、彼は小屋に閉じこもっていた。というのはもし彼が白人を見たら、その後、彼は没落すると信じていたのである。

八月二五日――イサコに契約通り、成人奴隷二人分に相当する品物を与える。また彼に数点の品を与え、セゴで相談がまとまれば彼の労苦に対してロバも馬も全部やると言った。

八月二六日――マンソングにやろうと思っている品々を取り出した。

セゴにいるムーア人と回教徒の、敵意にみちたわれわれについての報告をできるだけ早く止めさせたいと思い、マンソングに与える品を全部持たせてイサコをセゴに送ろうときめた。ただ、もしマンソングがわれわれに好意的であったなら贈ろうと考えていたいくつかの品は残しておいた。そしてモディビンにそう言うようイサコに命じた。このモディビンはマンソングの重臣《プライム・ミニスター》である。彼は回教徒だが、戒律については、それほどきびしくなかった。そこでイサコは妻を連れ、品物を全部そろえて二八日に出発した。マラブーに着いてからずっと私は赤痢に悩まされつづけていた。そして自分の体力が急速に衰えてゆくのを知って水銀剤をとろうと決心した。私は塩化第一水銀（甘汞《かんこう》）を多量にとったので、口の中が冒され、六日間しゃべることも眠ることもできなかった。水銀中毒はただちに赤痢をとめたが、多くの兵士の場合はこれが命取りになった。

回復すると、すぐ、私は琥珀と珊瑚をカウリー貨と交換した。カウリーがバンバラの通貨である。カウリーを勘定するときには八〇を一〇〇と呼ぶのは奇妙なことである。他のものはすべて普通の一〇〇で計算するのに。六〇はマンディングの一〇〇と呼ばれる。

六日に兵卒の一人、トマス・ダイアーが熱病で死んだ。酋長ソキーに一〇〇〇個の貝を支払って埋葬の許可を得た。というのは、彼を埋葬した土地は、金を出して買ってくれなければ、その後、良い穀物がみのらなくなるというのだ。

この近隣には船を建造するための良質の木材がない。最良の材木はニジェール川の支流で、かなり大きな船も航行できるカンカリー川の近くで得られる。バンバラのカヌーは、ほとんどそこでつくられ、多くはマホガニーである。

セゴからの旅行者は毎日なにかしらわれわれに好ましからざるニュースを伝えた。一度などは、マンソングがその手でイサコを殺し、バンバラに入る白人に対しては同じ処置をとるだろうという噂までがマラブー全土に伝えられ、信じられたほどである。しかし、ついにわれわれの恐れはブーカリの到着で消しとんだ。彼はマンソングの歌手で、マンソングの命令でわれわれと荷物をセゴへ運ぶように言いつかってきたのだと言った。マンソングはイサコの持って行った贈り物がたいそう気に入って、イサコからその贈り物を受け取る前に、われわれがセゴに到着することを望んでいるということであった。そこでわれわれは荷を整理したが、その歌手と彼のソモニーたち（カヌーの漕ぎ手）を説きふせて、酋長ソキーの手厚いもてなしのもとを去ることができたのは、やっと一二日になってからであった。三時一〇分過ぎにわれわれは乗船し、マラブーを去った。

九月一三日――ブーカリは漕ぎ手のうちの四人を川の対岸の町へ送って、われわれの荷の一部を運ぶカヌーを一艘求めさせた。人びとはカヌーを出すことを拒否し、四人は何も得ずにもどってきた。ブーカリはただちに船頭全員（三八人）を連れて出かけて行き、剣でカヌーの持ち主のひたいを切り、カヌーの櫂で彼の弟の頭をなぐった。彼はその息子の一人を捕え、カヌーとともに彼を奴隷として連れ去った。しかし、父親が息子を返してくれと二〇〇〇個の貝を支払ったので釈放した。

一一時三五分過ぎ、一同クーリコロを出発。ここからサンサンディングまでのコースと方角については、くどくどと書いて閣下をわずらわすことはいたしますまい。イギリスへ帰ったあかつきには、かなり正確な地図をお示しできると思うから。

一日中楽しい旅をつづけた。実際、この大河の眺めほど美しいものはない。あるときは鏡のようになめらかで、また、あるときは微風にさざなみを立て、しかし常に時速六～七マイルでわれわれを運んで行く。夜は南岸のソモニ村のディーナに泊った。夜半トルネードに襲われ、荷はすっかり濡れた。

九月一四日――朝早くディーナを発ち、四時四五分ヤミナに着く。カウリーを買うため、一五日はここにとどまる。盗難を防ぐため、大半の者がカヌーで眠った。

一六日ヤミナを出発。夕刻サミーに着き、荷揚げをする。ブーカリはマンソングにわれわれの到着を知らせるためセゴへ向けて先発した。

九月一八日――セゴから何のしらせもなし。

九月一九日——午前二時ごろイサコが、私がマンソングに贈った品物をすべて持ってセゴからカヌーで到着した。マンソングはまだその品々を見ていないということである。私がサミーに到着したときくと、マンソングはモディビンを通じて、イサコにその品々はサミーに持っていくこと、そしてマンソングは人をつかわして私自身の手からそれを受け取らせると言ってよこした。イサコの話によると、イサコとの何回もの会見で、彼はわれわれの通行を許可するということを繰り返し言ったということだ。しかし、イサコが、われわれにとくに言及したり、旅の途次に起こった事件のことを述べると、マンソングはただちに自分の前の砂に指で四角や三角を書きはじめ、イサコがわれわれの話をしている間中それを書きつづけた。イサコの話によると、マンソングはむしろ、われわれを恐れているらしく、ことさら、われわれに会いたいとは一度も言わなかったし、むしろ会いたくないふうであったということだ。

九月二二日——夕方モディビンとマンソングの部下四人がカヌーでやってきた。彼らは私に迎えの者をよこし、私がなんでバンバラにきたのか、私自身の口からききたいと言ってきた。夜のあいだによく考えておいてくれ、そうすれば朝になって彼らが私を訪ねてくるというのだ。マンソングは私に牛を一頭贈ってくれ、イサコはそれを私に見せた。非常に肥えた牛で乳白色である。

九月二三日——朝食を終えたとき、モディビンと四人のお偉方が私を訪ねてきた。彼らが席につき、いつものあいさつが交わされると、モディビンは、何が私を彼らの国に入るよう誘ったのか話してほしい、と言った。私はバンバラ語で次のように言った。

「私は九年前にバンバラに入国した白人である。そのとき私はセゴまで行って、マンソングに東方へ行く許可を願った。彼は通行を許してくれたばかりでなく、途中で食糧を買うようにと五〇〇〇カウリーくれた。というのは、ご承知のようにムーア人が私の品を奪ってしまったからである。彼の私に対するこの寛大な行為は白人の国で非常に尊敬されて、国王はふたたび私をバンバラにつかわした。もしマンソング王が私を保護してもいいと思っており、またここに坐っているあなた方が私と友人になろうと思うなら、私があなた方の国にきた真の目的を知らせよう」（ここでモディビンは、自分たちはみなあなたの味方だから話をつづけるように、と言った）

「ご承知のように、白人は商いをする人たちである。ムーア人やジニーの人びとがセゴへ運んでくる価値のある物は、すべてわれわれがつくるのだ。良質の銃と言うなら、それはだれがつくったものなのか。白人である。良いピストルや剣、緋布や天竺木綿、ビーズや弾薬はだれがつくったのか。白人である。われわれはそれらをムーア人に売る。ムーア人はそれをティンブクトゥへ運んだ高値で売る。ティンブクトゥの人たちは、さらに高い値段でそれをジニーの人たちに売る。そしてジニーの人たちがそれをあなた方に売るのだ。さて、白人の国王は、われわれが自国の商品をあなた方のところまで運び、今あなた方が買っているよりずっと安い値段で売る方法を見つけたいと願った。この目的で、もしマンソングが私の通行を許してくれるなら、私はニジェール川（ジョリバ）が海水とまじわるところまで、この川を漕ぎ下りたいのだ。そして、もし途中に岩も危険もないことがわかり、マンソングが望むなら、白人の船はセゴまで航行してきて商いをするだろう。いま私が述べたことは、マンソングとその息子以外の人には口外しないでほしいし、また、しないと信ずる。というのは、もしムーア人が知れば、私は海に出る前に殺されてしまうだろうから」

モディビンは言った。「話は聞いた。あなたの旅がいい旅であるように、神の加護があることを祈る。マンソングはあなた方を守るだろう。午後あなたの話をマンソングに伝え、明日その返事を持ってこよう」

私はイサコに命じて、私がマンソングとその息子のためにとっておいた品々を見せた。彼らは蓋つきの深皿や、二連発銃が気に入ったようだった。実際、すべての品は彼らがそれまで見たどんな物よりすぐれていた。

マンソングと息子のための品物のすべてをひろげたあと、私はお偉方一人一人と、モディビンに緋布をプレゼントした。モディビンは、私がひろげてみせたマンソングとその息子のためのものを見て、たしかにそのプレゼントはすばらしく、マンソングに贈る価値があると言ったが、マンソングはわれわれの荷に関するさまざまな噂をきいているので、それを調べたがっているとつけ加えた。そして、「皮でおおわれているような包みはあけなくてよろしい。なかに何が入っているか言ってくれるだけで充分だ」と言った。

われわれが持っているものは、ただ食糧を買うに必要なものだけであるから、荷をあけることを免じてくれればありがたい、と私は言った。しかし彼らが言い張るので、私は命じて荷をもってこさせた。が、兵士の助けを借りて良質の琥珀と珊瑚はみなかくしておいた。

すべての荷を調べ終わったとき、私はモディビンに私の荷をどう思うかたずねた。銀の深皿や二連発銃がもっと見つかったかとたずねた。彼は何も悪いものは見つからなかったし、食糧を買うに必要なものしかなかったから、その旨をマンソングに報告すると言った。そこで彼らはセゴへと出発したが、マンソングの返事をきくまではと言ってマンソングへの贈り物は持って行かなかった。

九月二四日――シードとバーバー（兵士）が夜のうちに死んだ。一人は熱病で、一人は赤痢で。ソモニーたちに埋葬のため二〇個の琥珀を支払う。

九月二六日――モディビンと先日の人たちがマンソングの返事を持ってもどってきた。返事を文字通り訳すと次のようである。

「マンソングは、あなたがたを守るであろう。マンソングの手（力）が及んでいるところであるかぎり、道はいたるところ、あなた方のために開かれている。もし東へ行きたいなら、セゴからティンブクトゥを過ぎるところまでは危害が加わらぬようにする。もし西へ行きたいならフーラドゥとマンディング、そしてカッソンとボンドウを通って行け。マンソングの旅人というだけで充分あなた方は保護されるであろう。もし舟をサミー、セゴ、サンサンディング、あるいはジニー、いずれかの町でつくりたければ、その町の名を言うがよい。マンソングはあなた方をそこへ送るであろう」

彼は、マンソングが私に、ラッパ銃四梃、剣三ふり、スコット氏の持っていたフィドル（バイオリン）、バーミンガム・ビーズの首飾り（これが何よりも喜ばれたが）を売ってほしいと言っている、と結んだ。そして、われわれにマンソングから牛一頭、彼の息子からもう一頭をみごとな羊と一緒に贈ったと言った。私はモディビンに、マンソングの友情は、彼がくれるという贈り物よりも私にとって価値のあるもので、もしマンソングが私からの品々を私の心からの礼の印として受け取ってくれればたいへんうれしいと言った。

私はカヌーをつくる場所として、サンサンディングを選んだ。なぜなら、マンソングは私に会おうとはけっして言わなかったし、サンサンディングならセゴよりも、もっと静かに、そして人に頭をさげずに暮せると思ったからである。そこで私は牛を陸路サンサンディングに送った。

九月二六日――サミーを出発した。カヌーにはマットのカバーもなく、風もなかったので暑さは耐えがたかった。ひどい頭痛を感じたが、それがしだいに高じて、ほとんど気も狂わんばかりとなった。このような暑い日は、いまだかつて経験したことがなかった。厚い肉がビフテキになっても不思議はない暑さだったが、寒暖計は別のカヌーの包みの中にあったので何度あったのかは確かめられなかった。われわれはセゴ・コロの北部まで小さな流れを下り、セゴシー・コロの対岸の砂丘の近くで休んだ。ここで以前、私は通行許可を待ったことがある。マンソングにわれわれの通行を報告するため、セゴシー・コロへ出かけたイサコを一時間ほど待った。イサコは帰ってくると、四本の棒と二、三枚のマントでカヌーに屋根のようなものをつくってくれ、夕刻ごろには、私も少ししゃんとし、熱もひいたように思った。日暮れどき、われわれは平らな岩がいくつかある北岸まで漕いで行った。水路を行く旅人は、しばしばここで眠るのである。そこはすでに何人かの人たちに占領されていた。三〇から四〇ほどのたき火が数えられたので、そこを行きすぎ東の方へ行き、緑におおわれた砂の土手に眠った。

九月二七日――夜明けとともに出発し、川の中ほどまで漕ぎ出ると、一つの島にソモニの漁村があった。いくつかの小屋が乾いたところを埋めつくして建っていた。近づいてみても、村が浮んでいるようであった。一〇時にサンサンディングに到着した。われわれを見ようと群衆が岸に押しかけてきて、カウンティ・ママディの命令で彼らが棒でたたかれて追い払われるまで、荷揚げすることもできなかった。ママディの敷地内に休むための大きな小屋が与えられ、その小屋につづく別の小屋に荷物を入れることができた。

一〇月二日――マーシャルとW・ガーランド（兵卒）が死んだ。マーシャルは熱病で、ガーランドは赤痢で。ガーランドの死んだ小屋の戸が開け放しになっていたため、夜中に狼がその遺体をもち去ってしまった。翌朝マーシャルを教会の近くの穀物畑に葬る。

一〇月四日――マンソングはこわれた銃器二梃と底に穴のあいた大きなしろめ製の皿を修理してくれと届けてきた。そのようなものの修理方法はだれも知らないということを使者に納得させるのに非常に骨が折れた。

一〇月六日——マンソングの長男のダーがカヌーを一艘贈ってくれ、ラッパ銃一梃、剣三ふり、黄色と青のラシャ布を少し売ってくれと要求してきた。彼に剣三ふり、一〇スパンの黄色の布を届ける。その返礼として六〇〇〇カウリーを受け取った。

カウンティ・ママディの話によると、サンサンディングには、一万一〇〇〇の住人がいるということである。公共建物としては回教寺院があるだけであるが、そのうち二つは、泥でできてはいるものの、なかなか美しい。市場は大きな四角い広場で、さまざまな品物が、日光をよけるためマットでおおいをした屋台の上にひろげられる。市は朝から晩まで人でごった返している。ある屋台はビーズだけ、ある屋台は球状にした藍色の染料だけ、また、木灰を球にしたものだけ、あるいはハウサやジニーの布地だけを扱う屋台もある。小片にしたアンチモンだけを売る屋台や、硫黄だけ、銅や銀製の指輪や腕輪だけを売る店も見た。広場に面する家々では、モロッコからくる緋布、琥珀、絹やティンブクトゥ経由でくるレバントタバコらしいタバコを売っている。これに隣りあって、塩の市があるが、これは広場の一角を占領している。板状の塩一枚は普通八〇〇〇カウリーである。大きな肉屋の屋台は広場の中央にあり、毎日イギリスで売られるものに劣らぬ良質の脂肉が売られている。ビールの市は少し離れた二本の大きな木の下にあり、それぞれ二ガロンほど入ったヒョウタン入りのビールが、八〇本から一〇〇本ぐらい並べられることもある。ビール市の近くには赤と黄の革を売るところがある。

これらの市のほかに、毎週火曜日だけ大きな市の開かれる非常に広大な場所がある。火曜日には周辺の地域から驚くほど多くの人がやってきて、この問屋で品物を買い、さまざまな村へ帰ってこれを小売りするのである。市の立つ朝には大きな肥えた牛が一六—二〇頭も殺される。

一〇月八日——マンソングがカヌーを届けてくれるのが思ったより遅延しているので、この間に二艘のカヌーを買うに充分なカウリー貝を準備したほうがいいと考えた。ことに今朝、川の水位が四インチもさがったところをみると、川は数日後には、おだやかになるであろうと考えたからである。そこで、私は大規模な店を開き、卸し、あるいは小売りで売るべく、ヨーロッパの品物を各種とりそろえて並べた。もちろん、大した売れ行きで、それが仲間の商人たちのねたみを引き起こしたものと思う。というのは、ジニーの人びとや、ムーア人や、ここの商人たちは、セゴの仲間たちと一緒になって（モディビンのいる前で――彼の口から私はじかにきいたのだが）、もし、マンソングがわれわれの荷を取り上げ、われわれを殺すとか、バンバラから追い出して送り返してくれたら、私が前にマンソングに贈ったプレゼントよりもっと価値のある大量の商品をマンソングに贈ると言った。彼らは、私の目的は白人がやってきて、この国を征服できるように魔力でマンソングとその息子たちを殺すことだと主張した。彼らの提案にはセゴ人の三分の二と、サンサンディングの住人の大部分が賛同した。にもかかわらず、マンソングがこれを拒絶したのは立派だった。

八日から一六日までは、何も重大なことは起こらなかった。店は日に日に、より多くの客をひきつけ、あまりの繁昌ぶりに、現金を数えるために一度に三人の計算係を雇わねばならぬほどであった。市のたつ日には二万五七五六カウリーの売上げがあった。

マラブーに着いて二日目、スコット氏に関してなんら情報が入らないので、私は使者をクーミクーミへ送って、スコット氏を連れてくるか、彼の情報を手に入れてくるよう命じた。四日後に彼は帰ってきて、スコット氏は死んで、住民が彼の皮袋からピストルを盗んだことを告げた。しかし、彼はスコット氏の馬をバンバクーまで引いてきた。

モディビンは、イサコに、どのような返礼の品が私にはいいかとたずねた、イサコは（前に教えられていたので）二艘の大きなカヌーがよいと言うと、モディビンはわれわれがサンサンディングに着きしだい、カヌーを送り届けることを約束した。

一〇月一六日――モディビンとジョウワーが到着し、マンソングからのカヌーを届けに来たと言った。それを見に行くと、その半分は朽ちているので、これでは困ると言った。彼らはセゴからその半分の部分を取りよせたが、それがきてみると、他の半分とぴったり合わなかった。そこでイサコをふたたびセゴへやらねばならなかった。マンソングはモディビンを通じて私に、余っている武器を売ってくれるように要求してきたので、二梃のラッパ銃、猟銃二梃、ピストル二梃、五梃の使いものにならぬマスケット銃を贈り、その代わり私が旅をつづけられるように適当なカヌーをくれるか、あるいは一艘買うことを許可してくれ、と申し出た。イサコは二〇日に大きなカヌーをもって帰ったが、その半分は朽ちていて、つぎはぎだらけだった。そこで私はいい方の半分を、前に贈られた半分にくっつける作業にとりかかった。そしてアブラハム・ボルトン（兵卒）の助けをかりて、こわれた部分をとり外し、すべての穴をふさぎ、あちこちをとじ合わせ、一八日間のはげしい労働の末、バンバラのカヌーを英国風帆船につくりかえた。全長四〇フィート、幅六フィート、平底、荷を積んだときの吃水一フィート。

一〇月二八日――午前五時一五分、親友アンダソン氏は四カ月の病気の末、息を引きとった。彼の徳について語りたい気持でいっぱいだが、彼の真価は二、三の友にしか知られていないから、その賛美の言葉に共感を覚えることができぬ友人をわずらわすよりは、むしろ、彼の思い出を心のうちにしまって、彼の冷静で落ちついた行動を学ぶ努力をしていこうと思う。ただ、これだけは述べておきたい。アンダソン氏が生きていたかぎり、旅の途次におこったいかなる事件も、私の心に暗い影を落すことはなかった。いまや、ふたたび私はアフリカの荒野の只中に、たった一人、友人もなく取り残された、と感じた。

一一月一四日――帆船の出発準備は整った。今はイサコがセゴからもどるのを待つばかりだ。彼にこのリポートを託すのだ。

一一月一五日――イサコが帰った。東方のムーア人が、私が行くことを感づくまえに、できるだけ早く出発するよう、マンソングが心配しているとのことであった。牛の皮を買った。ジニーからティンブクトゥまでの川の北岸に住むサルカ族、スールカ族、そしてマヒンガ族の槍や矢からわれわれを守る船のおおいにするためである。

一一月一六日――準備完了。明朝もしくは明日の夕刻に出発する。

第三三章　最後の手紙——乗船

こうしてマンゴ・パークが「イギリス国王の船ジョリバ号」の帆を上げたところで、彼の日誌は終わっている。

ガンビアを出発する際、まったくの健康体であった四四人のヨーロッパ人のうち、このとき残っていたのは、彼自身と、三人の兵士（そのうち一人は気がおかしくなっていた）、そしてマーチン中尉のみであった。マーチン中尉がパークにとって、どんな価値を持っていたかについては、彼がジョリバ号を彼自身の手で建造していたあいだに、マーチンがゴリーにいる友人に送った手紙によって判断できるであろう。

「ムーア人と一晩中飲み明かして、今朝頭で感じるのだが、われわれがいま、この地で味わっているビールに比べれば、ウィットブレッドのビールなどは物の数ではない」

パークはあきらかに自分のおかれた情況の重大性を認識していたが、雄々しく堂々とそれに向かって行った。彼は死傷者数についての簡単な報告のあと、カムデン卿にこうつづっている。

「閣下は事態がもはや望みなき段階にあるとお考えになるでしょうが、私はけっして失望しておりません。……私は、ニジェール川の河口を発見するか、あるいはその企てのために命を落すかの断固たる決心をして東へ向かって出帆します。

私の親友のアンダソン氏とスコット氏は、ともに亡くなりました。しかし、同行のヨーロッパ人が全員死のうとも、また私自身半死半生の状態になろうとも、私は耐えて行くつもりです。もし私が旅の目的を達することができないなら、私はニジェール川で死にたいと思います」

ジョセフ・バンクス卿に対しては、さまざまな計画や情報を書き送ったが、妻にはこう書いている。

「サンサンディングにて　一八〇五年一一月一九日。

君を不安に陥れるようなことを書くのは心痛のきわみなのだが、これはすべてことを知ろしめす神の御心と思ってくれたまえ。君の弟さんであり、僕の親友のアレキサンダーは、もうこの世にいない！　彼は一〇月二八日の朝、熱病のためサンサンディングで息を引きとった。くわしいことは君のお父さんに聞いて下さい。

女性特有の怖れと、妻としての心配のために、私のおかれている情況を実際よりずっと悪い方に君が考えるのではないかと心配です。親友のアンダソン氏とジョージ・スコット氏が、ともにこの世に別れを告げ、兵士の大部分も雨季の旅の途中で死んだことは事実です。しかし、信じてほしい。僕は元気です。雨季は完全に終わって健康的な季節が始まって、もう病気の危険はなくなりました。川を下って海に出るまで、私を攻撃から守ってくれるに充分な人たちと装備を持っているのです。

われわれはすでにすべての積み荷を完了し、この手紙を書き終えたら、すぐ出発します。海岸に着くまで、どこにも停泊したり上陸したりするつもりはありません。たぶん、到着は一月の末ごろになるでしょう。到着しだい、イギリスへ向かう最初の船に乗り込みます。もし西インド諸島を経由することになれば、航海は三カ月延びてイギリスには五月一日に着く予定です。海岸を出発して以来、この旅が遅延したのは、雨季のせいなのです。旅の途中で雨季が訪れ、兵士の大半は熱病に冒されました。
君がこの手紙を受け取る前にイギリスに帰ることもありえます。家路に向かうことで、私がどんなに喜んでいるかわかるでしょう。今朝、原住民との交渉をすっかり終えて、海岸へ向けて出帆するため、帆があげられました」

R・M

サンサンディングを発ってからは、生か死の二者択一であった。自分の唯一の望みが、この川の終わりまで行くことである、ということをパークははっきりと自覚していた。ニジェール川は、最後には海に出るものと彼は願っていたのだ。したがって、パークは作戦を変更し、すべての攻撃に力で立ち向かい、銃撃戦で切り抜けようとした。この記録の終末の部分は、あの忠実なイサコの話に頼らねばならない。

イサコはパークの手紙と日誌を海岸まで運び、そこからその資料はイギリスへ送られた。時が経ち、パークからの便りがとだえた。やがて遭難の噂が海岸にもたらされたので、セネガルの総督は情報を得るため、イサコをふたたび奥地へ送った。彼は一八一〇年の初めセネガルを発ち、ほぼ二年後に戻ってきた。そのとき、彼は自分の旅の情報のみならず、ガイドのファトゥマから受け取った資料も持ち帰った。ファトゥマにはまったく運よく出会ったのだが、このガイドは、ほとんど最後までパークと行動をともにした男である。彼の情報は、知られるかぎりでは、事実の正確な記録で、それを次の章に述べることにする。

第三四章　アマディ・ファトゥマの記録

私たちはサンサンディングから、その月の二七日[1]に出発し、二日の後、セリー[2]に入った。ここでパーク氏は最初の航行を終えた。パーク氏はカヌーを操る助手として奴隷を一人買った。船にはパーク氏、マーチン、他に白人三人、奴隷三人、ガイド兼通訳として私がいた。計九名がカヌーで航行するのだ。その奴隷は船からおりずに買った。二日でギネに着いた。そこの酋長に天竺木綿を一枚やって先へ進んだ。シビィを通過するとき、三艘のカヌーが追ってきた。鉾《ほこ》、槍、弓矢などの武器を持っていたが、飛び道具はなかった。敵意があることはたしかだったので、帰れ、と命じたが効果なく、やむを得ず力で撃退した。

前進してラックバラを通過。三艘のカヌーが行く手をはばんだが、力で反撃。ティンブクトゥ通過の際、ふたたびカヌー三艘の攻撃を受ける。撃退したが、そのたびに原住民の死者が多数出た。グールーモーを通過する際にも七艘のカヌーの追跡を受けたがおなじように撃退。病気で白人の一人が死んだので、私たちも八人に減った。それぞれが、いつも発砲できるように整備したマスケット銃を一

1　この記録には年月が記されていない。
2　パークの第一回探検ではシラと呼ばれている。

五梃ずつもった。ゴトイジェゲ王の住む村（名は覚えていない）を通過。その村を通過すると、こんどは六〇艘のカヌーの追跡を受けた。反撃して多数を殺した。あまりにも多くの人間を殺し、われわれの方がはるかに優勢であるのを見て、私はマーチンの手をつかみ、こう言った。「マーチン、もう撃つのはやめよう。もうすでにあまりにも大ぜいの人間を殺しすぎた」するとマーチンは私を殺そうとしたが、パーク氏がそれを防いだ。ゴトイジェゲを通過してだいぶ過ぎたころ、川の向こう側を行く強力な軍勢を見た。ポウルの住民たちだった。彼らはどんな動物も連れていなかった。われわれは川のこちら側を下った。攻撃は受けなかった。

航行中、岩にぶつかった。近くでカバが立ち上り、あやうくカヌーをひっくり返すところだった。カバに一発くらわして追い払った。苦心の末、私たちのカヌーは難をのがれたが、べつにたいして危険はなかった。カフォーの手前で錨を下ろし、そこで一日過した。サンサンディングを出発する前、カヌーにあらゆる種類の塩漬けや生の食糧を大量に積み込んであったので、われわれは襲撃を避けてどこにもとまらずに航行することができた。カヌーは、ゆうに一二〇人を収容できるほど大きかった。夕方ふたたび出発し、ある島の前まできた。岸辺にはたくさんのカバがいた。われわれが近づくと、彼らはわれがちに水にもぐったので、カヌーはあやうく転覆しそうになった。島をすぎて航行をつづけた。朝、カフォーから三艘のカヌーが追ってきたが撃退した。小さな島の近くにきて、原住民が見えた。私はミルクを買いにやられた。彼らの中に入ったとき、二艘のカヌーからトリや米などの生の食糧を売るため私たちの船に人間が乗るのが見えた。一人の原住民が私を殺そうと思い、私をつかんで、私を人質にしたと言った。パーク氏は岸で私たちのあいだに何事かが起こっているのをみて、様子を怪しみ、二艘のカヌーとその人びとをつかまえ、もし原住民が私を殺したり、島でとりこにしたら、カヌーの人たちを全員殺してカヌーは持ち去る、と言った。島の連中は、パーク氏の意図に感づいて、私をべつのカヌーで船まで送りかえしたので、彼らは解放された。その後、われわれは彼らから食糧を買い、彼らに贈り物をした。

私たちが出発してまもなく、二〇艘のカヌーがその島から漕ぎ出してきた。近づくと彼らは大声で叫んだ。「アマディ・ファトゥマ、お前はおれたちに何もよこさずにこの国を通りすぎるつもりか」

私は彼らの言ったことをパーク氏に告げると、パーク氏は琥珀を少々と、小さな装飾品を彼らに与えてやり、彼らはおとなしく退散した。川の浅いところにきたとき、われわれは岸辺に多くの人が坐っているのを見た。近よると彼らは立ちあがった。私たちがマスケット銃を彼らに贈ると、彼らは奥地へ走り去った。

少し先へ進み、難所へさしかかった。岩が川をさえぎっている。しかし岩と岩の間に三カ所開けたところがあり、近づいてみると、その大きな岩の一つに、さっき見た連中が立っているのがわかった。私たちは非常に不安を感じた。とくに私は心配で、今度そこを通るときはかならず貧しい人たちに相当の寄付をするから今回はそこを通るのを許してくれ、と本気で頼んだ。私たちは引き返し、危険の少ない場所をえらび、無事通過した。

カーマッセの手前にきて、そこの酋長に天竺木綿一枚を贈って通過し、ゴーモンの手前で錨をおろした。パーク氏は四万カウリーで食糧を仕入れるため、私を陸地へ使いに出した。私は米、ネギ、トリ、ミルクなどを買い、夜おそく船は出発した。村長は一艘のカヌーを私たちの船によこして、大軍が高い山の頂上に陣を張って私たちを待ち受けていると知らせてくれた。そして私たちは引き返すか、引き返さないなら充分警戒した方がよい、と教えてくれた。私たちはただちに錨をおろし、その日一日とその夜をそこで過した。

翌朝出発。前記の山を通ると、馬やラクダに乗ったムーア人の軍隊が見えた。だが銃のたぐいは持っていない。彼らが何も言わないので、私たちは黙って通りすぎ、ハウサの国に入り、錨をおろした。パーク氏が私に言った。「さあ、アマディ。君の旅は終わりだよ。私は君をここまで案内してくれるように雇ったのだ。ここでもう行ってよい。だが行く前に、これから私が通る国々の言葉で日用品の名前を教えてくれないか」

私は承諾して、二日間上陸せずに船上で二人でそれを勉強した。航行中、上陸したのは私だけだった。船は出発してヤウアに着いた。

翌朝、私はマスケット銃と剣を持って陸に使いに出かけた。それらを村長に渡すためで、また人びとに分けるようにと天竺木綿三枚を持って行った。私は村長に贈り物を渡し、木綿一枚をアルハギに、一枚をアルハギ・ビロンに、そして残る一枚をもう一人に、人の名は忘れたが渡した。みなマラブー人だった。村長は私たちに牛一頭、羊一頭、蜜を三壺、そして米を四荷分くれた。

パーク氏は私に七〇〇〇カウリーを渡して、食糧を買ってくれとたのみ、私はそれを実行した。パーク氏は私に、村長のところに行って銀のリング五個、弾薬、火打石を渡し、これらの贈り物は白人たちがここを去る前に王[3]に上げる贈り物であると伝えよ、と言った。村長は贈り物を受けとってから、白人たちはここへ戻ってくるつもりがあるのか、とたずねた。パーク氏にこの質問を伝えると、彼はもう帰れないだろう[4]、という返事をした。

パーク氏はサンサンディングを発つ前に、私の船賃を払ってくれていた。私は彼に言った。「私はあなたをハウサ王国まで案内すると約束しました。ここはハウサです。私は契約を果たしましたからここであなたと別れて帰ります」と。

翌日パーク氏は出発し、私は村（ヤウア）で泊った。翌朝、私は王に挨拶しに出かけた。王の家に入ると、二人の男が馬でやってきた。彼らはヤウアの酋長から派遣されたのである。彼らは王に言った。

「われわれはあなたに、白人たちがあなたにも、彼（酋長）にも、何もよこさずに去ったことをお知らせしてこい、とヤウアの酋長からつかわされたのです。彼らは山ほど品物を持っているのに、われわれには何一つよこさなかった。そしてあなたの前にいるこのアマディ・ファトゥマは悪い奴で、あなた方二人を馬鹿にしたのです」

王はただちに私を鎖につなぐよう命じ、私はつながれてしまった。持ち物はすべて取り上げられた。ある者は私を殺せと言い、ある者は生かしておけと言った。翌朝早く、王は軍隊を川岸近くのボウサという村に派遣した。この村の前で、川が岩でその幅いっぱいにふさがれているところがある。岩の一方は非常に高く、その岩には戸口をなしているような大きな割れ目があった。この割れ目が水の流れる唯一の個所で、水はすごい勢いで流れる。軍隊はそのさけ目の上に陣取った。パーク氏がここを通ったのは、軍隊がその位置についたあとであった。それを知りながらパーク氏は通過しようとしたのだ。軍隊は攻撃を開始し、槍、鉾《ほこ》、矢、石を投げた。パーク氏は長いこと自分の身を守ったが、船のともにいた二人の奴隷は殺された。船の人たちは船中にあったものをすべて川に投げ捨て、発砲しつづけた。しかし数においてすぐれ、疲労もしていない相手にはかなわず、また船は流れに押し流されて逃れるすべはなかった。パーク氏は白人の一人をつかんで、共に川にとびこみ、マーチンもそれにならったが、逃れようとするうち流れで溺れ死んだのである。船に残ったたった一人の奴隷は、兵

3　王は川から、二、三〇〇ヤードの所に住まっていた。
4　この言葉が彼の死の誘因となった。パーク氏が帰らないことを確かめると、村長は王への贈り物を王へ渡さなかったのである。

隊が武器を投げることをやめないのをみて、立ち上って叫んだ。「石を投げるのをやめてくれ。船の中には何もない。私だけだ。やめてくれ。私も船も取っていい。だが殺さないでくれ」

彼らは船とその男を捕え、王のところへ引き立てて行った。

私は三カ月鎖につながれたが、王は私を釈放して奴隷（女）を一人くれた。私はすぐにカヌーで捕えられた奴隷のところに行き、パーク氏はじめ他の人たちがどのような最期をとげたか聞かせてもらった。それを右に述べたわけである。船がとられたあと、船中に何か残っていなかったか、ときくと、彼は、残ったのは彼自身と剣帯だけだったと言った。剣帯はどこにあるかと言うと、王がそれをもっていって、自分の馬の腹帯にしてしまったと答えた。

第三五章　むすび

　こうしてマンゴ・パークは死んだ。イサコはアマディの話の確証を得ようと、あらゆる努力をし、剣帯を手に入れることにまで成功した。政府はパークの死の証拠としてその記録を受けとり、パークの未亡人には年金をおくった。しかし、夫人は三〇年後に死ぬまで、パークが生きて帰ってくると信じていた。三人の息子と娘が一人残されたが、その次男のトマス何がしの中に、父の精神のあとをたどることができよう。母と同じく、父の生存を信じ、政府の援助ももらえぬままに、彼はどうにかゴールド・コースト（黄金海岸）に到達し、アクラから父親を捜索するため奥地へ踏み込んだ。が、彼の消息はふたたびきかれなかった。

　一方、探検と、原住民の支配者たちとの通商契約は、現在ナイジェリアとして知られている領地に向けられた。マンゴ・パークについての情報収集がつねにその目的の一つであった。しかし、パークの死と、その探検の運命に関する事実が、陸路ブッサへ到達したクラパートンと、ランダーによって確証されたのは、一八二五年になってからであった。

　一八三〇年、ランダーは弟とふたたび彼の地へわたり、ブッサから海岸までのあとをたどった。こうしてニジェールのミステリーは終わりをつげたが、マンゴ・パークの名は残った。ジョセフ・バンクス卿は、彼についてこう語っている。

「彼ははげしい労働をなしうる力、疲労に耐えうる体質、人から好意を受けることのできる気質、侮辱に耐えうる忍耐力、実行しうるときには危険な冒険を敢行しうる勇気、困難が打ちかちがたいものだとさとったときに、冒険の限度を知る判断力、これらの性質の模範を示したのだ」と。
こうした特質が、価値あるものであるかぎり、パークはけっして忘れられることはないであろう。

R・M

解説

森本哲郎

本書はイギリスのグラスゴー大学地理学教授ロナルド・ミラーによって編集された『マンゴ・パークのアフリカの旅』"Mungo Park's Travels in Africa" 1907.（エヴリマンズ・ライブラリー所収）の全訳である。

本書の成り立ちについては、巻頭の「はしがき」に編者自身のくわしい説明があり、また、探検者マンゴ・パークの人となり、その生いたちから彼がニジェール川探検に乗りだすまでのいきさつについても詳細に語られているので、ここであらためて記す必要はないであろう。ただ、マンゴ・パークが踏みこんで行った当時のニジェール川一帯の事情、パーク以後の探検史について、かんたんにふれておきたい。

つい最近まで、アフリカは地中海沿岸を除けば、まったく未知の大陸だった。かなり古くから多くの航海者たちがこの大陸の周辺を航行し、沿岸部について断片的な情報をもたらしてはいたが、内陸部については何も知られていなかった。未知なるものは幻想を呼ぶ。その幻想をこの上なくかきたてたのが、〝黄金の都〟ティンブクトゥだった。

とはいえ、この都がまったくの幻の都だったわけではない。たしかに、西アフリカの金鉱から掘られた金塊や砂金がニジェール河畔のティンブクトゥに集まり、そこからキャラバンによって北へ運ばれていたのである。その様子は、断片的ながら、すでに八世紀ごろからアラブ人たちの著作に散見されていた。

やがて、情報はしだいに数を増した。アル・バクリというスペイン系アラブ人の著作（一一世紀）、イブン・バトゥータというアラブ人旅行家の記録（一四世紀）、レオ・アフリカヌスと呼ばれたグラナダ生まれのムーア人の書物（一六世紀）……そして、これらの記述がサハラの彼方の〝黄金郷《エル・ドラド》〟の夢をしだいにふくらませていった。

こうして、一七世紀の初め、その夢にとりつかれたロンドンの実業家たちが集まって、「冒険会社」を設立し、何人かをガンビア川へ送りこむことになる。当時、ニジェール川とガンビア川はおなじだと考えられていたのである。だが、成果はほとんどなく、ティンブクトゥは依然として謎につつまれたままだった。ニジェール川の劇的な探検が開始されるのは、「冒険会社」にかわって、ロンドンに学術探検を目的とする「アフリカ協会」が設立される一八世紀も末になってのことであった。これ以後については「はしがき」に述べられているとおりである。アフリカ協会から派遣されたマンゴ・パークが、想像を絶する困難に耐えて、ついにニジェール川に到達するのは、本書に記されているように、一七九六年七月二〇日のことであった。

しかし、パークはニジェール川がガンビア川ではなくて独立の川であり、内陸を東へ向かって流れていることまでは確定できたものの、この川がどこに注いでいるのかという未知の河口に到達することはできなかった。「そのわずか五〇〇マイル手前で」殺されてしまうのである。また彼は、ティンブクトゥのすぐ近くまで迫りながら、ついにその町に足を踏み入れることもできなかった。その二つは、彼につづく探検家たちに残される。

パークの悲惨な結末にもかかわらず、ニジェール川とティンブクトゥへの挑戦はつづいた。

一八二五年、パークとおなじスコットランド出身のゴードン・レイング少佐が、トリポリからサハラを縦断してティンブクトゥを目ざし、苦難を切りぬけながら一年かかってついに〝黄金の都〟へ達する。だが、彼はその報告をもち帰ることはできなかった。そこで殺されたのだ。レイングと前後して、ヒュー・クラッパートン大尉が、こんどはギニア湾からティンブクトゥを目ざした。だが彼も途中で倒れた。そして、クラッパートンに同行したリチャード・ランダーが、弟のジョン・ランダーと再度ニジェールを探索し、ついにその河口をつきとめたのは、それから数年あとであった。

ついでフランスの探検家ルネ・カイエの番がやってくる。カイエは探検家というより冒険家だった。マンゴ・パークをはじめ、先人たちの悲惨な結末は彼を逆に奮い立たせるだけだった。彼はアレクサンドリア生まれのアラビア人になりすましてティンブクトゥへ向かう。そして、これまた想像を絶する苦難に耐えて一八二八年四月二〇日、ついにティンブクトゥへたどりつくのである。彼はここに二週間ほど留まる。そのあと、モロッコへ向かう六〇〇頭のラクダからなる隊商に加わって脱出し、三カ月以上もかかってサハラを北上、とうとうティンブクトゥから生還した最初のヨーロッパ人となる。〝黄金の都〟の夢は成就したのである。

だが、その後もティンブクトゥを目ざす探検者の挑戦はつづいた。カイエのあとイギリスの探検家ジョン・デヴィドソンがこの町を目ざして途中で殺され、イギリス政府が組織したニジェール探検隊の隊長リチャードソンも目的を果せずに倒れる。そして、この探検隊に加わっていたドイツ人科学者ハインリヒ・バルトが、飢え、熱病、略奪を切り抜けて一八五三年九月、ティンブクトゥへ入った。彼はここに九カ月滞在し、この〝都〟を詳細に観察した最初の人間となる。

ティンブクトゥへの道行きが、どれほど苦難に満ちたものだったかは、パークの記録から充分察することができる。しかし、それほどの労苦の果てに到達した〝黄金の都〟の情景は、どんなものだったのか。ルネ・カイエはこう記している。

――私の前にあった光景は、およそ私が期待していた姿とはちがっていた。噂にきいていたような豊かな町ではなく、みすぼらしいドロの家の集まりにすぎなかった。まわりに黄色い砂漠がひろがり、深い沈黙があたりを支配し、鳥の声さえきこえなかった。すべてが陰鬱だった……。

では、ティンブクトゥは幻だったのか。あの〝黄金の都〟は。そうではない。ヨーロッパの探検者がいのちがけで、やっとこの町に到達したとき、ティンブクトゥは、すでに栄光の歴史を終えていたのだ。

かつて、この町はたしかに輝ける都だった。かつて、というのは、一三世紀末から一四世紀にかけて、である。ニジェール川北岸一帯に君臨していたサラコ族のガーナ王国が崩壊したあと、マンディンゴ族のマリ王国が興ったのは一一世紀ごろであったが、そのマリ王国の歴代の王のなかで最も有名なマンサ・ムーサ（一三〇七年即位）の時代に、ティンブクトゥは、たんなる交易の町から文化都市へと発展する。多くの学者や聖職者や芸術家がここへ住み、アンダルシア出身の建築家エッ・サヘリは目を見張るばかりの大モスクを建てて都を飾った。

だが、一四世紀の末ごろになるとマリ王国は衰え、それにかわってマリの属国ソンガイ族のガオ王国がニジェールのこの一帯を支配するようになる。そして第一八代の王ソンニ・アリ（一四六四年即位）はこの町を手中に収め、つぎのアスキア・モハメッド王がティンブクトゥを、まさしく〝黄金の都〟に仕立てあげるのである。記録によれば、このころ、ティンブクトゥにはコーランの学校が二〇〇近くもあり、西アフリカの各地から若者たちが争ってこの町に留学したという。

B・デヴィドソンによれば、少なくとも当時のティンブクトゥは、同時代のヨーロッパの大学都市に、けっしてひけをとらないだけの文化を誇っていたということだ（B・デヴィドソン『古代アフリカの発見』）。

しかし、それがこの都の絶頂期だった。その後、一六世紀末にモロッコ軍が侵入し、このソンガイの王国を倒してティンブクトゥを占領してから、この都は、もう二度と栄光をとりもどすことはなかった。モロッコ人のあとにトゥアレグ族が、そのあとにフラニー族（フーラー族）が、さらにトゥクロール族が、つぎつぎにティンブクトゥを支配したが、〝黄金の都〟はとうとう甦らなかった。

やがて、いくばくかの混乱期のあと、バンバラ族がセグー（本書ではセゴ）を中心にバンバラ王国を築く。が、王国はほどなく分裂し、一部がバンバラ王国の北に第二の国、カールタ王国をつくった。さらに、これらバンバラの国と対抗する形で、その西側、すなわちガンビア川、セネガル川一帯の海岸地方に、フタ・ジャロン、フタ・トロ、ボンドウといった回教国が勢力を張った。これらの回教国はいろいろな種族をふくんではいたが、指導的な役割を果たしていたのはフーラー族だった。マンゴ・パークがニジェール川を目ざして内陸へ向かったとき、彼が通過したのは、こうした国々だったのである。

一九六九年の夏、私はサハラへ向かった。その目的は、サハラの秘境といわれるタッシリ高原に残された数千年も前の岩壁画を見に行くことであったが、一つには、ヨーロッパの多くの探検家を死地に赴かせることになった〝黄金の都〟ティンブクトゥの幻に引きつけられたためだった。いや、こちらの幻惑のほうが強かったかもしれない。ニジェール川とティンブクトゥを目ざした探検家たちのあとを私はたどってみたかったのである。

ことに私の心を激しく打ったのは、マンゴ・パークのこの探検記録だった。本書を最後まで辛抱強くたどってくださる読者なら、たぶん、私の気持をわかっていただけることと思う。私は、できることなら、パークの足跡をそっくり踏破してみたいと考えた。そう考えて私は、ともかく、マリ共和国の首都バマコへ飛んだのだった。

だが、とうぜんのことながら、マンゴ・パークのころと現在とでは、様子はすっかり変わっている。変わらないのは、眠るときにベッドに打ち水をしなければ眠れないほどの暑熱だった。その暑熱のなかを、私はバマコからセグー、モプチを経てティンブクトゥへ飛んだ。眼下の褐色の砂漠にニジェール川が黄金の蛇のようにのた打っていた。パークが思わず岸に駆け寄り、神への感謝とともにその水を飲んだというニジェールは、まさしく、そのときとおなじように朝日にキラキラ輝きながら、ゆっくりと東へ、内陸へ向かって流れていた。

私は、せめて車で陸路ティンブクトゥへ向かうつもりだった。だが、夏の盛り、炎熱の下を〝黄金の都〟まで行ってくれる車はなかった。車を調達するのにさんざん骨を折ったあげく、私はついにあきらめてソ連製の旅客機イリューシン一四型機に乗りこんだ。

こうして到達したティンブクトゥの光景はどうだったか。それについては、すでに拙著『サハラ幻想行』(河出書房新社刊)、また、『タッシリ・ナジェール』(平凡社カラー新書)に記したので、ここでは繰りかえさない。ただ、前記のルネ・カイエの記述とほとんど変わりなかったということだけ報告しておこう。

私が本書の翻訳を思い立ったのは、このサハラ行きがきっかけであった。私たちはいまやティンブクトゥまでは、飛行機を乗りついで楽に行ける。けれど、パークをはじめ、前世紀の探検家たちは、生命を賭して踏みこんで行ったのだ。むろん、彼らの動機については多くの問題があろう。また、彼らのアフリカ人に対する偏見もなしとはしない。けれど、探検という人間的情熱において、彼らの記録は、やはり胸を打つ。とくに、どんな苦境に立っても、最後まで冷静な観察と沈着な態度を崩さなかったマンゴ・パークのこの記録は、驚嘆に価する。編者ミラーが書いているように、驚くべきは、パークの勇気と力ではない。彼の「不屈の精神と平静な忍耐と、そして謙譲さ」、すなわち彼の精神の偉大さなのである。

最後に訳語について付言しておきたい。翻訳にあたって訳者がいちばん困ったのは、地名、種族名、植物の名、習俗などの特殊用語だった。ことに地名については、パークが記録した当時と現在とでは事情がかなりちがっており、また、種族の名にしても、その読み方に相違がある。そのうえ、パーク自身の記録のなかでも――あのような状況では、とうぜんのことなのであろうが――前後でつづりがちがっていたり、また、彼の思いちがいなどもあって、ペンが進まないこともしばしばだった。また文体も現代のものとはニュアンスが異なり、さらに彼独特の執拗な表現もあって、意訳せざるをえなかった個所もかなりある。それらの点については、読者のご教示を待ちたいと思う。

この翻訳に先立って、私はふたたびニジェールへ出かける予定だった。さきに果せなかったパークの足跡をたどる旅を再度試み、そのあとでこの仕事にかかるつもりでいたのである。私が自分の非才を顧みず翻訳を引き受けたのも、じつは、現地で調べることができるというそのことだけが頼りだった。

ところが、旅の予定がおくれ、期待していたニジェール行きは本書を訳し終えたあと、ということになってしまった。そんなわけで、来るべき旅は、本訳書の確認、あるいは訂正の旅になることと思う。今後、新たに訳註などを加える機会のあることを願っている。

一九七八年八月一一日

参考文献

編者ロナルド・ミラーが冒頭に述べているように、マンゴ・パークのこの報告、その功績を理解するには、当時のアフリカの事情を知っておく必要がある。さいわい、日本でも最近アフリカに対する関心が高まり、アフリカの歴史や地誌、旅行記や調査報告もかなり出版されるようになった。そこで入手しやすい文献だけをつぎにあげておく。

〔西アフリカの歴史に関するもの〕
バズル・デヴィドソン『古代アフリカの発見』（内山敏訳、紀伊国屋書店）
〃『アフリカ文明史――西アフリカの歴史＝一〇〇〇年～一八〇〇年』（貫名美隆・宮本正興訳、理論社）
〃『ブラック・マザー――アフリカ試練の時代』（内山敏訳、理論社）
〃『アフリカ史案内』（内山敏訳、岩波新書）
J・シュレリカナール『黒アフリカ史――その地理・文明・歴史』（野沢協訳、理論社）
マーガレット・シニー『古代アフリカ王国――アフリカ史への第一歩のために』（東京大学インクルレコ訳、理論社）
ローランド・オリヴァー編著『アフリカ史の曙』（川田順造訳、岩波新書）
B・デビッドソン『アフリカの過去――原典集――古代から現代まで』（貫名美隆訳、理論社）

〔探検史に関するもの〕
ポール・ハミルトン『砂漠への挑戦』（図説・探検の世界史第12巻、矢島文夫訳、集英社）
長沢和俊『世界探検史』（白水社）
パーシー・サイクス『世界探検史』（長沢和俊・上村盛訳、教養文庫）
ベルナール・ド・ボー『アフリカ探検五千年史』（酒井伝六訳、朝日新聞社）
マルセル・グリヨール『世界探検家』（大塚幸男訳、文庫クセジュ、白水社）
Timothy Severin: *The African Adventure,* Hamish Hamilton Ltd. 1973.
ダニエル・P・マニックス『黒い積荷』（土田とも訳、平凡社）
川田順造『曠野から』（筑摩書房）

〔紀行、調査報告に関するもの〕
中尾佐助『ニジェールからナイルへ』（講談社）
川田順造『曠野から』（筑摩書房）
〃　『無文字社会の歴史』（岩波書店）
アズラフ・カダモスト『西アフリカ航海の記録』（河島英昭訳、岩波書店）
ジョン・スコール『青い種族』（青木一夫訳、新潮社）
ドニーズ・ポーム『アフリカの民族と文化』（川田順造訳、文庫クセジュ、白水社）
ユベール・デシャン『黒いアフリカの宗教』（山口昌男訳、文庫クセジュ、白水社）

マンゴ・パーク（1771 − 1806）

スコットランドの探検家。1795年12月、イギリスのアフリカ協会から、幻の川ニジェールの水源と河口を探るべくアフリカへ派遣される。この探検では目的を達成できず、1805年3月、イギリス政府の援助の下に再度この地を探検。この時ティンブクトゥを過ぎ1600キロメートルにわたるニジェール川航行に成功したが、河口間近のブッサで、現地住民の襲撃にあい、悲劇的な最期を遂げた。

森本哲郎（1925 − 2014）

1925年東京生まれ。東大文学部哲学科を経て同大学大学院社会学科を修了。朝日新聞東京本社学芸部次長、「週刊朝日」副編集長、朝日新聞編集委員を歴任。旅を趣味とし、国内はもとより遠く海外に及ぶ旅の中で生まれたエッセイ・評論は、そのユニークな洞察と巧みな筆致で多くの読者の支持を得た。主要著書に『ゆたかさへの旅』『生きがいへの旅』『サハラ幻想行』『文明の旅』『詩人・与謝蕪村の世界』『ことばへの旅』(1)(2)(3)(4)(5)、『人間へのはるかな旅』『ぼくの旅の手帖　または、珈琲のある風景』など多数ある。

廣瀬裕子（1923 − ？）

1923年東京生まれ。津田英学塾を卒業。1958年から1959年にかけ、テキサス大学に留学。専攻は英文学。

［監修］　井上靖・梅棹忠夫・前嶋信次・森本哲郎

［ブックデザイン］　大倉真一郎
［カバー装画・肖像画・地図（見返し）］　竹田嘉文
［編集協力］　清水浩史
［写真提供］　森本哲郎

本書は『世界探検全集05 ニジェール探検行』（1978年、小社刊）に新たなナビゲーションを加え復刊したものです。本書には、今日の人権意識では不適切と思われる表現が使用されています。しかし、差別助長の意図がなく、資料的・歴史的価値が認められること、および著者・訳者が故人であるため表現の変更ができないことを考慮し、発表時のままといたしました。また、地名・人名をはじめとする固有名詞や用語に関しては、当時と現在とでは呼称に一部相違があるものの、前掲の事情を考慮して発表時のままといたしました。廣瀬裕子氏のご連絡先がわかりませんでした。著作権継承者もしくは関係者にお心当たりのある方は、編集部までご一報ください。（編集部）

MUNGO PARK'S TRAVELS IN AFRICA
by Ronald Miller, 1907

世界探検全集 05
ニジェール探検行

2023年1月20日　初版印刷
2023年1月30日　初版発行

著　者　マンゴ・パーク
訳　者　森本哲郎、廣瀬裕子
発行者　小野寺優
発行所　株式会社河出書房新社
〒151-0051
東京都渋谷区千駄ヶ谷2-32-2
電話 03-3404-1201（営業）
03-3404-8611（編集）
https://www.kawade.co.jp/

印　刷　株式会社亨有堂印刷所
製　本　加藤製本株式会社

Printed in Japan
ISBN978-4-309-71185-0

01 東方見聞録
マルコ・ポーロ　青木富太郎（訳）

02 三大陸周遊記
イブン・バットゥータ　前嶋信次（訳）

03 アジア放浪記
フェルナン・メンデス・ピント　江上波夫（訳）

04 カムチャツカからアメリカへの旅
ゲオルク・ヴィルヘルム・シュテラー　加藤九祚（訳）

05 ニジェール探検行
マンゴ・パーク　森本哲郎・廣瀬裕子（訳）

06 アマゾン探検記
ウィリアム・ルイス・ハーンドン　泉靖一（訳）

07 天山紀行
ピョートル・セミョーノフ＝チャン＝シャンスキイ
樹下節（訳）

08 アフリカ探検記
デイヴィッド・リヴィングストン　菅原清治（訳）

09 黄河源流からロプ湖へ
ニコライ・プルジェワルスキー　加藤九祚（訳）

10 世界最悪の旅
アプスレイ・チェリー＝ガラード　加納一郎（訳）

11 恐竜探検記
ロイ・チャップマン・アンドリュース
斎藤常正（監訳）加藤順（訳）

12 ゴビ砂漠探検記
スウェン・ヘディン　梅棹忠夫（訳）

13 中央アジア自動車横断
ジョルジュ・ル・フェーヴル　野沢協・宮前勝利（訳）

14 コン・ティキ号探検記
トール・ヘイエルダール　水口志計夫（訳）

15 エベレスト登頂
ジョン・ハント　田辺主計・望月達夫（訳）

16 石器時代への旅
ハインリヒ・ハラー　近藤等・植田重雄（訳）

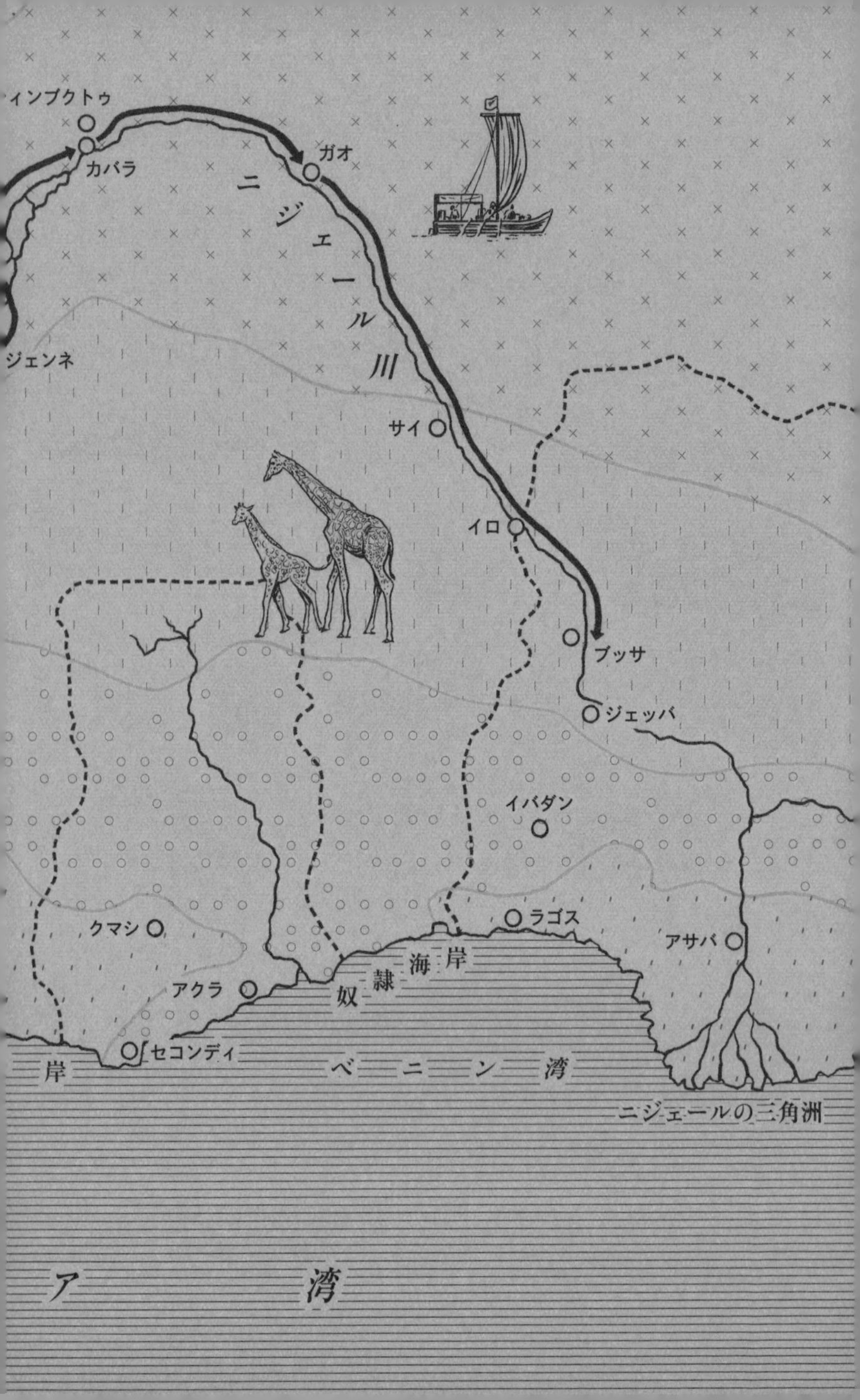

ィンブクトゥ
カバラ
ガオ
ニジェール川
ジェンネ
サイ
イロ
ブッサ
ジェッバ
イバダン
ラゴス
アサバ
クマシ
アクラ
セコンディ
奴隷海岸
ベニン湾
岸
ニジェールの三角洲
ア
湾